合肥学院模块化教学改革系列教材
编 委 会

主　任　蔡敬民
副主任　刘建中　陈　秀
委　员（按姓氏笔画排序）
　　　　　王庆龙　王晓峰　牛　欣
　　　　　刘　力　刘　红　江　芳
　　　　　许泽银　李道芳　余国江
　　　　　陈江华　杨学春　胡晓军
　　　　　侯继红　俞志敏　袁　暋
　　　　　顾　俊　葛春梅　董　强
　　　　　储　忠　谢海涛　谭　敏

合肥学院模块化教学改革系列教材

经管应用数学
概率论与数理统计

Applied Mathematics for
Economics Management
Probability and
Statistics

丁芳清　闫桂芳　编
李　玥　谭玲燕

中国科学技术大学出版社

内容简介

本书是安徽省名师工作室和合肥学院模块化教学改革的研究成果,是合肥学院模块化教学改革系列教材之一.

本书主要内容包括:概率论的基本概念、一维随机变量及其分布、多维随机变量及其分布、随机变量的数字特征、大数定律和中心极限定理、数理统计的基本概念、参数估计、假设检验、SPSS 软件及其应用.除第 9 章外,每章末附有案例分析、释疑解难、总复习题.本书编写融入了模块化教学改革的理念,注重理论与实际相结合,注重培养学生运用数学知识和方法解决经济管理类问题的能力.

本书可作为应用型本科院校经管类专业的教材,也可以作为概率论与数理统计学习的参考书.

图书在版编目(CIP)数据

经管应用数学:概率论与数理统计/丁芳清,闫桂芳,李玥,谭玲燕编.—合肥:中国科学技术大学出版社,2017.9(2024.1重印)

ISBN 978-7-312-04262-1

Ⅰ.经⋯ Ⅱ.①丁⋯ ②闫⋯ ③李⋯ ④谭⋯ Ⅲ.经济数学—高等学校—教材 ②概率论—高等学校—教材 ③数理统计—高等学样—教材 Ⅳ.①F224.0 ②O21

中国版本图书馆 CIP 数据核字(2017)第 152002 号

出版	中国科学技术大学出版社
	安徽省合肥市金寨路 96 号,230026
	http://press.ustc.edu.cn
	https://zgkxjsdxcbs.tmall.com
印刷	合肥市宏基印刷有限公司
发行	中国科学技术大学出版社
经销	全国新华书店
开本	787 mm×1092 mm 1/16
印张	16.75
字数	446 千
版次	2017 年 9 月第 1 版
印次	2024 年 1 月第 3 次印刷
定价	36.00 元

总　　序

　　课程是高校应用型人才培养的核心,教材是高校课程教学的主要载体,承载着人才培养的教学内容,而教学内容的选择关乎人才培养的质量.编写优秀的教材是应用型人才培养过程中的重要环节.一直以来,我国普通高校教材所承载的教学内容多以学科知识发展的内在逻辑为标准,与课程相对应的知识在学科范围内不断地生长分化.高校教材的编排是按照学科发展的知识并因循其发展逻辑进行的,再由教师依序系统地教给学生.

　　若我们转变观念——大学的学习应以学生为中心,那我们势必会关注"学生通过大学阶段的学习能够做什么",我们势必会考虑"哪些能力是学生通过学习应该获得的",而不是"哪些内容是教师要讲授的",高校教材承载的教学内容及其构成形式随即发生了变化,突破学科知识体系定势,对原有知识按照学生的需求和应获得的能力进行重构,才能符合应用型人才培养的目标.合肥学院借鉴了德国经验,实施的一系列教育教学改革,特别是课程改革都是以学生的"学"为中心的,围绕课程改革在教材建设方面也做了一些积极的探索.

　　合肥学院与德国应用科学大学有30多年的合作历史.1985年,安徽省人民政府和德国下萨克森州政府签署了"按照德国应用科学大学办学模式,共建一所示范性应用型本科院校"的协议,合肥学院(原合肥联合大学)成为德方在中国最早重点援建的两所示范性应用科学大学之一.目前,我校是中德在应用型高等教育领域里合作交流规模最大、合作程度最深的高校.在长期合作的过程中,我校借鉴了德国应用科学大学的经验,将德国经验本土化,为我国的应用型人才培养模式改革做出了积极的贡献.在前期工作的基础上,我校深入研究欧洲,特别是德国在高等教育领域的改革和发展状况,结合博洛尼亚进程中的课程改革理念,根据我国国情和高等教育的实际,开展模块化课程改革.我们通过校企深度合作,通过大量的行业、企业调研,了解社会、行业、企业对人才的需求以及专业对应的岗位群,岗位所需要的知识、能力、素质,在此基础上制订人才培养方案和选择确定教学内容,并及时实行动态调整,吸收最新的行业前沿知识,解决人才培养和社会需求适应度不高的问题.2014年,合肥学院"突破学科定势,打造模块化课程,重构能力导向的应用型人才培养教学体系"获得了国家教学成果一等奖.

　　为了配合模块化课程改革,合肥学院积极组织模块化系列教材的编写工作.以实施模块化教学改革的专业为单位,教材在内容设计上突出应用型人才能力的培养.即将出版的这套丛书此前作为讲义,已在我校试用多年,并经过多次修改.教材明确定位于应用型人才的培养目标,其内容体现了模块化课程改革的成果,具有以下主要特点:

(1) 适合应用型人才培养.改"知识输入导向"为"知识输出导向",改"哪些内容是教师要讲授的"为"哪些能力是学生通过学习应该获得的",根据应用型人才的培养目标,突破学科知识体系定势,对原有知识、能力、要素进行重构,以期符合应用型人才培养目标.

(2) 强化学生能力培养.模块化系列教材坚持以能力为导向,改"知识逻辑体系"为"技术逻辑体系",优化和整合课程内容,降低教学内容的重复性;专业课注重理论联系实际,重视实践教学和学生能力培养.

(3) 有利于学生个性化学习.模块化系列教材所属的模块具有灵活性和可拆分性的特点,学生可以根据自己的兴趣、爱好以及需要,选择不同模块进行学习.

(4) 有利于资源共享.在模块化教学体系中,要建立"模块池",模块池是所有模块的集合地,可以供应用型本科高校选修学习,模块化教材很好地反映了这一点.模块化系列教材是我校模块化课程改革思想的体现,出版的目的之一是与同行共同探索应用型本科高校课程、教材的改革,努力实现资源共享.

(5) 突出学生的"学".模块化系列教材既有课程体系改革,也有教学方法、考试方法改革,还有学分计算方法改革.其中,学分计算方法采用欧洲的"workload"(即"学习负荷",学生必须投入 28 小时学习,并通过考核才可获得 1 学分),这既包括对教师授课量的考核,又包括对学生自主学习量的考核,在关注教师"教"的同时,更加关注学生的"学",促进了"教"和"学"的统一.

围绕着模块化教学改革进行的教材建设,是我校十几年来教育教学改革大胆实践的成果,广大教师为此付出了很多的心血.在模块化系列教材付梓之时,我要感谢参与编写教材以及参与改革的全体老师,感谢他们在教材编写和学校教学改革中的付出与贡献!同时感谢中国科学技术大学出版社为系列教材的出版提供了服务和平台!希望更多的老师能参与到教材编写中,更好地展现我校的教学改革成果.

应用型人才培养的课程改革任重而道远,模块化系列教材的出版,是我们深化课程改革迈出的又一步.由于编者水平有限,书中还存在不足,希望专家、学者和同行们多提意见,提高教材的质量,以飨莘莘学子!

是为序.

合肥学院党委书记　蔡敬民
2016 年 7 月 28 日于合肥学院

前　言

应用型本科教育的目标是培养具有较强社会适应能力和竞争能力的高素质应用型人才,实行模块化教学改革是实现应用型人才培养目标的有效手段之一,模块化教学改革以专业能力培养为目标,注重教学内容的实践性和应用性,变传统的以知识输入为导向的课程体系为以知识输出为导向(从能力分解出发)的模块体系.概率论与数理统计作为经济管理类专业的基础课程,编写出符合应用型人才培养的模块化体系教材,是教学改革发展的前提.

我们在多年进行模块化教学改革的教学实践中,努力做到联系实际、服务专业、融入数学建模的思想和方法,注重学生的实践能力和应用能力的培养.在"以实际应用为目标,以专业需求为导向,以案例教学为主线,以数学软件为工具,以自主学习为特色"的思想指导下,编写了这本适合于经管类应用型人才培养需要的模块化教材.本教材有如下鲜明特色:

1. 切合应用型本科高校的办学定位.本教材介绍了概率统计的基本理论和常用的统计方法,在编写时对基本概念、重要公式和定理注重其实际意义的解释说明,力求通俗易懂,对一些过于繁琐的推理进行了简化处理,书中的大多数例题、习题和案例选自经济、管理领域中的实际问题,体现理论在实际中的应用.

2. 满足模块化教学改革的需求.本教材依据经管类专业数学教学的目标和特点,在保证数学的严谨性、逻辑性的前提下,将模块化的教学改革融入到教材的编写,教材第1章至第8章由理论知识、案例分析、自主学习等部分组成,内容将理论与实际应用紧密结合,深入浅出,通俗易懂,具有科学性、实用性和前沿性.第9章SPSS统计软件及其应用,介绍使用统计软件解决实际问题的方法,提高学生解决问题的综合能力.

3. 突出对学生应用数学能力的培养.本教材编入了比较丰富的习题和实际案例,着力培养学生应用概率统计方法分析解决实际问题的能力.

本书由丁芳清、闫桂芳、李玥、谭玲燕编写;李玥、谭玲燕编写第1～4章;闫桂芳编写第5～9章;丁芳清编写案例分析和附录;全书由丁芳清负责统稿.

本书在编写过程中,参考了大量的相关书籍和资料,选用了其中的有关内容,在此特向相关作者表示深深的谢意!

本书是在合肥学院教务处的大力支持下编写完成的,在此谨向他们致以衷心的感谢,同时还要感谢合肥学院数学与物理系领导与老师的关心和帮助.

本书受到合肥学院模块化教材立项项目和安徽省名师工作室——"应用型本科院校数学教师数学应用能力和教学研究能力的提升"的资助,在此表示感谢.

由于编者水平有限,书中不足与错误在所难免,敬请广大师生和读者批评指正.

编 者

2017 年 5 月

目 录

总序 ·· (ⅰ)

前言 ·· (ⅲ)

第1章 概率论的基本概念 ··· (1)
 1.1 随机事件 ··· (1)
 1.2 事件的概率 ··· (5)
 1.3 条件概率、乘法公式及全概率公式 ·························· (12)
 1.4 事件的独立性 ··· (19)
 总复习题1 ·· (23)
 案例分析 ··· (26)
 释疑解难 ··· (31)

第2章 一维随机变量及其分布 ·· (33)
 2.1 随机变量及其分布函数 ··· (33)
 2.2 离散型随机变量及其分布 ······································ (35)
 2.3 连续型随机变量及其概率密度 ······························· (43)
 2.4 随机变量函数的分布 ·· (52)
 总复习题2 ·· (57)
 案例分析 ··· (60)
 释疑解难 ··· (63)

第3章 多维随机变量及其分布 ·· (64)
 3.1 多维随机变量及其分布函数 ··································· (64)
 3.2 二维离散型随机变量及其分布 ······························· (67)
 3.3 二维连续型随机变量及其分布 ······························· (73)
 3.4 二维随机变量函数的分布 ······································ (80)
 总复习题3 ·· (84)
 案例分析 ··· (89)
 释疑解难 ··· (93)

第4章 随机变量的数字特征 ··· (95)
 4.1 数学期望 ··· (95)
 4.2 方差 ··· (102)
 4.3 协方差及相关系数 ··· (107)
 总复习题4 ·· (112)
 案例分析 ··· (116)

释疑解难 ··· (119)

第5章 大数定律和中心极限定理 ··· (121)
5.1 大数定律 ··· (121)
5.2 中心极限定理 ·· (123)
总复习题5 ··· (125)
案例分析 ··· (126)
释疑解难 ··· (128)

第6章 数理统计的基本概念 ·· (130)
6.1 总体与样本 ··· (130)
6.2 统计量 ·· (132)
6.3 抽样分布 ··· (134)
总复习题6 ··· (141)
案例分析 ··· (143)
释疑解难 ··· (144)

第7章 参数估计 ·· (146)
7.1 参数的点估计 ·· (146)
7.2 参数的区间估计 ··· (157)
总复习题7 ··· (167)
案例分析 ··· (170)
释疑解难 ··· (173)

第8章 假设检验 ·· (174)
8.1 假设检验的基本概念 ··· (174)
8.2 单个正态总体参数的假设检验 ··· (176)
8.3 两个正态总体均值差和方差比的假设检验 ······································· (187)
总复习题8 ··· (194)
案例分析 ··· (197)
释疑解难 ··· (201)

第9章 SPSS软件及其应用 ··· (203)
9.1 SPSS软件简介 ·· (203)
9.2 SPSS软件的应用 ·· (205)
9.3 综合实践 ··· (216)

附录 ··· (217)
附录1 标准正态分布表 ··· (217)
附录2 χ^2 分布表 ·· (219)
附录3 t 分布表 ··· (221)
附录4 F 分布表 ·· (223)

习题参考答案 ·· (228)

参考文献 ··· (255)

第 1 章　概率论的基本概念

概率论是研究大量不确定现象统计规律的数学学科. 20 世纪以来,它广泛应用于生活、工业、经济、国防等各个领域.

本章将介绍随机事件及其概率,内容主要包括随机现象、随机事件、概率、条件概率、独立事件等.

1.1　随 机 事 件

1.1.1　随机现象

自然界和人类社会生活中普遍存在着两类现象. 例如扔一枚硬币,硬币必然会掉下来;同性电荷必互相排斥;在标准大气压下,水被加热到 100 ℃时一定沸腾等等. 这些现象在事前就可以预知其结果,即在一定条件下,某一确定的现象必然会发生,我们称这样的现象为**确定性现象**或**必然性现象**. 但是,也有很多现象,其结果是不确定的,例如落下来的硬币是正面向上还是反面向上,掷一颗骰子,落下来时具体是几点的面朝上,在股票交易中,某一股票的交易价格在下一秒是上涨,还是下跌,等等. 这些现象在事前不能预知其结果,即在一定的条件下,某种现象可能发生,也可能不发生,我们称这样的现象为**随机性现象**或**偶然性现象**.

虽然随机现象在相同条件下可能出现这样或那样的结果,但是,在这些随机现象大量重复出现以后,经过观察,往往可以发现一些固有的规律,这就是我们通常所说的统计性规律. 例如,经过很多次抛掷一枚均匀硬币后,出现正面向上的次数约占总抛掷次数的一半;用一个测量工具反复测量一个物体的长度,测量结果发生波动是很正常的,但是多次测量的结果却稳定在该物体的真实长度附近.

概率论就是研究和揭示随机现象统计规律的一个数学分支. 数理统计侧重从观测数据出发来研究随机现象,概率论是数理统计的基础,数理统计是概率论的一种应用.

1.1.2　随机试验

对某种现象的一次观测、测量等统称为一个试验,记为 E. 我们正是通过试验来研究随机现象的,如:

E_1:抛一枚硬币,分别用"H"和"T"表示正面朝上和反面朝上,观察出现的结果;

E_2:抛一颗骰子,观察出现的点数;

E_3：记录城市某路段某个月内闯红灯的车次；

E_4：从一批灯泡中任取一只，测试其使用寿命；

E_5：一个盒子里装有 4 个红球和 2 个白球，有放回地抽取两次，每次一个，观察抽取的结果.

上述的各种试验，它们有着共同的特点. 概括起来，有：

(1) 试验可以在相同条件下**重复进行**；

(2) 试验的所有可能结果是已知的，并且不止一个；

(3) 进行一次试验之前，不能确定哪一种结果会出现.

我们称满足上述条件的试验为**随机试验**，简称为**试验**. 以后所提到的试验都是指随机试验. 随机试验所有可能结果的集合，称为该试验的**样本空间**，记为 Ω. Ω 中的每一个元素称为样本点，记为 ω.

注 样本点即为随机试验的每一种可能结果.

如：

$E_1 : \Omega_1 = \{H, T\}$；

$E_2 : \Omega_2 = \{1, 2, 3, 4, 5, 6\}$；

$E_3 : \Omega_3 = \{0, 1, 2, 3, \cdots\}$；

$E_4 : \Omega_4 = \{t \mid t \geqslant 0\}$，这里 t 表示灯泡的使用寿命；

$E_5 : \Omega_5 = \{(红球, 白球), (白球, 白球), (红球, 红球), (白球, 红球)\}$.

注 样本空间可以是数集，也可以不是数集；样本空间可以是有限集，也可以是无限集.

1.1.3 随机事件

在随机试验中，我们通常关心的不仅是某个样本点在试验后是否出现，而且更关心的是满足一定条件的样本点在试验后是否出现. 例如在 E_2 试验中，我们关心的是试验结果出现的点数是否是偶数点，满足这个条件的样本点 $\{2, 4, 6\}$ 组成了样本空间 Ω_2 的子集. 我们把样本空间的子集称为随机事件，简称事件，常用大写字母 $A, B, C, \cdots$ 来表示. 如在 E_2 中，$A = \{1\}$，$B = \{2\}$. 只含有一个样本点的子集称为**基本事件**，即只含有一个试验结果的事件. 在随机试验中，若组成随机事件 A 的某个样本点出现，则称事件 A 发生，否则称事件 A 不发生.

如在 E_2 试验中，$A = \{2, 4, 6\}$，随机事件 A 在一次试验中可能发生，也可能不发生，当且仅当掷出的点数是 2, 4, 6 中的任何一个时，则称事件 A 发生.

特别地，样本空间 Ω 是其本身的一个子集，是一个特殊的事件. 因 Ω 包含所有的样本点，故每次试验必定有 Ω 中的一个样本点出现，即 Ω 必然发生，称 Ω 为**必然事件**. 而它的"反向"是空集 $\varnothing$，它不包含任何一个样本点，故每次试验 $\varnothing$ 必定不发生，称 $\varnothing$ 为**不可能事件**.

注 必然事件和不可能事件已无随机性可言，因而本质上它们不是随机事件. 但为了方便起见，仍把 Ω 与 $\varnothing$ 当成两个特殊的随机事件.

对于一个样本空间，有很多的随机事件，我们希望用较简单的事件去了解并掌握较复杂的事件. 由于事件是一个集合，事件之间的关系与运算就可以按照集合之间的关系和运算来处理.

为叙述方便，以 E_2 试验为例，设事件 $A_1 = \{$扔出的是奇点数$\} = \{1, 3, 5\}$，事件 $A_2 = \{$扔出的是偶点数$\} = \{2, 4, 6\}$，事件 $A_3 = \{$扔出的点数不超过 5$\} = \{1, 2, 3, 4, 5\}$，事件 A_4

= \{扔出的点数不超过 3\} = \{1,2,3\}$, $A_5 = \{5\}$, $A_6 = \{6\}$.

1. **包含关系**:若事件 A 的发生必导致事件 B 的发生,则称事件 B 包含事件 A,记作 $B \supset A$.

2. **相等关系**:若 $A \subset B$,且 $B \subset A$,即事件 A 的发生导致事件 B 的发生,且事件 B 的发生也能导致事件 A 的发生,则称 A 与 B 相等,记作 $A = B$.

3. **事件的积(交)**:若某事件发生当且仅当事件 A 且事件 B 发生,则称此事件为事件 A 与 B 的积(交)事件,记作 $A \cap B$,或 AB.

注 (1) 与两个事件包含、相等这些用来表示事件之间关系的概念不同,交事件是两个事件组成的一个新的事件.

例如,对于 E_2 试验,事件 $A_1 \cap A_4 = \{1,3\}$,这个事件既不同于 A_1 也不同于 A_4.

(2) ① 若 $A_1, A_2, \cdots, A_n$ 表示有限个事件,则 $A_1 \cap A_2 \cap \cdots \cap A_n$ 表示 $A_1, A_2, \cdots, A_n$ 同时发生的事件,记作 $\bigcap_{i=1}^{n} A_i$.

② 若 $A_1, A_2, \cdots, A_n, \cdots$ 为无穷可列个事件,则 $A_1 \cap A_2 \cap \cdots \cap A_n \cap \cdots$ 表示 $A_1, A_2, \cdots, A_n, \cdots$ 同时发生的事件,记作 $\bigcap_{i=1}^{\infty} A_i$.

4. **事件的和(并)**:事件 A, B 至少有一个发生的事件,称为事件 A 与 B 的和(并)事件,记作 $A \cup B$.

例如,对于 E_2 试验, $A_1 \cup A_2 = \{1,2,3,4,5,6\}$.

注 (1) 若 $A_1, A_2, \cdots, A_n$ 为有限个事件,则 $A_1 \cup A_2 \cup \cdots \cup A_n$ 为 $A_1, A_2, \cdots, A_n$ 的和(并)事件,记作 $\bigcup_{i=1}^{n} A_i$.

(2) 若 $A_1, A_2, \cdots, A_n, \cdots$ 为无穷可列个事件,则 $A_1 \cup A_2 \cup \cdots \cup A_n \cup \cdots$ 为 $A_1, A_2, \cdots, A_n, \cdots$ 的和(并)事件,记作 $\bigcup_{i=1}^{\infty} A_i$.

5. **事件的差**:若事件 A 发生而 B 不发生,则这一事件称为事件 A 与 B 的差事件,记作 $A - B$.

注 $A - B = A - AB$.

6. **事件的互斥**:任何一次试验中, A 与 B 都不可能同时发生,则称事件 A 与事件 B 为**互斥事件**,又称为**互不相容事件**,记作 $AB = \varnothing$. 例如,对于 E_2 试验, $A_2 A_5 = \varnothing$, A_2 与 A_5 是互斥事件.

注 (1) 任意两个基本事件都是互斥的,如 E_2 中, A_5 与 A_6 互斥.

(2) 若 $A_i A_j = \varnothing (i \neq j; i,j = 1,2,\cdots,n)$,则 $A_1, \cdots, A_n$ 为两两互斥.

7. **事件的对立**:将事件 A 不发生的事件称为事件 A 的**对立事件**或**逆事件**,记作 $\overline{A}$.

在进行事件运算时,经常会用到交换律、结合律、分配律和德摩根律.

交换律: $A \cup B = B \cup A$, $A \cap B = B \cap A$;

结合律: $A \cup (B \cup C) = (A \cup B) \cup C$, $A \cap (B \cap C) = (A \cap B) \cap C$;

分配律: $A \cup (B \cap C) = (A \cup B) \cap (A \cup C)$, $A \cap (B \cup C) = (A \cap B) \cup (A \cap C)$;

德摩根律:

$\overline{A \cup B} = \overline{A} \cap \overline{B}, \overline{A \cap B} = \overline{A} \cup \overline{B}$

$\overline{A_1 \cup A_2 \cup \cdots \cup A_n \cup \cdots} = \overline{A}_1 \cap \overline{A}_2 \cap \overline{A}_3 \cap \cdots \cap \overline{A}_n \cap \cdots$

$\overline{A_1 A_2 \cdots A_n \cdots} = \overline{A}_1 \cup \overline{A}_2 \cup \cdots \cup \overline{A}_n \cup \cdots$

注 (1) $\overline{A} = \Omega - A, \overline{\overline{A}} = A$.

(2) 两个相互对立的事件一定是不相容事件,但两个不相容事件未必是对立事件.例如,对于 E_2 试验,A_1, A_2 是不相容事件,同时也是对立事件,而 A_2 与 A_5 是互不相容事件,但不是对立事件.

例 1.1.1 一项任务由甲、乙、丙三人分别去完成,设事件 A, B, C 分别表示这三人完成任务,试用 A, B, C 表示下列事件:

(1) {三人中,只有甲完成了任务};

(2) {三人都完成了任务};

(3) {三人都没有完成任务};

(4) {仅有一人完成任务};

(5) {至少一人没完成任务};

(6) {至少两人完成};

(7) {至多一人完成任务}.

解 (1) $A\overline{B}\overline{C}$;(2) ABC;(3) $\overline{A}\overline{B}\overline{C}$;(4) $A\overline{B}\overline{C} \cup \overline{A}B\overline{C} \cup \overline{A}\overline{B}C$;
(5) $\overline{A} \cup \overline{B} \cup \overline{C}$;(6) $AB \cup AC \cup BC$;(7) $\overline{A}\overline{B} \cup \overline{A}\overline{C} \cup \overline{B}\overline{C}(\overline{A}\overline{B}C \cup \overline{A}B\overline{C} \cup A\overline{B}\overline{C} \cup \overline{A}\overline{B}\overline{C})$.

例 1.1.2 从一批产品中任取两件,观察其中的合格品数,记
$$A = \{两件产品都是合格品\}, \quad B_i = \{第 i 件是合格品\} \quad (i = 1,2)$$
试分析:

(1) 如何用 B_i 来表示 $A, \overline{A}$;

(2) $\overline{A}$ 表示什么事件.

解 $A = B_1 B_2$,由德摩根律知 $\overline{A} = \overline{B}_1 \cup \overline{B}_2$,显然 $\overline{A} = \{至少有一件不是合格品\}$.

习 题 1.1

A 组

1. 写出下列试验的样本空间:

(1) 试验 E_1:从一批产品中任意取 5 个样品,观察其中的次品数;

(2) 试验 E_2:记录某段时间内电话交换台接到的呼唤次数;

(3) 试验 E_3:观察某地一天内的最高气温和最低气温(假设最低气温不低于 T_1,最高气温不高于 T_2);

(4) 试验 E_4:随意抛掷一枚均匀的骰子两次.

2. 设 A, B, C 为三事件,用 A, B, C 的运算关系表示下列各事件:

(1) A 与 B 都发生,而 C 不发生;

(2) A, B, C 中至少有一个发生;

(3) A, B, C 中恰有两个发生;

(4) A, B, C 中至多有两个发生;

(5) A, B, C 中至少有两个发生.

3. 设样本空间 $\Omega = \{x | 0 \leqslant x \leqslant 2\}$，事件 $A = \{x | 0.5 \leqslant x \leqslant 1\}$，$B = \{x | 0.8 < x \leqslant 1.6\}$，具体写出下列各事件：

(1) AB；(2) $A - B$；(3) $\overline{A - B}$；(4) $\overline{A \cup B}$.

4. 甲、乙、丙三人各射击一次，事件 A, B, C 分别表示甲、乙、丙射中，试说明下列事件所表示的结果：

$$\overline{B}, B \cup C, \overline{AB}, \overline{A \cup B}, AB\overline{C}, AB \cup BC \cup AC$$

B 组

1. 设 A 和 B 为任意两个事件，问 $A \cup B - A = B$ 是否成立？
2. 试把事件 $A_1 \cup A_2 \cup \cdots \cup A_n$ 表示成 n 个两两互不相容事件之并.
3. 一个工人生产了 n 个零件，以事件 A_i 表示"他生产的第 i 个零件是正品"($1 \leqslant i \leqslant n$). 试用 $A_1, A_2, \cdots, A_n$ 表示事件"至少有两个零件不是次品".

1.2 事件的概率

从实用的角度看，概率的统计定义是一种通过实验去估计事件概率的方法，比如，掷骰子这个实验，我们可以反复将这个骰子投掷大量的次数，用在多次投掷中事件出现的频繁程度去刻画事件出现的可能性大小.

1.2.1 概率的统计定义

1. 频率

实例 1.2.1 (抛硬币) 假设一枚硬币是均匀的，我们将硬币抛掷多次，观察出现正面的情况，表 1.1 是历史上一些科学家所做试验的情况.

表 1.1

试验者	抛掷次数	出现正面的次数 n	出现正面的频率 $f_n(A) = n_A/n$
德摩根	2 048	1 061	0.518
蒲丰	4 040	2 048	0.506 9
皮尔逊	12 000	6 019	0.501 6
皮尔逊	24 000	12 012	0.500 5
维尼	30 000	14 994	0.499 8

在我们把一枚硬币重复多次抛掷以后，出现正面的频率始终在 0.5 附近振荡，而且随着试验次数的增多，振荡的幅度会越来越小，即频率 $f_n(A)$ 随着试验次数的增多趋向数值 0.5，事实上，0.5 就是抛硬币试验出现正面这个事件的概率.

实例 1.2.2 (高尔顿钉板试验) 这个试验是由英国生物统计学家高尔顿设计的，在上端放一个小球，任其下落，在下落过程中当小球碰到钉子时，从左边滑下与右边滑下的机会相等，碰到下一排钉子又是如此，最后落到底板中的某一格子，因此，任意放到一球，此球落到哪一个格子,事先难以确定,但是试验证明,如放大量小球,则其最后呈现的曲线,几乎总是类似,也就是说,小球落到各个格子的频率趋于稳定.

实例 1.2.3 (人口统计)1970,1980,1990 和 2000 年我国大陆性别的统计资料如表 1.2 所示.

表 1.2　　　　　　　　　　　　单位:万

年份		1970	1980	1990	2000
总数	全部	82 992	98 705	114 333	126 583
	男	42 686	50 785	58 904	65 355
	女	40 306	55 429	55 429	61 228
比重	男	0.514 3	0.514 5	0.512 5	0.516 3
	女	0.485 7	0.485 5	0.485 5	0.483 7

从表 1.2 中可以看到,不同时期大陆人口的性别结构出现惊人的稳定性.

假设 E 为一随机试验,A 为其中任意事件,在相同条件下,把 E 独立重复做 n 次,n_A 表示事件 A 在这 n 次试验中出现的次数,称 $f_n(A)=\frac{n_A}{n}$ 为事件 A 在这 n 次试验中出现的频率.

任意随机事件 A 的频率 $f_n(A)$ 具有以下性质:

(1) 非负性:因为在 n 次试验中随机事件 A 发生的次数 $n_A \geqslant 0$,所以 $f_n(A)=\frac{n_A}{n}\geqslant 0$.

(2) 规范性:$f_n(\Omega)=1$.

(3) 有限可加性:对于 n 个互斥的事件 $A_1,A_2,\cdots,A_n$,有

$$f_n(\bigcup_{i=1}^{n} A_i) = \sum_{i=1}^{n} f_n(A_i)$$

在相同的条件下重复进行同一试验,当试验次数很大时,某事件 A 发生的频率在一个固定的数值附近摆动,即事件发生的频率稳定于该数值,这种规律性称为统计规律性.

频率的稳定性揭示了随机现象的客观规律性,它是随机事件在一次随机试验中发生可能性大小的度量.

2. 概率的统计意义

在相同的条件下,重复进行 n 次试验,若事件 A 发生的频率 $f_n(A)=\frac{n_A}{n}$ 随着试验的次数 n 增加而稳定地在某个常数 $p(0 \leqslant p \leqslant 1)$ 附近摆动,则称 p 为事件 A 的概率,记为 $P(A)$.

1.2.2　概率的公理化定义

虽然人们很早就开始研究概率,但是在很长一段时间内概率论还不是一门成熟的数学学科,对于什么是概率还没有明确的数学定义,概率的统计定义对试验不做任何要求,虽然直观但在数学上却很不严密,因为其依据是大量重复试验时频率呈现的稳定性.但是,什么是"大量"? 是一万次还是十万次? 试验次数究竟要多到怎样的程度才能算"大量"? 还有,定义中的"p"如何确定? 不同的人可能有不同的选择.

20 世纪 30 年代初,冯·米富斯(R. Von Mises)给出样本空间的概念,使得有可能把严密的概率理论建立在测度论上. 20 世纪 30 年代中期,柯尔莫哥洛夫(A. N. Kolmogorov, 1903~1987)以频率的 3 个性质为背景给出概率的严密的公理化定义.

柯尔莫哥洛夫是 20 世纪苏联最杰出的数学家,也是 20 世纪世界上为数极少的几个最有影响的数学家之一. 他一生发表学术论文 488 篇,无论在纯粹数学还是应用数学方面,在确定性现象的数学还是随机数学方面,在数学研究还是数学教育方面,他都做出了杰出的贡献.

设随机试验的样本空间为 Ω,对于任一随机事件 $A(A\subset\Omega)$,若有确定的实值函数 $P(A)$,满足下列性质:

性质 1.2.1 (非负性)任何事件的概率都是非负的,即 $P(A)\geqslant 0$;

性质 1.2.2 (规范性)必然事件 Ω 的概率等于 1,即 $P(\Omega)=1$;

性质 1.2.3 (可列可加性)对于可列无穷多个互斥的事件 $A_1, A_2, \cdots, A_n, \cdots$,有

$$P(\bigcup_{i=1}^{\infty} A_i) = \sum_{i=1}^{\infty} P(A_i)$$

则称 $P(A)$ 为随机事件 A 的概率.

由这三条公理,可以推出如下的性质.

1.2.3 概率的性质

性质 1.2.4 $P(\varnothing)=0$.

证 令 $A_i = \varnothing (i=1,2,\cdots)$,则 $A_1\cup A_2\cup\cdots = \varnothing$,且 $A_1, A_2,\cdots$ 两两互斥,由概率的可加性得 $P(\varnothing) = P(\varnothing) + P(\varnothing) + \cdots$,再由 $P(\varnothing)\geqslant 0$,得 $P(\varnothing) = 0$.

性质 1.2.5 (有限可加性)若 $A_1, A_2, \cdots, A_n$ 两两互斥,则 $P(\bigcup_{i=1}^{n} A_i) = \sum_{i=1}^{n} P(A_i)$.

证 令 $A_{n+1} = A_{n+2} = \cdots = \varnothing$,由公理化性质 1.2.3 即得.

性质 1.2.6 $P(A-B) = P(A) - P(AB)$,特别地,若 $B \subset A$,则有 $P(A-B) = P(A) - P(B), P(B) \leqslant P(A)$.

证 $AB \cup (A-B) = A, AB \cap (A-B) = \varnothing$,由有限可加性知 $P(A-B) + P(AB) = P(A)$,结论立得.

注 $P(A-B) = P(A-AB) = P(A) - P(AB) = P(A\bar{B})$.

推论 1.2.1 当 $A = \Omega$ 时,由上述结论知 $P(\bar{A}) = 1 - P(A)$.

性质 1.2.7 $P(A\cup B) = P(A) + P(B) - P(AB)$.

证 因为 $A\cup B = A\cup(B-AB), AB\subset B$,且 $A(B-AB) = \varnothing$,所以 $P(A\cup B) = P(A) + P(B-AB) = P(A) + P(B) - P(AB)$.

推广: $P(A\cup B\cup C) = P(A) + P(B) + P(C) - P(AB) - P(BC) - P(AC) + P(ABC)$.

此条性质还可以推广到 n 个事件,这里不再列举.

例 1.2.1 已知 $P(A)=0.3, P(B)=0.5, P(A\cup B)=0.7$,试求:
(1) $P(A\cap B)$;(2) $P(A\bar{B})$;(3) $P(\bar{A}\bar{B})$.

解 (1) $P(A\cap B) = P(A) + P(B) - P(A\cup B) = 0.1$;

(2) $P(A\cap\bar{B}) = P(A-AB) = P(A) - P(AB) = 0.3 - 0.1 = 0.2$;

(3) $P(\overline{A}\overline{B}) = P(\overline{A \cup B}) = 1 - P(A \cup B) = 0.3$.

1.2.4 古典概型

E：假设箱子中共有 100 个产品，其中有 5 个不合格品，从中随机抽取一个，观察取到产品的情况.

这一类试验有如下两个特点：

(1) 试验的样本空间所包含的样本点有限多个；

(2) 试验中每个样本点发生的可能性相同.

具有以上两个特点的试验模型称为**等可能概型**，也称为**古典概型**.

定义 1.2.1 在古典概型中，样本空间 $\Omega = \{w_1, \cdots, w_n\}$，事件 $A = \{w_{k_1}, \cdots, w_{k_m}\}$，其中 $k_1, \cdots, k_m$ 为 $1, 2, \cdots, n$ 中某 m 个不同的数，则称 $P(A) = \dfrac{A \text{ 事件包含的样本点数}}{\text{样本空间的样本点数}}$ 为事件 A 的概率. 这种方法得到的概率称为古典概率.

例 1.2.2 （抽签问题）袋中有 a 根红签，b 根白签，它们除颜色不同外，其他方面没有差别，现有 $a+b$ 个人依次无放回地去抽签，问第 k 个人抽到红签的概率有多大？

解 把 a 根红签，b 根白签看作是不同的，若把抽出的签依次排成一列，则每个排列就是试验的一个样本点，样本点总数就等于 $a+b$ 根不同签的所有全排列数 $(a+b)!$.

记 $A_k = \{$第 k 个人抽到一根红签$\}$.

事件 A_k 包含的样本点的特点是：第 k 个位置上排列的一定是红签，有 a 种排法，在其他 $a+b-1$ 个位置上签的排列总数为 $(a+b-1)!$，所以 A_k 包含的样本点数为 $a(a+b-1)!$. 故所求概率为

$$P(A_k) = \frac{a(a+b-1)!}{(a+b)!} = \frac{a}{a+b} \quad (1 \leqslant k \leqslant a+b)$$

例 1.2.3 （摸球问题）100 件产品中有 5 件次品，从中连续取两次，若(1) 取后不放回，(2) 取后放回，则两次都取得合格品的概率分别是多少？

解 (1) 根据题意，100 件产品中有 5 件次品，从中连续取两次，若取后不放回，则样本点总数为 $C_{100}^1 C_{99}^1$，取得合格品的事件的样本点数为 $C_{95}^1 C_{94}^1$，则两次都取合格品的概率为 $\dfrac{95 \times 94}{100 \times 99} = \dfrac{893}{990}$.

(2) 若取后放回，则样本点总数为 $C_{100}^1 C_{100}^1$，取得合格品的事件的样本点数为 $C_{95}^1 C_{95}^1$，则两次都取合格品的概率为 $\dfrac{95 \times 95}{100 \times 100} = \dfrac{361}{400}$.

例 1.2.4 （分房问题）有 n 个人，每个人都以同样的概率被分配到 N 间房的任一间中，试求下列事件的概率：

(1) $A = \{$某指定 n 间房中各有一人$\}$；

(2) $B = \{$恰有 n 间房中各有一人$\}$；

(3) $C = \{$某指定房中恰有 $m (m \leqslant n)$ 人$\}$.

解 把第一个人分配到 N 间房之一去，有 N 种可能，把第二个人分配到 N 间房之一去，也有 N 种可能……所以把 n 个人分配到 N 间房中就有 N^n 种分配法. 故样本点总数为 N^n.

(1) 某指定 n 间房中各有一人的一种分配法相当于 n 个人的一个全排列,于是,A 包含的样本点数为 $n!$,故所求概率为

$$P(A) = \frac{n!}{N^n}$$

(2) 恰有的 n 间房可从 N 间房中任意选出,有 C_N^n 种选法,对每一种这样的选法,n 个人又有 $n!$ 种不同的分配法,于是,B 包含的样本点数为 $C_N^n n!$,从而,所求的概率为

$$P(B) = \frac{C_N^n n!}{N^n}$$

(3) 某指定的房间中的 m 个人可从 n 个人中任意选出,有 C_n^m 种选法,其余 $n-m$ 个人可任意分配到其余的 $N-1$ 个房间里,有 $(N-1)^{n-m}$ 种分配法,于是,C 包含的样本点数为 $C_n^m(N-1)^{n-m}$,故所求概率为

$$P(C) = \frac{C_n^m (N-1)^{n-m}}{N^n}$$

注 概率论历史上有一个著名的问题——生日问题,即求 n 个同班同学中没有两个人生日相同的概率.

例 1.2.5 全班有 40 名同学,他们的生日皆不相同的概率为多少?

解 令 $A = \{40 \text{ 个同学生日皆不相同}\}$,此题可如下理解:有 365 个盒子、40 个球,所有同学生日均不相同相当于 40 个球投入不同的盒子里. 这实质上还是一个分球问题. 则有 $P(A) = \dfrac{C_{365}^{40} \cdot 40!}{365^{40}}$.

1.2.5 几何概型

古典概型只研究了有限等可能结果的随机试验的概率模型. 我们进一步讨论样本空间 Ω 是直线上某个区间,或者是平面、空间上的某个区域等的等可能随机试验的模型,即几何概型.

定义 1.2.2 设样本空间 Ω 是某个几何有限区域,每个样本点等可能地出现,当事件 A 是样本空间的一个子集时,则称 $P(A) = \dfrac{m(A)}{m(\Omega)}$ 为事件 A 的概率. 这里 $m(\cdot)$ 表示几何度量,如长度、面积、体积等,由这种方法得到的概率称为几何概率.

注 (1) $P(A) = \dfrac{\text{构成事件 } A \text{ 的域度(面或体)}}{\text{样本空间的域度(面或体)}}$;

(2) 在古典概型中,不可能事件的概率是 0,概率是 0 的事件是不可能事件,但是在几何概型中,这个结论不真.

例 1.2.6 (候车问题)公共汽车站每隔 5 分钟有一辆汽车通过,乘客到达汽车站的任一时刻是等可能的,问乘客候车时间不超过 3 分钟的概率是多少?

解 记 $A = \{\text{候车时间不超过 3 分钟}\}$,以 x 表示乘客来到车站的时刻,那么每一个试验结果可表示为 x,假定乘客到车站后来到的第一辆公共汽车的时刻为 t,据题意,乘客必须在 $(t-5, t]$ 内来到车站,故 $\Omega = \{x \mid t-5 \leqslant x \leqslant t\}$.

若使乘客候车时间不超过 3 分钟,必须使得 $t-3 \leqslant x \leqslant t$,所以 $A = \{x \mid t-3 \leqslant x \leqslant t\}$,故 $P(A) = \dfrac{3}{5} = 0.6$.

例 1.2.7 （会面问题）罗密欧和朱丽叶约定某时刻见面,每个人到达约会地点的时间都会延迟,延迟时间在 0~60 min. 第一个到达约会地点的人会在那儿等待 15 min,之后若对方还没有到达,先到者会离开. 问他们能够相会的概率有多大?

这个问题是个典型的几何概型问题,因而可以考虑用直角坐标系中的单位正方形表示样本空间,即 $S=[0,10]\times[0,10]$. 正方形内每个点的两个坐标恰好可以分别表示两个人到达时可能的延迟时间,并且显然每个点都是等可能的. 这样,罗密欧与朱丽叶两人可能相会的事件可用图中阴影部分表示,知道了阴影部分的面积,就知道了两人相会的概率有多大了（图 1.1）.

解 令 x 表示罗密欧到达约会地点的时间, y 表示朱丽叶到达约会地点的时间,则他们能够相会意味着 $|x-y|\leqslant 15$.

设 $A=\{$两人相会$\}$,则

$$P(A)=\frac{\text{构成事件 }A\text{ 的域面}}{\text{样本空间的域面}}$$

$$=\frac{60\cdot 60-2\cdot\frac{1}{2}45\cdot 45}{60\cdot 60}=0.4375$$

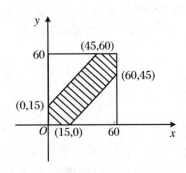

图 1.1

例 1.2.8 （蒲丰投针问题）1777 年的一天,法国科学家蒲丰邀请宾客来观看一次奇特的试验. 试验开始,只见年已古稀的蒲丰先生兴致勃勃地拿出一张纸来,纸上预先画好了一条条等距离的平行线,接着他抓出一把事先准备好的小针,这些小针的长度都是平行线间距离的一半,然后蒲丰先生宣布,请诸位把这些小针一根一根地往纸上扔吧,不过,请大家务必把扔下的针是否与纸上的平行线相交告诉我.

客人们不知道蒲丰先生要玩什么把戏,只好客随主便,一个个加入了试验的行列. 最后,蒲丰高声宣布,先生们,我这里记录了诸位刚才的投针结果,共投针 2 212 次,其中与平行线相交的有 704 次,总数 2 212 与 704 的比值是 3.142,这就是圆周率 π 的近似值. 众客哗然,一时议论纷纷,大家都感到莫名其妙,圆周率? 这可是与圆半点也沾不上边呀. 蒲丰接着说,如果大家有耐心的话,再增加投针的次数,还能得到更精确的近似值.

这个投针试验的问题,是蒲丰最先提出的,所以数学史上也就称之为蒲丰投针问题.

下面我们来研究一下这个试验的奥秘.

假设水平线间距离为 a,小针的长度为 $b(b\leqslant a)$,以 x 表示针投到平面上时,针的中点 M 到最近的一条平行直线的距离,φ 表示针与该平行直线的夹角（图 1.2）,则投针试验的所有可能结果与矩形区域

$$S=\left\{(x,\varphi)\,\middle|\,0\leqslant x\leqslant\frac{a}{2},0\leqslant\varphi\leqslant\pi\right\}$$

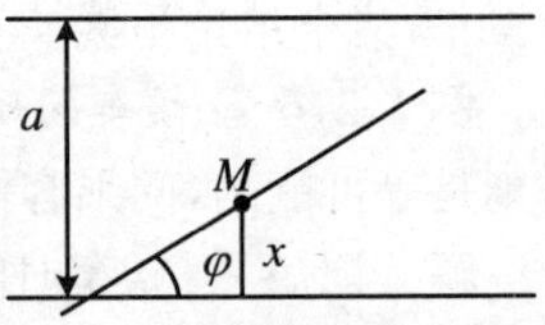

图 1.2

中的所有点一一对应. 由投掷的任意性可知,这是一个几何概型. 所关心的事件 $A=\{$与某一平行直线相交$\}$发生的充分必要条件为 S 中的点满足 $0\leqslant x\leqslant$

$\frac{b}{2}\sin\varphi(0 \leqslant \varphi \leqslant \pi)$, $A = \left\{(X,\varphi) \mid 0 \leqslant x \leqslant \frac{b}{2}\sin\varphi, 0 \leqslant \varphi \leqslant \pi\right\}$.

$$P(A) = \frac{A \text{ 的面积}}{S \text{ 的面积}} = \frac{\int_0^\pi \frac{b}{2}\sin\varphi \mathrm{d}\varphi}{\frac{a}{2} \times \pi} = \frac{b}{\frac{a}{2} \times \pi} = \frac{2b}{a\pi}$$

根据频率的稳定性,当投针试验次数 n 很大时,测出针与平行直线相交的次数 m,则频率 $\frac{m}{n}$ 即可作为 $P(A)$ 的近似值,代入上式,得

$$\frac{m}{n} \approx \frac{2b}{a\pi} \Rightarrow \pi \approx \frac{2bn}{am}$$

利用上式可计算圆周率 π 的近似值.

习 题 1.2

A 组

1. 对于事件 A,B,下列命题正确的是(　　).
   A. 若 A,B 互不相容,则 $\bar{A}$ 与 $\bar{B}$ 也互不相容.
   B. 若 A,B 相容,那么 $\bar{A}$ 与 $\bar{B}$ 也相容.
   C. 若 A,B 互不相容,且概率都大于零,则 $\bar{A},\bar{B}$ 也相容.
   D. 若 A,B 相互独立,那么 $\bar{A}$ 与 $\bar{B}$ 也相互独立.

2. 袋中有 50 个乒乓球,其中 20 个黄的,30 个白的,现在有两个人不放回地依次从袋中随机各取一球,则第二人取到黄球的概率是(　　)
   A. 1/5　　　　　B. 2/5　　　　　C. 3/5　　　　　D. 4/5

3. 假设 A 出现的概率为 0.6,A,B 都出现的概率为 0.1,A,B 都不出现的概率为 0.15,求:
   (1) A 出现但是 B 不出现的概率;
   (2) A,B 至少出现一个的概率.

4. 已知 $P(A) = P(B) = P(C) = \frac{1}{4}$,$P(AC) = P(BC) = \frac{1}{16}$,$P(AB) = 0$,求事件 A,B,C 全不发生的概率.

5. 一批产品共有 200 件,其中有 6 件废品.求(1) 任取 3 件产品中恰有 1 件是废品的概率;(2) 任取 3 件产品中没有废品的概率;(3) 任取 3 件产品中废品不少于 2 件的概率.

6. 将 n 个球随机地放入 $N(N \geqslant n)$ 个盒子中,若盒子的容量无限制,求事件 $A = \{$每盒子中至多有一球$\}$ 的概率.

7. 某班有学生 50 人,求这个班至少有两个人的生日相同的概率.

8. 有白色乒乓球 12 个,黄色乒乓球 3 个,现将它们随机装在 3 个盒子中,每盒装 5 个,设 $A = \{$每盒中恰有一个黄球$\}$,$B = \{$三个黄球都在同一盒中$\}$,试求 $P(A),P(B)$.

9. 从 5 双不同的鞋子中任取 4 只,问这 4 只鞋子至少有两只配成一双的概率是多少?

10. 甲、乙两人约定于 0 到 T 时间内在某地见面,并约定先到者等候另一人 t 小时,过

时即可离去,试问两人能会面的概率有多大?

11. 某码头只能容纳一只船,预知某日 24 小时内会有甲、乙两只船分别到达,如果停靠的时间分别为 3 小时和 4 小时,试求有一只船要在江中等待的概率.

B 组

1. 设 $P(A)=\frac{1}{3}, P(B)=\frac{1}{2}$,试就以下三种情况分别求 $P(\bar{B}A)$:

(1) $AB=\varnothing$;(2) $A\subset B$;(3) $P(AB)=\frac{1}{8}$.

2. 如果 A,B 互不相容,则( ).

   A. A,B 是对立事件   B. $A\cup B$ 是必然事件

   C. $\bar{A}\cup\bar{B}$ 是必然事件   D. $\bar{A}$ 与 $\bar{B}$ 互不相容

3. 当事件 A,B 同时发生时,事件 C 必发生,则下列结论中正确的是( )

   A. $P(C)=P(AB)$ B. $P(C)=P(A\cup B)$

   C. $P(C)\geqslant P(A)+P(B)-1$ D. $P(C)\leqslant P(A)+P(B)$

4. 设 A,B 是两事件且 $P(A)=0.6, P(B)=0.7$. 问:

(1) 在什么条件下 $P(AB)$ 取到最大值?最大值是多少?

(2) 在什么条件下 $P(AB)$ 取到最小值?最小值是多少?

5. 有 1000 张卡片,编号为 1~1000,从中任取一张卡片,求其编号中有数字 2 的概率.

6. 从 $1,2,\cdots,200$ 这 200 个整数中任取一个数,求该数能被 2 或 3 整除的概率.

1.3 条件概率、乘法公式及全概率公式

实例 1.3.1 一场精彩的足球比赛将要举行,5 个球迷好不容易才得到一张入场券,大家都想去,只好用抽签的方法来解决. 5 张同样的卡片中,只有一张上写有"入场券",其余的什么也没写,将它们放在一起,洗匀,让 5 个人每人抽取一次. 是不是后面抽的人比前面抽的人吃亏?

在这一节中,我们将回答这个问题. 本节介绍的条件概率是概率论中的一个基本概念,同时又是计算概率的重要工具. 乘法公式、建立在条件概率概念上的全概率公式、贝叶斯公式是计算概率的三个基本公式.

1.3.1 条件概率

例 1.3.1 一批同类产品共 15 件,其中甲厂提供的 5 件产品中有 4 件优质品,乙厂提供的 10 件产品中有 6 件优质品(表 1.3). 试考察下列事件的概率:

(1) 从全部产品中任抽 1 件是优质品;

(2) 从甲厂提供的产品中任抽 1 件,被抽中的这一件为优质品.

表 1.3

	优质品	非优质品	合计
甲厂	4	1	5
乙厂	6	4	10
合计	10	5	15

解 设 $B=\{$抽到的产品是优质品$\}$, $A=\{$抽到甲厂提供的产品$\}$.

(1) 抽取在全部产品中进行,故样本空间中有 15 个基本事件,B 中包含 10 个,则所求概率为 $\frac{2}{3}$,即得 $P(B)=\frac{10}{15}=\frac{2}{3}$.

(2) 这里考察的是在事件 A 发生条件下事件 B 发生的概率,显然不考虑乙厂生产的部分,因此样本空间的样本点数减少为 5,优质品也只要考虑甲厂生产的 4 件就可以了,因此概率为 $\frac{4}{5}$,将分子、分母同时除以 15,即得 $P(B|A)=\frac{4/15}{5/15}=\frac{P(AB)}{P(A)}$.

定义 1.3.1 设 A,B 为随机试验 E 的两个事件,且 $P(A)>0$,则称

$$P(B|A)=\frac{P(AB)}{P(A)}$$

为在事件 A 发生的条件下事件 B 发生的条件概率.

注 $P(B|A)$ 描述了在一定条件下(A 已发生)事件 B 发生的概率,这个概念既不同于 $P(B)$,也不同于 $P(AB)$.

例 1.3.2 抛掷一颗均匀的骰子,令 $A=$"出现奇点数",$B=$"出现一点",则 $P(B|A)=\frac{1}{3}$,$P(AB)=\frac{1}{6}$,$P(B)=\frac{1}{6}$,可见 $P(B|A)\neq P(AB)$,$P(B|A)\neq P(B)$.

条件概率有如下性质:

(1) $P(\emptyset|A)=0$;

(2) 若 $B_1,B_2,\cdots,B_n$ 两两互斥,则 $P(\bigcup_{k=1}^{n}B_k|A)=\sum_{k=1}^{n}P(B_k|A)$;

(3) $P(\bar{B}|A)=1-P(B|A)$,$P(B|A)\leqslant 1$;

(4) $P(B\cup C|A)=P(B|A)+P(C|A)-P(BC|A)$;

(5) 若 $C\supset B$,则 $P(C-B|A)=P(C|A)-P(B|A)$,且 $P(C|A)\geqslant P(B|A)$.

证明 此处仅证明性质(5).

$$P(C-B|A)=\frac{P((C-B)A)}{P(A)}=\frac{P(CA-BA)}{P(A)}=\frac{P(CA)-P(BA)}{P(A)}$$
$$=P(C|A)-P(B|A)$$

1.3.2 乘法公式

定义 1.3.2 (乘法公式)对于任意的事件 A,B,若 $P(A)>0$,则有 $P(AB)=P(A)P(B|A)$. 同样,若 $P(B)>0$,则有 $P(AB)=P(B)P(A|B)$.

推广到 n 个事件的情形:

推论 设 $A_1, A_2, \cdots, A_n$ 是 n 个事件,若 $P(A_1 A_2 \cdots A_{n-1}) > 0$,则
$$P(A_1 A_2 \cdots A_n) = P(A_1) P(A_2 | A_1) P(A_3 | A_1 A_2) \cdots P(A_n | A_1 A_2 \cdots A_{n-1})$$

特别地,当 $n=3$ 时,对于三个事件 A, B, C,若 $P(AB) > 0$,则有
$$P(ABC) = P(A) P(B | A) P(C | BA)$$

现在来回答实例 1.3.1 中提出的问题.

解 我们用 A_i 表示"第 i 个人抽到入场券"($i=1,2,3,4,5$),则 $\bar{A}_i$ 表示"第 i 个人未抽到入场券".显然 $P(A_1) = \dfrac{1}{5}, P(\bar{A}_1) = \dfrac{4}{5}$.现在来看第二个人,若第二个人抽到入场券,则第一个人一定未抽到,因此 $P(A_2) = P(\bar{A}_1 \cap A_2)$.应用乘法公式,得
$$P(A_2) = P(\bar{A}_1) P(A_2 | \bar{A}_1) = \frac{4}{5} \times \frac{1}{4} = \frac{1}{5}$$

同理,若第三个人要抽到入场券,则第一、第二个人都没有抽到,所以
$$P(A_3) = P(\bar{A}_1 \cap \bar{A}_2 \cap A_3) = P(\bar{A}_1) P(\bar{A}_2 | \bar{A}_1) P(A_3 | \bar{A}_1 \bar{A}_2) = \frac{4}{5} \times \frac{3}{4} \times \frac{1}{3} = \frac{1}{5}$$

继续做下去就会发现,每个人抽到"入场券"的概率都是 1/5.这说明:抽签不分先后,不必争先恐后,因为抽签顺序不会影响抽签的概率.

例 1.3.3 袋中有球 5 个:3 个红球,2 个白球.每次取 1 个,取后放回,再放入与取出的球色相同的球 2 个,求连续三次取得白球的概率.

解 设 $A = \{$第一次取得白球$\}, B = \{$第二次取得白球$\}, C = \{$第三次取得白球$\}$,则
$$P(ABC) = P(A) P(B | A) P(C | AB) = \frac{2}{5} \times \frac{4}{7} \times \frac{6}{9} = 0.152$$

1.3.3 全概率公式

全概率公式基于如下思路:求比较复杂事件的概率,将事件分解为若干个互不相容的简单事件之和,先分别计算这些简单事件的概率,然后求和,从而得到较复杂事件的概率.

为了叙述方便,首先介绍样本空间的划分:

定义 1.3.3 设 Ω 为随机试验 E 的样本空间,$B_1, B_2, \cdots, B_n$ 为 E 的一组事件,若
$$P(B_i) > 0, \quad B_i \cap B_j = \varnothing \quad (i \neq j; i, j = 1, 2, \cdots, n)$$
$$B_1 \cup B_2 \cup \cdots \cup B_n = \Omega$$

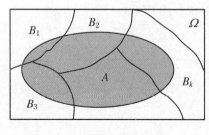

图 1.3

则称 $B_1, B_2, \cdots, B_n$ 构成样本空间 Ω 的一个划分.若事件组 $B_1, B_2, \cdots, B_n$ 是 Ω 的一个划分,且 $P(B_i) > 0 (i=1,2,\cdots,n)$,则事件组 $B_1, B_2, \cdots, B_n$ 叫作完备事件组.

定理 1.3.1 (全概率公式)如图 1.3 所示,设 n 个事件 $B_1, B_2, \cdots, B_n$ 构成 Ω 的一个划分,并且已知事件 B_i 的概率 $P(B_i)$ 及事件 A 在 B_i 发生条件下的条件概率 $P(A|B_i)(i=1,2,\cdots,n)$,则对 Ω 中任何一个事件 A,有
$$P(A) = \sum_{i=1}^{n} P(B_i) P(A | B_i)$$

证 因为 $B_i \cap B_j = \varnothing (i \neq j; i,j = 1,2,\cdots,n)$，所以 $AB_i \cap AB_j = \varnothing$，而

$$A = A\Omega = A(\bigcup_{i=1}^{n} B_i) = \bigcup_{i=1}^{n} AB_i$$

则有

$$P(A) = P(\bigcup_{i=1}^{n} AB_i) = \sum_{i=1}^{n} P(AB_i) = \sum_{i=1}^{n} P(B_i)P(A \mid B_i)$$

直观看来，如果我们把 B_i 看成是导致事件 A 发生的各种可能"原因"，那么，全概率公式告诉我们，事件 A 发生的概率恰好是事件 A 在这些"原因"下发生的条件概率的加权平均，其中的权重为 $P(B_i)$.

例 1.3.4 一个工厂内有 3 条流水线，并且都生产同一种商品. 这三条流水线的产量分别占总产量为 30%，30%，40%，其生产的产品的不合格率分别为 0.03, 0.02, 0.01，任取一件产品，抽到的是不合格品的概率是多少？

解 $A = \{$任取一件，恰为不合格品$\}$，$B_i = \{$任取一件，恰为第 i 条流水线生产的$\}$($i = 1,2,3$).

由题意知

$$P(B_1) = 0.3, \quad P(B_2) = 0.3, \quad P(B_3) = 0.4, \quad P(A \mid B_1) = 0.03$$
$$P(A \mid B_2) = 0.02, \quad P(A \mid B_3) = 0.01$$

由全概率公式可得

$$P(A) = \sum_{i=1}^{3} P(B_i)P(A \mid B_i) = 0.3 \times 0.03 + 0.3 \times 0.02 + 0.4 \times 0.01 = 0.019$$

例 1.3.5 （摸彩模型）假设 100 张奖券中有 3 张是中奖券. 现有 10 人依次抽取，每人抽一张，那么第一位抽奖者是否比第二位抽奖者中奖的概率更大一些呢？

解 设 A 表示第一位抽奖者中奖，B 表示第二位抽奖者中奖，依全概率公式得

$$P(B) = P(A)P(B \mid A) + P(\bar{A})P(B \mid \bar{A}) = \frac{3}{100} \cdot \frac{2}{99} + \frac{97}{100} \cdot \frac{3}{99} = \frac{3}{100}$$

而 $P(A) = \frac{3}{100}$，因此第一位抽奖者与第二位抽奖者中奖的概率一样大. 事实上，所有抽奖的人中奖的概率都相等，这说明能否中奖与抽奖的次序无关，因此抽奖是公平的.

例 1.3.6 假设在某时期内影响股票价格变化的因素只有银行存款利率的变化，经分析，该时期内利率下调的概率为 60%，利率不变的概率为 40%. 根据经验，在利率下调时，某股票上涨的概率为 80%；在利率不变时，这支股票上涨的概率为 40%. 求这只股票上涨的概率.

解 设事件 A 表示"这只股票上涨"，B 表示"银行利率下调"，$\bar{B}$ 表示"银行利率保持不变". 由题意有

$$P(B) = 0.6, \quad P(\bar{B}) = 0.4, \quad P(A \mid B) = 0.8, \quad P(A \mid \bar{B}) = 0.4$$

由全概率公式有

$$P(A) = P(B)P(A \mid B) + P(\bar{B})P(A \mid \bar{B}) = 0.6 \times 0.8 + 0.4 \times 0.4 = 0.64$$

全概率公式描述的是由一些已知的原因（事件 B_i）来探求某种结果（事件 A）的问题. 假如我们进行了一次试验，如果事件 A 确实发生了，则对于事件 B_i 的概率应重新估计，也就是要计算事件 B_i 在事件 A 已发生的条件下的条件概率 $P(B_i \mid A)$（它们是试验后的假设概率，称为后验概率）. 下面就给出了计算 $P(B_i \mid A)$ 的贝叶斯公式.

1.3.4 贝叶斯公式

定理 1.3.2 （贝叶斯公式）设 $B_1, B_2, \cdots, B_n$ 为样本空间 Ω 的一个划分，$P(B_i) > 0$ ($i = 1, 2, \cdots, n$)，则对任一事件 A，有

$$P(B_i \mid A) = \frac{P(B_i)P(A \mid B_i)}{\sum_{i=1}^{n} P(B_i)P(A \mid B_i)}$$

贝叶斯公式亦称为**逆概率公式**.

贝叶斯公式提供了一种重要的统计方法，如果运用得当，人们在用概率进行决策时，可以在事物或现象的发生过程中不断地捕捉新的信息，逐步修正对有关事件概率的估计，以便做出正确的决策.

例 1.3.7 接本节例 1.3.4. 该厂规定，若有不合格品，则追究生产此次品的流水线的经济责任. 目前该厂从成品中任意抽取一件，发现其为不合格品，但是由于某种原因无法辨别是由哪条流水线生产的，现问该厂该如何处理此不合格品？每条流水线应承担多大的经济责任？

解 由贝叶斯公式可得

$$P(B_1 \mid A) = \frac{P(B_1)P(A \mid B_1)}{\sum_{i=1}^{3} P(B_i)P(A \mid B_i)} = \frac{0.3 \times 0.03}{0.019} \approx 0.4737 = 47.37\%$$

同理可分别求出

$$P(B_2 \mid A) = \frac{P(B_2)P(A \mid B_2)}{\sum_{i=1}^{3} P(B_i)P(A \mid B_i)} = \frac{0.3 \times 0.02}{0.019} \approx 0.3158 = 31.58\%$$

$$P(B_3 \mid A) = \frac{P(B_3)P(A \mid B_3)}{\sum_{i=1}^{3} P(B_i)P(A \mid B_i)} = \frac{0.4 \times 0.01}{0.019} \approx 0.2105 = 21.05\%$$

由此可得出 3 条流水线所负的经济责任分别是 $47.37\%, 31.58\%, 21.05\%$.

此例探讨了如何处理生产生活中经常遇到的责任分担问题，我们发现尽管此例中第三条流水线的生产量是最大的，但是其所负的经济责任却是最小的，这个结果说明在实际操作中不能想当然地分摊责任.

例 1.3.8 在数字通信中，信号是由数字 0 和 1 的长序列组成的，由于有随机干扰，发送的信号 0 或 1 有可能错误地接收为 1 或 0. 现假定发送信号为 0 和 1 的概率均为 1/2. 又已知发送 0 时，接收为 0 和 1 的概率分别为 0.8 和 0.2；发送信号为 1 时，接收为 1 和 0 的概率分别为 0.9 和 0.1. 求已知收到信号是 0 时，发出的信号是 0 (即没有错误接收)的概率.

解 令

$B_1 = \{$发出的信号是 $0\}$，$B_2 = \{$发出的信号是 $1\}$

$A = \{$收到的信号是 $0\}$

由假设知

$$P(B_1) = P(B_2) = 1/2$$
$$P(A \mid B_1) = 0.8, \quad P(A \mid B_2) = 0.1$$

由贝叶斯公式得所求的概率为

$$P(B_1|A) = \frac{P(B_1)P(A|B_1)}{P(B_1)P(A|B_1)+P(B_2)P(A|B_2)}$$

$$= \frac{(1/2)\times 0.8}{(1/2)\times 0.8 + (1/2)\times 0.1} = \frac{8}{9} \approx 0.89$$

例 1.3.9 假设有两箱同种零件：第一箱内装 50 个，其中 10 个为一等品；第二箱内装 30 个，其中 18 个为一等品．现从两箱中随意挑出一箱，然后从该箱中先后随机取出两个零件（取出的零件均不放回），试求：

(1) 先取出的零件是一等品的概率；

(2) 在先取出的零件是一等品的条件下，第二次取出的零件仍然是一等品的条件概率．

解 (1) 引入下列事件：

$$A_i = \{被挑出的是第\ i\ 箱\}\quad (i=1,2)$$
$$B_j = \{第\ j\ 次取出的零件是一等品\}\quad (j=1,2)$$

由条件知

$$P(A_1) = P(A_2) = \frac{1}{2},\quad P(B_1|A_1) = \frac{1}{5},\quad P(B_1|A_2) = \frac{3}{5}$$

由全概率公式有

$$P(B_1) = P(A_1)P(B_1|A_1) + P(A_2)P(B_1|A_2)$$

$$= \frac{1}{2}\cdot\frac{1}{5} + \frac{1}{2}\cdot\frac{3}{5} = \frac{2}{5}$$

(2) 由条件概率的定义和全概率公式知

$$P(B_2|B_1) = \frac{P(B_1B_2)}{P(B_1)}$$

$$= \frac{1}{P(B_1)}[P(A_1)P(B_1B_2|A_1) + P(A_2)P(B_1B_2|A_2)]$$

$$= \frac{5}{2}\left(\frac{1}{2}\cdot\frac{10\times 9}{50\times 49} + \frac{1}{2}\cdot\frac{18\times 17}{30\times 29}\right) = \frac{1}{4}\left(\frac{9}{49} + \frac{51}{29}\right) = 0.486$$

例 1.3.10 (借贷问题) 小王连续两次向银行贷款，由于某种原因，未能及时还款，现在因为有需要，小王还要向银行贷款，结果被银行拒绝了，用概率论知识分析其原因．

分析 银行向个人贷款是基于个人的信用的，只有信用比较高的人才会获得银行的信任，银行才会发放贷款，这里的信用定义为某人的可信程度．下面用贝叶斯公式分析小王被拒绝的原因．

首先，设事件 A 表示"小王未还款"，B 表示"小王可信"，不妨设小王最初的信用为 0.9，有 $P(B)=0.9, P(\bar{B})=0.1$.

下面计算小王第一次未还款后的信用变化 $P(B|A)$. 这里需要用到贝叶斯公式，涉及两个概率 $P(A|B)$ 与 $P(A|\bar{B})$，其中 $P(A|B)$ 的意思是可信的人未还款的可能性，$P(A|\bar{B})$ 为不可信的人未还款的可能性．不妨设 $P(A|B)=0.1, P(A|\bar{B})=0.5$.

第一次小王未还款，即事件 A 发生，银行据此认为小王的信用变为

$$P(B|A) = \frac{P(B)P(A|B)}{P(B)P(A|B)+P(\bar{B})P(A|\bar{B})} = \frac{0.9\times 0.1}{0.9\times 0.1 + 0.1\times 0.5} \approx 0.643$$

这表明在小王第一次未还款后，银行认为小王的信用从 0.9 下降到 0.643，即此时

$$P(B) = 0.643, \quad P(\bar{B}) = 0.357$$

小王在第二次未还款后,他的信用又发生了变化,利用贝叶斯公式计算 $P(B|A)$,有

$$P(B|A) = \frac{P(B)P(A|B)}{P(B)P(A|B) + P(\bar{B})P(A|\bar{B})} = \frac{0.643 \times 0.1}{0.643 \times 0.1 + 0.357 \times 0.5} \approx 0.265$$

这表明在小王连续两次未还款以后,他的信用已经从 0.9 下降到 0.265,银行当然不会考虑向小王发放贷款.

习 题 1.3

A 组

1. 若 $P(A|B)=1$,证明 $P(\bar{B}|\bar{A})=1$.

2. 已知甲袋中有 6 个红球,4 个白球;乙袋中有 8 个红球,6 个白球.求下列事件的概率:
(1) 随机取一个袋,再从该袋中随机取一个球,该球是红球;
(2) 合并两个袋,从中随机取一个球,该球是红球.

3. 某工厂有三个车间,生产同一产品,第一车间生产全部产品的 60%,第二车间生产全部产品的 30%,第三车间生产全部产品的 10%.各车间的不合格品率分别为 0.01,0.05,0.04,任取一件产品,试求抽到不合格品的概率.

4. 设某公路上经过的货车与客车的数量之比为 2:1,货车中途停车修理的概率为 0.02,客车为 0.01,今有一辆汽车中途停车修理,求该汽车是货车的概率.

5. 用血清甲胎蛋白法诊断肝癌,已知肝癌患者反应为阳性的概率为 0.95,健康人反应为阴性的概率为 0.9,人群中患肝癌的概率为 0.000 4,现在某人检验呈阳性,试求此人患肝癌的概率.

6. 有朋友自远方来,他乘火车、轮船、汽车、飞机来的概率分别是 0.3,0.2,0.1,0.4.设他乘火车、轮船、汽车迟到的概率分别是 1/4,1/3,1/12,而乘飞机不会迟到.结果他迟到了,问他乘火车来的概率为多少?

7. 连续做某项试验,每次试验只有成功和失败两种结果.已知第 k 次实验成功时,第 $k+1$ 次成功的概率为 $\frac{2}{3}$;当第 k 次试验失败时,第 $k+1$ 次成功的概率为 $\frac{4}{5}$.且第一次试验成功与失败的概率均为 $\frac{1}{2}$.试求第三次试验成功的概率.

B 组

1. 若 $P(A)=0.4, P(B)=0.2, P(AB)=0.1$,则 $P(AB|A \cup B) = $ _____.

2. 每箱产品有 10 件,其中的次品数从 0 到 2 是等可能的,开箱试验时,从中一次抽取 2 件(不重复),如果发现有次品,则拒收该箱产品.试计算:
(1) 一箱产品通过验收的概率;
(2) 已知该箱产品通过验收,该箱中有 2 个次品的概率.

3. 若 n 个人列成一排,已知甲排在乙的前面,求乙恰好紧跟在甲的后面的概率.

4. 随机地向半圆 $0<y<\sqrt{2ax-x^2}(a>0)$ 内掷一点,点落在半圆内任何区域的概率与

该区域的面积成正比. 求原点与该点的连线与 x 轴的夹角小于 $\frac{\pi}{4}$ 的概率.

5. 设袋中有 r 个红球, t 个白球, 每次取一个, 记其颜色后放回, 并再放入 a 个同色的球, 若在袋中连取四次.

(1) 求第一、二次取到红球, 第三、四次取到白球的概率;

(2) 已知第一、二次取到红球, 求第三、四次取到白球的概率.

6. 装有 $m(m \geqslant 1)$ 个白球和 n 个黑球的罐子中丢失一球, 但不知其颜色. 现随机地从罐子中摸取两个球, 结果都是白球, 求丢失的是白球的概率.

1.4 事件的独立性

客观上, 许多现象之间是相互独立或近似独立的, 对于两个事件 A,B (假设 $P(A)>0$, $P(B)>0$), 以 $P(B|A)$ 表示事件 B 关于事件 A 的条件概率, 逻辑上有两种可能: $P(B|A) = P(B)$, 或者 $P(B|A) \neq P(B)$. 若 $P(B|A) = P(B)$, 说明事件 A 的发生不影响事件 B 出现的概率, 此时自然说明事件 B 关于事件 A 独立; 若 $P(B|A) \neq P(B)$, 则说明事件 B 关于事件 A 不独立.

例如在一个袋子里摸球, 其中 2 个白的, 3 个黑的, A,B 分别表示两次先后摸到白球, 若是无放回地抽取小球, 那么显然第一次如果摸到白球, 则第二次摸到白球的概率是 $\frac{1}{4}$, 如果第一次摸到的是黑球, 则第二次摸白球的概率是 $\frac{2}{4}$; 而若是有放回地抽取小球, 则第一次摸到白球与否都不影响第二次摸到白球的概率始终是 $\frac{2}{5}$.

结合条件概率的定义, $P(B|A) = \frac{P(AB)}{P(A)}$, 立得 $P(AB) = P(A)P(B|A)$, 此时若事件 B 关于事件 A 独立, 即 $P(B|A) = P(B)$, 则 $P(AB) = P(A)P(B)$; 而 $P(A|B) = \frac{P(AB)}{P(B)}$, 此时,

$$\frac{P(AB)}{P(B)} = \frac{P(A)P(B|A)}{P(B)} = \frac{P(A)P(B)}{P(B)} = P(A)$$

即 $P(A|B) = P(A)$, 说明事件 A 关于事件 B 也独立. 于是, 事件 A,B 的独立性是相互的.

定义 1.4.1 (两个事件的独立性) 若事件 A,B 满足 $P(AB) = P(A)P(B)$, 则称事件 A,B 独立.

注 (1) 要特别注意独立与不相容是两个不同的概念, 当 $P(A)>0, P(B)>0$ 时, A,B 相互独立与 A,B 互不相容不能同时成立.

(2) $\varnothing$ 与 Ω 既相互独立又互不相容.

定理 1.4.1 设事件 A,B 相互独立, 则下列各对事件也相互独立:
$$A \text{ 与 } \bar{B}, \quad \bar{A} \text{ 与 } B, \quad \bar{A} \text{ 与 } \bar{B}$$

证明 因为事件 A,B 相互独立, 所以
$$P(A\bar{B}) = P(A-AB) = P(A) - P(AB) = P(A) - P(A)P(B) = P(A)P(\bar{B})$$

同理可得其他情形.

定义 1.4.2 (三个事件的独立性)若三个事件 A,B,C 满足
$$P(ABC) = P(A)P(B)P(C)$$
$$P(AB) = P(A)P(B)$$
$$P(AC) = P(A)P(C)$$
$$P(BC) = P(B)P(C)$$
则称这三个事件相互独立.

注 上述定义中四个等式缺一不可,后三个等式成立,称这三个事件两两独立,显然,两两独立并不能保证三个事件独立.

例 1.4.1 若一个袋子里有 1,2,3,4 张卡片,事件 A 表示"抽到的是 1 或 2",事件 B 表示"抽到的是 1 或 3",事件 C 表示"抽到的是 1 或 4",那么
$$P(A) = 1/2, \quad P(B) = 1/2, \quad P(C) = 1/2$$
$$P(AB) = P(A)P(B) = 1/4$$
$$P(AC) = P(A)P(C) = 1/4$$
$$P(BC) = P(B)P(C) = 1/4$$
由此可见,A,B,C 三个事件是两两独立的,但由于 $P(A)P(B)P(C) = 1/8$,$P(ABC) = 1/4 \neq 1/8$,因此三个事件之间并不是相互独立的.

定义 1.4.3 (n 个事件的独立性)设 $A_1,A_2,\cdots,A_n$ 是 n 个事件,若其中任意两个事件之间均相互独立,则称 $A_1,A_2,\cdots,A_n$ 两两独立.

注 (1) 若事件 $A_1,A_2,\cdots,A_n(n \geq 2)$ 相互独立,则其中任意 $k(1<k<n)$ 个事件也相互独立;

(2) 若 n 个事件 $A_1,A_2,\cdots,A_n(n \geq 2)$ 相互独立,则将 $A_1,A_2,\cdots,A_n$ 中任意 $m(1 \leq m \leq n)$ 个事件换成它们的对立事件,所得的 n 个事件仍相互独立;对 $m=2$ 时,定理 1.4.1 已证明,一般情况可利用数学归纳法证明,此处略.

例 1.4.2 产品的生产分四道工序完成,第一、二、三、四道工序生产的次品率分别为 2%,3%,5%,3%,各道工序独立完成,求该产品的次品率.

解 $A = \{产品是次品\}$,$A_i = \{第 i 道工序生产的是次品\}(i=1,2,3,4)$.
$$P(A) = 1 - P(\bar{A}) = 1 - P(\bar{A}_1\bar{A}_2\bar{A}_3\bar{A}_4) = 1 - P(\bar{A}_1)P(\bar{A}_2)P(\bar{A}_3)P(\bar{A}_4)$$
$$= 1 - (1-0.02)(1-0.03)(1-0.05)(1-0.03) = 0.124$$

例 1.4.3 甲、乙、丙独立地回答一个问题,答对的概率分别为 0.6,0.5,0.7,求(1) 只有一个人答对的概率;(2) 只有一个人没有答对的概率;(3) 至少有一个人答对的概率.

解 A,B,C 分别表示甲、乙、丙答对问题,则
$$\text{"只有一个人答对"} = \bar{A}\bar{B}C + \bar{A}B\bar{C} + A\bar{B}\bar{C}$$
$$\text{"只有一个人没有答对"} = \bar{A}BC + A\bar{B}C + AB\bar{C}$$

(1) $P(\bar{A}\bar{B}C + \bar{A}B\bar{C} + A\bar{B}\bar{C}) = P(\bar{A}\bar{B}C) + P(\bar{A}B\bar{C}) + P(A\bar{B}\bar{C})$
$$= P(\bar{A})P(\bar{B})P(C) + P(\bar{A})P(B)P(\bar{C})$$
$$+ P(A)P(\bar{B})P(\bar{C})$$
$$= (1-0.6) \cdot (1-0.5) \cdot 0.7 + (1-0.6) \cdot 0.5 \cdot (1-0.7)$$
$$+ 0.6 \cdot (1-0.5)(1-0.7)$$
$$= 0.14 + 0.06 + 0.09 = 0.29$$

(2) $P(\bar{A}BC + A\bar{B}C + AB\bar{C}) = P(\bar{A}BC) + P(A\bar{B}C) + P(AB\bar{C})$
$= P(\bar{A})P(B)P(C) + P(A)P(\bar{B})P(C)$
$+ P(A)P(B)P(\bar{C})$
$= (1-0.6)\cdot 0.5\cdot 0.7 + 0.6\cdot(1-0.5) + 0.6\cdot 0.5\cdot(1-0.7)$
$= 0.14 + 0.21 + 0.09 = 0.44$

(3) $P(\text{"至少有一人答对"}) = P(A\cup B\cup C) = 1 - P(\overline{A\cup B\cup C}) = 1 - P(\bar{A}\bar{B}\bar{C})$
$= 1-(1-0.6)\cdot(1-0.5)\cdot(1-0.7) = 1-0.06 = 0.94$

定义 1.4.4 （独立试验序列）设 E 是随机试验，如果在相同的条件下将试验 E 重复进行若干次，且各次试验的结果互不影响，即每次试验结果发生的概率都不依赖于其他各次试验的结果，则由这若干次试验构成的试验序列称为独立试验序列.

定义 1.4.5 设 E 是随机试验，在相同的条件下将试验 E 重复进行 n 次，若
(1) 由这 n 次试验构成的试验序列是独立试验序列;
(2) 每次试验有且仅有两个结果：事件 A 和事件 $\bar{A}$;
(3) 每次试验事件 A 发生的概率都是常数 p，即 $P(A) = p$.
则称该试验序列为 n **重伯努利(Bernoulli)试验**，简称为**伯努利试验**或**伯努利概型**.

定理 1.4.2 在 n 重伯努利试验中事件 A 发生的概率为 $P(A) = p(0<p<1)$，则事件 A 在 n 次试验中恰好发生 k 次的概率为
$$P_n(k) = C_n^k p^k q^{n-k} \quad (k = 0,1,2,\cdots,n; q = 1-p)$$

证 在 n 次试验中，事件 A 在指定的 k 次中发生，而在其余 $n-k$ 次中不发生，事件 A 在 n 次试验中恰好发生 k 次可用样本点表示为 $\omega_1,\omega_2,\cdots,\omega_n$，其中 $\omega_1,\omega_2,\cdots,\omega_n$ 在指定的 k 次中是 A，而在其余 $n-k$ 次中为 $\bar{A}$.

例如若前 k 次为 A，后 $n-k$ 次为 $\bar{A}$，则此事件表示 $\underbrace{A\cdots A}_{k\text{个}}\underbrace{\bar{A}\cdots\bar{A}}_{n-k\text{个}}$.

事实上，在 n 次试验中，这种"事件 A 在指定的 k 次中发生，而在其余 $n-k$ 次中不发生"的指定方法共有 C_n^k 种，对于每一种方法，其概率都为 $p^k q^{n-k}$，"事件 A 在 n 次试验中恰好发生 k 次"的概率恰是这 C_n^k 个概率之和，所以
$$P_n(k) = C_n^k p^k q^{n-k} \quad (k=0,1,2,\cdots,n)$$

例 1.4.4 某篮球运动员进行投篮练习，设每次投篮的命中率为 0.8，独立投篮 5 次，求：
(1) 恰好 4 次命中的概率;
(2) 至少 4 次命中的概率;
(3) 至多 4 次命中的概率.

解 将每次投篮看作一次试验，则每次试验只有两种结果："命中""不中". 因此，运动员独立投篮 5 次可看作伯努利试验：$n=5, p=0.8$.

设 A:恰好 4 次命中，B:至少 4 次命中，C:至多 4 次命中，
$P(A) = C_5^4 p^4 q = C_5^4 0.8^4 \cdot 0.2 = 0.4096$
$P(B) = C_5^4 p^4 q + C_5^5 p^5 = C_5^4 0.8^4 \cdot 0.2 + C_5^5 0.8^5 = 0.7373$
$P(C) = 1 - P(\bar{C}) = 1 - C_5^5 0.8^5 = 0.6723$

习题 1.4

A 组

1. 若 A 与 B 相互独立,则下面不相互独立的事件是( ).

  A. A 与 $\bar{A}$ B. A 与 $\bar{B}$ C. $\bar{A}$ 与 B D. $\bar{A}$ 与 $\bar{B}$

2. 在一段时间内,甲去某地的概率是 $\dfrac{1}{4}$,乙去此地的概率是 $\dfrac{1}{5}$,假定两人的行动相互之间没有影响,那么在这段时间内至少有 1 人去此地的概率是( ).

  A. $\dfrac{3}{20}$ B. $\dfrac{1}{5}$ C. $\dfrac{2}{5}$ D. $\dfrac{9}{20}$

3. 某商场经理根据以往经验知道,有 40% 的客户在结账时会使用信用卡,则连续三位顾客都使用信用卡的概率为_____.

4. 有两种花籽,发芽率分别为 0.8,0.9,从中各取一颗,设各花籽是否发芽相互独立,求:

(1) 这两颗花籽都能发芽的概率;

(2) 至少有一颗能发芽的概率;

(3) 恰有一颗能发芽的概率.

5. 某宾馆大楼有 6 部电梯,各电梯正常运行的概率均为 0.8,且各电梯是否正常运行相互独立.试计算:

(1) 所有电梯都正常运行的概率 p_1;

(2) 至少有一台电梯正常运行的概率 p_2;

(3) 恰有一台电梯因故障而停开的概率 p_3.

B 组

1. 设两个独立事件 A 和 B 都不发生的概率为 $\dfrac{1}{9}$,A 发生 B 不发生的概率与 B 发生 A 不发生的概率相同,则事件 A 发生的概率 $P(A)$ 是( ).

  A. $\dfrac{2}{3}$ B. $\dfrac{1}{3}$ C. $\dfrac{1}{9}$ D. $\dfrac{1}{18}$

2. 假设每一架飞机的引擎在飞行中出现故障率为 $1-P$,且各引擎是否有故障是独立的,如有至少 50% 的引擎能正常运行,飞机就可以成功飞行,若使 4 引擎飞机比 2 引擎飞机更安全,则 P 的取值范围是( ).

  A. $\left(\dfrac{2}{3},1\right)$ B. $\left(0,\dfrac{2}{3}\right)$ C. $\left(\dfrac{1}{3},1\right)$ D. $\left(0,\dfrac{1}{4}\right)$

3. 甲、乙、丙三人在同一时间内分别破译某个密码,设甲、乙、丙三人能单独译出的概率为 0.8,0.7 和 0.6,求:

(1) 密码能译出的概率;

(2) 最多只有一人能译出的概率;

(3) 至少有一人能将密码译出的概率.

4. 甲、乙两人进行围棋赛,已知一局中甲胜出的概率为 2/3,甲负的概率为 1/3,没有和棋,若进行三局两胜制比赛,先胜两局者为胜,则甲获胜的概率为多少? 若进行五局三胜制比赛,则甲获胜的概率又是多少?

总复习题 1

A 组

1. 选择题

(1) 掷一颗质地均匀的骰子,则在出现奇数点的条件下出现 1 点的概率为(　　).
　A. 1/3　　　　　B. 2/3　　　　　C. 1/6　　　　　D. 3/6

(2) 从 1,2,3,4 中任取 2 个不同的数,则取出的 2 个数之差的绝对值为 2 的概率是(　　).
　A. $\dfrac{1}{2}$　　　　B. $\dfrac{1}{3}$　　　　C. $\dfrac{1}{4}$　　　　D. $\dfrac{1}{6}$

(3) 事件 A,B 相互独立,且 $P(A)=0.2,P(B)=0.5$,则(　　).
　A. A,B 互不相容　　　　　　　　B. $P(AB)=0$
　C. $AB=\varnothing$　　　　　　　　　　D. 以上都不正确

(4) 设两事件 A,B 互不相容,且 $P(A)>0,P(B)>0$,则(　　)正确.
　A. $\bar{A}$ 与 $\bar{B}$ 互不相容　　　　　　　B. $P(\overline{AB})=P(\bar{A})P(\bar{B})$
　C. $P(AB)=P(A)P(B)$　　　　　　D. $P(A-B)=P(A)$

(5) 若某公司从五位大学毕业生甲、乙、丙、丁、戊中录用三人,这五人被录用的机会均等,则甲或乙被录用的概率为(　　).
　A. $\dfrac{2}{3}$　　　　B. $\dfrac{2}{5}$　　　　C. $\dfrac{3}{5}$　　　　D. $\dfrac{9}{10}$

2. 填空题

(1) 设 $S=\{x:0\leqslant x\leqslant 5\}, A=\{x:1<x\leqslant 3\}, B=\{x:2\leqslant x<4\}$,则
　① $A\cup B=$ _____,② $AB=$ _____,③ $\overline{AB}=$ _____,
　④ $\bar{A}\cup B=$ _____,⑤ $\overline{\bar{A}B}=$ _____.

(2) ① 设 $P(A)=0.7, P(A\bar{B})=0.3$,则 $P(\bar{A}\cup\bar{B})=$ _____.
　② 设事件 A,B 满足条件 $\bar{A}\supset\bar{B}$,且 $P(A)=\dfrac{1}{3}, P(B)=\dfrac{1}{2}$,则 $P(\bar{A}B)=$ _____.

(3) 某人向同一目标独立重复射击,每次射击命中目标的概率为 $p(0<p<1)$,则此人第 4 次射击恰好第 2 次命中目标的概率为 _____.

(4) 设四位数中的 4 个数字都取自数字 1,2,3,4,所组成的 4 位数不含有重复数字的概率为 _____.

(5) 3 人独立破译一密码,他们能单独译出的概率为 $\dfrac{1}{5}, \dfrac{1}{3}, \dfrac{1}{4}$,则此密码被译出的概率是 _____.

3. 设 $0<P(A)<1$,证明事件 A 与 B 独立的充要条件是
$$P(B\mid A)=P(B\mid\bar{A})$$

4. 一个口袋里有2个红球和4个黄球,从中随机地连取3个球,每次取一个,记事件 A = "恰有一个红球",事件 B = "第三个是红球". 求:

(1) 不放回时,事件 A,B 的概率;

(2) 每次取后放回时,A,B 的概率.

5. 一批同型号的螺钉由编号为1,2,3的三台机器共同生产,各台机器生产的螺钉占这批螺钉的比例分别为0.35、0.4和0.25,各台机器生产螺钉的次品率分别为0.03、0.02和0.01,求: (1) 该批螺钉的次品率;(2) 这颗螺钉由1,2,3号机器生产的概率各是多少?

6. 每箱产品有10件,其中的次品数从0到2是等可能的,开箱试验时,从中一次抽取2件(不重复),如果发现有次品,则拒收该箱产品,试计算:

(1) 一箱产品通过验收的概率;

(2) 已知该箱产品通过验收,则该箱中有2件次品的概率.

7. 有三个口袋,甲袋中装有2个白球1个黑球,乙袋中装有1个白球2个黑球,丙袋中装有2个白球2个黑球. 现随机地选出一个袋子,再从中任取一个球,求取到白球的概率.

8. 假设一厂家生产的仪器,以概率0.7可以直接出厂,以概率0.3需进一步调试,经调试后以概率0.8可以出厂,并以概率0.2定位不合格品不能出厂. 现该厂新生产了 $n(n \geqslant 0)$ 台机器(假设各台仪器的生产过程相互独立),求:

(1) 全部能出厂的概率;

(2) 其中恰有2件不能出厂的概率;

(3) 其中至少有2件不能出厂的概率;

9. 某公司购买了3支可以获利的独立股票,且3支股票获利的概率分别为0.7,0.5,0.4,求:

(1) 任意两种股票中至少有一种能够取得收益的概率;

(2) 三种股票中至少有一种能够取得收益的概率.

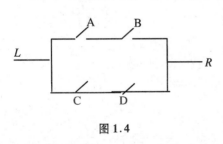

图1.4

10. 电路如图1.4所示,其中 A,B,C,D 为开关. 设各开关闭合与否相互独立,且每一开关闭合的概率均为 p,求 L 与 R 为通路(用 T 表示)的概率.

11. 甲,乙,丙三人向同一目标各射击一次,命中率分别为0.4,0.5和0.6,是否命中相互独立,求下列概率:(1) 恰好命中一次;(2) 至少命中一次.

12. 一条自动生产线上的产品,次品率为4%.

(1) 从中任取10件,求至少有两件次品的概率;

(2) 一次取1件,无放回地抽取,求当取到第二件次品时,之前已取到8件正品的概率.

B 组

1. 选择题

(1) 对于事件 A,B,下列命题正确的是( ).

A. 若 A,B 互不相容,则 $\bar{A}$ 与 $\bar{B}$ 也互不相容

B. 若 A,B 相容,那么 $\bar{A}$ 与 $\bar{B}$ 也相容

C. 若 A,B 互不相容,且概率都大于零,则 A,B 也相互独立

D. 若 A,B 相互独立,那么 $\bar{A}$ 与 $\bar{B}$ 也相互独立

(2) 若 $P(B|A)=1$,那么下列命题中正确的是( ).
A. $A \subset B$　　　　B. $B \subset A$　　　　C. $A-B=\varnothing$　　　　D. $P(A-B)=0$

(3) 抛一枚均匀的硬币两次,两次都是正面朝上的概率为( ).
A. $\dfrac{1}{2}$　　　　B. $\dfrac{1}{3}$　　　　C. $\dfrac{1}{4}$　　　　D. $\dfrac{1}{5}$

(4) 以 A 表示事件"甲种产品畅销,乙种产品滞销",则其对立事件 $\bar{A}$ 为( ).
A."甲种产品滞销,乙种产品畅销"　　B."甲、乙两种产品均畅销"
C."甲种产品滞销"　　　　　　　　　D."甲种产品滞销或乙种产品畅销"

(5) 有 $2n$ 个数字,其中一半是奇数,一半是偶数,从中任取两个数,则所得的两个数的和为偶数的概率为( ).
A. $\dfrac{1}{2}$　　　　B. $\dfrac{1}{2n}$　　　　C. $\dfrac{n-1}{2n-1}$　　　　D. $\dfrac{n+1}{2n+1}$

2. 填空题

(1) 记 a,b 分别是投掷两次骰子所得的数字,则方程 $x^2-ax+2b=0$ 有两个不同实根的概率为_____.

(2) 丢甲、乙两颗均匀的骰子,已知点数之和为 7,则其中一颗为 1 的概率是_____.

3. 已知 A,B 是两个随机事件,$0<P(B)<1$ 且 $AB=\overline{A}\overline{B}$,证明:
$$P(A|\bar{B})+P(\bar{A}|B)=2$$

4. 第一盒中有 4 个红球 6 个白球,第二盒中有 5 个红球 5 个白球,随机地取一盒,从中随机地取一个球,求取到红球的概率.

5. 在某计算机网络攻防演习中,红方派出甲、乙两名技术员分别独立地对蓝方网络进行端口扫描.扫描到端口后即刻对蓝方进行网络攻击.设甲、乙两人能扫描到蓝方网络端口的概率分别为 0.7,0.8,且只有一个人攻击时能成功的概率为 0.5,两个人同时攻击时能成功的概率为 0.8,求红方攻击成功的概率.

6. 从过去的资料得知,在出口罐头导致索赔事件中,有 50% 是质量问题,30% 是数量短缺问题,20% 是包装问题.又知在质量问题争议中,经过协商解决的占 40%;数量短缺问题争议中,经过协商解决的占 60%;包装问题争议中,经过协商解决的占 75%.如果一件索赔事件在争议中经过协商得到解决了,那么这一事件不属于质量问题的概率是多少?

7. 轰炸机要完成它的使命,驾驶员必须要找到目标,同时投弹员必须要投中目标.设驾驶员甲、乙找到目标的概率分别为 0.9,0.8;投弹员丙、丁在找到目标的条件下投中的概率分别 0.7,0.6.现在要配备两组轰炸人员,问甲、乙、丙、丁怎样配合才能使完成使命有较大的概率(只要有一架飞机投中目标即完成使命)? 此概率是多少?

8. 已知 A,B 是两个随机事件,$0<P(B)<1$,且 $AB=\overline{A}\overline{B}$,证明:
$$P(A|\bar{B})+P(\bar{A}|B)=2$$

9. 飞机坠落在甲、乙、丙 3 个区域之一,营救部门判断其概率分别为 0.3,0.5,0.2,用直升机搜索这些地区,若有残骸,发现的概率分别为 0.7,0.5,0.3,若已用直升机搜索过未发现残骸.在这种情况下试计算飞机落入甲、乙、丙 3 个区域的概率.

 案例分析

案例1.1 彩票中奖

近年来,我国彩票事业蓬勃发展,仅全国统一发售的"双色球"福利彩票的单期销售额就能突破亿元大关.现实生活中买一张彩票能中奖吗? 概率多大呢? 我们以某省发行的"36选6+1"福利彩票为例分析中奖概率的情况.

"36选6+1"方案是这样的:先从01~36个号码球中一个一个地摇出6个基本号码,再从剩下的30个号码球中摇出一个特别号码;从01~36个号码中任选7个组成一注(不可重复),根据单注号码与中奖号码相符的个数多少确定相应的中奖等级,不考虑号码顺序.这种方案的中奖等级如表1.4所示.

表1.4

中奖等级	36选6+1		
	基本号码	特别号码	说明
一等奖	●●●●●●	★	选7中(6+1)
二等奖	●●●●●●		选7中(6)
三等奖	●●●●●○	★	选7中(5+1)
四等奖	●●●●●○		选7中(5)
五等奖	●●●●○○	★	选7中(4+1)
六等奖	●●●●○○		选7中(4)
七等奖	●●●○○○	★	选7中(3+1)

分析 以一注为单位,计算每个中奖等级的中奖概率.

基本事件数:从36个数中任选7个,不考虑顺序,共有 C_{36}^7 种取法.则基本事件数
$$N = C_{36}^7.$$

一等奖:七个号码全中,只有一种可能,则有利事件数 $n_1 = 1$,故一等奖中奖概率为
$$P_1 = \frac{1}{C_{36}^7} = \frac{1}{8\,347\,680} = 1.197\,9 \times 10^{-7}.$$

二等奖:六个基本号码全中,特别号码未中,则有利事件数 $n_2 = C_6^6 C_{29}^1$,故二等奖中奖概率为
$$P_2 = \frac{C_6^6 C_{29}^1}{C_{36}^7} = \frac{1}{287\,860} = 3.473\,9 \times 10^{-6}.$$

三等奖:六个基本号码中五个,特别号码中了,则有利事件数 $n_3 = C_6^5 C_{29}^1 C_1^1$,故三等奖中奖概率为
$$P_3 = \frac{C_6^5 C_{29}^1 C_1^1}{C_{36}^7} = \frac{1}{47\,978} = 2.084\,3 \times 10^{-5}.$$

四等奖:六个基本号码中五个,特别号码未中,则有利事件数 $n_4 = C_6^5 C_{29}^2$,故四等奖中奖概率为

$$P_4 = \frac{C_6^5 C_{29}^2}{C_{36}^7} = \frac{1}{3\,427} = 2.918\,2 \times 10^{-4}$$

五等奖:六个基本号码中四个,特别号码中了,则有利事件数 $n_5 = C_6^4 C_{29}^2 C_1^1$,故五等奖中奖概率为

$$P_5 = \frac{C_6^4 C_{29}^2 C_1^1}{C_{36}^7} = \frac{1}{1\,371} = 7.295\,4 \times 10^{-3}$$

六等奖:六个基本号码中四个,特别号码未中,则有利事件数 $n_6 = C_6^4 C_{29}^3$,故六等奖中奖概率为

$$P_6 = \frac{C_6^4 C_{29}^3}{C_{36}^7} = \frac{1}{152} = 6.565\,9 \times 10^{-3}$$

七等奖:六个基本号码中三个,特别号码中了,则有利事件数 $n_6 = C_6^4 C_{29}^3$,故七等奖中奖概率为

$$P_7 = \frac{C_6^3 C_{29}^3 C_1^1}{C_{36}^7} = \frac{1}{114} = 8.754\,5 \times 10^{-3}$$

注 (1) 古典概型: $P(A) = \dfrac{A \text{包含样本点数 } n_A}{\text{样本点总数 } n_\Omega} = \dfrac{\text{有利事件数 } n_A}{\text{基本事件数 } n_\Omega}$;

(2) 由于不考虑顺序,故利用组合计算样本点数;

(3) 从概率的计算结果发现,买一张彩票中大奖的可能性是非常小的,故购买彩票并不应想着发大财,而是为公益事业做贡献、献爱心.

自主练习 1.1

分析中国福利彩票双色球中奖概率的情况.

双色球投注区分为红球号码区和蓝球号码区,红球号码范围为 01~33,蓝球号码范围为 01~16. 双色球每期从 33 个红球中开出 6 个号码,从 16 个蓝球中开出 1 个号码作为中奖号码,根据单注号码与中奖号码相符的个数多少确定相应的中奖等级,不考虑号码顺序,各等级奖设置如表 1.5 所示.

表 1.5

奖级	中将条件		中奖说明
	红球	篮球	
一等奖	●●●●●●	●	中 6+1
二等奖	●●●●●●		中 6+0
三等奖	●●●●●	●	中 5+1
四等奖	●●●●●		中 5+0
	●●●●	●	中 4+1
五等奖	●●●●		中 4+0
	●●●	●	中 3+1

奖级	中将条件		中奖说明
	红球	篮球	
六等奖	●●	●	中 2+1
	●	●	中 1+1
		●	中 0+1

请分析福利彩票双色球中奖概率的情况.

案例 1.2 生日问题

我们一个班有 50 人,那么至少有两人的生日在一天的可能性大吗?

讨论这个问题之前,我们先回顾例 1.2.4 的分房问题:

设有 n 个人,每人都可能被分配到 $N(\geqslant n)$ 个房间中的任一间中去住,讨论下列事件概率:(1) 某确定的房子中各有一个人住;(2) 恰有 n 个房子中各有一个人住;(3) 至少有两人在同一间房子住.

分析 设 A 表示事件"某确定的房子中各有一个人住",B 表示事件"恰有 n 个房子中各有一个人住",C 表示事件"至少有两人在同一间房子住".

由于每个人被分配到房子的方式都是 N 种,所以 n 个人被分配到 N 个房子的方式共有 N^n 种,即为样本点的总数 $n_\Omega = N^n$.

(1) 某确定的房子中各有一个人住,就是 n 个人的全排列 $n!$,则事件 A 包含的样本点数 $n_A = n!$,故

$$P(A) = \frac{n_A}{n_\Omega} = \frac{n!}{N^n}$$

(2) 因为 n 个房子可以在 N 个房子中任意选取,取法有 C_N^n 种,对选定的 n 个房子,由 (1) 的讨论有 $n!$ 种方式,则事件 B 包含的样本点数 $n_B = C_N^n n!$,故

$$P(B) = \frac{n_B}{n_\Omega} = \frac{C_N^n n!}{N^n}$$

(3) 事件 C"至少有两人在同一间房子住"是事件 B"恰有 n 个房子中各有一个人住"的对立事件,故

$$P(C) = 1 - P(B) = 1 - \frac{C_N^n n!}{N^n}$$

现在我们分析,一个班级有 50 人,那么至少有两人的生日在一天的可能性大.

如果将 365 天看作 N 个房子,把人分到房间中去住就得到生日问题.

分析 设 A 表示事件"至少有两人的生日在同一天",$\bar{A}$ 表示事件"50 人生日全不相同",由以上的分析可知,

$$P(\bar{A}) = \frac{C_{365}^{50} 50!}{365^{50}}$$

由于事件 A 是事件 $\bar{A}$ 的对立事件,因此

$$P(A) = 1 - P(\bar{A}) = 1 - \frac{C_{365}^{50} 50!}{365^{50}} = 0.97$$

注 (1) 我们以 97% 的把握保证至少有两个人生日相同;

(2) 如果我们利用软件包进行数值计算,当班级人数为 $10, 20, 30, \cdots$,对应的概率如表 1.6 所示.

表 1.6

人数	至少有两人生日相同的概率
10	0.116 948 177 711 077 651 87
20	0.411 438 383 580 579 987 62
30	0.706 316 242 719 268 659 96
40	0.891 231 809 817 948 989 65
50	0.970 373 579 577 988 399 92
60	0.994 122 660 865 347 942 47
70	0.999 159 575 965 157 091 35
80	0.999 914 331 949 313 494 69
90	0.999 993 848 356 123 603 55
100	0.999 999 692 751 072 148 42
110	0.999 999 989 471 294 306 21
120	0.999 999 999 756 085 218 95
130	0.999 999 999 996 240 323 17
140	0.999 999 999 999 962 103 95
150	0.999 999 999 999 999 754 9
160	0.999 999 999 999 999 999 00

自主练习 1.2

进一步我们可以讨论,一个班级有 50 人,至少有一个同学的生日在今天的概率又如何呢?

案例 1.3 选择题问题

选择题能很好地反映学生对基本知识的掌握程度.如一份期末试卷选择题每题均有五个选项,其中只有一个正确答案.对任意一题,若考生会做,则选择正确答案,否则,从中猜一个答案.设一考生会做试卷中 60% 的试题.现在我们来分析(1) 该考生选对某一题的概率;(2) 已知该考生选对一题,那么他确实会做该题的概率.

分析 设 $A = \{$该考生会做此题$\}$,则 $\bar{A} = \{$该考生不会做此题$\}$,$B = \{$该考生选对此题$\}$,

(1) $P(B) = P(BA + B\bar{A}) = P(BA) + P(B\bar{A}) = P(A)P(B|A) + P(\bar{A})P(B|\bar{A})$
$= 0.6 \times 1 + 0.4 \times 0.2 = 0.68$

(2) 则该考生选对一题,那么此题他确实会做的概率

$$P(A\mid B) = \frac{P(BA)}{P(B)} = \frac{P(A)P(B\mid A)}{P(A)P(B\mid A) + P(\bar{A})P(B\mid \bar{A})}$$

$$= \frac{0.6 \times 1}{0.6 \times 1 + 0.4 \times 0.2} = 0.88$$

则该考生选对一题,那么此题是他猜对的概率

$$P(\bar{A}\mid B) = \frac{P(B\bar{A})}{P(B)} = \frac{P(\bar{A})P(B\mid \bar{A})}{P(A)P(B\mid A) + P(\bar{A})P(B\mid \bar{A})}$$

$$= \frac{0.4 \times 0.2}{0.6 \times 1 + 0.4 \times 0.2} = 0.12$$

注 如果对题目的难易度做适当调整,设 $P(A) = p$,则

$$P(A\mid B) = \frac{p \times 1}{p \times 1 + (1-p) \times 0.2} = \frac{p}{0.8p + 0.2} = \frac{1}{0.8 + \frac{0.2}{p}}$$

当 p 增加(即题目易做)时,$P(A\mid B)$ 增加,当 p 减少(即题目不易做)时,$P(A\mid B)$ 减少,所以适当调整题目的难易度可以使选择题的结果更能正确反映学生的真实状况. 故试卷中选择题的命题一定要慎重.

自主练习 1.3

如果将选择题的五个选项改为四个选项,$P(A\mid B)$ 又有何变化呢?

一份期末试卷选择题每题均有四个选项,其中只有一个正确答案. 对任意一题,若考生会做,则选择正确答案,否则,从中猜一个答案. 设一考生会做试卷中 60% 的试题,分析已知该考生选对一题,那么他确实会做该题的概率.

案例 1.4 患者的选择

某地区对一种严重的疾病进行统计,有如下的统计数据:在得病的 2 000 人中有 300 人存活,幸存者有 240 人是经手术后活下来的,其余 60 人是没有经过手术存活的,并且做过手术的患者共 600 名. 现有一名患者对自己是否进行手术犹豫不决,我们对此问题进行分析,帮助他做出选择.

分析 将上述数据用矩阵表示如下:

$$S = \begin{bmatrix} 240 & 360 \\ 60 & 1\,340 \end{bmatrix} \begin{matrix} \text{动手术的人数} \\ \text{不动手术的人数} \end{matrix}$$

（列标题：幸存数 死亡数）

令 $M = \{$患者幸存下来$\}$,$N = \{$患者动手术$\}$,根据矩阵 S,对动过手术的患者而言,可计算一下频率:

$$f(M) = \frac{240}{600} = \frac{2}{5}, \quad f(\bar{M}) = \frac{3}{5}$$

对未做过手术的患者而言,有

$$f(M) = \frac{60}{1\,400} = \frac{3}{70}, \quad f(\bar{M}) = \frac{67}{70}$$

频率具有稳定性,因此可将事件的频率作为其概率的估计,即有下列结论:

$$P(M\mid N) = \frac{2}{5}, \quad P(\bar{M}\mid N) = \frac{3}{5}$$

$$P(M \mid \bar{N}) = \frac{3}{70}, \quad P(\bar{M} \mid \bar{N}) = \frac{67}{70}$$

由上式可以看出,患者通过手术的存活率超过不动手术的存活率.另一方面,我们很关注一个问题:$P(M/N)$的大小(即一名患者幸存下来,动手术的概率多大呢?).需要计算条件概率,使用贝叶斯公式:

$$P(M \mid N) = \frac{P(M \mid N)}{P(M \mid N)P(N) + P(M \mid \bar{N})P(\bar{N})}$$

$$= \frac{2/5 \times 600/2\,000}{2/5 \times 600/2\,000 + 3/70 \times 1\,400/2\,000} = 0.8$$

可见,患者中活下来的人大多数(80%)还是做过手术的.

注 (1) 若把历史数据作为预测未来的依据,我们得到的结果说明:对生存欲望强烈的患者而言,动手术是最佳的选择.

(2) 全概率公式与贝叶斯公式模型:

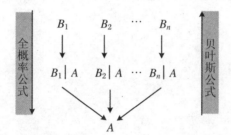

全概率公式
$$P(A) = P(B_1)P(B_1 \mid A) + P(B_2)P(B_2 \mid A) + \cdots + P(B_i)P(B_i \mid A)$$
$$+ \cdots + P(B_n)P(B_n \mid A)$$

$$P(A) = \sum_{i=1}^{n} P(B_i)P(B_i \mid A)$$

贝叶斯公式

$$P(B_i \mid A) = \frac{P(AB_i)}{P(A)} = \frac{P(B_i)P(B_i \mid A)}{\sum_{i=1}^{n} P(B_i)P(B_i \mid A)}$$

自主练习 1.4

某地区居民携带乙肝病毒的概率是 0.05,在检查时由于手段不完善,携带者呈阳性的概率为 0.99,而健康者呈阳性的概率是 0.05,现在该地区随机抽取一人,分析他是携带者的可能性为多大.

释疑解难

1. 若 $AC = BC$,那么是否一定有 $A = B$?

答 否,如取 $C \neq \varnothing$,就推不出.

2. 概率为零的事件是不可能事件吗?

答 不一定.例如,长度为 1 的线段内均匀投点,以 C 表示线段的中点,则 $P(C) = 0$,但

C 并非是不可能事件.

3. 若 $ABC = \varnothing$,那么,A,B,C 两两互斥吗?

答 否.

4. 对于任何两个事件 A,B,是否恒有 $P(A) \leqslant P(A|B)$?

答 否.例如,从 $1,2,\cdots,9$ 中任取一个数字,令 $A=$ "抽得的数字是 3 的倍数",$B_1=$ "抽得的数字是偶数",$B_2=$ "抽得的数字大于 8",于是 $P(A) = \dfrac{1}{3}, P(A|B_1) = \dfrac{1}{4}, P(A|B_2) = 1$,故有 $P(A) < P(A|B_2), P(A) > P(A|B_1)$.

5. 事件 A,B 互不相容与相互独立有何关系?

答 事件 A,B 互不相容与相互独立是两个不同的概念.事件 A,B 互不相容是指两个事件不能同时发生,其定义方式是 $AB = \varnothing$,而事件 A,B 相互独立是通过概率即 $P(AB) = P(A)P(B)$ 来完成的.在一般情况下,两者之间没有确定的关系.若事件 A,B 满足条件 $P(A) > 0, P(B) > 0$,则 $AB = \varnothing$ 与 $P(AB) = P(A)P(B)$ 不能同时成立.

第 2 章　一维随机变量及其分布

本章将讨论一维随机变量及其分布,主要内容包含随机变量的概念、随机变量的类型及分布、随机变量函数的分布等.

2.1　随机变量及其分布函数

2.1.1　随机变量的概念

引例 2.1.1　我们知道,掷一颗骰子,出现的点数可以用数字 1,2,3,4,5,6 来表示.

引例 2.1.2　掷一枚硬币,我们先约定,如果硬币是正面向上,则用 1 表示;如果是反面向上,则用 0 表示.此时,掷硬币的结果就可以用数字 1,0 来表示.

这给人们一个启发,对于试验结果更为丰富的情况来说,如果将试验结果与实数建立了对应关系,那么随机试验的结果就可以用数字表示.

定义 2.1.1　对于随机试验样本空间中的样本点 ω,如果可以找到一个实值单值函数与之相对应,则称实单值函数为**随机变量**,常用字母 $X, Y, \xi, \eta, \cdots$ 来表示.

例 2.1.1　在某城市中考察人口的年龄结构,年龄结构即指各自的比率.年龄在 80 岁以上的长寿者、年龄介于 18 岁至 35 岁之间的年轻人,以及不到 12 岁的儿童.若我们引进一个随机变量 X:表示随机抽取一个人的年龄,那么上述几个事件可以分别表示成 $\{X>80\}$,$\{18 \leqslant X \leqslant 35\}$ 及 $\{X<12\}$.由此可见,随机事件的概念是被包含在随机变量这个更广的概念之内的.

注　(1) 可用随机变量的等式或不等式表示事件.

由于随机变量 X 的取值依赖于随机试验的结果,因此在试验之前,我们只能知道它的所有可能取值,而不能预先知道它究竟取哪个值.因为试验各种结果的出现都有一定的概率,所以随机变量取每个可能值也有确定的概率.

(2) 常见的随机变量有离散型和连续型.

2.1.2　随机变量的分布函数

对于随机变量,我们不但要看它取哪些值,更重要的是看它以多大的概率取哪些值.由随机变量的定义知,对于每一个实数 x,$(X \leqslant x)$ 是一个事件,因此有一个确定的概率 $P(X \leqslant x)$ 与 x 对应,所以概率 $P(X \leqslant x)$ 是 x 的函数.这个函数在理论和应用中都有重要意义.

定义 2.1.2 设 X 是一个随机变量，x 是任意实数，称函数 $F(x) = P(X \leqslant x)$ 为 X 的分布函数．

如果将 X 看成是数轴上的随机点的坐标，那么分布函数 $F(x)$ 在 x 处的函数值就表示 X 落在 $(-\infty, x]$ 上的概率．因此，$F(x)$ 的定义域为 $(-\infty, +\infty)$，值域为 $[0,1]$，即有分布函数 $F(x)$ 的性质：

性质 2.1.1 （有界性）$0 \leqslant F(x) \leqslant 1$，且 $F(-\infty) = \lim\limits_{x \to -\infty} F(x) = 0, F(+\infty) = \lim\limits_{x \to +\infty} F(x) = 1$．

性质 2.1.2 （单调性）若 $x_1 \leqslant x_2$，则 $F(x_1) \leqslant F(x_2)$．

性质 2.1.3 （右连续性） $\lim\limits_{x \to x_0^+} F(x) = F(x_0)$．

注（1）若一函数满足上述三条性质，则它一定是某个随机变量的分布函数．

（2）对于实数 $x_1, x_2 (x_1 \leqslant x_2)$，随机点落在区间 $(x_1, x_2]$ 中的概率为
$$P(x_1 < X \leqslant x_2) = P(X \leqslant x_2) - P(X \leqslant x_1) = F(x_2) - F(x_1)$$

习 题 2.1

A 组

1. 袋中有 2 个黑球、6 个红球，从中任取两个，可以作为随机变量的是（　　）．
   A. 取到黑球的个数　　　　　B. 取到红球的个数
   C. 至少取到一个红球　　　　D. 至少取到一个红球的概率

2. 袋中有大小相同的 5 个球，分别标有 1,2,3,4,5 五个号码，现在有放回抽取的条件下依次取出两个球，设两个球号码之和为随机变量 X，则 X 所有可能取值的个数是（　　）．
   A. 5　　　　B. 9　　　　C. 10　　　　D. 25

3. 在区间 $[-2,3]$ 上随机选取一个数 X，则 $(X \leqslant 1)$ 的概率为＿＿＿＿＿．

4. 假设一厂家新生产了 $n(n \geqslant 2)$ 台机器，随机变量 X 表示 n 台中能出厂的台数，试用随机变量 X 表示下列事件：(1) 全部能出厂；(2) 恰好有两台不能出厂；(3) 至少有两台不能出厂．

B 组

1. 检查两个产品，用 T 表示合格品，F 表示不合格品，则样本空间中的 4 个样本点为 $\omega_1 = (F,F), \omega_2 = (T,F), \omega_3 = (F,T), \omega_4 = (T,T)$，以 X 表示两个产品中的合格品数．
   (1) 写出 X 与样本点之间的对应关系；
   (2) 若此产品的合格品率为 p，求 $P(X=1)$．

2. 抛掷两颗骰子各一次，记第一颗骰子掷出的点数与第二颗骰子掷出的点数的差为 X，则 $(X > 4)$ 表示试验的结果为（　　）．
   A. 第一颗为 5 点，第二颗为 1 点　　　B. 第一颗大于 4 点，第二颗也大于 4 点
   C. 第一颗为 6 点，第二颗为 1 点　　　D. 第一颗为 4 点，第二颗为 1 点

3. ① 某寻呼台 1 小时内收到的寻呼次数 X；② 长江上某水文站观察到一天中的水位 X；③ 某超市一天中的顾客量 X．其中 X 是连续型随机变量的是（　　）．
   A. ①　　　　B. ②　　　　C. ③　　　　D. ①②③

2.2 离散型随机变量及其分布

2.2.1 离散型随机变量的分布律

定义 2.2.1 如果一个随机变量 X 的取值有有限个或者有无穷可列个,则称随机变量 X 为**离散型随机变量**.

定义 2.2.2 设离散型随机变量 X 所有可能取值为 $x_k(k=1,2,\cdots)$,X 取各个可能值的概率为

$$P(X = x_k) = p_k \quad (k = 1,2,\cdots)$$

则称上式为离散型随机变量 X 的**概率分布**或**分布律**.

X 的分布律还可以用表 2.1 形式表示.

表 2.1

X	x_1	x_2	$\cdots$	x_n	$\cdots$
P	p_1	p_2	$\cdots$	p_n	$\cdots$

或者用下式表示:

$$X \sim \begin{Bmatrix} x_1 & x_2 & \cdots & x_n & \cdots \\ p_1 & p_2 & \cdots & p_n & \cdots \end{Bmatrix}$$

由概率的定义,离散型随机变量 X 的分布律($P(X=x_k)=p_k(k=1,2,\cdots)$)应具有以下两个性质:

性质 2.2.1 (非负性)$p_k \geqslant 0(k=1,2,\cdots)$.

性质 2.2.2 (归一性)$\sum_{k=1}^{\infty} p_k = 1$.

注 (1)满足上面两条的数列$\{p_k\}$都可以作为某个离散型随机变量的分布律.

(2)要研究离散型随机变量,必须了解随机变量可能取值是什么以及取每个可能值的概率是多少.

例 2.2.1 设离散型随机变量 X 的分布律如表 2.2 所示.求 C 的值.

表 2.2

X	-1	0	1
p_k	C	0.4	$2C$

解 由性质 2.2.2,有 $\sum_{k=1}^{\infty} p_k = 1$,可得 $2C+0.4+C=1$,解得 $C=0.2$.

例 2.2.2 设在 5 个同类型的零件中有 2 个次品,在其中无放回地任取 3 个,以 X 表示取出的次品的个数,求 X 的分布律.

解 $P(X=0) = \frac{1}{C_5^3}, P(X=1) = \frac{C_2^1 C_3^2}{C_5^3}, P(X=2) = \frac{C_2^2 C_3^1}{C_5^3}.$

将所求结果列表2.3.

表 2.3

X	0	1	2
P	1/10	6/10	3/10

2.2.2 离散型随机变量的分布函数

设离散型随机变量的概率分布如表2.4所示.则 X 的分布函数为

表 2.4

X	x_1	x_2	...	x_n	...
P	p_1	p_2	...	p_n	...

$$F(x) = P(X \leqslant x) = \sum_{x_i \leqslant x} P(X = x_i) = \sum_{x_i \leqslant x} p_i$$

即

当 $x < x_1$ 时,$F(x) = 0$;
当 $x_1 \leqslant x < x_2$ 时,$F(x) = p_1$;
当 $x_2 \leqslant x < x_3$ 时,$F(x) = p_1 + p_2$;
……

例 2.2.3 已知随机变量 X 的分布律如表2.5所示.求随机变量 X 的分布函数.

表 2.5

X	-2	-1	0	1	2
P	$4a$	1/2	$3a$	a	$2a$

解 先确定分布律中的数 a,因为 $4a + \frac{1}{2} + 3a + a + 2a = 1$,故 $a = \frac{1}{20}$,从而有

当 $x < -2$ 时,$P(X \leqslant x) = 0$;

当 $-2 \leqslant x < -1$ 时,$P(X \leqslant x) = P(X = -2) = 4a = \frac{1}{5}$;

当 $-1 \leqslant x < 0$ 时,$P(X \leqslant x) = P(X = -2) + P(X = -1) = \frac{7}{10}$;

当 $0 \leqslant x < 1$ 时,$P(X \leqslant x) = P(X = -2) + P(X = -1) + P(X = 0) = \frac{17}{20}$;

当 $1 \leqslant x < 2$ 时,$P(X \leqslant x) = P(X = -2) + P(X = -1) + P(X = 0) + P(X = 1) = \frac{18}{20}$;

当 $2 \leqslant x$ 时,$P(X \leqslant x) = P(X = -2) + P(X = -1) + P(X = 0) + P(X = 1) + P(X = 2) = 1$.

综上可得随机变量 X 的分布函数

$$F(x) = P(X \leqslant x) = \begin{cases} 0 & (x < -2) \\ \dfrac{1}{5} & (-2 \leqslant x < -1) \\ \dfrac{7}{10} & (-1 \leqslant x < 0) \\ \dfrac{17}{20} & (0 \leqslant x < 1) \\ \dfrac{18}{20} & (1 \leqslant x < 2) \\ 1 & (x \geqslant 2) \end{cases}$$

例 2.2.4 设离散型随机变量 X 的分布函数为

$$F(x) = P(X \leqslant x) = \begin{cases} 0 & (x < -1) \\ 0.4 & (-1 \leqslant x < 1) \\ 0.8 & (1 \leqslant x < 3) \\ 1 & (x \geqslant 3) \end{cases}$$

写出 X 的概率分布律.

解 X 的分布律如表 2.6 所示.

表 2.6

X	-1	1	3
P	0.4	0.4	0.2

2.2.3 离散型随机变量的分布

1. 两点分布

如果随机变量 X 的分布列为 $P(X = x_k) = p^k(1-p)^{1-k}$ $(k=0,1; 0<p<1)$,特别地,当 $x_0 = 0, x_1 = 1$ 时,有表 2.7.

表 2.7

X	1	0
P	p	$1-p$

此时,称 X 服从参数为 p 的 $0-1$ 分布,记作 $X \sim B(1,p)$.这是一种简单又方便使用的分布.一般地,当一个随机试验仅有两个可能结果时,我们总可以在样本空间上定义一个 $0-1$ 分布的随机变量.比如某一年新生婴儿的性别、期末考试成绩是否合格等等.

2. 二项分布

在 n 次伯努利试验中,每次试验事件 A 发生的概率为 p,随机变量 X 表示"n 次试验中事件 A 发生的次数",那么,由于试验是相互独立的,故事件 A 在指定 k 次试验中发生而在其余 $n-k$ 次试验不发生的概率为 $p^k(1-p)^{n-k}$,而这种"指定"在 n 次试验中有 C_n^k 种选择.每种选择对应的试验结果互不相容,因此,

$$P(X = k) = C_n^k p^k (1-p)^{n-k} \quad (k = 0, 1, \cdots, n)$$

称这样的随机变量 X 服从参数为 n, p 的二项分布,记作 $X \sim B(n, p)$.

注 (1) 显然,当 $n = 1$ 时,二项分布就是两点分布.

(2) 因为 $\sum_{k=0}^{n} C_n^k p^k (1-p)^{n-k}$ 恰好是 $[p + (1-p)]^n = 1$ 的二项式展开,所以满足分布列 $\sum_{k=1}^{\infty} p_k = 1$ 的性质.

例 2.2.5 已知 100 个产品中有 5 个次品,现从中有放回地取 3 次,每次任取一个,求所取的 3 个产品中恰有 2 个次品的概率.

解 因为这是有放回地取 3 次,所以这 3 次试验的条件完全相同且独立,它是伯努利试验.依题意,每次试验取到次品的概率为 0.05.设 X 为所取的 3 个产品中的次品数,则 $X \sim B(3, 0.05)$,于是,所求概率为

$$P(X = 2) = C_3^2 \cdot 0.05^2 \cdot 0.95 = 0.007\,125$$

例 2.2.6 某车间有 8 台 5.2 kW 的车床,每台车床由于工艺和性能原因,常要停车待命和检查.设各车床停车是相互独立的,每台车床平均每小时停车 12 min.(1) 求在某一指定的时刻车间恰有两台车床停车的概率.(2) 求在某一指定的时刻停车的车床数目不超过 2 的概率.(3) 全部车床用电超过 30 kW 的可能性有多大?

解 由于每台车床使用是独立的,而且每台车床只有开车与停车两种情况,且停车的概率为 $12/60 = 0.2$,因此,这是一个 8 重伯努利试验.若用 X 表示任意时刻停车的车床数,则 $X \sim B(8, 0.2)$,其分布律为

$$P(X = k) = C_n^k \cdot 0.2^k \cdot 0.8^{n-k}$$

(1) 所求概率为 $P(X = 2) = C_8^2 \cdot 0.2^2 \cdot 0.8^6 = 0.293\,6$.

(2) 所求概率为 $P(X \leq 2) = \sum_{k=0}^{2} C_8^k \cdot 0.2^k \cdot 0.8^{n-k} = 0.797$.

(3) 由于 30 kW 的电量只能保证 5 台车床同时工作,"用电超过 30 kW"意味着有 6 台或 6 台以上的车床同时工作,即同时停车的车床数不得超过 2 台,这与(2)的概率相同.但我们也可以这样求这一事件的概率,考虑工作的车床数 Y,它仍然是一个二项分布,$Y \sim B(8, 0.8)$,则

$$\begin{aligned}P(Y \geq 6) &= P(Y = 6) + P(Y = 7) + P(Y = 8) \\ &= C_8^6 \cdot 0.8^6 \cdot 0.2^2 + C_8^7 \cdot 0.8^7 \cdot 0.2 + 0.8^8 \\ &= C_8^2 \cdot 0.2^2 \cdot 0.8^6 + C_8^1 \cdot 0.2 \cdot 0.8^7 + C_8^0 \cdot 0.2^0 \cdot 0.8^8 \\ &\approx 0.797\end{aligned}$$

二项分布在概率论历史上占有重要位置,有必要讨论它的性质和计算问题.

二项分布 $B(n, p)$ 随着 k 及 n 变化,当 n 固定时,$B(n, p)$ 随着 k 增大而变大,达到某一极大值后随着 k 增大而变小.事实上,对于 $0 < p < 1$,

$$\frac{P(X = k)}{P(X = k-1)} = \frac{B(n, p)}{B(n, p)} = \frac{(n-k+1)p}{kq} = 1 + \frac{(n+1)p - k}{kq}$$

因此,

当 $k < (n+1)p$ 时,$P(X = k) > P(X = k-1)$;

当 $k = (n+1)p$ 时,$P(X = k) = P(X = k-1)$;

当 $k>(n+1)p$ 时,$P(X=k)<P(X=k-1)$.

因为 $(n+1)p$ 不一定是整数,所以不存在整数 m,使得 $(n+1)p-1<m\leqslant(n+1)p$,此时,$m=[(n+1)p]$(即 $(n+1)p$ 的整数部分),而且当 k 从 0 变到 m 时,$B(n,p)$ 先单调上升,当 $k=m$ 时达到极大值后又单调下降.使 $B(n,p)$ 取最大的项数 m 为 $B(n,p)$ 的中心项数,而 m 称为最可能成功次数.若 $(n+1)p$ 是整数,则 $m-1$ 亦为最可能成功次数.

例 2.2.7 保险公司是最早使用概率论的企业之一.保险公司为了估计企业的利润,需要计算各种各样的概率,下面是一个典型问题的代表.假设一年内某类保险者中死亡率为 5‰,现有 10 000 人参加这类人寿保险.试求在未来一年中,这些保险者(1) 有 40 人死亡的概率;(2) 死亡人数不超过 70 人的概率;(3) 最可能死亡的人数.

解 这是典型的伯努利概型,设 X 表示未来一年中死亡的人数.$n=10\,000$,$p=0.005$.

(1) $n=10\,000$,$p=0.005$,$P(X=40)=C_{10\,000}^{40}\cdot 0.005^{40}\cdot 0.995^{9\,960}$;

(2) $P(X\leqslant 70)=\sum\limits_{k=0}^{70}B(10\,000,0.005)=\sum\limits_{k=0}^{70}C_{10\,000}^{k}\cdot 0.005^{k}\cdot 0.995^{10\,000-k}$;

(3) $m=[(n+1)p]=50$,说明一年之内死亡 50 人的概率是最大的,相对这个最大的概率,保险公司可以估计出理赔金额的限度,从而定出合理的保费.

上述的概率对任何保险公司来说,都是重要的,但直接计算这些数值相当困难,需要更好的计算方法.历史上,就有了二项分布的近似计算.一般常遇到这样的伯努利试验,其中 n 很大,p 很小,而 $\lambda=np$ 大小适中,于是有了这样的近似公式:

$$C_n^k p^k(1-p)^{n-k}\approx\frac{(np)^k}{k!}e^{-np}\quad(k=1,2,3,\cdots)$$

那么,例 2.2.7 问题(1)的概率约为

$$\frac{50^{40}}{40!}e^{-50}=0.021\,5$$

3. 泊松(Poisson)分布

在历史上,泊松分布是作为二项分布的近似,于 1837 年由法国数学家泊松引入的.现在已成了概率论中最重要的分布之一.

泊松定理 在 n 重伯努利试验中,事件 A 在一次试验中出现的概率为 p_n.如果当 $n\to\infty$ 时,$np_n\to\lambda$($\lambda>0$ 为常数),则对于任意给定的 $k=1,2,\cdots$,有

$$\lim_{n\to\infty}P_n(k)=\lim_{n\to\infty}C_n^k p_n^k(1-p_n)^{n-k}=\frac{\lambda^k}{k!}e^{-\lambda}$$

泊松分布适合描述单位时间内随机事件发生的次数.如某一服务设施在一定时间内到达的人数、电话交换机接到呼叫的次数、汽车站台的候客人数、机器每月出现的故障数、人寿保险公司每天收到的死亡声明的份数等等.其分布律为

$$P(X=k)=\frac{\lambda^k}{k!}e^{-\lambda}\quad(\lambda>0;k=0,1,2,\cdots)$$

记作 $X\sim P(\lambda)$.

注 (1) 通常当二项分布的 n 比较大($n\geqslant 20$),而 p 比较小($p\leqslant 0.25$),且满足 $np\leqslant 5$ 时,泊松分布可作为二项分布的近似,其中 λ 为 np.具体计算往往要借助于泊松分布表.

(2) 泊松分布的分布列也满足 $\sum\limits_{k=1}^{\infty}p_k=1$.

例 2.2.8 一本 500 页的书,共有 500 个错字,每个字等可能地出现在每一页上,求在给

定的某一页上最多有两个错字的概率.

解 设 X 表示在给定的某一页上出现错字的个数,则 $X\sim B(500,1/500)$. 因为 n 很大, p 较小, $np=1$, 所以可以用泊松分布近似计算. 依题意,

$$P(X\leqslant 2)=\sum_{k=0}^{2}\frac{1}{k!}e^{-1}=e^{-1}+e^{-1}+\frac{e^{-1}}{2}=\frac{5}{2}e^{-1}\approx 0.92$$

例 2.2.9 已知某批集成电路的次品率为 0.15%, 随机抽取 $1\,000$ 块集成电路, 求次品数分别为 $0,1,2,3$ 的概率.

解 把"集成电路的次品数"看成随机变量 X, 显然 X 服从二项分布, $p=0.001\,5$, $n=1\,000$. 即 $X\sim B(1\,000, 0.001\,5)$.

直接用二项分布公式求解,就要计算:

$$P(X=k)=C_{1\,000}^{k}\cdot 0.001\,5^{k}(1-0.001\,5)^{1\,000-k} \quad (k=0,1,2,3)$$

这样计算十分麻烦, 考虑用泊松分布计算. 因为 $p=0.001\,5$, $n=1\,000$, 所以可用泊松分布近似计算, 其中 $\lambda=1.5$,

$$P(X=0)=\frac{1.5^{0}}{0!}e^{-1.5}=0.223\,130,\quad P(X=1)=\frac{1.5^{1}}{1!}e^{-1.5}=0.334\,695$$

$$P(X=2)=\frac{1.5^{2}}{2!}e^{-1.5}=0.251\,021,\quad P(X=3)=\frac{1.5^{3}}{3!}e^{-1.5}=0.125\,511$$

注 表 2.8 给出了用二项分布直接计算和用泊松分布近似计算结果的对比,可以看出, 两者的差距非常小.

表 2.8

$P(X=k)$	$C_n^k p^k(1-p)^{n-k}$	$\dfrac{\lambda^k}{k!}e^{-1}$	绝对差
$P(X=0)$	0.222 879	0.223 130	0.000 251
$P(X=1)$	0.334 821	0.334 695	0.000 126
$P(X=2)$	0.251 241	0.251 021	0.000 220
$P(X=3)$	0.125 558	0.125 511	0.000 047

例 2.2.10 某公司生产一种产品 300 件, 根据历史生产记录知废品率为 0.01, 问现在这 300 件产品经检验废品数大于 5 的概率是多少?

解 把每件产品的检验看作一次伯努利试验, 它有两个结果:

$$A=\{正品\},\quad \bar{A}=\{废品\}$$

检验 300 件产品就是做 300 次独立的伯努利试验, 用 X 表示检验出的废品数, 则 $X\sim B(300, 0.01)$, 我们要计算 $P(X>5)$.

对 $n=300$, $p=0.01$, 有 $\lambda=np=3$, 则

$$P(X>5)=\sum_{k=6}^{300}B(300,0.01)=1-\sum_{k=0}^{5}B(300,0.01)\approx 1-\sum_{k=0}^{5}\frac{e^{-3}}{k!}3^k$$

查泊松分布表, 得

$$P(X>5)\approx 1-0.916\,082=0.083\,918$$

例 2.2.11 一家商店采用科学管理, 由该商店过去的销售记录知道, 某种商品每月的销售额可用参数 $\lambda=5$ 的泊松分布来描述, 为了保证有 95% 的把握保证不脱销, 问商店在月底

至少应该进多少件该商品?

解 设该商品每月的销售额为随机变量 X，月底至少应该进该商品 x 件，已知 X 服从参数为 5 的泊松分布，由题设可得

$$P(X \leqslant x) = 0.95$$

即

$$\sum_{k=0}^{x} P(X = k) = 0.95$$

查表知 $x = 9$.

4. 几何分布

假设一次试验中事件 A 发生的概率为 p，随机变量 X 表示独立重复试验中"首次发生事件 A 所进行的试验次数"，则 X 的分布律为

$$P(X = k) = (1-p)^{k-1} p \quad (k = 1, 2, \cdots)$$

称 X 服从几何分布，记为 $X \sim G(p)$.

例 2.2.12 射击员对某目标进行射击，直到击中为止. 如果每次射击的命中率为 p，求射击次数 X 的分布律.

解 先看 X 可能取的值. 若第一枪击中，那么射击次数为 1. 若第一枪未击中而第二枪击中，则射击次数为 2……如此下去，射击次数 X 的可能值为 $1, 2, \cdots$. 由于每次射击是独立进行的，因此前 $k-1$ 次未命中，第 k 次命中目标的概率为 pq^{k-1}.

从而 X 的概率分布为

$$P(X = k) = pq^{k-1} \quad (k = 1, 2, \cdots)$$

注 设有总数为 N 件的两类物品，其中一类有 M 件，从所有物品中任取 $n(n \leqslant N)$ 件，这 n 件中所含这类物品件数 X 是一个离散型随机变量，它取值为 m 时的概率为

$$P(X = m) = \frac{C_M^m C_{N-M}^{n-m}}{C_N^n} \quad (0 \leqslant m \leqslant l, l = \min\{n, M\})$$

则称离散型随机变量 X 服从参数为 N, M, n 的超几何分布.

习 题 2.2

A 组

1. 设随机变量 X 的分布律为 $P(X=k) = \dfrac{a}{8}(k=1,2,\cdots,8)$，则 $a = $ _____.

2. 一盒中有编号为 1,2,3,4,5 的五个球，从中随机地取 3 个，用 X 表示取出的 3 个球中的最大号码，试写出 X 的分布律.

3. 某射手有 5 发子弹，每次命中率为 0.4，一次接一次地射击，直到命中为止或子弹用尽为止，用 X 表示射击的次数，试写出 X 的分布律.

4. 设 10 件产品中有 2 件次品，进行连续无放回抽样，直至取到正品为止，以 X 表示抽样次数，求：

(1) X 的分布律；

(2) X 的分布函数.

5. 设随机变量 X 的分布函数为
$$F(x) = \begin{cases} 0 & (x < -1) \\ 0.2 & (-1 \leqslant x < 1) \\ 0.3 & (1 \leqslant x < 2) \\ 0.5 & (2 \leqslant x < 3) \\ 1 & (x \geqslant 3) \end{cases}$$
求 X 的分布律.

6. 经验表明:预订餐厅座位而不来就餐的顾客比例为 20%,如今餐厅有 50 个座位,但预订给了 52 位顾客,求到时顾客来到餐厅而没有座位的概率.

7. 生产商提供 50 箱产品,其中有两箱不合格产品,采购方接受这批产品的原则是:从该批产品中任取 5 箱产品进行检验,若至多有一箱产品不合格便接受该批产品,问:该批产品被接受的可能性有多大?

8. 一盒中放有大小相同的红色、绿色、黄色三种小球,已知红球个数是绿球个数的两倍,黄球个数是绿球个数的一半.现从该盒中随机取出一个球,若取出红球得 1 分,取出黄球得 0 分,取出绿球得 -1 分,试写出从该盒中取出一球所得分数 X 的分布律.

9. 有 300 台设备,工作独立,每台故障率为 0.01.若一台出故障,可由一人修理,问至少需配多少工人,才能以 0.99 的概率保证各台设备正常工作?(考虑泊松定理)

10. 设一个试验只有两个可能结果:成功或失败,且每次试验成功的概率为 $p(0<p<1)$,现进行重复试验,求下列 X 的分布律:

(1) 将试验进行到出现 1 次成功为止,以 X 表示所需的试验次数;

(2) 将试验进行到出现 k 次成功为止,以 X 表示获得 k 次成功时的试验次数.

B 组

1. 选择题

(1) 位于坐标原点的一个质点 P 按下述规则移动:质点每次移动一个单位,移动的方向为向上或向右,并且向上、向右移动的概率是 $\frac{1}{2}$.质点 P 移动五次后位于点 $(2,3)$ 的概率是( ).

A. $\left(\frac{1}{2}\right)^5$　　B. $C_5^2\left(\frac{1}{2}\right)^5$　　C. $C_5^3\left(\frac{1}{2}\right)^3$　　D. $C_5^2 C_5^3\left(\frac{1}{2}\right)^5$

(2) 口袋里放有大小相等的两个红球和一个白球,有放回地每次摸取一个球,定义数列 $\{a_n\}$:
$$a_n = \begin{cases} -1 & (第\ n\ 次摸取红球) \\ 1 & (第\ n\ 次摸取白球) \end{cases}$$
如果 S_n 为数列 $\{a_n\}$ 的前 n 项和,那么 $S_7 = 3$ 的概率是( ).

A. $C_7^5\left(\frac{1}{3}\right)^2\left(\frac{2}{3}\right)^5$　　B. $C_7^2\left(\frac{1}{3}\right)^5\left(\frac{2}{3}\right)^2$

C. $C_7^5\left(\frac{1}{3}\right)^2\left(\frac{1}{3}\right)^5$　　D. $C_7^2\left(\frac{1}{3}\right)^2\left(\frac{2}{3}\right)^5$

2. 已知随机变量 X 服从参数为 λ 的泊松分布 $p(\lambda)$,$P(X=0) = e^{-1}$,则 $\lambda = $ _____ .

3. 下列函数是否是某个随机变量的分布函数?

(1) $F(x)=\begin{cases} 0 & (x<-2) \\ \dfrac{1}{2} & (-2\leqslant x<0) \\ 1 & (x\geqslant 0) \end{cases}$;

(2) $F(x)=\dfrac{1}{1+x^2}(-\infty<x<+\infty)$.

4. 某射手的命中率为 $\dfrac{4}{5}$,现对一目标独立地连续射击,直到第一次击中目标为止,以 X 表示所用的射击次数.

(1) 试求 X 的概率分布;

(2) 计算 $P(X=$奇数$)$.

5. 有一汽车站,每天有大量汽车通过,设每辆汽车在每天的某段时间内出事故的概率为 0.000 1.在某天的该段时间内有 1 000 辆汽车通过,利用泊松定理近似计算,问出事故的次数不小于 2 的概率是多少?

6. 设随机变量 $X\sim P(\lambda)$,问 k 为何值时, $P(X=k)$ 达最大?

7. 一批产品的不合格品率为 0.02,现从中任取 40 件进行检查,若发现两件或两件以上不合格品就拒收这批产品,分别用以下方法求拒收的概率:

(1) 用二项分布作精确计算;

(2) 用泊松分布作近似计算.

2.3 连续型随机变量及其概率密度

2.3.1 连续型随机变量的概率密度函数

定义 2.3.1 设随机变量 X 的分布函数为 $F(x)$.如果存在非负可积函数 $f(x)$,使得对于任意实数 x 有

$$F(x)=\int_{-\infty}^{x} f(t)\mathrm{d}t$$

则称 X 为**连续型随机变量**,其中 $f(x)$ 称为 X 的**概率密度函数**,简称**概率密度**或**密度函数**.

由上式可知,连续型随机变量 X 的分布函数 $F(x)$ 是连续函数.由分布函数的性质 2.1.1 和性质 2.1.2 可知 $F(x)$ 是一条位于直线 $y=0$ 与 $y=1$ 之间的单调不减的连续(但不一定光滑)曲线,且概率密度 $f(x)$ 具有以下性质:

性质 2.3.1 (非负性) $f(x)\geqslant 0$.

性质 2.3.2 (归一性) $\int_{-\infty}^{+\infty} f(x)\mathrm{d}x=1$.

性质 2.3.3 $P(x_1<X\leqslant x_2)=F(x_2)-F(x_1)=\int_{x_1}^{x_2} f(x)\mathrm{d}x (x_1\leqslant x_2)$.

性质 2.3.4 若 $f(x)$ 在 x 点处连续,则有 $F'(x)=f(x)$.

性质 2.3.5 对连续型随机变量 X 以及任意实数 a,有 $P(X=a)=0$.

注 (1) $P(a\leqslant X<b)=P(a<X\leqslant b)=P(a\leqslant X\leqslant b)=P(a<X<b)$，即在计算连续型随机变量落在某区间上的概率时，可不必区分该区间端点的情况.

(2) 我们知道，不可能事件的概率为零，但是，零概率事件未必是不可能事件. 与离散型随机变量不同，连续型随机变量是可以取单值的，但是取单值的概率为零. 此点也说明概率为零的事件未必是不可能事件.

例2.3.1 设随机变量 X 具有密度函数

$$f(x)=\begin{cases}kx & (0\leqslant x<3)\\ 2-\dfrac{x}{2} & (3\leqslant x\leqslant 4)\\ 0 & (\text{其他})\end{cases}$$

(1) 确定常数 k；(2) 求 $P\left(1<X\leqslant\dfrac{7}{2}\right)$ 和 $P\left(1\leqslant X\leqslant\dfrac{7}{2}\right)$；(3) 求 X 的分布函数 $F(x)$.

解 (1) 由 $\int_{-\infty}^{+\infty}f(x)\mathrm{d}x=1$，得

$$\int_0^3 kx\,\mathrm{d}x+\int_3^4\left(2-\dfrac{x}{2}\right)\mathrm{d}x=1$$

解得 $k=1/6$，故 X 的密度函数为

$$f(x)=\begin{cases}\dfrac{x}{6} & (0\leqslant x<3)\\ 2-\dfrac{x}{2} & (3\leqslant x\leqslant 4)\\ 0 & (\text{其他})\end{cases}$$

(2) $P\left(1<X\leqslant\dfrac{7}{2}\right)=P\left(1\leqslant x\leqslant\dfrac{7}{2}\right)=\int_1^{7/2}f(x)\mathrm{d}x=\int_1^3\dfrac{x}{6}\mathrm{d}x+\int_3^{7/2}\left(2-\dfrac{x}{2}\right)\mathrm{d}x=41/48$.

(3) 当 $x<0$ 时，

$$F(x)=P(X\leqslant x)=\int_{-\infty}^x f(t)\mathrm{d}t=0$$

当 $0\leqslant x<3$ 时，

$$F(x)=P(X\leqslant x)=\int_{-\infty}^x f(t)\mathrm{d}t=\int_{-\infty}^0 f(t)\mathrm{d}t+\int_0^x f(t)\mathrm{d}t=\int_0^x\dfrac{t}{6}\mathrm{d}t=\dfrac{x^2}{12}$$

当 $3\leqslant x<4$ 时，

$$F(x)=P(X\leqslant x)=\int_{-\infty}^x f(t)\mathrm{d}t=\int_{-\infty}^0 f(t)\mathrm{d}t+\int_0^x f(t)\mathrm{d}t$$

$$=\int_0^3\dfrac{t}{6}\mathrm{d}t+\int_3^x\left(2-\dfrac{t}{2}\right)\mathrm{d}t=-\dfrac{x^2}{4}+2x-3$$

当 $x\geqslant 4$ 时，

$$F(x)=P(X\leqslant x)=\int_{-\infty}^x f(t)\mathrm{d}t=\int_{-\infty}^0 f(t)\mathrm{d}t+\int_0^3 f(t)\mathrm{d}t+\int_3^4 f(t)\mathrm{d}t+\int_4^x f(t)\mathrm{d}t$$

$$=\int_0^3\dfrac{t}{6}\mathrm{d}x+\int_3^4\left(2-\dfrac{t}{2}\right)\mathrm{d}t=-\dfrac{x^2}{4}+2x-3=1$$

综上，

$$F(x) = \begin{cases} 0 & (x < 0) \\ \dfrac{x^2}{12} & (0 \leqslant x < 3) \\ -\dfrac{x^2}{4} + 2x - 3 & (3 \leqslant x < 4) \\ 1 & (x \geqslant 4) \end{cases}$$

例 2.3.2 设随机变量 X 的分布函数为

$$F(x) = \begin{cases} 0 & (x \leqslant 0) \\ x^2 & (0 < x < 1) \\ 1 & (x \geqslant 1) \end{cases}$$

求:(1) 概率 $P(0.3 < X < 0.7)$;(2) X 的密度函数.

解 由性质可以得

(1) $P(0.3 < X < 0.7) = F(0.7) - F(0.3) = 0.7^2 - 0.3^2 = 0.4$;

(2) X 的密度函数为

$$f(x) = F'(x) = \begin{cases} 0 & (x \leqslant 0) \\ 2x & (0 < x < 1) \\ 0 & (x \geqslant 1) \end{cases} = \begin{cases} 2x & (0 < x < 1) \\ 0 & (其他) \end{cases}$$

2.3.2 常用的连续型随机变量的分布

1. 均匀分布

若连续型随机变量 X 具有概率密度

$$f(x) = \begin{cases} \dfrac{1}{b-a} & (a < x < b) \\ 0 & (其他) \end{cases}$$

则称随机变量 X 在区间 (a,b) 上服从均匀分布,记为 $X \sim U(a,b)$.

X 的分布函数为

$$F(x) = \begin{cases} 0 & (x < a) \\ \dfrac{x-a}{b-a} & (a \leqslant x < b) \\ 1 & (x \geqslant b) \end{cases}$$

密度函数 $f(x)$ 和分布函数 $F(x)$ 的图形如图 2.1 所示.

注 (1) $P(X \geqslant b) = \int_b^\infty 0 \mathrm{d}x = 0, P\{X \leqslant a\} = \int_{-\infty}^a 0 \mathrm{d}x = 0$,即

$$P(a < X < b) = 1 - P\{X \geqslant b\} - P\{X \leqslant a\} = 1$$

(2) 若 $a \leqslant c < d \leqslant b$,则

$$P(c < X < d) = \int_c^d \dfrac{1}{b-a} \mathrm{d}x = \dfrac{d-c}{b-a}$$

因此,在区间 (a,b) 上服从均匀分布的随机变量 X 的物理意义是:X 以概率 1 在区间 (a,b) 内取值,而以概率 0 在区间 (a,b) 以外取值,并且 X 值落入 (a,b) 中任一子区间 (c,d) 中的概率与子区间的长度成正比,而与子区间的位置无关.

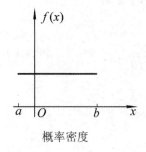 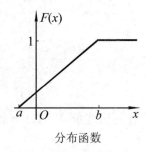

概率密度　　　　　　　　分布函数

图 2.1

在数值计算中,由于四舍五入,小数点后第一位小数所引起的误差 X,一般可以看作是一个服从 $[-0.5,0.5]$ 上的均匀分布的随机变量;又如在 (a,b) 中随机掷质点,则该质点的坐标 X 一般也可看作是一个服从在 (a,b) 上的均匀分布的随机变量.

例 2.3.3　某公共汽车站从上午 7 时开始,每 15 min 来一辆车,如某乘客到达此站的时间是 7 时到 7 时 30 分之间的均匀分布的随机变量,试求他等车少于 5 min 的概率.

解　设乘客于 7 时过 X min 到达车站,X 在 $(0,30)$ 上服从均匀分布,即有

$$f(x) = \begin{cases} \dfrac{1}{30} & (0 < x < 30) \\ 0 & (其他) \end{cases}$$

显然,只有乘客在 7:10 到 7:15 之间或 7:25 到 7:30 之间到达车站时,他等车的时间才少于 5 min,因此所求概率为

$$P(10 < X \leqslant 15) + P(25 < X \leqslant 30) = \int_{10}^{15} \frac{1}{30} \mathrm{d}x + \int_{25}^{30} \frac{1}{30} \mathrm{d}x = \frac{1}{3}$$

2. 指数分布

若随机变量 X 的密度函数为

$$f(x) = \begin{cases} \lambda \mathrm{e}^{-\lambda x} & (x > 0) \\ 0 & (x \leqslant 0) \end{cases}$$

其中 $\lambda > 0$ 为常数,则称 X 服从参数为 λ 的**指数分布**,记作 $X \sim E(\lambda)$.

X 的分布函数为

$$F(x) = \begin{cases} 1 - \mathrm{e}^{-\lambda x} & (x > 0) \\ 0 & (x \leqslant 0) \end{cases}$$

指数分布具有"无记忆性",即对于任意 $s, t > 0$,有

$$P(X > s + t \mid X > s) = P(X > t)P(X > s + t \mid X > s)$$

$$= \frac{P(X > s, X > s + t)}{P(X > s)} = \frac{P(X > s + t)}{P(X > s)}$$

$$= \frac{1 - F(s + t)}{1 - F(s)} = \frac{\mathrm{e}^{-\lambda(s+t)}}{\mathrm{e}^{-\lambda s}} = \mathrm{e}^{-\lambda t} = P(X > t)$$

指数分布最常见的一个场合是寿命分布.如果用 X 表示某一元件的寿命,那么上式表明,在已知元件已使用了 s 小时的条件下,它还能使用至少 t 小时的概率,与从开始使用时算起它至少能使用 t 小时的概率相等.这就是说,元件对它已使用过 s 小时没有记忆.当然,指数分布描述的是无老化时的寿命分布,但"无老化"是不可能的,因而只是一种近似.对一些寿命长的元件,在初期阶段老化现象很小,在这一阶段,指数分布比较确切地描述了其寿

命分布情况.

例 2.3.4 某电子元件的寿命(单位:年)服从参数为 3 的指数分布.
(1) 求该电子元件寿命超过 2 年的概率.
(2) 已知该电子元件已使用了 1.5 年,求它还能使用 2 年的概率.

解 设该电子元件的寿命为 X,则它的密度函数为

$$f(x) = \begin{cases} 3e^{-3x} & (x > 0) \\ 0 & (x \leqslant 0) \end{cases}$$

(1) 电子元件寿命超过 2 年的概率为

$$P(X > 2) = \int_2^{+\infty} 3e^{-3x} dx = e^{-6}$$

(2) 已知该电子元件已使用了 1.5 年,它还能使用 2 年的概率为

$$P(X > 3.5 \mid X > 1.5) = \frac{P(X > 3.5, X > 1.5)}{P(X > 1.5)} = \frac{\int_{3.5}^{+\infty} 3e^{-3x} dx}{\int_{1.5}^{+\infty} 3e^{-3x} dx} = e^{-6}$$

例 2.3.5 设某元件的寿命 X 服从指数分布,已知其参数 $\lambda = \dfrac{1}{1\,000}$,求 3 个这样的元件使用 1 000 小时,至少有一个损坏的概率.

解 由题设知,X 的分布函数为

$$F(x) = \begin{cases} 1 - e^{-\frac{x}{1\,000}} & (x > 0) \\ 0 & (x \leqslant 0) \end{cases}$$

则

$$P(X > 1\,000) = 1 - P(X \leqslant 1\,000) = 1 - F(1\,000) = e^{-1}$$

各元件的寿命是否超过 1 000 小时是独立的,用 Y 表示 3 个元件中使用 1 000 小时损坏的元件数,则 $Y \sim B(3, 1 - e^{-1})$,所求概率为

$$P(Y > 1) = 1 - P(Y = 0) = 1 - C_3^0 (1 - e^{-1})^0 e^{-1} = 1 - e^{-3}$$

3. 正态分布

若连续型随机变量 X 的概率密度为

$$f(x) = \frac{1}{\sqrt{2\pi}\sigma} e^{-\frac{(x-\mu)^2}{2\sigma^2}} \quad (-\infty < x < +\infty)$$

其中 $\mu, \sigma (\sigma > 0)$ 为常数,则称 X 服从参数为 μ, σ 的**正态分布**,记为 $X \sim N(\mu, \sigma^2)$.

正态分布密度函数的图形特征如下:

(1) 曲线关于 $x = \mu$ 对称.
(2) 曲线在 $x = \mu$ 处取到最大值,x 离 μ 越远,$f(x)$ 值越小.这表明对于同样长度的区间,当区间离 μ 越远,X 落在这个区间上的概率越小.
(3) 曲线在 $\mu \pm \sigma$ 处有拐点.
(4) 曲线以 x 轴为渐近线.
(5) 若固定 μ,当 σ 越小时图形越尖陡(图 2.2),因而 X 落在 μ 附近的概率越大;若固定 σ,μ 值改变,则图形沿 x 轴平移,而不改变其形状.故称 σ 为精度参数,μ 为位置参数.

正态分布是概率论和数理统计中最重要的分布之一.在实际问题中大量的随机变量服从或近似服从正态分布.只要某一个随机变量受到许多相互独立随机因素的影响,而每个个

别因素的影响都不能起决定性作用,那么就可以断定随机变量服从或近似服从正态分布.例如,人的身高、体重受到种族、饮食习惯、地域、运动等因素影响,但这些因素又不能对身高、体重起决定性作用,所以我们可以认为身高、体重服从或近似服从正态分布.

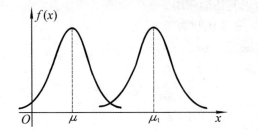 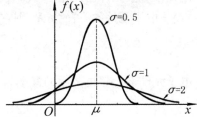

图 2.2　正态分布的概率密度

特别地,当 $\mu=0,\sigma=1$ 时,称 X 服从**标准正态分布**,即 $X\sim N(0,1)$,其概率密度

$$\phi(x)=\frac{1}{\sqrt{2\pi}}e^{-\frac{x^2}{2}}\quad(-\infty<x<+\infty)$$

标准正态的分布函数

$$\Phi(x)=\frac{1}{\sqrt{2\pi}}\int_{-\infty}^{x}e^{-\frac{t^2}{2}}dt\quad(-\infty<x<+\infty)$$

从标准正态分布密度函数图形易知,$\Phi(-x)=1-\Phi(x)$.由于正态分布函数是超越函数,直接计算困难,人们制作了标准正态分布函数的数值表.

例 2.3.6　设 $X\sim N(0,1)$,求 $P(|X|<1),P(|X|<2),P(|X|<3)$.

解　$P(|X|<1)=P(-1<X<1)=2\Phi(1)-1$,查表得 $\Phi(1)=0.8413$,所以
$$P(|X|<1)=0.6825$$
同理,$P(|X|<2)=2\Phi(2)-1=0.9545,P(|X|<3)=2\Phi(3)-1=0.9973$.

注　若 $X\sim N(\mu,\sigma^2)$,则有 $Y=\dfrac{X-\mu}{\sigma}\sim N(0,1)$.

事实上,$Z=\dfrac{X-\mu}{\sigma}$ 的分布函数为

$$P(Z\leqslant x)=P\left(\frac{X-\mu}{\sigma}\leqslant x\right)=P(X\leqslant \mu+\sigma x)$$
$$=\int_{-\infty}^{\mu+\sigma x}\frac{1}{\sqrt{2\pi}\sigma}e^{-\frac{(t-\mu)^2}{2\sigma^2}}dt$$

令 $\dfrac{t-\mu}{\sigma}=s$,得

$$P(Z\leqslant x)=\frac{1}{\sqrt{2\pi}}\int_{-\infty}^{x}e^{-\frac{s^2}{2}}ds=\Phi(x)$$

由此知 $Z=\dfrac{X-\mu}{\sigma}\sim N(0,1)$.

因此,若 $X\sim N(\mu,\sigma^2)$,则可利用标准正态分布函数 $\Phi(x)$,通过查表求得 X 落在任一区间 $(x_1,x_2]$ 内的概率,即

$$P(x_1 < X \leqslant x_2) = P\left(\frac{x_1 - \mu}{\sigma} < \frac{X - \mu}{\sigma} \leqslant \frac{x_2 - \mu}{\sigma}\right)$$
$$= P\left(\frac{X - \mu}{\sigma} \leqslant \frac{x_2 - \mu}{\sigma}\right) - P\left(\frac{X - \mu}{\sigma} \leqslant \frac{x_1 - \mu}{\sigma}\right)$$
$$= \Phi\left(\frac{x_2 - \mu}{\sigma}\right) - \Phi\left(\frac{x_1 - \mu}{\sigma}\right)$$

因此,对于一般的正态分布函数,我们都可以通过上述公式转化为标准正态分布函数的计算.

例 2.3.7 设 $X \sim N(1.5, 4)$,计算 $P(-1 \leqslant X \leqslant 2)$.

解 $P(-1 \leqslant X \leqslant 2) = P\left(\frac{-1-1.5}{2} \leqslant \frac{X-1.5}{2} \leqslant \frac{2-1.5}{2}\right)$
$$= \Phi(0.25) - \Phi(-1.25)$$
$$= \Phi(0.25) - [1 - \Phi(1.25)]$$
$$= 0.5987 - 1 + 0.8944 = 0.4931$$

设 $X \sim N(\mu, \sigma^2)$,由 $\Phi(x)$ 函数表可得
$$P(\mu - \sigma < X < \mu + \sigma) = \Phi(1) - \Phi(-1) = 2\Phi(1) - 1 = 0.6826$$
$$P(\mu - 2\sigma < X < \mu + 2\sigma) = \Phi(2) - \Phi(-2) = 0.9544$$
$$P(\mu - 3\sigma < X < \mu + 3\sigma) = \Phi(3) - \Phi(-3) = 0.9974$$

我们看到,正态变量取值落在 $(\mu - 3\sigma, \mu + 3\sigma)$ 内几乎是肯定的事,这就是人们常说的"3σ"法则.

例 2.3.8 公共汽车车门的高度是按成年男子与车门顶碰头的机会在 1% 以下来设计的.设男子身高 X 服从 $\mu = 170$ cm, $\sigma = 6$ cm 的正态分布,即 $X \sim N(170, 6^2)$,问车门高度应如何确定?

解 设车门高度为 h(单位:cm),按设计要求 $P(X \geqslant h) \leqslant 0.01$ 或 $P(X < h) \geqslant 0.99$,因为 $X \sim N(170, 6^2)$,故
$$P(X < h) = P\left(\frac{X - 170}{6} < \frac{h - 170}{6}\right) = \Phi\left(\frac{h - 170}{6}\right) \geqslant 0.99$$

查表得 $\Phi(2.33) = 0.9901 > 0.99$.

故取 $\frac{h - 170}{6} = 2.33$,即 $h = 184$. 设计车门高度为 184 cm 时,可使成年男子与车门碰头的机会不超过 1%.

例 2.3.9 测量到某一目标的距离时发生的随机误差 X(单位:m)具有密度函数
$$f(x) = \frac{1}{40\sqrt{2\pi}} e^{-\frac{(x-20)^2}{3200}}.$$
试求在三次测量中至少有一次误差的绝对值不超过 30 m 的概率.

解 X 的密度函数为
$$f(x) = \frac{1}{40\sqrt{2\pi}} e^{-\frac{(x-20)^2}{3200}} = \frac{1}{40 \times \sqrt{2\pi}} e^{-\frac{(x-20)^2}{2 \times 40^2}}$$
即 $X \sim N(20, 40^2)$,故一次测量中随机误差的绝对值不超过 30 m 的概率为
$$P(|X| \leqslant 30) = P(-30 \leqslant X \leqslant 30) = \Phi\left(\frac{30-20}{40}\right) - \Phi\left(\frac{-30-20}{40}\right)$$
$$= \Phi(0.25) - \Phi(-1.25) = 0.5981 - (1 - 0.8944) = 0.4931$$

设 Y 为三次测量中误差的绝对值不超过 30 m 的次数,则 Y 服从二项分布,即 $Y \sim B(3,p)$,
$$P(Y \geqslant 1) = 1 - P(Y=0) = 1 - 0.5069^3 = 0.8698$$
为了便于今后应用,对于标准正态变量,我们引入了 α 分位点的定义.

注 设 $X \sim N(0,1)$,对给定的 $\alpha(0<\alpha<1)$,若 z_α 满足条件
$$P(X > z_\alpha) = \alpha \quad (0 < \alpha < 1)$$
则称点 z_α 为标准正态分布的上 α 分位点.

例如,由查表可得 $z_{0.05} = 1.645, z_{0.025} = 1.96$.故 1.645 与 1.96 分别是标准正态分布的上 0.05 分位点与上 0.025 分位点.同时,根据标准正态分布的对称性,有 $z_\alpha = z_{1-\alpha}$.

习 题 2.3

A 组

1. 选择题

(1) 设 $X \sim N(-1, \sigma^2)$ 且 $P(-3 < X < -1) = 0.4$,则 $P(X \geqslant 1) = (\qquad)$.

A. 0.1   B. 0.2   C. 0.3   D. 0.5

(2) 设随机变量 X 的密度函数为
$$f(x) = \begin{cases} cx^4 & (0 < x < 1) \\ 0 & (\text{其他}) \end{cases}$$
则常数 $c = (\qquad)$.

A. $\dfrac{1}{5}$ B. $\dfrac{1}{4}$ C. 4   D. 5

2. 设随机变量 X 的概率密度为
$$f(x) = \begin{cases} 4x^3 & (0 < x < 1) \\ 0 & (\text{其他}) \end{cases}$$
求:(1) 常数 a 使 $P(X > a) = P(X < a)$;(2) 常数 b 使 $P(X > b) = 0.05$.

3. 设连续型随机变量 X 的分布函数为
$$F(x) = \begin{cases} 0 & (x < 0) \\ Ax^2 & (0 \leqslant x < 1) \\ 1 & (1 \leqslant x) \end{cases}$$
求:(1) 系数 A;(2) X 落在 $\left(-1, \dfrac{1}{2}\right)$ 及 $\left(\dfrac{1}{3}, 2\right)$ 内的概率;(3) X 的分布密度函数.

4. 设随机变量 X 的概率密度为
$$f(x) = \begin{cases} x & (0 \leqslant x < 1) \\ 2-x & (1 \leqslant x < 2) \\ 0 & (\text{其他}) \end{cases}$$
求 X 的分布函数.

5. 调查表明某商店从早晨开始营业起直至第一个顾客到达的等待时间 X(单位:min)

服从参数为 0.4 的指数分布,求下述事件的概率:

(1) X 至多为 3 min;

(2) X 至少为 4 min;

(3) X 在 3 min 至 4 min 之间;

(4) X 恰为 3 min.

6. 设 $K \sim U(1,6)$,求方程 $x^2 + Kx + 1 = 0$ 有实根的概率.

7. 已知某元件的使用寿命 T(单位:h)服从参数 $\lambda = \dfrac{1}{10\,000}$ 的指数分布.

(1) 从这类元件中任取一个,求其使用寿命超过 5 000 小时的概率;

(2) 某系统独立地使用 10 个这种元件,求在 5 000 小时之内这些元件不必更换的个数 X 的分布律.

8. 某公共汽车站有甲、乙、丙三人,分别等 1,2,3 路车,设每人等车的时间(min)都服从 $[0,5]$ 上的均匀分布,则三人中至少有两人等车时间不超过 2 min 的概率为多少?

9. 设 $X \sim N(3,2^2)$.

(1) 求 $P(2 < X \leqslant 5)$,$P(-4 < X \leqslant 10)$,$P(2 < |X|)$,$P(X > 3)$;

(2) 确定 C,使得 $P(X > C) = P(X \leqslant C)$.

10. 某地区 18 岁女青年的血压(收缩压,单位:mmHg)服从 $N(110,12^2)$,在该地区任选一名 18 岁女青年,测量她的血压 X.

(1) 求 $P(X \leqslant 105)$,$P(100 < X \leqslant 120)$;

(2) 确定最小的 x,使 $P(X > x) \leqslant 0.05$.

B 组

1. 某加工过程,若采用甲工艺条件,则完成时间 $X \sim N(40,8^2)$;若采用乙工艺条件,则完成时间 $X \sim N(50,4^2)$.

(1) 若要求在 60 h 内完成,应选何种工艺条件?

(2) 若要求在 50 h 内完成,应选何种工艺条件?

2. 设随机变量 X 与 Y 均服从正态分布,$X \sim N(\mu,2^2)$,$Y \sim N(\mu,5^2)$,记 $p_1 = P(X \leqslant \mu - 2)$,$p_2 = P(Y \geqslant \mu + 5)$,则(   ).

    A. 对任何实数 μ,都有 $p_1 = p_2$ B. 对任何实数 μ,都有 $p_1 < p_2$

    C. 只对 μ 的个别值才有 $p_1 = p_2$ D. 对任何实数 μ,都有 $p_1 > p_2$

3. 设 $X \sim N(\mu_1,\sigma_1^2)$,$Y \sim N(\mu_2,\sigma_2^2)$,且 $P(|X - \mu_1| < 1) > P(|Y - \mu_2| < 1)$,则必有(   ).

    A. $\sigma_1 < \sigma_2$ B. $\sigma_1 > \sigma_2$ C. $\mu_1 < \mu_2$ D. $\mu_1 > \mu_2$

4. 设随机变量 X 服从指数分布,记 $Y = \min\{X,2\}$,则随机变量 Y 的分布函数(   ).

    A. 是连续函数   B. 是阶梯函数

    C. 恰好有一个间断点   D. 至少有两个间断点

5. 设随机变量 X 的密度函数为 $f(x) = k e^{-x^2 + 2x}$ $(-\infty < x < \infty)$,求常数 k 的值.

6. 某地抽样调查结果表明,考生的外语成绩(百分制)近似地服从 $N(72,\sigma^2)$,已知 96 分以上的人数占总数的 2.3%,试求考生的成绩在 60 分至 84 分之间的概率.

2.4 随机变量函数的分布

2.4.1 随机变量的函数

如果存在一个函数 $g(x)$,使得随机变量 X 和 Y 满足 $Y=g(X)$,则称随机变量 Y 是**随机变量 X 的函数**.

2.4.2 离散型随机变量函数的分布

设随机变量 X 的概率分布如表 2.9 所示.则随机变量 $Y=g(X)$ 依然为离散型随机变量.计算 Y 的函数分布的具体步骤如下:

表 2.9

X	x_1	x_2	$\cdots$	x_n	$\cdots$
P	p_1	p_2	$\cdots$	p_n	$\cdots$

(1) 根据随机变量 X 的所有可能取值计算随机变量 Y 的所有可能取值;
(2) 计算 Y 的每一个可能取值的概率;
(3) 写出 Y 的分布律(可进一步计算分布函数).

例 2.4.1 设随机变量 X 的概率分布如表 2.10 所示.试求:(1) $Y=2X+1$;(2) $Y=X^2$;(3) $Y=(X-1)^2$ 的概率分布.

表 2.10

X	-1	0	1	2
P	0.2	0.3	0.1	0.4

解 (1) 根据 $Y=2X+1$ 及 X 的概率分布,可得 Y 的所有可能取值为 $-1,1,3,5$.

$$P(Y=-1)=P(2X+1=-1)=P(X=-1)=0.2$$
$$P(Y=1)=P(2X+1=1)=P(X=0)=0.3$$
$$P(Y=3)=P(2X+1=3)=P(X=1)=0.1$$
$$P(Y=5)=P(2X+1=5)=P(X=2)=0.4$$

所以 Y 的概率分布如表 2.11 所示.

表 2.11

Y	-1	1	3	5
P	0.2	0.3	0.1	0.4

(2) 根据 $Y = X^2$ 及 X 的概率分布,可得 Y 的所有可能取值为 $0,1,4$.

$$P(Y = 0) = P(X^2 = 0) = P(X = 0) = 0.3$$
$$P(Y = 1) = P(X^2 = 1) = P(X = -1) + P(X = 1) = 0.2 + 0.1 = 0.3$$
$$P(Y = 4) = P(X^2 = 4) = P(X = 2) = 0.4$$

所以,Y 的概率分布如表 2.12 所示.

表 2.12

Y	0	1	4
P	0.3	0.3	0.4

(3) 根据 $Y = (X-1)^2$ 及 X 的概率分布,可得 Y 的所有可能取值为 $0,1,4$.

$$P(Y = 0) = P((X - 1)^2 = 0) = P(X = 1) = 0.1$$
$$P(Y = 1) = P((X - 1)^2 = 1) = P(X = 0) + P(X = 2) = 0.7$$
$$P(Y = 4) = P((X - 1)^2 = 4) = P(X = -1) = 0.2$$

所以,Y 的概率分布如表 2.13 所示.

表 2.13

Y	0	1	4
P	0.1	0.7	0.2

2.4.3 连续型随机变量函数的分布

设 X 为连续型随机变量,其概率密度已知,而 $Y = g(X)$,且 Y 也是连续型随机变量. 求 Y 的概率密度. 一般有两种方法:分布函数法和公式法.

1. 分布函数法

其具体步骤如下:

先求 $Y = g(X)$ 的分布函数

$$F_Y(y) = P(Y \leqslant y) = P(g(X) \leqslant Y) = P(X \in C_y) = \int_{C_y} f_X(x) \mathrm{d}x$$

其中,$C_y = \{x \mid g(x) \leqslant y\}$.

例 2.4.2 设随机变量 X 具有概率密度

$$f_X(x) = \begin{cases} \dfrac{x}{8} & (0 < x < 4) \\ 0 & (\text{其他}) \end{cases}$$

求变量 $Y = 2X + 8$ 的概率密度.

解 分别记 X,Y 的分布函数为 $F_X(x), F_Y(y)$. 下面先来求 $F_Y(y)$:

$$F_Y(y) = P(Y \leqslant y) = P(2X + 8 \leqslant y)$$
$$= P\left(X \leqslant \frac{y-8}{2}\right) = F_X\left(\frac{y-8}{2}\right)$$

将 $F_Y(y)$ 关于 Y 求导数,得 $Y = 2X + 8$ 的概率密度为

$$f_Y(y) = f_X\left(\frac{y-8}{2}\right)\left(\frac{y-8}{2}\right)'$$

$$= \begin{cases} \dfrac{1}{8} \cdot \dfrac{y-8}{2} \cdot \dfrac{1}{2} & \left(0 < \dfrac{y-8}{2} < 4\right) \\ 0 & \text{(其他)} \end{cases}$$

$$= \begin{cases} \dfrac{y-8}{32} & (8 < y < 16) \\ 0 & \text{(其他)} \end{cases}$$

例 2.4.3 设 $X \sim N(0,1)$，求 $Y = X^2$ 的概率密度.

解 随机变量 $Y = X^2$ 取值于 $[0, +\infty)$. 当 $y \leqslant 0$ 时，$F_Y(y) = P(Y \leqslant y) = 0$；当 $y > 0$ 时，

$$F_Y(y) = P(Y \leqslant y) = P(X^2 \leqslant y) = P(-\sqrt{y} \leqslant X \leqslant \sqrt{y})$$
$$= \Phi(\sqrt{y}) - \Phi(-\sqrt{y}) = 2\Phi(\sqrt{y}) - 1$$

对 y 求导，得 $Y = X^2$ 的概率密度函数是

$$f_Y(y) = \begin{cases} \dfrac{1}{\sqrt{2\pi y}} e^{-\frac{y}{2}} & (y > 0) \\ 0 & (y \leqslant 0) \end{cases}$$

称随机变量 Y 服从自由度为 1 的 χ^2 分布，记为 $Y \sim \chi^2(1)$，它在数理统计中有重要的应用.

例 2.4.4 设随机变量 $X \sim N(0,1)$，$Y = e^X$，求 Y 的概率密度函数.

解 设 $F_Y(y)$，$f_Y(y)$ 分别为随机变量 Y 的分布函数和概率密度函数，则当 $y \leqslant 0$ 时，有

$$F_Y(y) = P(Y \leqslant y) = P(e^X \leqslant y) = P(\varnothing) = 0$$

当 $y > 0$ 时，因为 $g(x) = e^x$ 是 x 的严格单调增函数，所以有

$$(e^X \leqslant y) = (X \leqslant \ln y)$$

因而

$$F_Y(y) = P(Y \leqslant y) = P(e^X \leqslant y) = P(X \leqslant \ln y) = \frac{1}{\sqrt{2\pi}} \int_{-\infty}^{\ln y} e^{-\frac{x^2}{2}} dx$$

再由 $f_Y(y) = F_Y'(y)$，得

$$f_Y(y) = \begin{cases} \dfrac{1}{\sqrt{2\pi} y} e^{-\frac{(\ln y)^2}{2}} & (y > 0) \\ 0 & (y \leqslant 0) \end{cases}$$

通常称上式中的 Y 服从对数正态分布，它也是一种常用的寿命分布.

2. 公式法

由例题我们可以得出如下的定理：

定理 2.4.1 设随机变量 X 具有概率密度 $f(x)(-\infty < x < +\infty)$，又设函数 $g(x)$ 处处可导且恒有 $g'(x) > 0$（或恒有 $g'(x) < 0$），则 $Y = g(X)$ 是连续型随机变量，其概率密度为

$$f_Y(y) = \begin{cases} f_X[h(y)] \mid h'(y) \mid & (\alpha < y < \beta) \\ 0 & \text{(其他)} \end{cases}$$

其中 $\alpha = \min\{g(-\infty), g(\infty)\}$，$\beta = \max\{g(-\infty), g(\infty)\}$，$h(y)$ 是 $g(x)$ 的反函数.

证 先设 $g'(x) > 0$. 此时 $g(x)$ 在 $(-\infty, +\infty)$ 严格单调增加，它的反函数 $h(y)$ 存在，

且在(α,β)严格单调增加、可导. 分别记 X,Y 的分布函数为 $F_X(x),F_Y(y)$.

因 Y 在(α,β)取值,故

当 $y \leqslant \alpha$ 时,$F_Y(y) = P(Y \leqslant y) = 0$;

当 $y \geqslant \beta$ 时,$F_Y(y) = P(Y \leqslant y) = 1$;

当 $\alpha < y < \beta$ 时,
$$F_Y(y) = P(Y \leqslant y) = P(g(X) \leqslant y) = P(X \leqslant h(y)) = F_X(h(y))$$

由 $F_Y(y)$ 关于 y 求导数,即得 Y 的概率密度

$$f_Y(y) = \begin{cases} f_X[h(y)] \mid h'(y) \mid & (\alpha < y < \beta) \\ 0 & \text{(其他)} \end{cases}$$

对于 $g'(x) < 0$ 的情况同样可以证明,有

$$f_Y(y) = \begin{cases} f_X[h(y)] \mid [-h'(y)] & (\alpha < y < \beta) \\ 0 & \text{(其他)} \end{cases}$$

合并上式,命题得证.

例 2.4.5 设随机变量 $X \sim N(\mu,\sigma^2)$. 试证明 X 的线性函数 $Y = aX + b(a \neq 0)$ 也服从正态分布.

证 X 的概率密度为

$$f_X(x) = \frac{1}{\sqrt{2\pi}\sigma} e^{-\frac{(x-\mu)^2}{2\sigma^2}} \quad (-\infty < x < \infty)$$

现在 $Y = g(X) = aX + b$,由这一式子解得

$$x = h(y) = \frac{y-b}{a}, \quad 且 \ h'(y) = \frac{1}{a}$$

代入定理结论立得到 $Y = aX + b$ 的概率密度为

$$f_Y(y) = \frac{1}{\mid a \mid} f_X\left(\frac{y-b}{a}\right) \quad (-\infty < y < \infty)$$

即

$$f_Y(y) = \frac{1}{\mid a \mid} \frac{1}{\sqrt{2\pi}\sigma} e^{-\frac{\left(\frac{y-b}{a} - \mu\right)^2}{2\sigma^2}}$$

$$= \frac{1}{\mid a \mid \sigma \sqrt{2\pi}} e^{-\frac{[y-(b+a\mu)]^2}{2(a\sigma)^2}} \quad (-\infty < y < \infty)$$

所以有 $Y = aX + b \sim N(a\mu + b,(a\sigma)^2)$.

注 (1) 特别地,当 $a = \frac{1}{\sigma}, b = -\frac{\mu}{\sigma}$ 时,$Y = \frac{X-\mu}{\sigma} \sim N(0,1)$. 之前在处理正态分布的计算问题时,我们作线性变换 $Y = \frac{X-\mu}{\sigma}$,将问题转化为标准正态分布的计算,此处得到了同样的结果.

习题 2.4

A 组

1. 设随机变量 X 具有如表 2.14 所示的分布律. 试求 $Y=(X-1)^2$ 的分布律.

表 2.14

X	-1	0	1	2
P	0.2	0.3	0.1	0.4

2. 设随机变量 X 具有如表 2.15 所示的分布律. 试求 $Y=X+X^2$ 的分布律.

表 2.15

X	-2	-1	0	1	2
P	0.2	0.1	0.1	0.3	0.3

3. 对圆片直径进行测量,其值在[5,6]上服从均匀分布,求圆片面积的概率分布.

4. 设随机变量 X 的密度函数为

$$f_x(x)=\begin{cases}\dfrac{3}{2}x^2 & (-1<x<1)\\ 0 & (其他)\end{cases}$$

求随机变量 $Y=X+3$ 的密度函数.

5. 设随机变量 X 的概率密度为

$$f_x(x)=\begin{cases}e^{-x} & (x\geqslant 0)\\ 0 & (x<0)\end{cases}$$

求 $Y=e^X$ 的概率密度 $f_Y(y)$.

6. 设随机变量 X 的分布函数 $F(x)$ 是严格单调上升的连续函数,令 $Y=F(X)$,求证:随机变量 $Y\sim U(0,1)$.

B 组

1. 已知离散型随机变量 X 的分布律如表 2.16 所示. 试求 $Y=\dfrac{2}{3}X+2$ 与 $Z=\cos X$ 的分布律.

表 2.16

X	0	$\dfrac{\pi}{2}$	π
P	$\dfrac{1}{4}$	$\dfrac{1}{2}$	$\dfrac{1}{4}$

2. 设随机变量 $X\sim N(0,1)$,试求随机变量 $Y=|X|$ 的密度函数.

总复习题 2

A 组

1. 选择题

(1) 设随机变量 $X \sim B\left(6, \dfrac{1}{2}\right)$,则 $P(X=3)$ 的值为（　　）.

A. $\dfrac{5}{16}$　　　　B. $\dfrac{3}{16}$　　　　C. $\dfrac{5}{8}$　　　　D. $\dfrac{7}{16}$

(2) 某人射击一次击中目标的概率为 $\dfrac{3}{5}$,经过 3 次射击,此人至少有两次击中目标的概率为（　　）.

A. $\dfrac{81}{125}$　　　　B. $\dfrac{54}{125}$　　　　C. $\dfrac{36}{125}$　　　　D. $\dfrac{27}{125}$

(3) 随机变量 X 的所有等可能取值为 $1, 2, \cdots, n$,若 $P(X<4)=0.3$,则（　　）.

A. $n=3$　　　　B. $n=4$　　　　C. $n=10$　　　　D. 不能确定

(4) 设随机变量 X 的概率密度

$$f(x) = \begin{cases} Kx^{-2} & (x>1) \\ 0 & (x \leqslant 1) \end{cases}$$

则 $K=$（　　）.

A. $1/2$　　　　B. 1　　　　C. -1　　　　D. $3/2$

(5) 设随机变量 $X \sim N(0,4)$,$\Phi(x)$ 为标准正态分布函数,则 $P(X \leqslant 3)=$（　　）.

A. $\Phi(0.5)$　　　　B. $\Phi(1)$　　　　C. $\Phi(1.5)$　　　　D. $\Phi(0.25)$

2. 填空题

(1) 设随机变量 X 的分布律如表 2.17 所示.则 $Y=2X+1$ 的分布律为 _____ .

表 2.17

X	0	1	2
P	0.1	0.6	0.3

(2) 某射手每次命中目标的概率为 0.8,若独立射击了三次,则三次中命中目标次数为 k 的概率 $P(X=k)=$ _____ .

(3) 设 X 服从参数为 p 的两点分布,则 X 的分布函数为 _____ .

(4) 已知连续型随机变量 X 的分布函数为

$$F(x) = \begin{cases} A + Be^{-2x} & (x>0) \\ 0 & (x \leqslant 0) \end{cases}$$

则 $A=$ _____ ,$B=$ _____ ,$P\left(\dfrac{1}{2}<X<2\right)=$ _____ ,$f(x)=$ _____ .

(5) 连续型随机变量 X 的概率密度为

$$f(x) = \begin{cases} \lambda e^{-3x} & (x>0) \\ 0 & (x\leq 0) \end{cases}$$

则 $\lambda = $ _____.

3. 对一批次品率为 0.1 的产品进行重复抽样检查,现抽取 3 件产品,以 X 表示抽取的 3 件产品中次品的件数,试求:(1) X 的分布律;(2) 至少有一件是次品的概率.

4. 设连续型随机变量 X 的概率密度为

$$f(x) = \begin{cases} a\sin x & (0<x<\pi) \\ 0 & (其他) \end{cases}$$

求:(1) 系数 a;(2) 分布函数 $F(x)$;(3) $P(\pi/4<X<\pi/2)$.

5. 一批产品的不合格品率为 0.02,现从中任取 40 件进行检查,若发现两件或两件以上不合格品就拒收这批产品,分别用以下方法求拒收的概率:
   (1) 用二项分布作精确计算;
   (2) 用泊松分布作近似计算.

6. 设随机变量 X 的分布函数为

$$F(x) = \begin{cases} 0 & (x<-1) \\ \dfrac{1}{4} & (-1\leq x<0) \\ \dfrac{3}{4} & (0\leq x<1) \\ 1 & (x\geq 1) \end{cases}$$

求 X 的分布律.

7. 设随机变量 X 的分布函数为

$$F_X(x) = \begin{cases} 0 & (x<1) \\ \ln x & (1\leq x<e) \\ 1 & (x\geq e) \end{cases}$$

求:(1) $P(X<2), P(0<X\leq 3), P(2<X<5/2)$;(2) 概率密度 $f_X(x)$.

8. 设随机变量 X 的密度函数为

$$f(x) = \begin{cases} A\cos x & \left(-\dfrac{\pi}{2}\leq x\leq \dfrac{\pi}{2}\right) \\ 0 & (其他) \end{cases}$$

求:(1) 常数 A;(2) X 的分布函数;(3) $P\left(0<X\leq \dfrac{\pi}{4}\right)$.

9. 设随机变量 X 的概率密度为

$$f(x) = \begin{cases} 2x & (0<x<1) \\ 0 & (其他) \end{cases}$$

以 Y 表示对 X 的三次独立重复观察中事件 $\left(X\leq \dfrac{1}{2}\right)$ 出现的次数,则 $P(Y=2)$ 等于多少?

10. 设 $X\sim N(3,4)$,若 d 满足 $p(X>d)\geq 0.9$,则 d 最大为多少?

11. 设顾客在某银行窗口等待服务的时间 X(单位:min),服从参数为 $\dfrac{1}{5}$ 的指数分布.若等待时间超过 10 min,则他就离开.设他一个月要来银行 5 次,以 Y 表示一个月内他没有等到服务而离开窗口的次数，求 Y 的分布律及 $P(Y\geqslant 1)$.

12. 一工厂生产的电子管的寿命 X（单位：h）服从参数为 $\mu=160,\sigma$（未知）的正态分布，若要求 $P(120<X\leqslant 200)=0.8$，允许 σ 最大为多少？

13. 设 $X\sim U(0,1)$，求：(1) $Y=e^X$ 的概率密度；(2) $Y=-2\ln X$ 的概率密度.

B 组

1. 选择题

(1) 设随机变量 $X\sim B(2,p)$，$Y\sim B(3,p)$，$P(X\geqslant 1)=\dfrac{5}{9}$，则 $P(Y\geqslant 1)=$（　　）.

A. $\dfrac{1}{3}$　　　　B. $\dfrac{5}{9}$　　　　C. $\dfrac{8}{27}$　　　　D. $\dfrac{19}{27}$

(2) 在 4 次独立重复试验中，随机事件 A 恰好发生 1 次的概率不大于其恰好发生 2 次的概率，则事件 A 在一次试验中发生的概率 p 的取值范围是（　　）.

A. $[0.4,1)$　　　B. $(0,0.6]$　　　C. $(0,0.4]$　　　D. $[0.6,1)$

(3) 若 $X\sim N(1,1)$，记其密度函数为 $f(x)$，分布函数为 $F(x)$，则（　　）.

A. $P(X\leqslant 0)=P(X\geqslant 0)$　　　　B. $F(x)=1-F(-x)$

C. $P(X\leqslant 1)=P(X\geqslant 1)$　　　　D. $f(x)=f(-x)$

(4) 设随机变量 $X\sim N(\mu,\sigma^2)$，则随 σ 的增大，概率 $P(|X-\mu|<\sigma)$（　　）.

A. 单调增大　　　B. 单调减少　　　C. 保持不变　　　D. 增减不变

(5) 设随机变量 X 的概率分布如表 2.18 所示．则 $P(-1\leqslant X\leqslant 0)=$（　　）.

表 2.18

X	-1	0	1
P	a	0.5	0.2

A. 0.3　　　　B. 0.8　　　　C. 0.5　　　　D. 1

2. 填空题

(1) 若随机变量 X 在 $(1,6)$ 上服从均匀分布，则方程 $x^2+Xx+1=0$ 有实根的概率是 _____.

(2) 设随机变量 X 的分布律为 $P(X=k)=a\cdot\dfrac{\lambda^k}{k!}(k=0,1,2,\cdots;\lambda>0$ 为常数$)$，则 $a=$ _____.

(3) 若随机变量 $X\sim N(\mu,\sigma^2)$，则 $P(|X-\mu|<3\sigma)=$ _____.

(4) 设 $X\sim N(\mu,\sigma^2)$，则 $Y=\dfrac{X-\mu}{\sigma}$ 服从的分布为 _____.

3. 设随机变量 $X\sim N(0,1)$，证明：随机变量 $Y=\sigma X+\mu(\sigma>0)\sim N(\mu,\sigma^2)$.

4. 在事件 A 发生的概率为 p 的伯努利试验中，若以 ξ 记第 r 次 A 发生时的试验的次数，求 ξ 的分布.

5. 一批鸡蛋，优良品种占 2/3，一般品种占 1/3，优良品种蛋重（单位：g）$X_1\sim N(55,5^2)$，一般品种蛋重 $X_2\sim N(45,5^2)$. 求：

(1) 从中任取一个，求其重量大于 50 g 概率；

(2) 从中任取两个，求它们的重量都小于 50 g 的概率.

6. 设有 80 台同类型设备，各台工作相互独立，发生故障的概率都是 0.01，且一台设备的故障一个人能维修,考虑两种配备维修工人的方案:其一,由 4 个人维护,每人承包 20 台;其二,由 3 人共同维护 80 台.试比较两种方案的优劣.

7. 设随机变量 X 的概率密度

$$f(x) = \begin{cases} \dfrac{1}{3} & (0 \leqslant x \leqslant 1) \\ \dfrac{2}{9} & (3 \leqslant x \leqslant 6) \\ 0 & (其他) \end{cases}$$

若常数 k 使得 $P(X \geqslant k) = \dfrac{2}{3}$,试确定 k 的范围.

8. 假设一种电池的寿命服从指数分布,且这种电池的平均寿命为 200 h,一只电池已经使用了 80 h,求它至少还能使用 80 h 的概率.

9. 设随机变量 X 的参数为 2 的指数分布,证明:$Y = 1 - e^{-2X}$ 在区间 $(0,1)$ 上服从均匀分布.

案例分析

案例 2.1 等候次数问题

顾客在某银行窗口等待服务的时间 X 服从参数为 $1/5$ 的指数分布,X 的计时单位为 min.若等待时间超过 10 min,则他就离开.设他一个月要来银行 5 次,以 Y 表示一个月内他没有等到服务而离开窗口的次数,求 Y 的分布律及至少有一次没有等到服务的概率 $P(Y \geqslant 1)$.

分析 Y 表示一个月内他没有等到服务而离开窗口的次数,故 $Y \sim B(5, p)$,而 $p = P(X > 10)$.

又 X 的概率密度函数为

$$f(x) = \begin{cases} \dfrac{1}{5} e^{-x/5} & (x \geqslant 0) \\ 0 & (x < 0) \end{cases}$$

因此

$$p = P(X > 10) = \int_{10}^{+\infty} \dfrac{1}{5} e^{-t/5} dt = -e^{-t/5} \Big|_{10}^{+\infty} = e^{-2}$$

由此知 Y 的分布律为

$$P(Y = k) = \dfrac{C_5^k (e^{-2})^k}{(1 - e^{-2})^{5-k}} \quad (k = 0, 1, \cdots, 5)$$

于是,他至少有一次没有等到服务的概率为

$$P(Y \geqslant 1) = 1 - P(Y = 0) = 1 - (1 - e^{-2})^5 \approx 0.516\ 7$$

注 此案例是二项分布和指数分布的综合,在二项分布中的 $Y \sim B(n, p)$ 的 p 通过指数分布 $p = P(X > 10)$ 求出.类似地,二项分布也可以是均匀分布、正态分布的综合,以此求出 $Y \sim B(n, p)$ 中的 p.

自主练习 2.1

我们到某服务单位办事总要排队,假设等待时间 T(单位:min)$\sim E(1/10)$.某人到此处办事,若等待时间超过 15 min,他就离去,设此人一个月要去该处 10 次,分析以下情况的概率:

(1) 求正好有 2 次离去的概率;
(2) 求最多有 2 次离去的概率;
(3) 求至少有 2 次离去的概率;
(4) 求离去的次数占多数的概率.

案例 2.2 预测录取分数线

某央企准备在安徽通过校园招聘考试招收 100 名新员工,经过初选参加考试的人数是 2 250 人,考试满分是 500 分.考试后得知,考试总平均成绩即 $\mu = 196$ 分,450 分以上分数考生 28 人,预测录取最低分数线是多少.

分析 设最低分数线为 a,考生成绩为 X,则对一次成功的考试来说,X 服从正态分布,由题意可知 $X \sim N(196, \sigma^2)$.

因为 450 分以上分数的考生有 28 人,故高于 450 分的考生的概率是 $\dfrac{28}{2\,250}$.

$$P(X \geqslant 450) = \frac{28}{2\,250}$$

$$P(X < 450) = P\left(\frac{X-196}{\sigma} < \frac{450-196}{\sigma}\right) = \Phi\left(\frac{450-196}{\sigma}\right)$$

$$= 1 - \frac{28}{2\,250} = 0.987\,6$$

查表可得 $\dfrac{450-196}{\sigma} = 2.245$,即 $\sigma \approx 113$,故 $X \sim N(196, 113^2)$.

因为要录取 100 名新员工,而报考的人数是 2 250,故最低分数线的确定应使录取考生的概率等于 $\dfrac{100}{2\,250}$,即

$$P(X \geqslant a) = \frac{100}{2\,250}$$

$$P(X < a) = \left(\frac{X-196}{\sigma} < \frac{a-196}{\sigma}\right) = \Phi\left(\frac{a-196}{\sigma}\right)$$

$$= 1 - \frac{100}{2\,250} = 0.955\,6$$

查表可得 $\dfrac{a-196}{113} = 1.7$,因此可知,$a = 388$.

注 正态分布在实际生活中有着广泛的应用,本案例通过考试的分数的正态分布预测了录取分数线.

自主练习 2.2

在以上案例中如果某考生的分数为 401 分,可否预测该考生的考试名次呢?

案例 2.3 人寿保险问题

保险公司有 2 500 个同一年龄和同一阶层的人参加了人寿保险,在一年里每人死亡的概率为 0.002,每个参加保险的人在 1 月 1 日付 12 元保险费,而在死亡时家属可到公司领 2 000 元,问:(1)"保险公司亏本"的概率是多少?(2)"保险公司获利不少于 10 000 元和 20 000 元"的概率各是多少?

分析 以"年"为单位来考虑获利亏本情况.

在 1 月 1 日保险公司收入为 $2\,500 \times 12 = 30\,000$ 元,设 X 表示一年中死亡的人数,则保险公司在这一年应付 $2\,000X$ 元.

(1) $P(\text{保险公司亏本}) = P(2\,000X > 30\,000) = P(X > 15).$

由题意可知,X 服从二项分布 $B(2\,500, 0.002)$,

$$P(\text{保险公司亏本}) = P(X > 15)$$
$$= \sum_{k=16}^{2\,500} C_{2\,500}^{k} \cdot 0.002^k \cdot 0.998^{2\,500-k}$$
$$= 1 - \sum_{k=0}^{15} C_{2\,500}^{k} \cdot 0.002^k \cdot 0.998^{2\,500-k}$$

由于 $B(2\,500, 0.002)$ 中的 $n = 2\,500, p = 0.002$,应用泊松分布近似得

$$P(\text{保险公司亏本}) = P(X > 15)$$
$$= \sum_{k=16}^{2\,500} C_{2\,500}^{k} \cdot 0.002^k \cdot 0.998^{2\,500-k}$$
$$= 1 - \sum_{k=0}^{15} 0.002^k \cdot 0.998^{2\,500-k}$$
$$= 1 - \sum_{k=0}^{15} \frac{5^k}{k!} e^{-5} \approx 0.000\,069$$

可见,在一年里保险公司亏本的概率非常小.

(2)
$$P(\text{获利不少于 10 000 元}) = P(30\,000 - 2\,000X \geqslant 10\,000) = P(X \leqslant 10)$$
$$= \sum_{k=0}^{10} C_{2\,500}^{k} \cdot 0.002^k \cdot 0.998^{2\,500-k} \approx \sum_{k=0}^{10} \frac{5^k}{k!} e^{-5} \approx 0.986\,305$$

类似地,可得

$$P(\text{获利不少于 20 000 元}) = P(X \leqslant 5)$$
$$= \sum_{k=0}^{5} C_{2\,500}^{k} \cdot 0.002^k \cdot 0.998^{2\,500-k}$$
$$\approx \sum_{k=0}^{10} \frac{5^k}{k!} e^{-5}$$

注 通过案例分析可知,保险公司亏本的概率非常小,就此险种来看保险公司获利的概率较大,一般保险公司都是以获利为主,我们购买保险时要慎重,以购买适合自己的险种,如车险、医疗保险、养老保险等.

自主练习2.3

有1 000名以上的小学生参加某保险公司开展的平安保险,参加保险的小学生每人一年缴付保险费50元,若在一年内出现意外伤害事故,保险公司一次性赔付10 000元.统计数据表明:每年1 000名小学生中平均有2名学生出现事故.保险公司赔本的概率有多大?赔付与获利的费用是多少?

1. 随机变量与普通函数有何区别?引入随机变量有何意义?

答 随机变量是一个单值实函数.它是对随机试验 E 的样本空间 Ω 的每一个样本点 $\omega \in \Omega$,定义一个实数而得到的.它与普通函数的区别是:(1) 定义域是样本空间,不是实轴上的区间;(2) 随机变量 E 的值在试验前是不确定的,按统计规律性给出取值的概率,因而具有随机性,而普通函数的取值是由对应法则 f 确定的.

引入随机变量是为了研究随机现象的统计规律性,可以将形形色色的样本空间和样本点统一化、数量化,使之与实轴上的一个集合或者点对应起来,然后可以用微积分的理论与方法对随机试验与随机事件的概率进行数学推理与计算,从而完成对随机试验结果的规律性的研究.

2. 为什么凭 $P(X = x_k) = 0$ 不能说 $X = x_k$ 一定是不可能事件?

答 对于离散型随机变量来说,$P(X = x_k) = 0$ 的点 $X = x_k$ 的确是不可能事件,但是对于连续型随机变量来说,任一点的概率都是零,因此,不能只凭 $P(X = x_k) = 0$ 就断言 $X = x_k$ 一定是不可能事件.

3. 离散型随机变量的函数为什么一定是离散型随机变量?连续型随机变量的函数为什么不一定是连续型随机变量?

答 对离散型随机变量来说,X 的可取值为有限个或可列无穷多个,因而 $Y = g(X)$ 的可取值也为有限个或可列无穷多个,故 Y 也是离散型随机变量.

对连续型随机变量而言,$Y = g(X)$ 的可取值因归类合并等原因,可能只有有限个或可列无穷多个,这时,Y 成为离散型随机变量,有时 $Y = g(X)$ 的分布可以既不是阶跃函数,也不是连续函数,这时 $f_Y(y)$ 不存在,Y 也不是连续型随机变量.

4. 计算随机变量的函数的分布时应注意哪些问题?

答 首先,应准确确定 Y 的取值范围.一般地,由 $y = g(x)$ 虽决定了 Y 的取值范围,但在离散型随机变量的情形下要注意相同值的合并.

其次,应正确计算 Y 的分布,特别是连续型随机变量 X 的函数的情形.当 $y = g(x)$ 单调或者分段单调时,可以依据定理写出 $f_Y(y)$;否则应先求出 $F_Y(y)$,再求 $f_Y(y)$.

5. 二维随机变量的边缘分布与一维随机变量的分布有什么联系与区别?

答 从某种意义上讲,二维随机变量的每个边缘分布是一维随机变量的分布,具备一维分布的性质,所以两者有联系;但是从严格意义上讲,二维随机变量的边缘分布是定义在 $\mathbf{R}^2$ 平面上的,而一维随机变量的分布是定义在实轴上的,两者的定义域不同,故两者是有区别的.

第 3 章 多维随机变量及其分布

本章主要讨论两个随机变量及其分布问题,主要内容有二维随机变量的联合分布函数、边缘分布函数、联合概率密度、联合概率分布律、边缘概率密度、边缘概率分布律及条件分布和独立性.

3.1 多维随机变量及其分布函数

3.1.1 二维随机变量的定义与分布函数

我们已经学习过一维随机变量,但是现实中的很多现象,只用一个随机变量来描述是不够的,可能需要几个随机变量来同时描述.例如:
(1) 某人体检数据——身高 X 和体重 Y;
(2) 钢的基本指标——含碳量 X、含硫量 Y 和硬度 Z;
(3) 飞机在空中的位置坐标 (X,Y,Z);
(4) 每个家庭的支出主要在衣、食、住、行这四个方面,假如用随机变量 X_1,X_2,X_3,X_4 分别表示一年中一个家庭衣、食、住、行各方面的花费占其总收入的百分比,则 (X_1,X_2,X_3,X_4) 就是许多经济学家所要研究的四维随机变量.

定义 3.1.1 将随机试验涉及的 n 个随机变量 $X_1,X_2,\cdots,X_n$ 放在一起,记成 $(X_1,X_2,\cdots,X_n)$,称为 n **维随机变量**(或 n **维随机向量**).

由于从二维随机变量推广到多维随机变量并无实质性困难,所以,我们着重讨论二维随机变量.

注 (X,Y) 作为整体研究.

3.1.2 联合分布函数

二维随机变量 (X,Y) 的性质不仅与 X,Y 有关,而且依赖于这两个随机变量的相互关系,故需将其作为整体研究.

定义 3.1.2 设 (X,Y) 是二维随机变量,对于任意实数 x,y,称二元函数
$$F(x,y) = P(X \leqslant x, Y \leqslant y)$$
为二维随机变量 (X,Y) 的**分布函数**或随机变量 X 与 Y 的**联合分布函数**.

注 二维随机变量分布函数 $F(x,y)$ 的几何意义:将 (X,Y) 看成平面上具有随机坐标

的点,(x,y)表示平面上的一点,则分布函数 $F(x,y) = P(X \leqslant x, Y \leqslant y)$ 表示随机点(X,Y)落在以点(x,y)为顶点而位于该点左下方的无穷矩形域内的概率.

二维随机变量分布函数的性质如下:

性质 3.1.1 $0 \leqslant F(x,y) \leqslant 1$;

性质 3.1.2 (x,y)关于变量 x 和 y 均单调非减,且右连续;

性质 3.1.3 对于任意固定的 $y, F(-\infty, y) = \lim_{x \to -\infty} F(x,y) = 0$;

对于任意固定的 $x, F(x, -\infty) = \lim_{y \to -\infty} F(x,y) = 0$,

$$F(+\infty, +\infty) = \lim_{x \to +\infty, y \to +\infty} F(x,y) = 1, \quad F(-\infty, -\infty) = 0$$

性质 3.1.4 随机点(X,Y)落入区域 $D = \{(x,y) \mid x_1 < x \leqslant x_2, y_1 < y \leqslant y_2\}$ 内的概率为

$$P((x,y) \in D) = F(x_2, y_2) - F(x_2, y_1) - F(x_1, y_2) + F(x_1, y_1)$$

对任意的 $x_1 < x_2, y_1 < y_2$.

例 3.1.1 已知二维随机变量(X,Y)的分布函数是 $F(x,y)$,则事件$(X>1, Y>0)$的概率可表示为

$$F(X>1, Y>0) = 1 - F(1, +\infty) - F(+\infty, 0) + F(1, 0)$$

3.1.2 边缘分布函数

定义 3.1.3 若已知(X,Y)的分布函数 $F(X,Y)$,则可由 $F(X,Y)$导出 X 和 Y 各自的分布函数 $F_X(x)$ 和 $F_Y(y)$:

$$F_X(x) = P(X \leqslant x) = P(X \leqslant x, Y < +\infty) = F(x, +\infty)$$
$$F_Y(y) = P(Y \leqslant y) = P(X < +\infty, Y \leqslant y) = F(+\infty, y)$$

3.1.3 独立性

定义 3.1.4 设二维随机变量(X,Y)的联合分布函数为 $F(x,y)$,边缘分布函数为 $F_X(x), F_Y(y)$.若对任意实数 x, y,有

$$P(X \leqslant x, Y \leqslant y) = P(X \leqslant x)P(Y \leqslant y)$$

即

$$F(x,y) = F_X(x) F_Y(y)$$

则称随机变量 X 和 Y **相互独立**.

3.1.4 n 维随机变量

设 $X_1, X_2, \cdots, X_n$ 是定义在样本空间 Ω 上的 n 个随机变量,则称$(X_1, X_2, \cdots, X_n)$为 n **维随机变量**.

n 元函数 $F(x_1, x_2, \cdots, x_n) = P(X_1 \leqslant x_1, X_2 \leqslant x_2, \cdots, X_n \leqslant x_n)$ 称为 n 维随机变量$(X_1, X_2, \cdots, X_n)$的**联合分布函数**.

类似于两个随机变量相互独立的定义,可以定义 n 个随机变量 $X_1, X_2, \cdots, X_n$ 的独立

性:若对任意的实数 $x_1, x_2, \cdots, x_n$,满足
$$P(X_1 \leqslant x_1, X_2 \leqslant x_2, \cdots, X_n \leqslant x_n) = P(X_1 \leqslant x_1)P(X_2 \leqslant x_2)\cdots P(X_n \leqslant x_n)$$
即
$$F(x_1, x_2, \cdots, x_n) = F_1(x_1)F_2(x_2)\cdots F_n(x_n)$$
则称随机变量 $X_1, X_2, \cdots, X_n$ 相互独立.

习 题 3.1

A 组

1. 设二维随机变量 (X, Y) 的分布函数为
$$F(x, y) = \begin{cases} (1-e^{-0.5x})(1-e^{-0.5y}) & (x \geqslant 0, y \geqslant 0) \\ 0 & (\text{其他}) \end{cases}$$
则 X 的边缘分布函数 $F_X(x) = $ _____.

2. 设 (X, Y) 的分布函数为 $F(x, y)$,则随机点 (X, Y) 落在矩形域 $(x_1 < x \leqslant x_2, y_1 < y \leqslant y_2)$ 的概率为 _____.

3. 设二维随机变量 (X, Y) 的联合分布函数为 $F(x, y)$,其联合概率分布如表 3.1 所示.则 $F(0, 1) = ($).

表 3.1

Y \ X	0	1	2
-1	0.1	0.1	0.1
0	0	0.3	0
2	0.1	0	0.3

A. 0.1 B. 0.5 C. 0.7 D. 0.8

4. 设 (X, Y) 的联合分布函数是 $F(x, y) = A\left(B + \arctan\dfrac{x}{2}\right)\left(C + \arctan\dfrac{y}{3}\right)(x, y \in \mathbf{R})$,其中 A, B, C 为常数.

(1) 确定 A, B, C 值;(2) 求 $P(2 < X \leqslant \infty, 0 < Y \leqslant 3)$.

B 组

1. 设二维随机变量 (X, Y) 的联合分布函数为
$$F(x, y) = \begin{cases} A + \dfrac{1}{(1+x+y)^2} - \dfrac{3}{(1+x)^2(1+y)^2} & (x \geqslant 0, y \geqslant 0) \\ 0 & (\text{其他}) \end{cases}$$
则 $A = $ _____.

2. 设有 n 个随机变量 $X_1, X_2, \cdots, X_n$ 相互独立,且都有相同的分布函数 $F(x)$,记 $M = \max\{X_1, X_2, \cdots, X_n\}, N = \min\{X_1, X_2, \cdots, X_n\}$,则 M 的分布函数 $F_M(x)$ 为 _____,N 的分布函数 $F_N(x)$ 为 _____.

3.2 二维离散型随机变量及其分布

3.2.1 二维离散型随机变量的定义和联合分布

定义 3.2.1 若二维随机变量(X,Y)可能取的值只有有限个或可列个,则称(X,Y)为**二维离散型随机变量**.

定义 3.2.2 若二维离散型随机变量(X,Y)所有可能取值为(x_i,y_j)($i=1,2,\cdots;j=1,2,\cdots$)的概率为$p_{ij}$,则称

$$P(X=x_i,Y=y_j)=p_{ij} \quad (i,j=1,2,\cdots)$$

为二维离散型随机变量(X,Y)的**联合分布律**,或随机变量X与Y的**联合分布律**.

二维离散型随机变量的分布律也可用表 3.2 表示.

表 3.2

X \ Y	y_1	y_2	$\cdots$	y_j	$\cdots$
x_1	p_{11}	p_{12}	$\cdots$	p_{1j}	$\cdots$
x_2	p_{21}	p_{22}	$\cdots$	p_{2j}	$\cdots$
$\vdots$	$\vdots$	$\vdots$	$\vdots$	$\vdots$	$\vdots$
x_i	p_{i1}	p_{i2}	$\cdots$	p_{ij}	$\cdots$
$\vdots$	$\vdots$	$\vdots$	$\vdots$	$\vdots$	$\vdots$

p_{ij}具有下列性质:

性质 3.2.1 (非负性) $p_{ij} \geqslant 0 (i,j=1,2,\cdots)$.

性质 3.2.2 (归一性) $\sum_{i=1}^{\infty}\sum_{j=1}^{\infty}p_{ij}=1$.

注 $p_{ij}=P(X=x_i,Y=y_j)$的求法:(1) 利用古典概型;(2) 利用乘法公式 $p_{ij}=P(X=x_i)P(Y=y_j|X=x_i)$.

例 3.2.1 将两封信随意地投入 3 个空邮筒,设 X,Y 分别表示第 1、第 2 个邮筒中信的数量,求 X 与 Y 的联合概率分布.

解 X,Y 各自可能的取值均为 0,1,2,由题设知,(X,Y) 取 $(1,2),(2,1),(2,2)$ 均不可能. 取其他值的概率可由古典概率计算.

当 $X=0$ 时,Y 可取 0,1,2. 若 $Y=0$,则意味着两封信都投入第三个邮筒中,概率为 $\frac{1}{3} \times \frac{1}{3} = \frac{1}{9}$,若 $Y=1$,则意味着两封信分别在第二和第三个邮筒中,其概率为 $C_2^1 \times \frac{1}{3} \times \frac{1}{3} = \frac{2}{9}$,若 $Y=2$,则意味着两封信都投入第二个邮筒中,概率为 $\frac{1}{3} \times \frac{1}{3} = \frac{1}{9}$. 同理分析可得,$X$ 与 Y 的联合概率分布结果如表 3.3 所示.

表 3.3

X \ Y	0	1	2
0	$\frac{1}{9}$	$\frac{2}{9}$	$\frac{1}{9}$
1	$\frac{2}{9}$	$\frac{2}{9}$	0
2	$\frac{1}{9}$	0	0

例 3.2.2 一口袋中有大小形状相同的 2 个红球和 4 个白球,从袋中不放回地取两次球,设随机变量

$$X = \begin{cases} 0 \\ 1 \end{cases}, \quad Y = \begin{cases} 0 \\ 1 \end{cases}$$

其中,X 表示第一次取球,Y 表示第二次取球,0 表示取到红球,1 表示取到白球,求(X,Y) 的分布律及 $F(0.5,1)$.

解 利用概率的乘法公式及条件概率定义,可得二维随机变量(X,Y)的联合分布律

$$P(X=0,Y=0) = P(X=0)P(Y=0 \mid X=0) = \frac{2}{6} \times \frac{1}{5} = \frac{1}{15}$$

$$P(X=0,Y=1) = P(X=0)P(Y=1 \mid X=0) = \frac{2}{6} \times \frac{4}{5} = \frac{4}{15}$$

$$P(X=1,Y=0) = P(X=1)P(Y=0 \mid X=1) = \frac{4}{6} \times \frac{2}{5} = \frac{4}{15}$$

$$P(X=1,Y=1) = P(X=1)P(Y=1 \mid X=1) = \frac{4}{6} \times \frac{3}{5} = \frac{6}{15}$$

把(X,Y)的联合分布律写成如表 3.4 所示的形式.

表 3.4

X \ Y	0	1
0	1/15	4/15
1	4/15	6/15

且 $F(0.5,1) = P(X \leqslant 0.5, Y \leqslant 1) = \frac{1}{15} + \frac{4}{15} = \frac{1}{3}$.

3.2.2 边缘分布律

定义 3.2.3 若随机变量 X 与 Y 的联合分布律为 $P(X=x_i, Y=y_j) = p_{ij}(i,j=1,2,\cdots)$,则称

$$P(X = x_i) = \sum_j p_{ij} = p_i. \quad (i,j=1,2,\cdots)$$

为(X,Y)关于 X 的**边缘分布律**,$P(Y=y_j) = \sum_i p_{ij} = p_{.j}(i,j=1,2,\cdots)$ 为(X,Y)关于

Y 的边缘分布律.

例 3.2.3 对例 3.2.1 求随机变量的边缘分布律.

解 $P(X=0) = P(X=0, Y=0) + P(X=0, Y=1) + P(X=0, Y=2) = \dfrac{4}{9}$

$P(X=1) = P(X=1, Y=0) + P(X=1, Y=1) + P(X=1, Y=2) = \dfrac{4}{9}$

$P(X=2) = P(X=2, Y=0) + P(X=2, Y=1) + P(X=2, Y=2) = \dfrac{1}{9}$

所以, X 的边缘分布律如表 3.5 所示.

表 3.5

X	0	1	2
P	4/9	4/9	1/9

同理可得 Y 的边缘分布律如表 3.6 所示.

表 3.6

Y	0	1	2
P	4/9	4/9	1/9

3.2.3 条件分布

定义 3.2.4 设 (X, Y) 是二维离散型随机变量,其概率分布为
$$P(X = x_i, Y = y_j) = p_{ij} \quad (i, j = 1, 2, \cdots)$$
当 $P(Y = y_j) > 0$ 时,有
$$P(X = x_i \mid Y = y_j) = \frac{P(X = x_i, Y = y_j)}{P(Y = y_j)} = \frac{p_{ij}}{p_{\cdot j}} \quad (i = 1, 2, \cdots)$$
称其为在 $Y = y_j$ 条件下随机变量 X 的条件概率分布.
$$P(Y = y_j \mid X = x_i) = \frac{P(X = x_i, Y = y_j)}{P(X = x_i)} = \frac{p_{ij}}{p_{i\cdot}} \quad (j = 1, 2, \cdots)$$
称其为在 $X = x_i$ 条件下随机变量 Y 的条件概率分布.

例 3.2.4 对例 3.2.1,求在 $X=1$ 的条件下随机变量 Y 的条件概率分布.

解 由例 3.2.3 可得 $P(X=1) = \dfrac{4}{9}$,在 $X=1$ 的条件下,Y 可取 $0, 1$,则
$$P(Y = 0 \mid X = 1) = \frac{P(X=1, Y=0)}{P(X=1)} = \frac{2}{9} \Big/ \frac{4}{9} = \frac{1}{2}$$
$$P(Y = 1 \mid X = 1) = \frac{P(X=1, Y=1)}{P(X=1)} = \frac{2}{9} \Big/ \frac{4}{9} = \frac{1}{2}$$

3.2.4 独立性

定理 3.2.1 对离散型随机变量 (X, Y),其独立性等价于对 (X, Y) 的所有可能取值

(x_i, y_j) 有
$$P(X = x_i, Y = y_j) = P(X = x_i)P(Y = y_j)$$
即
$$p_{ij} = p_i \cdot p_{\cdot j} \quad (i,j = 1,2,\cdots)$$

例3.2.5 判断例3.2.1和例3.2.2中的随机变量是否相互独立.

解 (1) 结合例3.2.3,有 $P(X=0) \times P(Y=0) = \frac{4}{9} \times \frac{4}{9} \neq \frac{1}{9} = P(X=0, Y=0)$ 因此例3.2.1中的随机变量不相互独立.

(2) 根据例3.2.2,有
$$P(X = 0) = \frac{1}{15} + \frac{4}{15} = \frac{1}{3}, \quad P(X = 1) = \frac{4}{15} + \frac{6}{15} = \frac{2}{3}$$
$$P(Y = 0) = \frac{1}{15} + \frac{4}{15} = \frac{1}{3}, \quad P(Y = 1) = \frac{4}{15} + \frac{6}{15} = \frac{2}{3}$$

所以, $P(X=0) \times P(Y=0) = \frac{1}{3} \times \frac{1}{3} = \frac{1}{9} \neq \frac{1}{15} = P(X=0, Y=0)$,故随机变量不相互独立.

例3.2.6 设随机变量 X 与 Y 相互独立,表3.7列出了二维随机变量(X,Y)的联合分布律及 X 和 Y 的边缘分布律中的部分数值,试将其余数值填入表中的空白处.

表3.7

X \ Y	y_1	y_2	y_3	$P(X = x_i) = p_i.$
x_1		1/8		
x_2	1/8			
$P(y = y_j) = p_{\cdot j}$	1/6			1

解 由于 $P(X = x_1, Y = y_1) = P(Y = y_1) - P(X = x_2, Y = y_1) = 1/6 - 1/8 = 1/24$,考虑到 X 与 Y 相互独立,有
$$P(X = x_1)P(Y = y_1) = P(X = x_1, Y = y_1)$$
所以
$$P(X = x_1) = \frac{1/24}{1/6} = \frac{1}{4}$$

同理,可以导出其他数值,最后将所求数值填入表3.8中.

表3.8

X \ Y	y_1	y_2	y_3	$P(X = x_i) = p_i.$
x_1	1/24	1/8	1/12	1/4
x_2	1/8	3/8	1/4	3/4
$P(Y = y_j) = p_{\cdot j}$	1/6	1/2	1/3	1

例3.2.7 某地公安部门经过调查后发现,交通事故由自行车造成的(记为"$X=1$")占1/2,由汽车造成的(记为"$X=2$")占1/3,其他原因造成的(记为"$X=3$")占1/6.由自行车造成的交通事故引起轻伤的(记为"$Y=1$")占50%,引起重伤的(记为"$Y=2$")与死亡的(记

为"$Y=3$")各占25%,由汽车造成的交通事故引起轻伤的占$\frac{1}{4}$,引起重伤的占$\frac{1}{4}$,死亡的$\frac{1}{2}$;由其他原因造成的交通事故引起轻伤、重伤、死亡的比例相同.试求 X 与 Y 的联合分布.

解 由题设知 X 的边缘分布如表3.9所示.

表 3.9

X	1	2	3
P	1/2	1/3	1/6

已知$(X=1),(X=2),(X=3)$发生时,Y 的条件分布如表3.10~表3.12所示.

表 3.10

$Y\mid X=1$	1	2	3
P	1/2	1/4	1/4

表 3.11

$Y\mid X=2$	1	2	3
P	1/4	1/4	1/2

表 3.12

$Y\mid X=3$	1	2	3
P	1/3	1/3	1/3

于是由
$$P(X=i,Y=j)=P(X=i)P(Y=j\mid X=i) \quad (i,j=1,2,3)$$
得表3.13.

表 3.13

X \ Y	1	2	3
1	1/4	1/8	1/8
2	1/12	1/12	1/6
3	1/18	1/18	1/18

习 题 3.2

A 组

1. 选择题

(1) 设二维随机变量(X,Y)的分布律如表3.14所示.则 $P(X+Y=0)=($).

表 3.14

X \ Y	-1	0	1
0	0.1	0.3	0.2
1	0.2	0.1	0.1

A. 0.2　　　　B. 0.5　　　　C. 0.6　　　　D. 0.7

(2) 设二维随机变量 (X,Y) 的分布律如表 3.15 所示. 设 $p_{ij} = P(X=i, Y=j)$ $(i,j=0,1)$,则下列各式中错误的是(　　).

A. $p_{00} < p_{01}$　　B. $p_{10} < p_{11}$　　C. $p_{00} < p_{11}$　　D. $p_{10} < p_{01}$

表 3.15

X \ Y	0	1
0	0.1	0.2
1	0.3	0.4

2. 设二维随机变量 (X,Y) 的分布律如表 3.16 所示. 求 X 和 Y 的边缘分布及 $P(X+Y \geqslant 1)$.

表 3.16

X \ Y	0	1
0	0.3	0.2
1	0.4	0.1

3. 已知 $P(X=k) = \dfrac{a}{k}$,$P(Y=-k) = \dfrac{b}{k^2}$ $(k=1,2,3)$,X 与 Y 相互独立.

(1) 确定 a,b 的值;
(2) 求 (X,Y) 的联合分布律;
(3) 求 $X+Y$ 的概率分布.

4. 设二维随机变量 (X,Y) 的联合分布律 $P(X=i, Y=j) = P_{ij}$ 如表 3.17 所示.

表 3.17

Y \ X	0	1	2	3	4	5
0	0.01	0.05	0.12	0.02	0	0.01
1	0.02	0	0.01	0.05	0.02	0.02
2	0	0.05	0.1	0	0.3	0.05
3	0.01	0	0.02	0.01	0.03	0.1

(1) 求概率 $P(X<2, Y\leq 2)$;
(2) 求关于 X 和 Y 的边缘分布律;
(3) 判断 X 和 Y 是否相互独立,并说明原因;
(4) 求随机变量 $Z = X + Y$ 的概率分布.

5. 袋中有一个红球、两个黑球、三个白球,现有放回地从袋中取两次,每次取一球,以 X, Y, Z 分别表示两次取球的红、黑、白的个数.求:
(1) $P(X=1|Z=0)$;(2) 二维随机变量 (X, Y) 的概率分布.

6. 如果随机变量 (X, Y) 的联合概率分布如表 3.18 所示.则 α, β 应满足的条件是_____;若 X 与 Y 相互独立,则 $\alpha = $ _____, $\beta = $ _____.

表 3.18

X \ Y	1	2	3
1	1/6	1/9	1/18
2	1/3	α	β

B 组

1. 随机变量 X 与 Y 独立同分布且 X 的分布函数为 $F(x)$,则 $Z = \max\{X, Y\}$ 的分布函数为( ).

A. $F^2(z)$
B. $F(x)F(y)$
C. $1 - [1 - F(z)]^2$
D. $[1 - F(x)][1 - F(y)]$

2. 设 X, Y 独立同分布,其分布律为 $P(X=1) = P(Y=-1) = \frac{1}{2}$.令 $Z = XY$,证明 X, Y, Z 两两相互独立.

3. 设事件 A, B 满足 $P(A) = \frac{1}{4}, P(B|A) = P(A|B) = \frac{1}{2}$,令

$$X = \begin{cases} 1 & (A\text{ 发生}) \\ 0 & (\text{否则}) \end{cases}, \quad Y = \begin{cases} 1 & (B\text{ 发生}) \\ 0 & (\text{否则}) \end{cases}$$

试求 (X, Y) 的联合分布律.

3.3 二维连续型随机变量及其分布

3.3.1 联合概率密度

定义 3.3.1 设二维随机变量 (X, Y) 的分布函数为 $F(x, y)$,如果存在非负可积的二元函数 $f(x, y)$,使得对任意实数 x, y,有 $F(x, y) = \int_{-\infty}^{x} \int_{-\infty}^{y} f(u, v) \mathrm{d}u \mathrm{d}v$,则称 (X, Y) 为**二维连续型随机变量**,称函数 $f(x, y)$ 为二维随机变量 (X, Y) 的**概率密度函数**或随机变量 X 和 Y 的**联合密度函数**.

二维连续型随机变量的联合密度函数具有下列性质：

性质 3.3.1 （非负性）$f(x,y) \geqslant 0$.

性质 3.3.2 （规范性）$\int_{-\infty}^{+\infty}\int_{-\infty}^{+\infty} f(x,y)\mathrm{d}x\mathrm{d}y = 1$.

注 任何一个二元实函数，若它满足性质 3.3.1 和性质 3.3.2，则它一定是某二维连续型随机变量的密度函数.

性质 3.3.3 若 $f(x,y)$ 在点 (x,y) 处连续，则有 $\dfrac{\partial^2 F(x,y)}{\partial x \partial y} = f(x,y)$.

性质 3.3.4 设 D 是 xOy 平面上的任一区域，则

$$P((X,Y) \in D) = \iint_D f(x,y)\mathrm{d}x\mathrm{d}y$$

例 3.3.1 设二维随机变量 (X,Y) 具有概率密度

$$f(x,y) = \begin{cases} A\mathrm{e}^{-(2x+y)} & (x>0, y>0) \\ 0 & (\text{其他}) \end{cases}$$

求：(1) 常数 A；(2) 概率 $P(X \leqslant Y)$；(3) $F(X,Y)$ 的联合分布函数.

解 (1) 由联合密度函数的规范性，有 $\int_{-\infty}^{+\infty}\int_{-\infty}^{+\infty} f(x,y)\mathrm{d}x\mathrm{d}y = 1$，则 $\int_0^{+\infty}\int_0^{+\infty} A\mathrm{e}^{-2x-y}\mathrm{d}x\mathrm{d}y = 1$，即 $\dfrac{A}{2} = 1$，所以 $A = 2$.

(2) $P(X \leqslant Y) = \int_0^{+\infty}\int_0^{y} 2\mathrm{e}^{-2x-y}\mathrm{d}x\mathrm{d}y = \dfrac{2}{3}$.

(3) $F(x,y) = \int_{-\infty}^{x}\int_{-\infty}^{y} f(u,v)\mathrm{d}u\mathrm{d}v$.

当 $x>0, y>0$ 时，

$$F(x,y) = \int_0^x\int_0^y f(u,v)\mathrm{d}u\mathrm{d}v = \int_0^x 2\mathrm{e}^{-2u}\mathrm{d}u \int_0^y \mathrm{e}^{-v}\mathrm{d}v = (1-\mathrm{e}^{-2x})(1-\mathrm{e}^{-y})$$

对于其他情况，

$$F(x,y) = \int_{-\infty}^x\int_{-\infty}^y 0 \mathrm{d}u\mathrm{d}v = 0$$

因此

$$F(x,y) = \begin{cases} (1-\mathrm{e}^{-2x})(1-\mathrm{e}^{-y}) & (x>0, y>0) \\ 0 & (\text{其他}) \end{cases}$$

例 3.3.2 设二维随机变量 (X,Y) 的联合概率密度函数为

$$f(x,y) = \begin{cases} \dfrac{A}{x^2 y^2} & \left(x>\dfrac{1}{2}, y>\dfrac{1}{2}\right) \\ 0 & (\text{其他}) \end{cases}$$

求：(1) 系数 A；(2) (X,Y) 的分布函数；(3) $P(XY<1)$.

解 (1) 由二维密度函数的性质，有

$$\int_{1/2}^{+\infty}\int_{1/2}^{+\infty} \dfrac{A}{x^2 y^2}\mathrm{d}x\mathrm{d}y = 1$$

解之得 $A = 1/4$，于是

$$f(x,y) = \begin{cases} \dfrac{1}{4x^2 y^2} & \left(x>\dfrac{1}{2}, y>\dfrac{1}{2}\right) \\ 0 & (\text{其他}) \end{cases}$$

(2)
$$F(x,y) = \begin{cases} \int_{1/2}^{x} du \int_{1/2}^{y} \dfrac{dv}{4u^2v^2} & \left(x > \dfrac{1}{2}, y > \dfrac{1}{2}\right) \\ 0 & \text{(其他)} \end{cases}$$
$$= \begin{cases} \left(1 - \dfrac{1}{2x}\right)\left(1 - \dfrac{1}{2y}\right) & \left(x > \dfrac{1}{2}, y > \dfrac{1}{2}\right) \\ 0 & \text{(其他)} \end{cases}$$

(3) 记 $D = \{(x,y) | x > 1/2, y > 1/2\}$, $G = \{(x,y) | xy < 1\}$. 因为 $f(x,y)$ 仅在 D 内有非零值, 故由性质 3.3.3 得

$$P(XY < 1) = \iint_{xy<1} f(x,y) dx dy = \iint_{D \cap G} \dfrac{1}{4x^2 y^2} dx dy = \int_{1/2}^{2} dx \int_{1/2}^{1/x} \dfrac{1}{4x^2 y^2} dy = \dfrac{9}{16}$$

3.3.2 常用的二维连续型随机变量

1. 均匀分布

如果 (X, Y) 的联合概率密度为

$$f(x,y) = \begin{cases} \dfrac{1}{G \text{ 的面积}} & ((x,y) \in G) \\ 0 & \text{(其他)} \end{cases}$$

则称 (X, Y) 在二维平面的区域 G 上服从**均匀分布**.

例 3.3.3 设 (X, Y) 服从单位圆域 $x^2 + y^2 \leqslant 1$ 上的均匀分布, 求 (X, Y) 的联合概率密度.

解 依题意单位圆域的面积为 π, 则概率密度函数为

$$f(x,y) = \begin{cases} 1/\pi & x^2 + y^2 \leqslant 1 \\ 0 & \text{(其他)} \end{cases}$$

2. 二维正态分布 $N(\mu_1, \mu_2, \sigma_1^2, \sigma_2^2, \rho)$

如果 (X, Y) 的联合概率密度

$$f(x,y) = \dfrac{1}{2\pi\sigma_1\sigma_2\sqrt{1-\rho^2}}$$
$$\cdot \exp\left\{-\dfrac{1}{2(1-\rho^2)}\left[\dfrac{(x-\mu_1)^2}{\sigma_1^2} - 2\rho\dfrac{(x-\mu_1)(y-\mu_2)}{\sigma_1\sigma_2} + \dfrac{(x-\mu_1)^2}{\sigma_1^2}\right]\right\}$$

则称 (X, Y) 服从**二维正态分布**, 并记为

$$(X, Y) \sim N(\mu_1, \mu_2, \sigma_1^2, \sigma_2^2, \rho)$$

3.3.3 边缘概率密度

定义 3.3.2 设 (X, Y) 为连续型随机变量, 它的概率密度函数为 $f(x,y)$, 则 x 的边缘分布函数为

$$F_X(x) = F(x, +\infty) = \int_{-\infty}^{x} \left[\int_{-\infty}^{+\infty} f(x,y) dy\right] dx$$

其密度函数为

$$f_X(x) = \int_{-\infty}^{+\infty} f(x,y) \mathrm{d}y$$

同理,Y 的边缘分布函数为

$$F_Y(y) = F(+\infty, y) = \int_{-\infty}^{y} \left[\int_{-\infty}^{+\infty} f(x,y) \mathrm{d}x\right] \mathrm{d}y$$

其密度函数为

$$f_Y(y) = \int_{-\infty}^{+\infty} f(x,y) \mathrm{d}x$$

通常分别称 $f_X(x)$ 和 $f_Y(y)$ 为二维随机变量 (X,Y) 关于 X 和 Y 的**边缘密度函数**.

例 3.3.4 求例 3.3.1 和例 3.3.2 中的边缘概率分布.

解 由例 3.3.1 中 $A=2$,有

$$f_X(x) = \int_{-\infty}^{+\infty} f(x,y) \mathrm{d}y = \int_{0}^{+\infty} 2\mathrm{e}^{-2x-y} \mathrm{d}y = 2\mathrm{e}^{-2x}$$

$$f_Y(y) = \int_{-\infty}^{+\infty} f(x,y) \mathrm{d}x = \int_{0}^{+\infty} 2\mathrm{e}^{-2x-y} \mathrm{d}x = \mathrm{e}^{-y}$$

所以,例 3.3.1 的边缘概率分布为

$$f_X(x) = \begin{cases} 2\mathrm{e}^{-2x} & (x>0) \\ 0 & (其他) \end{cases}, \quad f_Y(y) = \begin{cases} \mathrm{e}^{-y} & (y>0) \\ 0 & (其他) \end{cases}$$

由例 3.3.2 中 $A = \dfrac{1}{4}$,有

$$f_X(x) = \int_{-\infty}^{+\infty} f(x,y) \mathrm{d}y = \int_{\frac{1}{2}}^{+\infty} \frac{1}{4x^2 y^2} \mathrm{d}y = \frac{1}{2x^2}$$

$$f_Y(y) = \int_{-\infty}^{+\infty} f(x,y) \mathrm{d}x = \int_{\frac{1}{2}}^{+\infty} \frac{1}{4x^2 y^2} \mathrm{d}x = \frac{1}{2y^2}$$

所以,例 3.3.2 的边缘概率分布为

$$f_X(x) = \begin{cases} \dfrac{1}{2x^2} & \left(x > \dfrac{1}{2}\right) \\ 0 & (其他) \end{cases}, \quad f_Y(y) = \begin{cases} \dfrac{1}{2y^2} & \left(y > \dfrac{1}{2}\right) \\ 0 & (其他) \end{cases}$$

例 3.3.5 求例 3.3.3 中均匀分布的 $f_X(x), f_Y(y)$.

解 当 $x>1$ 或 $x<-1$ 时,$f(x,y)=0$,从而

$$f_X(x) = 0$$

当 $-1 \leqslant x \leqslant 1$ 时,

$$f_X(x) = \int_{-\infty}^{+\infty} f(x,y) \mathrm{d}y = \int_{-\sqrt{1-x^2}}^{\sqrt{1-x^2}} \frac{1}{\pi} \mathrm{d}y = \frac{2}{\pi} \sqrt{1-x^2}$$

于是,我们得到 X 的边缘概率密度

$$f_X(x) = \begin{cases} \dfrac{2}{\pi} \sqrt{1-x^2} & (-1 < x < 1) \\ 0 & (其他) \end{cases}$$

同理,得到 Y 的边缘概率密度

$$f_Y(y) = \begin{cases} \dfrac{2}{\pi} \sqrt{1-y^2} & (-1 < y < 1) \\ 0 & (其他) \end{cases}$$

例 3.3.6 求二维正态分布的边缘分布 $f_X(x), f_Y(y)$.

解 $f_X(x) = \int_{-\infty}^{+\infty} f(x,y)\mathrm{d}y = \dfrac{1}{\sqrt{2\pi}\sigma_1} e^{-\dfrac{(x-\mu_1)^2}{2\sigma_1^2}}$

$f_Y(y) = \int_{-\infty}^{+\infty} f(x,y)\mathrm{d}x = \dfrac{1}{\sqrt{2\pi}\sigma_2} e^{-\dfrac{(y-\mu_2)^2}{2\sigma_2^2}}$

注 (1) 事实上,二维正态分布中 $X \sim N(\mu_1, \sigma_1^2), Y \sim N(\mu_2, \sigma_2^2)$.

(2) 一般来说,由二维正态分布的联合分布可以确定边缘分布,但是已知边缘分布一般不能确定联合分布.

(3) 随机变量 X 与 Y 的分布不依赖于 ρ.

3.3.4 条件概率密度

定义 3.3.3 设二维连续型随机变量 (X, Y) 的概率密度为 $f(x,y)$,边缘概率密度为 $f_X(x), f_Y(y)$,则对一切使 $f_X(x) > 0$ 的 x,定义**在 $X = x$ 的条件下 Y 的条件概率密度**为

$$f_{Y|X}(y \mid x) = \frac{f(x,y)}{f_X(x)}$$

类似地,对一切使 $f_Y(y) > 0$ 的 y,定义在 $Y = y$ 的条件下 X 的条件概率密度为

$$f_{X|Y}(x \mid y) = \frac{f(x,y)}{f_Y(y)}$$

例 3.3.7 求例 3.3.3 中的条件密度:(1) $f_{X|Y}(x|y)$;(2) 对 $y = 0, f_{X|Y=0}(x)$;(3) 对 $y = 1/2, f_{X|Y=1/2}(x)$.

解 由例 3.3.3 有

$$f(x,y) = \begin{cases} \dfrac{1}{\pi} & (x^2 + y^2 \leqslant 1) \\ 0 & (其他) \end{cases}, \quad f_Y(y) = \begin{cases} \dfrac{2}{\pi}\sqrt{1-y^2} & (-1 < y < 1) \\ 0 & (其他) \end{cases}$$

(1) $f_{X|Y}(x|y) = \dfrac{f(x,y)}{f_Y(y)} = \dfrac{\dfrac{1}{\pi}}{\dfrac{2}{\pi}\sqrt{1-y^2}} = \dfrac{1}{2\sqrt{1-y^2}} \ (-1 < y < 1)$;

(2) $f_{X|Y=0}(x) = \dfrac{f(x,0)}{f_Y(0)} = \dfrac{\dfrac{1}{\pi}}{\dfrac{2}{\pi}} = \dfrac{1}{2}$;

(3) $f_{X|Y=\frac{1}{2}}(x) = \dfrac{f\left(x,\dfrac{1}{2}\right)}{f_Y\left(\dfrac{1}{2}\right)} = \dfrac{\dfrac{1}{\pi}}{\dfrac{2}{\pi}\sqrt{1-\left(\dfrac{1}{2}\right)^2}} = \dfrac{1}{\sqrt{3}}$.

3.3.5 独立性

对二维连续型随机变量 (X, Y),其独立性的定义等价于:若对任意的 x, y,有

$$f(x,y) = f_X(x)f_Y(y)$$

几乎处处成立，则称 X,Y **相互独立**.

例 3.3.8 考察例 3.3.1、例 3.3.2、例 3.3.3 中 X 与 Y 的独立性.

解 由例 3.3.4 知例 3.3.1 中随机变量 X 与 Y 的边缘概率分布为

$$f_X(x) = \begin{cases} 2e^{-2x} & (x>0) \\ 0 & (其他) \end{cases}, \quad f_Y(y) = \begin{cases} e^{-y} & (y>0) \\ 0 & (其他) \end{cases}$$

对任意的 x,y，有

$$f(x,y) = \begin{cases} 2e^{-2x-y} & (x>0, y>0) \\ 0 & (其他) \end{cases}$$
$$= f_X(x)f_Y(y)$$

因此，随机变量 X 与 Y 相互独立.

由例 3.3.4 知例 3.3.2 中随机变量 X 与 Y 的边缘概率分布为

$$f_X(x) = \begin{cases} \dfrac{1}{2x^2} & \left(x>\dfrac{1}{2}\right) \\ 0 & (其他) \end{cases}, \quad f_Y(y) = \begin{cases} \dfrac{1}{2y^2} & \left(y>\dfrac{1}{2}\right) \\ 0 & (其他) \end{cases}$$

对任意的 x,y，有

$$f(x,y) = \begin{cases} \dfrac{1}{4x^2y^2} & \left(x>\dfrac{1}{2}, y>\dfrac{1}{2}\right) \\ 0 & (其他) \end{cases}$$
$$= f_X(x)f_Y(y)$$

因此，随机变量 X 与 Y 相互独立.

由例 3.3.5 知例 3.3.3 中随机变量 X 与 Y 的边缘概率分布为

$$f_X(x) = \begin{cases} \dfrac{2}{\pi}\sqrt{1-x^2} & (-1<x<1) \\ 0 & (其他) \end{cases}, \quad f_Y(y) = \begin{cases} \dfrac{2}{\pi}\sqrt{1-y^2} & (-1<y<1) \\ 0 & (其他) \end{cases}$$

当 $x^2+y^2<1$ 时，

$$f(x,y) = \frac{1}{\pi} \neq \frac{4}{\pi^2}\sqrt{(1-x^2)(1-y^2)} = f_X(x)f_Y(y)$$

因此，随机变量 X 与 Y 相互不独立.

例 3.3.9 设 X 与 Y 是两个相互独立的随机变量，X 在 $[0,1]$ 上服从均匀分布，Y 的概率密度为

$$f_Y(y) = \begin{cases} \dfrac{1}{2}e^{-\frac{y}{2}} & (y>0) \\ 0 & (y\leqslant 0) \end{cases}$$

求：(1) (X,Y) 的联合概率密度；(2) 概率 $P(Y\geqslant X)$.

解 (1) 因 X 在 $[0,1]$ 上服从均匀分布，故 X 的概率密度为

$$f_X(x) = \begin{cases} 1 & (x\in(0,1)) \\ 0 & (x\notin(0,1)) \end{cases}$$

由于 X,Y 相互独立，所以，(X,Y) 的联合概率密度为

$$f(x,y) = f_X(x)f_Y(y) = \begin{cases} \dfrac{1}{2}e^{-\frac{y}{2}} & (0\leqslant x\leqslant 1, y>0) \\ 0 & (其他) \end{cases}$$

(2) $P(Y \geqslant X) = \iint\limits_{Y \geqslant X} f(x,y)\mathrm{d}x\mathrm{d}y = \int_0^1 \mathrm{d}x \int_x^{+\infty} \frac{1}{2} \mathrm{e}^{-\frac{y}{2}} \mathrm{d}y = \int_0^1 (-\mathrm{e}^{-\frac{y}{2}} \big|_x^{+\infty}) \mathrm{d}x = \int_0^1 \mathrm{e}^{-\frac{x}{2}} \mathrm{d}x$
$= -2\mathrm{e}^{-\frac{x}{2}} \big|_0^1 = 2(1-\mathrm{e}^{-\frac{1}{2}}) \approx 0.7869$

习 题 3.3

A 组

1. 填空题

(1) 设随机变量 X,Y 同分布, X 的密度函数为

$$f(x,y) = \begin{cases} \dfrac{3}{8}x^2 & (0 \leqslant x \leqslant 2) \\ 0 & \text{(其他)} \end{cases}$$

设 $A=(X>b)$ 与 $B=(Y>b)$ 相互独立, 且 $P(A \cup B) = \dfrac{3}{4}$, 则 $b = $ _____.

(2) 在区间 $(0,1)$ 内随机取两个数, 则事件"两数之积大于 $\dfrac{1}{4}$"的概率为 _____.

(3) 设 X,Y 相互独立, $X \sim N(0,1), Y \sim N(0,1)$, 则 (X,Y) 的联合概率密度 $f(x,y)$ = _____, $Z = X+Y$ 的概率密度 $f_Z(z) = $ _____.

2. 设 (X,Y) 的联合密度函数为

$$f(x,y) = \begin{cases} k(x+y) & (0<x<1, 0<y<1) \\ 0 & \text{(其他)} \end{cases}$$

求: (1) 常数 k; (2) $P\left(X<\dfrac{1}{2}, Y<\dfrac{1}{2}\right)$; (3) $P(X+Y<1)$; (4) $P\left(X<\dfrac{1}{2}\right)$.

3. 设 (X,Y) 的联合密度为 $f(x,y) = Ay(1-x)$ $(0 \leqslant x \leqslant 1, 0 \leqslant y \leqslant x)$,

(1) 求系数 A. (2) 求关于 X 及 Y 的边缘密度. (3) X 与 Y 是否相互独立?

(4) 求 $P(Y \leqslant X^2)$.

4. 设二维随机变量 (X,Y) 的联合密度为

$$f(x,y) = \begin{cases} 2\mathrm{e}^{-(2x+y)} & (x>0, y>0) \\ 0 & \text{(其他)} \end{cases}$$

求: (1) 关于 X 和 Y 的边缘密度函数和边缘分布函数;

(2) $P(X+Y<2)$;

(3) $P(X<2 | Y<1)$.

5. 设随机变量 (X,Y) 在矩形区域 $D = \{(x,y) | a<x<b, c<y<d\}$ 内服从均匀分布,

(1) 求联合概率密度及边缘概率密度; (2) 问随机变量 X, Y 是否独立?

6. 设二维随机变量 (X,Y) 的密度函数为

$$f(x,y) = \begin{cases} \mathrm{e}^{-y} & (0<x<y<+\infty) \\ 0 & \text{(其他)} \end{cases}$$

(1) 求边缘密度函数 $f_X(x)$ 与 $f_Y(y)$, 并判断 X 与 Y 是否相互独立?

(2) 求条件密度函数 $f_{X|Y}(x|y)$.

(3) 计算条件密度函数 $P(X>2|Y<4)$.

B 组

1. 设 $(X,Y) \sim N(0,0,1,1,0)$，则 (X,Y) 关于 X 的边缘概率密度 $f_X(x) = $ _____．

2. 设二维随机变量 (X,Y) 的概率密度为
$$f(x,y) = \begin{cases} 1 & (0 \leqslant x \leqslant 1, 0 \leqslant y \leqslant 1) \\ 0 & (\text{其他}) \end{cases}$$

则 $P\left(X \leqslant \dfrac{1}{2}, Y > \dfrac{1}{2}\right) = $ _____．

3. 设二维随机变量 (X,Y) 的概率密度为
$$f(x,y) = \begin{cases} xy & (0 \leqslant x \leqslant 1, 0 \leqslant y \leqslant 2) \\ 0 & (\text{其他}) \end{cases}$$

则 (X,Y) 关于 X 的边缘概率密度 $f_X(x) = $ _____．

4. 设二维随机变量 (X,Y) 的概率密度函数
$$f(x,y) = A e^{-2x^2 + 2xy - y^2} \quad (-\infty < x < +\infty, -\infty < y < +\infty)$$

求常数 A 及条件概率密度 $f_{Y|X}(y|x)$．

5. 设 (X,Y) 服从 B 上的均匀分布，其中 B 为 x 轴，y 轴及直线 $y = 2x + 1$ 所围的三角形区域，试求：

(1) (X,Y) 的联合密度；

(2) (X,Y) 的联合分布函数．

3.4 二维随机变量函数的分布

3.4.1 二维离散型随机变量函数的分布

例 3.4.1 设随机变量 X, Y 独立同分布，而且 $P(X=i) = 1/3$ $(i=1,2,3)$．(1) 求 $X+Y$ 和 $X-Y$ 的概率分布；(2) 求最大值 $\xi = \max\{X,Y\}$ 和最小值 $\eta = \min\{X,Y\}$ 的概率分布；(3) 求 (ξ, η) 的联合概率分布，并判断 ξ 和 η 的独立性；(4) 求 $P(\xi + \eta \leqslant 3)$．

解 由于 X, Y 独立，所以 (X,Y) 的联合分布如表 3.20 所示．

表 3.20

X \ Y	1	2	3	$p_i.$
1	1/9	1/9	1/9	1/3
2	1/9	1/9	1/9	1/3
3	1/9	1/9	1/9	1/3
$p._j$	1/3	1/3	1/3	

则 (1) $X+Y$ 和 $X-Y$ 的概率分布分别如表 3.21 和表 3.22 所示．

表 3.21

$X+Y$	2	3	4	5	6
P	$\frac{1}{9}$	$\frac{2}{9}$	$\frac{3}{9}$	$\frac{2}{9}$	$\frac{1}{9}$

表 3.22

$X-Y$	-2	-1	0	1	2
P	$\frac{1}{9}$	$\frac{2}{9}$	$\frac{3}{9}$	$\frac{2}{9}$	$\frac{1}{9}$

(2) 最大值 $\xi=\max\{X,Y\}$ 和最小值 $\eta=\min\{X,Y\}$ 的概率分布分别如表 3.23 和表 3.24 所示.

表 3.23

ξ	1	2	3
P	1/9	3/9	5/9

表 3.24

η	1	2	3
P	5/9	3/9	1/9

(3) 进一步,我们可以得到 (ξ,η) 的联合概率分布如表 3.25 所示.

表 3.25

ξ \ η	1	2	3	$p_{i\cdot}$
1	1/9	0	0	1/9
2	2/9	1/9	0	3/9
3	2/9	2/9	1/9	5/9
$p_{\cdot j}$	5/9	3/9	1/9	

由于 $P(\xi=1,\eta=3)=0\neq P(\xi=1)P(\eta=3)$,所以最大值 ξ 和最小值 η 是不独立的两个随机变量.最后,由 (ξ,η) 的联合概率分布得 $P(\xi+\eta\leqslant 3)=1/3$.

例 3.4.2 设卡车装运的水泥每袋的重量 X(单位:kg)服从 $N(50,2.5^2)$ 分布,卡车的额定重量为 2 000 kg,问最多装多少袋水泥,可使卡车超载的概率不超过 0.05?

解 设最多装 n 袋水泥,X_i 为第 i 袋水泥的重量,由题意

$$P(\sum_{i=1}^{n}X_i>2\,000)\leqslant 0.05,\quad \sum_{i=1}^{n}X_i\sim N(50n,2.5^2 n)$$

故 $P(\sum_{i=1}^{n}X_i>2\,000)=1-\Phi\left(\dfrac{2\,000-50n}{2.5\sqrt{n}}\right)$,即 $\Phi\left(\dfrac{2\,000-50n}{2.5\sqrt{n}}\right)\geqslant 0.95$,查表得 $\dfrac{2\,000-50n}{2.5\sqrt{n}}\geqslant 1.645$,故 $n\geqslant 39$.

3.4.2 二维连续型随机变量函数的分布

定义 3.4.1 设随机变量 X 和 Y 的联合概率密度为 $f(x,y)$. X 和 Y 的概率密度分别为 $f_X(x)$ 和 $f_Y(y)$. 当 X 和 Y 独立时, $f(x,y)=f_X(x)f_Y(y)$. 对连续型随机变量 X 和 Y, 它们的和 $Z=X+Y$ 也是连续型随机变量, 其概率密度

$$f(z) = \int_{-\infty}^{+\infty} f(x, z-x)\mathrm{d}x = \int_{-\infty}^{+\infty} f(z-y, y)\mathrm{d}y$$

特别地, 若 X 和 Y 独立, 则

$$f(z) = \int_{-\infty}^{+\infty} f_X(x)f_Y(z-x)\mathrm{d}x = \int_{-\infty}^{+\infty} f_X(z-y)f_Y(y)\mathrm{d}y$$

这个式子被称为**卷积公式**.

1. 连续和的分布

例 3.4.3 设 X 和 Y 相互独立, 且都在区间 $[0,1]$ 上服从均匀分布, 求 $Z=X+Y$ 的概率密度.

解 X 和 Y 的密度函数分别为

$$f_X(x) = \begin{cases} 1 & (1>x>0) \\ 0 & (其他) \end{cases}, \quad f_Y(y) = \begin{cases} 1 & (1>y>0) \\ 0 & (其他) \end{cases}$$

由卷积公式可得

$$f_Z(z) = \int_{-\infty}^{+\infty} f_X(x)f_Y(z-x)\mathrm{d}x = \begin{cases} \int_0^z \mathrm{d}x & (0<z<1) \\ \int_{z-1}^1 \mathrm{d}x & (1 \leqslant z < 2) \\ 0 & (其他) \end{cases}$$

$$= \begin{cases} z & (0<z<1) \\ 2-z & (1 \leqslant z < 2) \\ 0 & (其他) \end{cases}$$

例 3.4.4 设某种商品一周的需求量是一个随机变量, 其概率密度函数为

$$f_X(x) = \begin{cases} x\mathrm{e}^{-x} & (x>0) \\ 0 & (其他) \end{cases}$$

如果各周的需求量相互独立, 求两周需求量的概率密度函数.

解 分别用 X 和 Y 表示第一、二周的需求量, 则

$$f_X(x) = \begin{cases} x\mathrm{e}^{-x} & (x>0) \\ 0 & (其他) \end{cases}, \quad f_Y(y) = \begin{cases} y\mathrm{e}^{-y} & (y>0) \\ 0 & (其他) \end{cases}$$

从而两周需求量 $Z=X+Y$, 利用卷积公式计算:

当 $z \leqslant 0$ 时, 若 $x>0$, 则 $z-x<0$, $f_Y(x-x)=0$; 若 $x \leqslant 0$, 则 $f_X(x)=0$, 从而 $f_Z(z)=0$;

当 $z>0$ 时, 若 $x \leqslant 0$, 则 $f_X(x)=0$; 若 $z-x \leqslant 0$, 即 $z \leqslant x$, 则 $f_Y(z-x)=0$.

故 $\int_{-\infty}^{+\infty} f_X(x)f_Y(z-x)\mathrm{d}x = \int_0^z x\mathrm{e}^{-x}(z-x)\mathrm{e}^{-(z-x)}\mathrm{d}x = \dfrac{z^3}{6}\mathrm{e}^{-z}$, 从而

$$f_Z(z) = \begin{cases} \dfrac{z^3}{6}\mathrm{e}^{-z} & (z > 0) \\ 0 & (\text{其他}) \end{cases}$$

注 设 X, Y 相互独立,且 $X \sim N(\mu_1, \sigma_1^2)$,$Y \sim N(\mu_2, \sigma_2^2)$. 则 $Z = X + Y$ 仍然服从正态分布,且

$$Z \sim N(\mu_1 + \mu_2, \sigma_1^2 + \sigma_2^2)$$

该情况可以拓展为有限个相互独立的正态随机变量的线性组合,仍然服从正态分布,即有:

若 $X_i \sim N(\mu_i, \sigma_i^2)(i = 1, 2, \cdots, n)$ 且它们相互独立,则对任意不全为零的常数 $a_1, a_2, \cdots, a_n$,有

$$\sum_{i=1}^{n} a_i X_i \sim N\left(\sum_{i=1}^{n} a_i \mu_i, \sum_{i=1}^{n} a_i^2 \sigma_i^2\right)$$

此处不加证明.

2. $M = \max\{X, Y\}$, $m = \min\{X, Y\}$ 的分布

例 3.4.5 设随机变量 X_1, X_2 相互独立并且具有相同的分布:

$$P(X_i = k) = pq^{k-1} \quad (k = 1, 2, \cdots; i = 1, 2; q = 1 - p)$$

求 $Y = \max\{X_1, X_2\}$ 的分布.

解 $P(Y = n) = P(\max\{X_1, X_2\} = n)$

$$= P(X_1 = n, X_2 \leqslant n) + P(X_1 < n, X_2 = n)$$

$$= pq^{n-1} \sum_{i=1}^{n} pq^{k-1} + pq^{n-1} \sum_{k=1}^{n-1} pq^{k-1}$$

$$= p^2 q^{n-1} \dfrac{1 - q^n}{1 - q} + p^2 q^{n-1} \dfrac{1 - q^{n-1}}{1 - q}$$

$$= p^2 q^{n-1} (2 - q^n - q^{n-1})$$

习 题 3.4

A 组

1. 设 $X \sim N(1, 2)$,$Y \sim N(2, 1)$,且 X, Y 独立,则 $X - 2Y + 3$ 服从(   ).

A. $N(0, 1)$ B. $N(0, -1)$ C. $N(-3, 9)$ D. $N(0, 6)$

2. 随机变量 X 与 Y 相互独立,其分布密度函数各自为

$$f_X(x) = \begin{cases} \dfrac{1}{2}\mathrm{e}^{-\frac{x}{2}} & (x \geqslant 0) \\ 0 & (x < 0) \end{cases}, \quad f_Y(y) = \begin{cases} \dfrac{1}{3}\mathrm{e}^{-\frac{y}{3}} & (y \geqslant 0) \\ 0 & (y < 0) \end{cases}$$

求 $Z = X + Y$ 的密度函数.

3. 设二维随机变量 X 与 Y 相互独立,其概率密度函数分别为

$$f_X(x) = \begin{cases} 1 & (0 \leqslant x \leqslant 1) \\ 0 & (\text{其他}) \end{cases}, \quad f_Y(y) = \begin{cases} \mathrm{e}^{-y} & (y > 0) \\ 0 & (y \leqslant 0) \end{cases}$$

求 $Z = 2X + Y$ 的概率密度函数.

4. 设随机向量 (X, Y) 的联合密度函数为

$$f(x,y) = \begin{cases} \dfrac{2}{(1+x+y)^3} & (x>0, y>0) \\ 0 & \text{(其他)} \end{cases}$$

试求 $Z = X + Y$ 的密度函数.

B 组

1. 设二维随机变量 (X, Y) 的概率密度为

$$f(x,y) = \begin{cases} 2 - x - y & (0 < x < 1, 0 < y < 1) \\ 0 & \text{(其他)} \end{cases}$$

(1) 求 $P(X > 2Y)$;

(2) 求 $Z = X + Y$ 的概率密度 $f_Z(z)$.

2. 设随机变量 X, Y 的联合密度函数为

$$p(x,y) = \begin{cases} 12\mathrm{e}^{-3x-4y} & (x>0, y>0) \\ 0 & \text{(其他)} \end{cases}$$

分别求下列概率密度函数:

(1) $M = \max\{X, Y\}$; (2) $N = \min\{X, Y\}$.

3. 设二维随机变量 (X, Y) 的联合概率密度为

$$p(x,y) = \begin{cases} \dfrac{1}{4}(1 + xy) & (|x| < 1, |y| < 1) \\ 0 & \text{(其他)} \end{cases}$$

证明 X 与 Y 不独立,而 X^2 与 Y^2 相互独立.

4. 设随机变量 X, Y 相互独立同分布,且 X 的密度函数为

$$f(x) = \begin{cases} \dfrac{1}{2}\mathrm{e}^{-\frac{x}{2}} & (x > 0) \\ 0 & (x \leqslant 0) \end{cases}$$

令 $Z = X + Y$,试求随机变量 Z 的正密度函数.

总复习题 3

A 组

1. 选择题

(1) 设 X, Y 相互独立,且 $X \sim N(-1, 2), Y \sim N(1, 3)$,则 $X + 2Y$ 服从的分布为( ).

A. $N(1, 8)$ B. $N(1, 14)$ C. $N(1, 22)$ D. $N(1, 40)$

(2) 设随机变量 X 与 Y 相互独立,分布律分别如表 3.26 和表 3.27 所示.则下列式子正确的是( ).

表 3.26

X	-1	1
P	1/2	1/2

表 3.27

Y	-1	1
P	1/2	1/2

A. $X = Y$ B. $P(X = Y) = 0$
C. $P(X = Y) = 1/2$ D. $P(X = Y) = 1$

(3) 下列叙述中错误的是( ).

A. 联合分布决定边缘分布

B. 边缘分布不能决定联合分布

C. 两个随机变量各自的联合分布不同,但边缘分布可能相同

D. 边缘分布之积即为联合分布

(4) 设(X,Y)服从平面区域G上的均匀分布,若D也是平面上某个区域,并以S_G与S_D分别表示区域G和D的面积,则下列叙述中错误的是( ).

A. $P((X,Y) \in D) = \dfrac{S_D}{S_G}$ B. $P((X,Y) \notin G) = 0$

C. $P((X,Y) \notin D) = 1 - \dfrac{S_{G \cap D}}{S_G}$ D. $P((X,Y) \in D) = \dfrac{S_{G \cap D}}{S_G}$

(5) 若$X \sim N(\mu_1, \sigma_1^2)$,$Y \sim N(\mu_2, \sigma_2^2)$且$X,Y$相互独立,则( ).

A. $X + Y \sim N(\mu_1 + \mu_2, (\sigma_1 + \sigma_2)^2)$ B. $X - Y \sim N(\mu_1 - \mu_2, (\sigma_1^2 - \sigma_2^2))$

C. $X - 2Y \sim N(\mu_1 - 2\mu_2, \sigma_1 + 4\sigma_2^2)$ D. $2X - Y \sim N(2\mu_1 - \mu_2, 2\sigma_1 + \sigma_2^2)$

2. 填空题

(1) 设二维随机变量(X,Y)的概率密度为
$$f(x,y) = \begin{cases} 6x & (0 \leqslant x \leqslant y \leqslant 1) \\ 0 & (\text{其他}) \end{cases}$$
则$P(X + Y \leqslant 1) = $ _____ .

(2) 若某二维随机变量(X,Y)的分布律如表3.28所示,则a,b满足_____ .

表3.28

Y \ X	1	2	3
1	1/3	1/9	a
2	1/3	b	1/9

(3) 设$(X,Y) \sim N(0,0;1,1;0)$,则(X,Y)关于X的边缘概率密度$f_X(x) = $ _____ .

(4) 用(X,Y)的联合分布函数$F(x,y)$表示:$P(a \leqslant X \leqslant b, Y \leqslant C) = $ _____ .

(5) 设平面区域D由$Y = X$,$Y = 0$和$X = 2$所围成,二维随机变量(X,Y)在区域D上服从均匀分布,则(X,Y)关于X的边缘概率密度在$X = 1$处的值为_____ .

3. 袋中有三个球,分别标着数字1,2,3,从袋中任取一球,不放回,再取一球,设第一次取的球上标的数字为X,第二次取的球上标的数字为Y,求(X,Y)的联合分布律.

4. 把一枚均匀的硬币连抛三次,以X表示出现正面的次数,Y表示正、反两面次数差的绝对值,求(X,Y)的联合分布律与边缘分布.

5. 设二维随机变量(X,Y)的联合概率密度为
$$f(x,y) = \begin{cases} \dfrac{e}{e-1} e^{-(x+y)} & (0 < x < 1, y > 0) \\ 0 & (\text{其他}) \end{cases}$$

求边缘概率密度 $f_X(x), f_Y(y)$,并判断 X 与 Y 是否相互独立.

6. 已知二维随机变量 (X,Y) 的概率密度为

$$f(x,y) = \begin{cases} cx^2 y & (x^2 < y < 1) \\ 0 & (其他) \end{cases}$$

(1) 确定常数 c 的值;
(2) 求概率 $P(X < Y)$;
(3) 求边缘密度 $f_X(x), f_Y(y)$,判断 X, Y 是否相互独立;
(4) 求条件密度 $f_{X|Y}(x|y), f_{Y|X}(y|x)$.

7. 设随机变量 (X,Y) 的概率密度为

$$f(x,y) = \begin{cases} 6y & (0 < y < x < 1) \\ 0 & (其他) \end{cases}$$

(1) 试求关于 X 及 Y 的边缘概率密度;(2) 判断 X 与 Y 是否相互独立,并说明理由.

8. 已知随机变量 X 与 Y 的分布律如表 3.29 和表 3.30 所示.且已知 $P(XY=0)=1$.
(1) 求 (X,Y) 的联合分布律;(2) X 与 Y 是否相互独立?

表 3.29

X	-1	0	1
P	1/4	1/2	1/4

表 3.30

Y	0	1
P	1/2	1/2

9. 设 X, Y 相互独立,且各自的分布律如表 3.31 和表 3.32 所示.求 $Z = X + Y$ 的分布律.

表 3.31

X	1	2
P	$\frac{1}{2}$	$\frac{1}{2}$

表 3.32

Y	1	2
P	$\frac{1}{2}$	$\frac{1}{2}$

10. 随机变量 (X,Y) 的分布函数为

$$f(x,y) = \begin{cases} 1 - 3^{-x} - 3^{-y} + 3^{-x-y} & (x \geq 0, y \geq 0) \\ 0 & (其他) \end{cases}$$

(1) 求边缘密度;(2) 验证 X, Y 是否独立.

11. 某种商品一周的需求量是一个随机变量,其概率密度函数为

$$f(x) = \begin{cases} x e^{-x} & (x > 0) \\ 0 & (其他) \end{cases}$$

如果各周的需求量相互独立,求两周需求量的概率密度函数.

B 组

1. 选择题
(1) 设二维随机变量 (X,Y) 的分布律如表 3.33 所示.则 $P(X=Y) = ($ $)$.

表 3.33

X \ Y	0	1	2
0	0.1	0.2	0
1	0.3	0.1	0.1
2	0.1	0	0.1

A. 0.3　　　　B. 0.5　　　　C. 0.7　　　　D. 0.8

(2) 设二维随机变量 (X,Y) 的分布律如表 3.34 所示. $F(x,y)$ 为其联合分布函数,则 $F\left(\dfrac{2}{3},\dfrac{1}{3}\right)=(\quad)$.

表 3.34

X \ Y	-1	0	2
0	0	$\dfrac{1}{6}$	$\dfrac{5}{12}$
$\dfrac{1}{3}$	$\dfrac{1}{12}$	0	0
1	$\dfrac{1}{6}$	0	0

A. 0　　　　B. $\dfrac{1}{12}$　　　　C. $\dfrac{1}{6}$　　　　D. $\dfrac{1}{4}$

(3) 若二维连续型随机变量 (X,Y) 的联合密度函数和边缘密度分别为 $f(x,y)$, $f_X(x), f_Y(y)$, 则下面关系式正确的是( ).

A. $f_X(x) = \int_{-\infty}^{+\infty} f(x,y)\mathrm{d}x$;　　　　B. $f_Y(y) = \int_{-\infty}^{+\infty} f(x,y)\mathrm{d}x$;

C. $f(x,y) = f_X(x)f_Y(y)$;　　　　D. $f(x,y) = f_X(x) + f_Y(y)$

(4) 设 X_1, X_2 是两个相互独立的连续型随机变量,它们的概率密度分别为 $f_1(x)$, $f_2(x)$,分布函数分别为 $F_1(x), F_2(x)$,则( ).

A. $f_1(x)+f_2(x)$ 必为某一随机变量的概率密度

B. $f_1(x)f_2(x)$ 必为某一随机变量的概率密度

C. $F_1(x)+F_2(x)$ 必为某一随机变量的分布函数

D. $F_1(x)F_2(x)$ 必为某一随机变量的分布函数

(5) 设两个随机变量 X 与 Y 相互独立且同分布,如表 3.35 和表 3.36 所示.则下列各式成立的是( ).

表 3.35

X	0	1
P	$\dfrac{1}{3}$	$\dfrac{2}{3}$

表 3.36

Y	0	1
P	$\dfrac{1}{3}$	$\dfrac{2}{3}$

A. $X = Y$ B. $P(X = Y) = \dfrac{5}{9}$

C. $P(X = Y) = 1$ D. $P(X = Y) = 0$

(6) 设随机变量 X 与 Y 均服从正态分布，$X \sim N(\mu, 2^2)$，$Y \sim N(\mu, 5^2)$，记 $p_1 = P(X \leqslant \mu - 2)$，$p_2 = P(Y \geqslant \mu - 5)$，则（　　）.

A. 对任何实数 μ，都有 $p_1 = p_2$ B. 对任何实数 μ，都有 $p_1 < p_2$

C. 只对 μ 的个别值才有 $p_1 = p_2$ D. 对任何实数 μ，都有 $p_1 > p_2$

2. 填空题

(1) 设随机变量 (X, Y) 服从区域 D 上的均匀分布，其中区域 D 是直线 $y = x$，$x = 1$ 和 x 轴所围成的三角形区域，则 (X, Y) 的概率密度 $f(x, y) = $ _____.

(2) 设二维随机变量 (X, Y) 的分布函数为

$$F(x, y) = \begin{cases} (1 - e^{-0.5x})(1 - e^{-0.5y}) & (x \geqslant 0, y \geqslant 0) \\ 0 & \text{(其他)} \end{cases}$$

则 X 的边缘分布函数 $F_X(x) = $ _____.

(3) 设二维随机变量 (X, Y) 的概率密度为

$$f(x, y) = \begin{cases} 6x & (0 \leqslant x \leqslant y \leqslant 1) \\ 0 & \text{(其他)} \end{cases}$$

则 $P(X + Y \leqslant 1) = $ _____.

(4) 设二维随机变量 (X, Y) 的概率分布如表 3.37 所示. 已知随机事件 $(X = 0)$ 与 $(X + Y = 1)$ 相互独立，则 $a = $ _____，$b = $ _____.

表 3.37

Y \ X	0	1
0	0.4	a
1	b	0.1

(5) 设 $f_1(x)$ 为标准正态分布的概率密度，$f_2(x)$ 为 $[-1, 3]$ 上均匀分布的概率密度，若

$$f(x) = \begin{cases} af_1(x) & (x \leqslant 0) \\ bf_2(x) & (x > 0) \end{cases}$$

则 a, b 满足 _____.

3. 设某班车起点站上客人数 X 服从参数为 λ（$\lambda > 0$）的泊松分布，每位乘客在中途下车的概率为 p，且中途下车与否相互独立，以 Y 表示在中途下车的人数，求：

(1) 在发车时有 n 个乘客的条件下，中途有 m 人下车的概率；

(2) 二维随机变量 (X, Y) 的概率分布.

4. 已知 X, Y 的分布律如表 3.38 所示. 试证明：当 $\alpha = \dfrac{2}{9}$，$\beta = \dfrac{1}{9}$ 时，X, Y 是相互独立的.

表 3.38

(ξ,η)	(1,1)	(1,2)	(1,3)	(2,1)	(2,2)	(2,3)
P	$\frac{1}{6}$	$\frac{1}{9}$	$\frac{1}{18}$	$\frac{1}{3}$	α	β

5. 设随机变量 X 在区间 $(0,1)$ 上服从均匀分布，在 $X=x(0<x<1)$ 的条件下，随机变量 Y 在区间 $(0,x)$ 服从均匀分布，求：

(1) 随机变量 X 和 Y 的联合概率密度；

(2) Y 的概率密度；

(3) $P(X+Y>1)$.

6. 设二维随机变量 (X,Y) 的概率密度为

$$f(x,y) = \begin{cases} e^{-x} & (0<y<x) \\ 0 & (\text{其他}) \end{cases}$$

(1) 求条件概率密度 $f_{Y|X}(y|x)$；

(2) 求条件概率 $P(X \leqslant 1 | Y \leqslant 1)$.

7. 在 $[0,\pi]$ 上均匀地任取两数 X 与 Y，求 $P(\cos(X+Y)<0)$ 的值.

8. 设 X 和 Y 是两个相互独立的随机变量．它们都服从 $N(0,1)$ 分布，其概率密度为

$$f_X(x) = \frac{1}{\sqrt{2\pi}} e^{-x^2/2} \quad (-\infty < x < \infty)$$

$$f_Y(y) = \frac{1}{\sqrt{2\pi}} e^{-y^2/2} \quad (-\infty < y < \infty)$$

求 $Z = X + Y$ 的概率密度.

9. 在一简单电路中，两电阻 R_1 和 R_2 串联，设 R_1,R_2 相互独立，它们的概率密度均为

$$f(x) = \begin{cases} \dfrac{10-x}{50} & (0 \leqslant x \leqslant 10) \\ 0 & (\text{其他}) \end{cases}$$

求总电阻 $R = R_1 + R_2$ 的概率密度.

10. 一电子器件包含两部分，分别以 X,Y 记这两部分的寿命（单位：h），设 (X,Y) 的分布函数为

$$F(x,y) = \begin{cases} 1 - e^{-0.01x} - e^{-0.01(x+y)} & (x \geqslant 0, y \geqslant 0) \\ 0 & (\text{其他}) \end{cases}$$

(1) 问 X 和 Y 是否相互独立？(2) 求 $P(X>120, Y>120)$.

案例分析

案例 3.1 挑选水果

在元旦晚会上，每人发一袋水果，内装 3 个橘子，2 个苹果，3 个香蕉．今从袋中随机抽取

出 4 个, 以 X 记橘子数, Y 记苹果数, 求 (X,Y) 的分布律, 并分析在随机取到的 4 个水果中香蕉的个数不超过 1 个的概率为多少.

分析 X 可取值 $0,1,2,3$, Y 可取值为 $0,1,2$.

$$P(X=0,Y=0)=P(\varnothing)=0 \quad P(X=0,Y=1)=\frac{C_3^0 C_2^1 C_3^3}{C_8^4}=\frac{2}{70}$$

$$P(X=0,Y=2)=\frac{C_3^0 C_2^2 C_3^2}{C_8^4}=\frac{3}{70}, \quad P(X=1,Y=0)=\frac{C_3^1 C_2^0 C_3^3}{C_8^4}=\frac{3}{70}$$

$$P(X=1,Y=1)=\frac{C_3^1 C_2^1 C_3^2}{C_8^4}=\frac{18}{70}, \quad P(X=1,Y=2)=\frac{C_3^1 C_2^2 C_3^1}{C_8^4}=\frac{9}{70}$$

$$P(X=2,Y=0)=\frac{C_3^2 C_2^0 C_3^2}{C_8^4}=\frac{9}{70}, \quad P(X=2,Y=1)=\frac{C_3^2 C_2^1 C_3^1}{C_8^4}=\frac{18}{70}$$

$$P(X=2,Y=2)=\frac{C_3^2 C_2^2 C_3^0}{C_8^4}=\frac{3}{70}, \quad P(X=3,Y=0)=\frac{C_3^3 C_2^0 C_3^1}{C_8^4}=\frac{3}{70}$$

$$P(X=3,Y=1)=\frac{C_3^3 C_2^1 C_3^0}{C_8^4}=\frac{2}{70}, \quad P(X=3,Y=2)=P(\varnothing)=0$$

所以, (X,Y) 的联合分布律如表 3.39 所示.

表 3.39

Y \ X	0	1	2	3
0	0	3/70	9/70	3/70
1	2/70	18/70	18/70	2/70
2	3/70	9/70	3/70	0

$P(\text{香蕉的个数不超过 1 个})=P(X+Y\geqslant 3)=P(X+Y=3)+P(X+Y=4)$
$\qquad =P(X=1,Y=2)+P(X=2,Y=1)+P(X=3,Y=0)$
$\qquad \quad +P(X=2,Y=2)+P(X=3,Y=1)$
$\qquad =\dfrac{9}{70}+\dfrac{18}{70}+\dfrac{3}{70}+\dfrac{3}{70}+\dfrac{2}{70}=\dfrac{35}{70}$

注 利用等价事件求得 (X,Y) 的联合分布律.

自主练习 3.1

为了组成一个 6 人陪审团, 现有 20 个候选人, 其中, 8 名是党政干部, 4 名是工人, 5 名是知识分子, 3 名是公司职员, 假设每人有相等的机会被选到, 分析被选的 6 人中恰好有 3 名党政干部, 且工人、知识分子和公司职员各 1 人的概率.

案例 3.2 会面问题

一负责人到达办公室的时间均匀分布在 8~12 点, 他的秘书到达办公室的时间均匀分布在 7~9 点, 设他们两个人到达的时间是相互独立的, 分析他们到达办公室的时间相差不超过 5 min(1/12 h) 的概率.

分析 设随机变量 X 和 Y 分别表示负责人和他的秘书到达办公室的时间, X 和 Y 都服从均匀分布, 则 X 和 Y 的概率密度分别为

$$f_X(x) = \begin{cases} \dfrac{1}{4} & (8 < x < 12), \\ 0 & (\text{其他}) \end{cases} \quad f_Y(y) = \begin{cases} \dfrac{1}{2} & (7 < x < 9) \\ 0 & (\text{其他}) \end{cases}$$

因他们两个人到达的时间是相互独立的,即 X 和 Y 相互独立,故二维随机变量 (X,Y) 的联合概率密度为

$$f(x,y) = f_X(x)f_Y(y) = \begin{cases} \dfrac{1}{8} & (8 < x < 12, 7 < y < 9) \\ 0 & (\text{其他}) \end{cases}$$

则他们到达办公室的时间相差不超过 5 min(1/12 h)的概率为

$$P\left(|X - Y| \leqslant \dfrac{1}{12}\right)$$

绘出区域 $D_1 = \left\{(x,y) \mid |x - y| \leqslant \dfrac{1}{12}\right\}$,以及长方形区域 $D_2 = \{(x,y) \mid 8 < x < 12, 7 < y < 9\}$,它们的公共部分记为 G,如图 3.1 中的阴影部分所示.

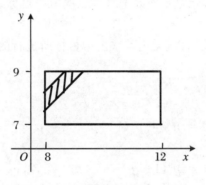

图 3.1

显然,仅当 (X,Y) 取值于 G 内时,他们两人到达的时间差才不会超过 $\dfrac{1}{12}$ h,因此,所求的概率为

$$P\left(|X - Y| \leqslant \dfrac{1}{12}\right) = \iint_G f(x,y) \mathrm{d}x \mathrm{d}y$$
$$= \iint_G \dfrac{1}{8} \mathrm{d}x \mathrm{d}y = \dfrac{S_G}{8}$$

而

$$S_G = \dfrac{1}{2}\left(\dfrac{13}{12}\right)^2 - \dfrac{1}{2}\left(\dfrac{11}{12}\right)^2 = \dfrac{1}{6}$$

于是

$$P\left(|X - Y| \leqslant \dfrac{1}{12}\right) = \dfrac{1}{8} \times \dfrac{1}{6} = \dfrac{1}{48}$$

即负责人和他的秘书到达办公室的时间相差不超过 5 min 的概率为 $\dfrac{1}{48}$.

注 几何概率:试验的每个样本点是等可能地落入区间域 Ω 上的随机点 M,且 $D \subseteq \Omega$,则 M 点落入子域 D(事件 A)上的概率为

$$P(A) = \frac{m(D)}{m(\Omega)}$$

$m(\Omega)$ 及 $m(D)$ 在 Ω 是区间时,表示相应的长度;在 Ω 是平面或空间区域时,表示相应的面积或体积.

自主练习 3.2

两同学某天约好在中午 12 点至 13 点间独立地随机到达食堂一起吃饭,先到者等候 20 min 后离去,求这两人能一起吃饭的概率.

案例 3.3 成功射击问题

一射手进行射击,击中目标的概率为 $p(0<p<1)$,射击到击中目标两次为止.设 X 表示首次击中目标所进行的射击次数,Y 表示总共进行的射击次数,试求 X 和 Y 的联合分布律及条件分布律.

分析 由题设,$Y=n$ 表示第 n 次射击时第二次击中目标,且前 $n-1$ 次射击仅有一次击中目标.

因为各次射击是独立的,所以,无论首次击中目标所进行的射击次数 $m(m<n)$ 多大,均有

$$\underbrace{q \cdot q \cdot \cdots \cdot q}_{n-1} p \cdot p = p^2 q^{n-2}$$

$$P(X=m, Y=n) = p^2(1-p)^{n-2} = p^2 q^{n-2}, \quad q = 1-p$$

故 X 与 Y 的联合分布律为

$$P(X=m, Y=n) = p^2(1-p)^{n-2} \quad (m=1,2,\cdots,n-1; n=2,3,\cdots)$$

又

$$P(X=m) = \sum_{n=m+1}^{+\infty} P(X=m, Y=n) = \sum_{n=m+1}^{+\infty} p^2 q^{n-1}$$
$$= p^2 \sum_{n=m+1}^{+\infty} q^{n-2} = p^2 \frac{q^{m-1}}{1-q}$$
$$= pq^{m-1} \quad (m=1,2,3,\cdots)$$

$$P(Y=n) = \sum_{m=1}^{+\infty} P(X=m, Y=n) = \sum_{m=1}^{+\infty} p^2 q^{n-2}$$
$$= (n-1)p^2 q^{n-1} \quad (n=2,3,\cdots)$$

所以所求条件分布律为

当 $n=2,3,\cdots$ 时,

$$P(X=m \mid Y=n) = \frac{p^2 q^{n-2}}{(n-1)p^2 q^{n-2}} = \frac{1}{n-1} \quad (m=1,2,\cdots,n-1)$$

当 $m=1,2,3,\cdots,n-1$ 时,

$$P(X=m \mid Y=n) = \frac{p^2 q^{n-2}}{pq^{m-1}} = pq^{n-m-1} \quad (n=m+1, m+2, \cdots)$$

注 (1) 几何分布:在伯努利试验中,记每次试验中事件 A 发生的概率为 p,试验进行到事件 A 出现时停止,此时所进行的试验次数为 X,其分布列为

$$P(X=k) = (1-p)^{k-1} p \quad (k=1,2,\cdots)$$

(2) 在伯努利试验中,记每次试验中事件 A 发生的概率为 p,试验进行到事件 A 和 $\bar{A}$ 都出现后停止,此时所进行的试验次数为 X,则有

$$P(X=k) = q^{k-1}p + p^{k-1}q \quad (k=2,\cdots,q=1-p)$$

自主练习 3.3

一个盒子中有 7 个黑球,3 个白球,每次从盒子中取出一个球,记下球的颜色后再把球放入盒子中摇匀,接着再从盒子中取出一个球,如此重复进行,直到白球和黑球都被取出后停止取球,分析取球次数的概率分布.

释疑解难

1. 事件 $(X \leqslant x, Y \leqslant y)$ 表示事件 $(X \leqslant x)$ 与 $(Y \leqslant y)$ 的积事件,为什么 $P(X \leqslant x, Y \leqslant y)$ 不一定等于 $P(X \leqslant x)P(Y \leqslant y)$?

答 依乘法原理,有 $P(X \leqslant x, Y \leqslant y) = P(X \leqslant x)P(Y \leqslant y | X \leqslant x)$,那么,当 $P(X \leqslant x)$ 与 $P(Y \leqslant y)$ 相互独立时,有 $P(Y \leqslant y | X \leqslant x) = P(Y \leqslant y)$,故有 $P(X \leqslant x, Y \leqslant y) = P(X \leqslant x)P(Y \leqslant y)$.

2. 事件 $(X \leqslant a, Y \leqslant b)$ 与事件 $(X > a, Y > b)$ 是否为对立事件? 为什么?

答 两者不是对立事件.

如图 3.2 所示,事件 $(X \leqslant a, Y \leqslant b)$ 发生表示随机点 (X,Y) 落在图的左下部阴影区域内;事件 $(X > a, Y > b)$ 发生表示随机点 (X,Y) 落在图的右上部阴影区域内,它们的和事件不覆盖全平面区域,因此不是对立事件.

3. 两个正态随机变量的联合分布一定是正态随机变量吗?

答 不一定.

一个二维正态随机变量的边缘分布也是正态随机变量,但是,当两个边缘分布都是正态随机变量时,其联合分布未必是正态随机变量. 例如,设 $X \sim N(0,1)$, $Y \sim N(0,1)$,而 (X,Y) 的联合分布密度函数为

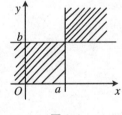

图 3.2

$$f(x,y) = \frac{1}{2\pi}\exp\left[-\frac{1}{2}(x^2+y^2)\right] \cdot (1+\sin x \sin y)$$

时,(X,Y) 就不是正态随机变量.

同时指出,由两个随机变量 X,Y 的联合分布密度 $f(x,y)$ 容易求出 X,Y 各自的边缘分布密度 $f_X(x),f_Y(y)$. 但是,已知 $f_X(x),f_Y(y)$ 时,未必能求出联合分布密度 $f(x,y)$.

4. 两个相互独立的服从正态分布的随机变量 X_1 与 X_2 之和仍是正态分布的随机变量,那么它们的线性组合呢?

答 由于有限个正态分布的随机变量之和是正态随机变量,而且具有参数可加性,则

$$aX_1 \sim N(a\mu_1, a\sigma_1^2), \quad bX_2 \sim N(b\mu_2, b\sigma_2^2)$$

所以

$$aX_1 + bX_2 \sim N(a\mu_1 + b\mu_2, a\sigma_1^2 + b\sigma_2^2)$$

即两个正态随机变量的线性组合仍是正态随机变量,且它们的参数是相应参数的线性组合,严格的证明可以用分布函数法作出 $(a,b$ 为整数$)$.

5. 两个随机变量的相互独立与两个随机事件的相互独立是否相同？为什么？

答 两个随机事件的相互独立是指同一随机试验的同一样空间上的两个事件的关系，其中一个事件的发生与另一个事件的发生无关，即存在 $P(AB)=P(A)P(B)$.

两个随机变量的相互独立是指组成二维随机变量 (X,Y) 的两个向量的关系（但它们也是同一随机试验的同一样本空间上的），其中一个随机变量的取值与另一个随机变量的取值无关，即存在 $P(X\leqslant x,Y\leqslant y)=P(X\leqslant x)P(Y\leqslant y)$.

随机变量 X 和 Y 所含事件数多一些，实际上要求也高一些.

特别要注意的是，事件组 $\{X_1,X_2,\cdots,X_n\}$ 的相互独立性是指对 $\mathbf{R}$ 中的任意集合 $A_1, A_2,\cdots,A_n$，事件组 $\{X_i\in A\}$ 相互独立，而 $\{X_1,X_2,\cdots,X_n\}$ 两两独立是指事件组 $\{X_i\in A\}$ 两两独立，与第 1 章中事件的相互独立与两两独立不相同是一致的.

第 4 章 随机变量的数字特征

随机变量的分布函数全面描述了它的统计规律性,但在许多实际问题中,往往并不需要全面考察随机变量的变化情况,而只要知道随机变量的一些重要指标,即随机变量的数字特征.本章主要介绍随机变量的常用数字特征:数学期望、方差、协方差和相关系数.

4.1 数 学 期 望

4.1.1 一维离散型随机变量的期望

定义 4.1.1 设离散型随机变量 X 的分布律为
$$P(X = x_k) = p_k \quad (k = 1, 2, \cdots)$$
如表 4.1 所示.

表 4.1

X	x_1	x_2	x_3	$\cdots$
p_i	p_1	p_2	p_3	$\cdots$

若级数 $\sum\limits_{k=1}^{+\infty} x_k p_k$ 绝对收敛,则称级数 $\sum\limits_{k=1}^{+\infty} x_k p_k$ 的和为随机变量 X 的**数学期望**(简称期望),记为
$$E(X) = \sum_{k=1}^{+\infty} x_k p_k$$

注 (1) 数学期望描述的是随机变量取值的平均特征,是一个常量,而非变量,它是一种以概率为权重的加权平均,不同于一般的算术平均值.

(2) 数学期望是反映随机变量取所有可能值的平均值,它不应随可能值的排列次序而改变,级数的绝对收敛保证了级数的和不随级数各项次序的改变而改变.

例 4.1.1 已知 X 的分布律如表 4.2 所示,求数学期望 $E(X)$.

表 4.2

X	0	1	2
P	0	0.2	0.8

解 由定义有 $E(X) = 0 \times 0 + 1 \times 0.2 + 2 \times 0.8 = 1.8$.

例 4.1.2 某商场计划于 5 月 1 日在户外搞一次促销活动.统计资料表明,如果在商场内搞促销活动,可获得经济效益 3 万元;在商场外搞促销活动,如果未遇到雨天可获得经济效益 12 万元,遇到雨天则会带来经济损失 5 万元.若前一天的天气预报称当日有雨的概率为 40%,则商场应如何选择促销方式?

解 显然,商场该日在商场外搞促销活动预期获得的经济效益 X 是一个随机变量,其概率分布为

$$P(X = x_1) = P(X = 12) = 0.6 = p_1, \quad P(X = x_2) = P(X = -5) = 0.4 = p_2$$

要作出决策就要将此时的平均效益与 3 万元进行比较,如何求平均效益呢?要客观地反映平均效益,既要考虑 X 的所有取值,又要考虑 X 取每一个值时的概率,即

$$\sum_{i=1}^{2} x_i p_i = 12 \times 0.6 + (-5) \times 0.4 = 5.2 \text{(万元)}$$

例 4.1.3 已知随机变量 X 服从二项分布,求数学期望 $E(X)$.

解
$$\begin{aligned}
E(X) &= \sum_{k=0}^{n} k \binom{n}{k} p^k (1-p)^{n-k} = \sum_{k=0}^{n} k \frac{n!}{k!(n-k)!} p^k (1-p)^{n-k} \\
&= np \sum_{k=1}^{n} \frac{(n-1)!}{(k-1)!(n-k)!} p^{k-1} (1-p)^{n-k} \\
&= np \sum_{k=0}^{n-1} \frac{(n-1)!}{k!(n-1-k)!} p^k (1-p)^{n-1-k} \\
&= np [p + (1-p)]^{n-1} = np
\end{aligned}$$

例 4.1.4 已知 $X \sim P(\lambda)(\lambda > 0)$,求数学期望 $E(X)$.

解 $E(X) = \sum_{k=0}^{\infty} k \frac{\lambda^k}{k!} e^{-\lambda} = \lambda e^{-\lambda} \sum_{k=1}^{\infty} \frac{\lambda^{k-1}}{(k-1)!} = \lambda$.

例 4.1.5 某企业为决定明年的生产量,根据过去的销售资料及市场调研,预测明年出现销售好、中、差的概率分别为 0.3, 0.5, 0.2;用 X, Y, Z 分别表示大、中、小的生产批量可获得的利润与明年市场销售好、中、差的利润(单位:万元)关系,如表 4.3 所示.

表 4.3

利润 生产量	销售好	销售中	销售差
X	80	40	−20
Y	60	50	0
Z	40	35	10

解 $E(X) = 80 \times 0.3 + 40 \times 0.5 + (-20) \times 0.2 = 40$
$E(Y) = 60 \times 0.3 + 50 \times 0.5 + 0 \times 0.2 = 43$
$E(Z) = 40 \times 0.3 + 35 \times 0.5 + 10 \times 0.2 = 31.5$

因 $E(Z) < E(X) < E(Y)$,故选择中等生产量为最佳.

4.1.2 一维连续型随机变量的数学期望

定义 4.1.2 设连续型随机变量 X 的概率密度为 $f(x)$，若积分 $\int_{-\infty}^{+\infty} xf(x)\mathrm{d}x$ 绝对收敛，则称积分 $\int_{-\infty}^{+\infty} xf(x)\mathrm{d}x$ 的值为随机变量 X 的**数学期望**，记为

$$E(X) = \int_{-\infty}^{+\infty} xf(x)\mathrm{d}x$$

例 4.1.6 已知 $X \sim U(a,b)$，求数学期望 $E(X)$.

解 $E(X) = \int_{-\infty}^{+\infty} xf(x)\mathrm{d}x = \int_a^b \frac{x}{b-a}\mathrm{d}x = \frac{a+b}{2}$.

例 4.1.7 已知 X 服从指数分布，求数学期望 $E(X)$.

$$E(X) = \int_0^{+\infty} xf(x)\mathrm{d}x = \int_0^{+\infty} x\lambda\mathrm{e}^{-\lambda x}\mathrm{d}x = -x\mathrm{e}^{-\lambda x}\Big|_0^{+\infty} + \int_0^{+\infty} \mathrm{e}^{-\lambda x}\mathrm{d}x = 0 - \frac{1}{\lambda}\mathrm{e}^{-\lambda x}\Big|_0^{+\infty} = \frac{1}{\lambda}$$

例 4.1.8 已知 X 服从正态分布，求数学期望 $E(X)$.

$$\begin{aligned}
E(X) &= \int_{-\infty}^{+\infty} xf(x)\mathrm{d}x = \int_{-\infty}^{+\infty} x\frac{1}{\sqrt{2\pi}\sigma}\mathrm{e}^{-\frac{(x-\mu)^2}{2\sigma^2}}\mathrm{d}x \\
&= \frac{1}{\sqrt{2\pi}}\int_{-\infty}^{+\infty}(\mu+\sigma t)\mathrm{e}^{-\frac{t^2}{2}}\mathrm{d}t \\
&= \mu\int_{-\infty}^{+\infty}\frac{1}{\sqrt{2\pi}}\mathrm{e}^{-\frac{t^2}{2}}\mathrm{d}t + \frac{\sigma}{\sqrt{2\pi}}\int_{-\infty}^{+\infty} t\mathrm{e}^{-\frac{t^2}{2}}\mathrm{d}t \\
&= \mu
\end{aligned}$$

例 4.1.9 若随机变量 X 服从柯西分布，即其概率密度为

$$f(x) = \frac{1}{\pi}\frac{1}{1+x^2} \quad (-\infty < x < +\infty)$$

说明随机变量 X 的数学期望不存在.

解 因为 $\int_{-\infty}^{+\infty}|x|f(x)\mathrm{d}x = \frac{1}{\pi}\int_{-\infty}^{+\infty}\frac{|x|}{1+x^2}\mathrm{d}x = +\infty$，即 $\int_{-\infty}^{+\infty} xf(x)\mathrm{d}x$ 不绝对收敛，故随机变量 X 的数学期望不存在.

4.1.3 二维随机变量的数学期望

定义 4.1.3 设二维随机变量 (X,Y) 的概率密度为 $f(x,y)$，则

$$E(X) = \int_{-\infty}^{+\infty} xf_X(x)\mathrm{d}x = \int_{-\infty}^{+\infty}\int_{-\infty}^{+\infty} xf(x,y)\mathrm{d}y\mathrm{d}x$$

$$E(Y) = \int_{-\infty}^{+\infty} yf_Y(y)\mathrm{d}y = \int_{-\infty}^{+\infty}\int_{-\infty}^{+\infty} yf(x,y)\mathrm{d}x\mathrm{d}y$$

假定有关的广义积分是绝对收敛的.

4.1.4 随机变量函数的数学期望

定理 4.1.1 设有随机变量 X 的连续函数 $Y = g(X)$，$E(g(X))$ 存在.

(1) 对离散型随机变量 X,若 $P(X = x_k) = p_k$,则
$$E(Y) = E(g(X)) = \sum_k g(x_k) p_k$$
(2) 对连续型随机变量 X,若有密度函数 $f(x)$,则
$$E(Y) = E(g(X)) = \int_{-\infty}^{+\infty} g(x) f(x) \mathrm{d}x$$

证明略.

注 (1) 由定理可知,求随机变量 X 的连续函数 $Y = g(X)$ 的数学期望 $E(Y)$ 时,不必知道 Y 的概率分布,只需知道 X 的概率分布就可以了.

(2) 此定理可推广至两个或两个以上随机变量的函数的情况.

例 4.1.10 设随机变量 $X \sim N(0,1)$,求 $E(X^2)$.

解 $f(x) = \dfrac{1}{\sqrt{2\pi}} \mathrm{e}^{-x^2/2}$ $(-\infty < x < +\infty)$

$$E(X^2) = \int_{-\infty}^{+\infty} x^2 \frac{1}{\sqrt{2\pi}} \mathrm{e}^{-x^2/2} \mathrm{d}x = -\frac{1}{\sqrt{2\pi}} \int_{-\infty}^{+\infty} x \mathrm{d}(\mathrm{e}^{-x^2/2})$$

分部积分得
$$E(X^2) = \frac{1}{\sqrt{2\pi}} \int_{-\infty}^{+\infty} \mathrm{e}^{-x^2/2} \mathrm{d}x = 1$$

例 4.1.11 设随机变量 X 在 $[0,\pi]$ 上服从均匀分布,求
$$E(X), E(\sin X), E(X), E[X - E(X)]^2$$

解 $E(X) = \int_{-\infty}^{+\infty} x f(x) \mathrm{d}x = \int_0^{\pi} x \cdot \dfrac{1}{\pi} \mathrm{d}x = \dfrac{\pi}{2}$

$E(\sin X) = \int_{-\infty}^{+\infty} \sin x f(x) \mathrm{d}x = \int_0^{\pi} \sin x \cdot \dfrac{1}{\pi} \mathrm{d}x = \dfrac{1}{\pi}(-\cos x)\Big|_0^{\pi} = \dfrac{2}{\pi}$

$E(X^2) = \int_{-\infty}^{+\infty} x^2 f(x) \mathrm{d}x = \int_0^{\pi} x^2 \cdot \dfrac{1}{\pi} \mathrm{d}x = \dfrac{\pi^2}{3}$

$E[X - E(X)] = E\left(X - \dfrac{\pi}{2}\right)^2 = \int_0^{\pi} \left(x - \dfrac{\pi}{2}\right)^2 \cdot \dfrac{1}{\pi} \mathrm{d}x = \dfrac{\pi^2}{12}$

例 4.1.12 一餐馆有三种不同价格的快餐出售,价格分别为 7 元、9 元、10 元,随机选取一对前来就餐的夫妻,以 Y 表示丈夫所选的快餐的价格,以 X 表示妻子所选的价格,又已知 X 和 Y 的联合分布律如表 4.4 所示.

表 4.4

Y \ X	7	9	10
7	0.05	0.05	0.10
9	0.05	0.10	0.35
10	0	0.20	0.10

(1) 求 $\min\{X,Y\}$ 的数学期望;

(2) 求 $X + Y$ 的数学期望.

解 $E[\min(X,Y)] = \sum_{i=1}^{3} \sum_{j=1}^{3} \min(x_i, y_j) p_{ij}$

$$= 7 \times 0.05 + 7 \times 0.05 + 7 \times 0 + 7 \times 0.05 + 9 \times 0.10 + 9 \times 0.20$$
$$+ 7 \times 0.10 + 9 \times 0.35 + 10 \times 0.10$$
$$= 8.6(\text{元})$$

$$E(X+Y) = \sum_{i=1}^{3}\sum_{j=1}^{3}(x_i + y_j)p_{ij}$$
$$= 14 \times 0.05 + 16 \times 0.05 + 17 \times 0 + 16 \times 0.05 + 18 \times 0.10 + 19 \times 0.20$$
$$+ 17 \times 0.10 + 19 \times 0.35 + 20 \times 0.10$$
$$= 18.25(\text{元})$$

以二维随机变量为例,有下列结论:

定理 4.1.2 设 Z 是随机变量 X,Y 的函数,$Z = g(X,Y)$,g 是连续函数,

(1) 若二维离散型随机变量 (X,Y) 的分布律为
$$P(X = x_i, Y = y_j) = p_{ij} \quad (i,j = 1,2,\cdots)$$

则有
$$E(Z) = E(g(X,Y)) = \sum_{j=1}^{\infty}\sum_{i=1}^{\infty} g(x_i, y_j)p_{ij}$$

(2) 若二维连续型随机变量 (X,Y) 的概率密度为 $f(x,y)$,则有
$$E(Z) = E(g(X,Y)) = \int_{-\infty}^{+\infty}\int_{-\infty}^{+\infty} g(x,y)f(x,y)\mathrm{d}x\mathrm{d}y$$

例 4.1.13 设某种商品每周的需求量 X 是取自区间 $[10,30]$ 上均匀分布的随机变量,经销商进货量为区间 $[10,30]$ 中的某一整数,商店每销售一单位商品可获利 500 元.若供大于求,则削价处理,每处理一单位商品亏损 100 元.若供不应求,则可以外部调剂供应.此时一单位商品获利 300 元.为使商品所获利润期望不少于 9 280 元,试确定进货量.

解 设进货量为 a,则利润为
$$\eta = g(x) = \begin{cases} 500a + (x-a)300 & (a < x \leqslant 30) \\ 500x - (a-x)100 & (10 \leqslant x \leqslant a) \end{cases}$$
$$= \begin{cases} 300x + 200a & (a < x \leqslant 30) \\ 600x - 100a & (10 \leqslant x \leqslant a) \end{cases}$$

期望利润为
$$E(\eta) = \int_{10}^{30} \frac{1}{20} g(x)\mathrm{d}x = \int_{10}^{a}(600x - 100a)\mathrm{d}x + \int_{a}^{30}(300x + 200a)\mathrm{d}x$$
$$= -7.5a^2 + 350a + 5\,250$$

依题意得
$$-7.5a^2 + 350a + 5\,250 \geqslant 9\,280$$

解得
$$20\frac{2}{3} \leqslant a \leqslant 26$$

故利润期望值不少于 9 280 元的最少进货量为 21 单位.

4.1.5 数学期望的性质

设 c 为常数,X,Y 是随机变量,且 $E(X),E(Y)$ 都存在.

性质 4.1.1 $E(c) = c$.

性质 4.1.2 $E(cX) = cE(X)$.

性质 4.1.3 $E(X+Y) = E(X) + E(Y)$.

性质 4.1.4 设 X,Y 相互独立,则 $E(XY) = E(X)E(Y)$.

例 4.1.14 已知 $X \sim B(n,p)$,求 $E(X)$.

解 设 $X_i(i=1,2,\cdots,n)$ 服从 0-1 分布且相互独立,则 $X = \sum_{i=1}^{n} X_i$ 服从二项分布,根据期望的性质,$E(X) = E(\sum_{i=1}^{n} X_i) = \sum_{i=1}^{n} E(X_i) = np$.

习 题 4.1

A 组

1. 设离散型 X 的分布律如表 4.5 所示.求 $E(X),E(X^2),E(-X^2-2)$.

表 4.5

X	-1	0	1	2
P	0.1	0.3	0.5	0.1

2. 某公司有 5 万元资金用于投资开发项目,如果成功,一年后可获利 12%,一旦失败,一年后将丧失全部资金的 50%,表 4.6 是过去 200 例类似项目开发的实施结果.该公司一年后估计可获收益的期望是_____(元).

表 4.6

投资成功	投资失败
192 次	8 次

3. 设连续型随机变量 X 的概率密度为

$$f(x) = \begin{cases} kx^\alpha & (0<x<1) \\ 0 & (其他) \end{cases}$$

其中 $k,\alpha > 0$,又已知 $E(X) = 0.75$,求 k,α 的值.

4. 设 X 的概率密度为

$$f(x) = \begin{cases} \dfrac{e^x}{2} & (x \leqslant 0) \\ \dfrac{e^{-x}}{2} & (x > 0) \end{cases}$$

试求 $|X|$ 的数学期望.

5. 搜索沉船,在时间 t 内发现沉船的概率为 $1-e^{-\lambda t}(\lambda > 0)$,求为了发现沉船所需的平均搜索时间.

6. 设 (X,Y) 的分布律如表 4.7 所示.

表 4.7

X\Y	1	2	3
−1	0.2	0.1	0
0	0.1	0	0.3
1	0.1	0.1	0.1

(1) 求 $E(X), E(Y)$；

(2) 设 $Z = Y/X$，求 $E(Z)$；

(3) 设 $Z = \min\{X, Y\}$，求 $E(Z)$.

7. 如果你提前 s 分钟赴约，花费为 cs（单位：元）；如果迟到 s 分钟，花费为 ks（单位：元）. 假设从现在的位置到赴约地点所用的时间 $X \sim U[10, 30]$（单位：分钟）. 欲使平均花费最小，确定应该提前离开的时间.

8. 一工厂生产的某种设备的寿命 X（单位：年）服从指数分布，概率密度为

$$f(x) = \begin{cases} \dfrac{1}{4} e^{-\frac{1}{4}x} & (x > 0) \\ 0 & (x \leqslant 0) \end{cases}$$

工厂规定出售的设备若在一年内损坏，可予以调换. 若工厂出售一台设备可赢利 100 元，调换一台设备厂方需花费 300 元. 试求厂方出售一台设备净赢利的数学期望.

9. 设 (X, Y) 的概率密度为

$$f(x, y) = \begin{cases} 12y^2 & (0 \leqslant y \leqslant x \leqslant 1) \\ 0 & (\text{其他}) \end{cases}$$

求 $E(X), E(Y), E(XY), E(X^2 + Y^2)$.

10. 设 X 和 Y 相互独立，概率密度分别为

$$\phi_1(x) = \begin{cases} 2x & (0 \leqslant x \leqslant 1) \\ 0 & (\text{其他}) \end{cases}, \quad \phi_2(x) = \begin{cases} e^{-(y-5)} & (y > 5) \\ 0 & (\text{其他}) \end{cases}$$

求 $E(XY)$.

11. 设随机变量 X 的概率密度为

$$f(x) = \begin{cases} e^{-x} & (x > 0) \\ 0 & (x \leqslant 0) \end{cases}$$

求：(1) $Y = 2X$ 的数学期望；(2) $Y = e^{-2X}$ 的数学期望.

B 组

1. 填空题

(1) 设 $X \sim P(\lambda)$（泊松分布），且 $E[(X-1)(X-2)] = 1$，则 $\lambda = $ _____．

(2) 对任意随机变量 X，若 $E(X)$ 存在，则 $E\{E[E(X)]\} = $ _____．

2. 设随机变量 X 的分布律为 $P\left(X = (-1)^{j+1} \cdot \dfrac{3^j}{j}\right) = \dfrac{2}{3^j}$ $(j = 1, 2, \cdots)$，试说明 X 的数学期望不存在.

3. 设 (X, Y) 有

$$f(x,y) = \begin{cases} \dfrac{5}{4}y & (x^2 < y < 1) \\ 0 & (其他) \end{cases}$$

试验证 $E(XY) = E(X)E(Y)$,但 X 与 Y 不相互独立.

4. 袋中有 X 张卡片,记有号码 $1,2,\cdots,n$. 现从中有放回地抽出 k 张卡片,求号码之和 X 的数学期望.

5. 设随机变量 X 的密度函数为

$$f(x) = \begin{cases} e^{-x} & (x \geqslant 0) \\ 0 & (x < 0) \end{cases}$$

试求下列随机变量的数学期望:

(1) $Y_1 = e^{-2X}$;(2) $Y_2 = \max\{X,2\}$;(3) $Y_3 = \min\{X,2\}$.

4.2 方　　差

4.2.1 方差的概念

数学期望是随机变量的重要数字特征,它表示随机变量的平均值,但仅有平均值的指标还不能完全刻画随机变量的变化情况. 下面我们给出理论上描述随机变量值偏离平均值分散的程度的度量,这就是方差.

定义 4.2.1 设 X 是一个随机变量,若 $E\{[X-E(X)]^2\}$ 存在,则称 $E\{[X-E(X)]^2\}$ 为 X 的方差,记为 $D(X)$ 或 $\text{Var}(X)$,即

$$D(X) = E\{[X - E(X)]^2\}$$

称 $\sqrt{D(X)}$ 为**标准差**或**均方差**,记作 $\sigma(X) = \sqrt{D(X)}$.

由方差的定义可知,随机变量 X 的方差表达了 X 的取值与其数学期望的偏离程度. 若 X 的取值比较集中,则 $D(X)$ 较小;反之,若 X 的取值比较分散,则 $D(X)$ 较大. 因此 $D(X)$ 是刻画 X 取值分散程度的量. 它是衡量 X 取值分散程度即取值稳定性的一个尺度.

方差实际上就是随机变量 X 的函数 $g(x) = [X - E(X)]^2$ 的数学期望,所以可以利用定理 4.1.1 来计算:

$$\begin{aligned} D(X) &= E[X - E(X)]^2 = E\{X^2 - 2XE(X) + (E(X))^2\} \\ &= E(X^2) - 2E(X)E(X) + [E(X)]^2 \\ &= E(X^2) - [E(X)]^2 \end{aligned}$$

注　常用计算随机变量的方差公式:$D(X) = E(X^2) - [E(X)]^2$.

例 4.2.1　计算例 4.1.4、例 4.1.6、例 4.1.7 及例 4.1.8 分布中随机变量 X 的方差.

解　$X \sim P(\lambda)$,则

$$\begin{aligned} D(X) &= E(X^2) - [E(X)]^2 \\ &= \sum_{k=0}^{+\infty} k^2 \dfrac{\lambda^k e^{-\lambda}}{k!} - \lambda^2 \end{aligned}$$

$$= \lambda(\lambda+1) - \lambda^2 = \lambda$$

由此可知,服从泊松分布的随机变量的数学期望与方差相等,都等于参数 λ. 离散型随机变量中,只有泊松分布具有这个性质. 同时由于泊松分布只有一个参数,因而只需知道它的数学期望或方差就完全可以确定它的分布了.

设 $X \sim U(a,b)$,则
$$\begin{aligned} D(X) &= E(X^2) - [E(X)]^2 \\ &= \int_a^b \frac{x^2}{b-a}dx - \left(\frac{a+b}{2}\right)^2 \\ &= \frac{(b-a)^2}{12} \end{aligned}$$

X 服从参数为 λ 的指数分布,由上一节知
$$E(X) = \frac{1}{\lambda}$$

又 $E(X^2) = \int_a^b x^2 \lambda e^{-\lambda x}dx = \frac{2}{\lambda^2}$,所以
$$D(X) = E(X^2) - [E(X)]^2 = \frac{2}{\lambda^2} - \left(\frac{1}{\lambda}\right)^2 = \frac{1}{\lambda^2}$$

设 $X \sim N(\mu, \sigma^2)$,由上一节知
$$E(X) = \mu$$

又
$$\begin{aligned} E(X^2) &= \int_{-\infty}^{+\infty} x^2 f(x)dx = \int_{-\infty}^{+\infty} x^2 \frac{1}{\sqrt{2\pi}\sigma} e^{-\frac{(x-\mu)^2}{2\sigma^2}}dx \\ &= \int_{-\infty}^{+\infty} \frac{1}{\sqrt{2\pi}}(\sigma^2 t^2 + 2\sigma\mu t + \mu^2)e^{-\frac{t^2}{2}}dt \\ &= \frac{1}{\sqrt{2\pi}}\sigma^2 \int_{-\infty}^{+\infty} t^2 e^{-\frac{t^2}{2}} + \mu^2 \int_{-\infty}^{+\infty} \frac{1}{\sqrt{2\pi}} e^{-\frac{t^2}{2}}dt \\ &= \sigma^2 + \mu^2 \end{aligned}$$

故有
$$D(X) = E(X^2) - [E(X)]^2 = \sigma^2 + \mu^2 - \mu^2 = \sigma^2$$

注 由此可知,正态分布的概率密度中的两个参数 μ 和 σ 分别是该分布的数学期望和均方差. 因而正态分布完全可由它的数学期望和方差所确定. 事实上,可以证明若 $X_i \sim N(\mu_i, \sigma_i^2)(i=1,2,\cdots,n)$,且它们相互独立,则它们的线性组合 $c_1 X_1 + c_2 X_2 + \cdots + c_n X_n$ ($c_1, c_2, \cdots, c_n$ 是不全为零的常数)仍然服从正态分布. 于是由数学期望和方差的性质知道:
$$c_1 X_1 + c_2 X_2 + \cdots + c_n X_n \sim N\left(\sum_{i=1}^n c_i \mu_i, \sum_{i=1}^n c_i^2 \sigma_i^2\right)$$

例 4.2.2 设随机变量 X 的概率密度为
$$f(x) = \begin{cases} 1+x & (-1 \leqslant x < 0) \\ 1-x & (0 \leqslant x < 1) \\ 0 & (其他) \end{cases}$$

求 $D(X)$.

解 $E(X) = \int_{-1}^0 x(1+x)dx + \int_0^1 x(1-x)dx = 0$

$$E(X^2) = \int_{-1}^{0} x^2(1+x)dx + \int_{0}^{1} x^2(1-x)dx = \frac{1}{6}$$

于是

$$D(X) = E(X^2) - [E(X)]^2 = \frac{1}{6}$$

4.2.2 方差的性质

设 c 为常数，X,Y 为随机变量，且 $D(X),D(Y)$ 都存在.

性质 4.2.1 $D(c) = 0$.

性质 4.2.2 $D(cX) = c^2 D(X)$.

性质 4.2.3 $D(X+c) = D(X)$.

性质 4.2.4 设 X,Y 是两个相互独立的随机变量，则 $D(X+Y) = D(X) + D(Y)$.

性质 4.2.5 $D(X)=0$ 的充要条件是 X 以概率 1 取常数 c（这里 $c = E(X)$），即

$$P(X = c) = 1$$

证 仅证性质 (4.2.4), (4.2.5).

$$\begin{aligned}D(X \pm Y) &= E[(X \pm Y) - E(X \pm Y)]^2 = E\{[X - E(X)] \pm [Y - E(Y)]\}^2 \\ &= E[X - E(X)]^2 \pm 2E\{[X - E(X)][Y - E(Y)]\} + E[Y - E(Y)]^2 \\ &= D(X) + D(Y) \pm 2E\{[X - E(X)][Y - E(Y)]\}\end{aligned}$$

当 X 与 Y 相互独立时，$X - E(X)$ 与 $Y - E(Y)$ 也相互独立，由数学期望的性质有

$$\begin{aligned}E\{[X - E(X)][Y - E(Y)]\} &= E[X - E(X)]E[Y - E(Y)] \\ &= [E(X) - E(X)][E(Y) - E(Y)] = 0\end{aligned}$$

因此有 $D(X \pm Y) = D(X) + D(Y)$.

注 设 $X_1, X_2, \cdots, X_n$ 相互独立，且都存在方差，则有

$$D(X_1, X_2, \cdots, X_n) = D(X_1) + D(X_2) + \cdots + D(X_n)$$

例 4.2.3 已知 $X \sim B(n,p)$，求方差 $D(X)$.

解 设 $X_i (i = 1,2,\cdots,n)$ 服从 $0-1$ 分布且相互独立，则 $X = \sum_{i=1}^{n} X_i$ 服从二项分布. 根据方差性质，

$$D(X) = D(\sum_{i=1}^{n} X_i) = \sum_{i=1}^{n} D(X_i) = np(1-p)$$

注 常用分布数学期望方差表，如表 4.8 所示.

表 4.8

分布	参数	分布律或概率密度	数学期望	方差
$0-1$ 分布	$0<p<1$	$P(X=k) = p^k(1-p)^{1-k}(k=0,1)$	p	$p(1-p)$
二项分布	$n \geq 1, 0<p<1$	$P(X=k) = \binom{n}{k} p^k(1-p)^{n-k}(k=0,1,\cdots,n)$	np	$np(1-p)$
几何分布	$0<p<1$	$P(X=k) = p(1-p)^{k-1}(k=1,2,\cdots)$	$\dfrac{1}{p}$	$\dfrac{1-p}{p^2}$

续表

分布	参数	分布律或概率密度	数学期望	方差
泊松分布	$\lambda>0$	$P(X=k)=\dfrac{e^{-\lambda}\lambda^k}{k!}(k=0,1,\cdots)$	λ	λ
均匀分布	$a<b$	$f(x)=\begin{cases}1/(b-a) & (a<x<b)\\ 0 & \text{(其他)}\end{cases}$	$\dfrac{a+b}{2}$	$\dfrac{(b-a)^2}{12}$
正态分布	$\mu,\sigma>0$	$f(x)=\dfrac{1}{\sqrt{2\pi}\sigma}e^{-\frac{(x-\mu)^2}{2\sigma^2}}$	μ	σ^2
指数分布	$\lambda>0$	$f(x)=\begin{cases}\lambda e^{-\lambda x} & (x>0,\lambda>0)\\ 0 & \text{(其他)}\end{cases}$	$\dfrac{1}{\lambda}$	$\dfrac{1}{\lambda^2}$

例 4.2.4 设随机变量 X 的数学期望为 $E(X)$,方差 $D(X)=\sigma^2(\sigma>0)$. 称 $X^*=\dfrac{X-E(X)}{\sigma}$ 为 X 的标准化随机变量. 试证 $E(X^*)=0,D(X^*)=1$.

证明 $E(X^*)=E\left[\dfrac{X-E(X)}{\sigma}\right]=\dfrac{1}{\sigma}E[X-E(X)]=\dfrac{1}{\sigma}E[E(X)-E(X)]=0$

$$D(X^*)=D\left[\dfrac{X-E(X)}{\sigma}\right]=\dfrac{1}{\sigma^2}D(X)=\dfrac{\sigma^2}{\sigma^2}=1$$

将随机变量标准化,可以简化讨论,例如 $X\sim N(\mu,\lambda^2)$,$X^*=\dfrac{x-\mu}{\lambda}\sim N(0,1)$.

例 4.2.5 活塞的直径(单位:cm)$X\sim N(22.40,0.03^2)$,气缸的直径 $Y\sim N(22.50,0.04^2)$,X,Y 相互独立,任取一只活塞和一只气缸,求活塞能装入气缸的概率.

解 按题意需求 $P(X<Y)=P(X-Y<0)$.

令 $Z=X-Y$,则

$$E(Z)=E(X)-E(Y)=22.40-22.50=-0.10$$
$$D(Z)=D(X)+D(Y)=0.03^2+0.04^2=0.05^2$$

即

$$Z\sim N(-0.10,0.05^2)$$

故有

$$P(X<Y)=P(Z<0)=P\left(\dfrac{Z-(-0.10)}{0.05}<\dfrac{0-(-0.10)}{0.05}\right)$$
$$=\Phi\left(\dfrac{0.10}{0.05}\right)=\Phi(2)=0.9772$$

例 4.2.6 假设随机变量 X,Y 在以 $(0,0),(0,1)(1,0)$ 为顶点的三角形区域上服从均匀分布,求 $D(X)$.

解 设此三角形区域为 G,易见 X,Y 的联合概率密度为

$$f(x,y)=\begin{cases}2 & ((x,y)\in G)\\ 0 & ((x,y)\notin G)\end{cases}$$

$$E(X)=2\iint_G x\,dx\,dy=2\int_0^1 x\,dx\int_0^{1-x}dy=2\int_0^1 x(1-x)\,dx=\dfrac{1}{3}$$

$$E(X^2) = 2\iint_G x^2 dx dy = 2\int_0^1 x^2 dx \int_0^{1-x} dy = 2\int_0^1 x^2(1-x) dx = \frac{1}{6}$$

$$D(X) = E(X^2) - [E(X)]^2 = \frac{1}{18}$$

习 题 4.2

A 组

1. 选择题

(1) 设随机变量 X 的分布列如表 4.9 所示.则 $D(X) = (\quad)$.

表 4.9

X	2	3
P	0.7	0.3

A. 0.21　　　　B. 0.6　　　　C. 0.84　　　　D. 1.2

(2) 下列命题错误的是( ).

A. 若 $X \sim P(X)$,则 $E(X) = D(X) = \lambda$.

B. 若 X 服从参数为 λ 的指数分布,则 $E(X) = D(X) = \frac{1}{\lambda}$.

C. 若 $X \sim B(1, \theta)$,则 $E(x) = \theta, D(X) = \theta(1-\theta)$.

D. 若 X 服从区间 $[a,b]$ 上的均匀分布,则 $E(X^2) = \frac{a^2 + ab + b^2}{3}$.

(3) 已知随机变量 X 的分布列为 $P(X=k) = \frac{1}{3} (k=1,2,3)$,则 $D(3X+5)$ 等于( ).

A. 6　　　　B. 9　　　　C. 3　　　　D. 4

2. 设随机变量 X 的可能取值为 0,1,2,相应的概率分布为 0.6,0.3,0.1,则 $D(X) = $ _____.

3. X 的密度函数为

$$f(x) = \begin{cases} (x+1)/4 & (0 \leqslant x \leqslant 2) \\ 0 & (其他) \end{cases}$$

求 $D(X)$.

4. 设随机变量 X 服从泊松分布,且 $P(X=1) = P(X=2)$,求 $E(X), D(X)$.

5. (拉普拉斯分布) X 的密度函数为 $f(x) = \frac{1}{2} e^{-|x|} (-\infty < x < \infty)$,求 $E(X), D(X)$.

6. 设随机变量 X 的概率密度为

$$f(x) = \begin{cases} 1 - |1-x| & (0 < x < 2) \\ 0 & (其他) \end{cases}$$

求 $E(X)$ 和 $D(X)$.

7. 一台设备由三大部件构成,运转中它们需调整的概率分别为 $0.1, 0.2, 0.3$,假设它们的状态相互独立,以 X 表示同时需调整的部件数,求 $E(X), D(X)$.

8. 5 家商店联营,每两周售出的产品的数量记为 $X_i(i=1,2,3,4,5)$,且相互独立,其中 $X_1 \sim N(200, 225), X_2 \sim N(240, 240), X_3 \sim N(180, 225), X_4 \sim N(260, 265), X_5 \sim N(320, 270)$.

(1) 求 5 家商店两周的总销量的均值和方差;

(2) 商店每两周进货一次,为了使新的供货到达前商店不会脱销的概率大于 0.99,问商店的仓库应至少储存该产品多少数量?

B 组

1. 证明:对任意常数 c 和随机变量 X,有 $D(X) = E[(X-c)^2] - [E(X) - c]^2$.
2. 设 $X \sim N(1,2)$,Y 服从参数为 3 的泊松分布,且 X 与 Y 独立,求 $D(XY)$.
3. 随机变量 X 满足:$E[(X-1)^2] = 10, E[(X-2)^2] = 6$,求 X 的期望与方差.
4. 掷 n 颗均匀对称的骰子,求点数之和的数学期望和方差.

4.3 协方差及相关系数

4.3.1 协方差的定义

定义 4.3.1 设 (X,Y) 为二维随机向量,若
$$E\{[X - E(X)][Y - E(Y)]\}$$
存在,则称其为随机变量 X 和 Y 的**协方差**,记为 $\text{Cov}(X,Y)$,即
$$\text{Cov}(X,Y) = E\{[X - E(X)][Y - E(Y)]\}$$

由定义 4.3.1 及期望的性质得到协方差常用的计算公式:
$$\begin{aligned}\text{Cov}(X,Y) &= E\{[X - E(X)][Y - E(Y)]\} \\ &= E(XY) - E(X)E(Y) - E(Y)E(X) + E(X)E(Y) \\ &= E(XY) - E(X)E(Y)\end{aligned}$$

注 由定义 4.3.1 及方差性质 4.2.4,有 $D(X \pm Y) = D(X) + D(Y) \pm 2\text{Cov}(X,Y)$. 由协方差的定义及期望、方差的性质,可推出协方差的性质.

性质 4.3.1 $\text{Cov}(X,X) = D(X)$;

性质 4.3.2 $\text{Cov}(X,Y) = \text{Cov}(Y,X)$;

性质 4.3.3 $\text{Cov}(c,X) = 0$,其中 c 为任意常数;

性质 4.3.4 $\text{Cov}(aX, bY) = ab\text{Cov}(X,Y)$,其中 a,b 是常数;

性质 4.3.5 $\text{Cov}(X_1 + X_2, Y) = \text{Cov}(X_1, Y) + \text{Cov}(X_2, Y)$;

性质 4.3.6 $D(X \pm Y) = D(X) + D(Y) \pm 2\text{Cov}(X,Y)$.

例 4.3.1 已知离散型随机向量 (X,Y) 的概率分布如表 4.10 所示.求 $\text{Cov}(X,Y)$.

表 4.10

X \ Y	−1	0	2
0	0.1	0.2	0
1	0.3	0.05	0.1
2	0.15	0	0.1

解 容易求得 X 的分布律为 $P(X=0)=0.3, P(X=1)=0.45, P(X=2)=0.25$；$Y$ 的分布律为 $P(Y=-1)=0.55, P(Y=0)=0.25, P(Y=2)=0.2$ 于是有

$$E(X) = 0 \times 0.3 + 1 \times 0.45 + 2 \times 0.25 = 0.95$$
$$E(Y) = (-1) \times 0.55 + 0 \times 0.25 + 2 \times 0.2 = -0.15$$

计算得

$$E(XY) = 0 \times (-1) \times 0.1 + 0 \times 0 \times 0.2 + 0 \times 2 \times 0 + 1 \times (-1) \times 0.3$$
$$+ 1 \times 0 \times 0.5 + 1 \times 2 \times 0.1 + 2 \times (-1) \times 0.15 + 2 \times 0 \times 0 + 2 \times 2 \times 0.1$$
$$= 0$$

于是

$$\text{Cov}(X,Y) = E(XY) - E(X)E(Y) = 0.95 \times 0.15 = 0.1425$$

例 4.3.2 设连续型随机变量 (X,Y) 的密度函数为

$$f(x,y) = \begin{cases} 8xy & (0 \leqslant x \leqslant y \leqslant 1) \\ 0 & (\text{其他}) \end{cases}$$

求 $\text{Cov}(X,Y), D(X+Y)$.

解 由 (X,Y) 的密度函数可求得其边缘密度函数分别为

$$f_X(x) = \begin{cases} 4x(1-x^2) & (0 \leqslant x \leqslant 1) \\ 0 & (\text{其他}) \end{cases}, \quad f_Y(y) = \begin{cases} 4y^3 & (0 \leqslant y \leqslant 1) \\ 0 & (\text{其他}) \end{cases}$$

于是

$$E(X) = \int_{-\infty}^{+\infty} x f_X(x) \mathrm{d}x = \int_0^1 x \cdot 4x(1-x^2) \mathrm{d}x = \frac{8}{15}$$
$$E(Y) = \int_{-\infty}^{+\infty} y f_Y(y) \mathrm{d}y = \int_0^1 y \cdot 4y^3 \mathrm{d}x = \frac{4}{15}$$
$$E(XY) = \int_{-\infty}^{+\infty}\int_{-\infty}^{+\infty} xy f(x,y) \mathrm{d}x\mathrm{d}y = \int_0^1 \mathrm{d}x \int_x^1 xy \cdot 8xy \cdot \mathrm{d}y = \frac{4}{9}$$

从而

$$\text{Cov}(X,Y) = E(XY) - E(X)E(Y) = \frac{4}{225}$$

又

$$E(X^2) = \int_{-\infty}^{+\infty} x^2 f_X(x) \mathrm{d}x = \int_0^1 x^2 \cdot 4x(1-x^2) \mathrm{d}x = \frac{1}{3}$$
$$E(Y^2) = \int_{-\infty}^{+\infty} y^2 f_Y(y) \mathrm{d}y = \int_0^1 y^2 \cdot 4y^3 \mathrm{d}y = \frac{2}{3}$$

所以

$$D(X) = E(X^2) - [E(X)]^2 = 11/225, \quad D(Y) = E(Y^2) - [E(Y)]^2 = \frac{2}{75}$$

故

$$D(X+Y) = D(X) + D(Y) + 2\mathrm{Cov}(X,Y) = \frac{1}{9}$$

4.3.2 相关系数的定义及性质

定义 4.3.2 设(X,Y)为二维随机变量,$D(X)>0,D(Y)>0$,称

$$\rho_{XY} = \frac{\mathrm{Cov}(X,Y)}{\sqrt{D(X)D(Y)}}$$

为随机变量 X 和 Y 的**相关系数**,有时也记 ρ_{XY} 为 ρ.

定义 4.3.3 若随机变量 X 和 Y 的相关系数$\rho_{XY}=0$,则称 X 与 Y **不相关**.

注 显然,若 X 和 Y 不相关,则有 $\mathrm{Cov}(X,Y)=0$.

相关系数的性质如下:

性质 4.3.7 $|\rho_{XY}|\leqslant 1$;

性质 4.3.8 若 X 和 Y 相互独立,则 $\rho_{XY}=0$.

注 即使若 X 与 Y 独立,也一定不相关,但反之不然.

性质 4.3.9 若 $D(X)>0,D(Y)>0$,则$|\rho_{XY}|=1$ 当且仅当存在常数 $a,b(a\neq 0)$ 使 $P(Y=aX+b)=1$,而且当 $a>0$ 时,$\rho_{XY}=1$,当 $a<0$ 时,$\rho_{XY}=-1$.

注 随机变量 X 和 Y 相互独立时,$E(XY)=E(X)E(Y),\mathrm{Cov}(X,Y)=0,\rho_{XY}=0$, $E[X-E(X)][Y-E(Y)]=0, D(X\pm Y)=D(X)+D(Y)$,$X$ 与 Y 不相关,但是 X 与 Y 不相关时,仅有 $\rho_{XY}=0$ 一定成立,不能说明 X 和 Y 相互独立.

例 4.3.3 设(X,Y)的分布律如表 4.11 所示.

表 4.11

Y \ X	-2	-1	1	2	$P(Y=y_i)$
1	0	1/4	1/4	0	1/2
4	1/4	0	0	1/4	1/2
$P(X=x_i)$	1/4	1/4	1/4	1/4	1

判断 X,Y 的相关性及独立性.

解 由分布律易知 $E(X)=0,E(Y)=5/2,E(XY)=0$,于是 $\rho_{XY}=0,X,Y$ 不相关.但由 $P(X=-2,Y=1)=0\neq P(X=-2)P(Y=1)$ 知,X,Y 不是相互独立的.

例 4.3.4 设二维随机变量(X,Y)的概率密度函数为

$$f(x,y) = \begin{cases} 1/\pi & (x^2+y^2 \leqslant a^2) \\ 0 & (x^2+y^2 > a^2) \end{cases}$$

证明:随机变量 X 与 Y 不相关,也不相互独立.

证明 由于 D 关于对称轴对称,则有

$$E(X) = \iint_D x\,dx\,dy = 0, \quad E(Y) = \iint_D y\,dx\,dy = 0, \quad E(XY) = \iint_D xy\,dx\,dy$$

因此有
$$\mathrm{Cov}(X, Y) = 0, \quad \rho_{XY} = 0$$
即 X 与 Y 不相关.

又由于
$$f_X(x) = \begin{cases} \dfrac{2}{\pi}\sqrt{1-x^2} & (|x| \leqslant a) \\ 0 & (|x| > a) \end{cases}, \quad f_Y(y) = \begin{cases} \dfrac{2}{\pi}\sqrt{1-y^2} & (|y| \leqslant a) \\ 0 & (|y| > a) \end{cases}$$

显然存在 (x_0, y_0) 使得 $f(x_0, y_0) \neq f_X(x_0) f_Y(y_0)$,所以 X 与 Y 也不相互独立.

例 4.3.5 设二维随机变量 $(X, Y) \sim N(0, 0, 1, 1, \rho)$,证明:$X$ 与 Y 相互独立的充要条件是 $\rho_{XY} = 0$.

证明 根据二维正态分布的边缘概率密度知
$$E(X) = \mu_1, \quad E(Y) = \mu_2, \quad D(X) = \sigma_1^2, \quad D(Y) = \sigma_2^2$$
而
$$\mathrm{Cov}(X, Y) = \int_{-\infty}^{+\infty}\int_{-\infty}^{+\infty} (x - \mu_1) f(x, y) \mathrm{d}x \mathrm{d}y$$
$$= \frac{1}{2\pi\sigma_1\sigma_2\sqrt{1-\rho^2}} \int_{-\infty}^{+\infty}\int_{-\infty}^{+\infty} (x - \mu_1)(y - \mu_2)$$
$$\cdot \exp\left[\frac{-1}{2(1-\rho^2)}\left(\frac{y-\mu_2}{\sigma_2} - \rho\frac{x-\mu_1}{\sigma_1}\right)^2 - \frac{(x-\mu_1)^2}{2\sigma_1^2}\right] \mathrm{d}x \mathrm{d}y$$

令
$$t = \frac{1}{\sqrt{1-\rho^2}}\left(\frac{y-\mu_2}{\sigma_2} - \rho\frac{x-\mu_1}{\sigma_1}\right)^2, \quad u = \frac{x-\mu_1}{\sigma_1}$$

则有
$$\mathrm{Cov}(X, Y) = \frac{1}{2\pi}\int_{-\infty}^{+\infty}\int_{-\infty}^{+\infty} (\sigma_1\sigma_2)\sqrt{1-\rho^2}\, tu + \rho\sigma_1\sigma_2 u^2) \mathrm{e}^{-(u^2+t^2)/2} \mathrm{d}t \mathrm{d}u$$
$$= \frac{\rho\sigma_1\sigma_2}{2\pi}\left(\int_{-\infty}^{+\infty} u^2 \mathrm{e}^{-\frac{u^2}{2}} \mathrm{d}u\right)\left(\int_{-\infty}^{+\infty} \mathrm{e}^{-\frac{t^2}{2}} \mathrm{d}t\right) + \frac{\sigma_1\sigma_2\sqrt{1-\rho^2}}{2\pi}\left(\int_{-\infty}^{+\infty} u\mathrm{e}^{-\frac{u^2}{2}} \mathrm{d}u\right)\left(\int_{-\infty}^{+\infty} t\mathrm{e}^{-\frac{t^2}{2}} \mathrm{d}t\right)$$
$$= \frac{\rho\sigma_1\sigma_2}{2\pi}\sqrt{2\pi} \cdot \sqrt{2\pi}$$

即有 $\mathrm{Cov}(X, Y) = \rho\sigma_1\sigma_2$,于是 $\rho_{XY} = \dfrac{\mathrm{Cov}(X, Y)}{\sqrt{D(X)}\sqrt{D(Y)}} = \rho$.

注 对一般的二维正态分布 $(X, Y) \sim N(\mu_1, \mu_2, \sigma_1^2, \sigma_2^2, \rho)$,随机变量的不相关性和独立性是等价的.

4.3.3 矩的概念

定义 4.3.4 设 X 和 Y 是随机变量,k, l 为正整数,称 $E(X^k)$ 为 k 阶**原点矩**(简称 k 阶矩);$E\{[X - E(X)]^k\}$ 为 k 阶**中心矩**;$E(X^k Y^l)$ 为 X 和 Y 的 $k + l$ 阶**混合矩**;$E\{[X - E(X)]^k [Y - E(Y)]^l\}$ 为 X 和 Y 的 $k + l$ 阶**混合中心矩**.

注 由定义可见:

(1) X 的数学期望 $E(X)$ 是 X 的一阶原点矩;

(2) X 的方差 $D(X)$ 是 X 的二阶中心矩;

(3) 协方差 $\text{Cov}(X,Y)$ 是 X 和 Y 的二阶混合中心矩.

4.3.4 n 维正态分布的几条性质

性质 4.3.10 n 维正态变量 $(X_1, X_2, \cdots, X_n)$ 的每一个分量 $X_i (i=1,2,\cdots,n)$ 都是正态变量;反之,若 $X_1, X_2, \cdots, X_n$ 都是正态变量且相互独立,则 $(X_1, X_2, \cdots, X_n)$ 是正态变量.

注 性质中若不具有相互独立性,则反之不一定成立.

性质 4.3.11 n 维随机变量 $(X_1, X_2, \cdots, X_n)$ 服从 n 维正态分布的充分必要条件是 $X_1, X_2, \cdots, X_n$ 的任意线性组合 $l_1 X_1 + l_2 X_2 + \cdots + l_n X_n$(其中 $l_1, l_2, \cdots, l_n$ 不全为零)均服从一维正态分布.

性质 4.3.12 若 $(X_1, X_2, \cdots, X_n)$ 服从 n 维正态分布,设 $Y_1, Y_2, \cdots, Y_k$ 是 $X_j (j=1, 2, \cdots, k)$ 的线性函数,则 $(Y_1, Y_2, \cdots, Y_k)$ 服从 k 维正态分布.

注 这一性质称为正态变量的线性变换不变性.

性质 4.3.13 设 $(X_1, X_2, \cdots, X_n)$ 服从 n 维正态分布,则"$X_1, X_2, \cdots, X_n$ 相互独立"等价于"$X_1, X_2, \cdots, X_n$ 两两不相关".

习 题 4.3

A 组

1. $E(XY) = E(X)E(Y)$ 是 X 与 Y 不相关的( ).
   A. 必要条件 B. 充要条件
   C. 充分条件 D. 既不必要,也不充分条件

2. 设 $D(X) = 25, D(Y) = 36, \rho_{XY} = 0.4$,求 $D(X+Y), D(X-Y)$.

3. (X, Y) 的联合分布律如表 4.12 所示,试分析 X 与 Y 的相关性和独立性.

表 4.12

Y \ X	-1	0	1
-1	1/8	1/8	1/8
0	1/8	0	1/8
1	1/8	1/8	1/8

4. 设二维随机变量 (X, Y) 的均值 $E(X), E(Y)$ 存在,证明: $E(XY) = E(X)E(Y) + E[(X-E(X))(Y-E(Y))]$.

5. 设 X 与 Y 相互独立,其密度函数分别为
$$f_X(x) = \begin{cases} 2x & (0 \leqslant x \leqslant 1) \\ 0 & (\text{其他}) \end{cases}, \quad f_Y(y) = \begin{cases} e^{-(y-5)} & (y > 5) \\ 0 & (\text{其他}) \end{cases}$$

求 $E(XY)$.

6. 设 X 服从参数为 2 的泊松分布，$Y = 3X - 2$，试求 $E(Y), D(Y), \text{Cov}(X, Y)$ 及 ρ_{XY}.

7. 设随机变量 (X, Y) 具有概率密度

$$f(x, y) = \begin{cases} \dfrac{1}{8}(x + y) & (0 \leqslant x \leqslant 2, 0 \leqslant y \leqslant 2) \\ 0 & (\text{其他}) \end{cases}$$

求 $E(X), E(Y), \text{Cov}(X, Y), \rho_{XY}$.

B 组

1. 设区域 G 为 $x^2 + y^2 \leqslant 1$，二维随机变量 (X, Y) 服从 G 上的均匀分布，判断 X, Y 的相关性、独立性.

2. 设随机变量 X 的概率密度为

$$f(x) = \begin{cases} 0.5x & (0 < x < 2) \\ 0 & (\text{其他}) \end{cases}$$

求随机变量 X 的 1 至 4 阶原点矩和中心矩.

3. 设 $X \sim N(\mu, \sigma^2), Y \sim N(\mu, \sigma^2), X, Y$ 相互独立，求 $Z_1 = \alpha X + \beta Y, Z_2 = \alpha X - \beta Y$（其中 α, β 是不为 0 的常数）的相关系数.

总复习题 4

A 组

1. 选择题

(1) 设随机变量 X, Y 相互独立，且 X 服从参数为 3 的泊松分布，Y 服从区间 $(0, 6)$ 上的均匀分布，则 $D(3X - 2Y + 1) = ($ $)$.

    A. 39   B. 4   C. 40   D. 42

(2) 设 X_1, X_2, X_3 相互独立且服从参数 $\lambda = 3$ 的泊松分布，令 $Y = \dfrac{1}{3}(X_1 + X_2 + X_3)$，则 $E(Y^2) = ($ $)$.

    A. 1   B. 9   C. 10   D. 6

(3) 对于任意两个随机变量 X 和 Y，若 $E(XY) = E(X) \cdot E(Y)$，则 (   ).

    A. $D(X) = D(X) \cdot D(Y)$ B. $D(X + Y) = D(X) + D(Y)$

    C. X 和 Y 相互独立   D. X 和 Y 相互不独立

(4) 已知随机变量 X 服从二项分布，且数学期望和方差分别为 $0.8, 0.72$，则二项分布的参数 n, p 的值分别为 (   ).

    A. $n = 4, p = 0.2$ B. $n = 8, p = 0.1$

    C. $n = 2, p = 0.4$ D. $n = 1, p = 0.4$

(5) 设两个相互独立的随机变量 X 和 Y 的方差分别为 4 和 2，则随机变量 $3X - 2Y$ 的方差是 (   ).

A. 1　　　　　B. 4　　　　　C. 28　　　　　D. 44

2. 填空题

(1) 设随机变量 X 的概率密度函数为

$$p(x) = \begin{cases} 2e^{-2x} & (x \geqslant 0) \\ 0 & (x < 0) \end{cases}$$

则 $E(X^2) =$ ＿＿＿＿＿＿.

(2) 设随机变量 X_1, X_2 相互独立,概率密度分别为

$$p_1(x) = \begin{cases} 2x & (0 \leqslant x \leqslant 1) \\ 0 & (其他) \end{cases}, \quad p_2(x) = \begin{cases} 0.5e^{-0.5x} & (x > 0) \\ 0 & (其他) \end{cases}$$

则 $E(X_1 X_2) =$ ＿＿＿＿＿＿.

(3) 设随机变量 X 服从参数为 5 的指数分布,则 $E(X^2) =$ ＿＿＿＿＿＿.

(4) 设随机变量 X 和 Y 的相关系数为 $0.4, \mathrm{Var}(X) = 4, \mathrm{Var}(Y) = 16$,则 $\mathrm{Var}(X+Y)$ = ＿＿＿＿＿＿.

(5) 设随机变量 X 的密度函数为

$$f(x) = \frac{1}{2} e^{-|x|} \quad (-\infty < x < \infty)$$

则 $D(X) =$ ＿＿＿＿＿＿.

3. 设 X 的分布律如表 4.14 所示.试求 $E(X^2 - 2X + 3), D(X^2 - 2X + 3)$.

表 4.14

X	0	1	2	3
P	0.1	0.2	0.3	0.4

4. 设连续型随机变量 X 的概率密度为

$$f(x) = \begin{cases} x & (0 \leqslant x \leqslant 1) \\ 2-x & (1 < x \leqslant 2) \\ 0 & (其他) \end{cases}$$

求 $E(X), D(X)$.

5. 已知 X_1, X_2 两随机变量,且 $X_1 \sim U(2,4), X_2 \sim N(0,9), X_1, X_2$ 相互独立,求 $D(X_1 - 2X_2)$.

6. 设随机变量 X 的概率密度为

$$f(x) = \begin{cases} 1+x & (-1 \leqslant x \leqslant 0) \\ 1-x & (0 < x \leqslant 1) \\ 0 & (其他) \end{cases}$$

求 $E(X), D(X)$.

7. 盒中有 7 个球,其中 4 个白球,3 个黑球,从中任抽 3 个球,求抽到白球数 X 的数学期望 $E(X)$ 和方差 $D(X)$.

8. 设二维随机变量 (X, Y) 的联合分布律如表 4.15 所示.已知 $E(XY) = 0.65$,则 a 和 b 的值是多少?

表 4.15

Y \ X	0	1	2
0	0.1	0.2	a
1	0.1	b	0.2

9. 设 $X \sim U(a,b), Y \sim N(4,3)$，$X$ 与 Y 有相同的期望和方差，求 a,b 的值.

10. 设随机变量 X 服从泊松分布，且 $3P(X=1)+2P(X=2)=4P(X=0)$，求 X 的期望与方差.

11. 设二维随机变量 X 与 Y 相互独立，其概率密度函数分别为

$$f_X(x)=\begin{cases}1 & (0 \leqslant x \leqslant 1)\\ 0 & (其他)\end{cases}, \quad f_Y(y)=\begin{cases}e^{-y} & (y>0)\\ 0 & (y \leqslant 0)\end{cases}$$

试求 $E(2X+Y), D(2X+Y)$.

12. 设随机变量 (X,Y) 具有概率密度为

$$f(x,y)=\begin{cases}\dfrac{1}{8}(x+y) & (0 \leqslant x \leqslant 2, 0 \leqslant y \leqslant 2)\\ 0 & (其他)\end{cases}$$

求 $E(X), E(Y), \text{Cov}(X,Y), \rho_{XY}, D(X+Y)$.

13. 已知随机变量 (X,Y) 的联合分布律如表 4.16 所示. 试求：

表 4.16

X \ Y	0	1	2	3
0	0.05	0.1	0.15	0.2
1	0.03	0.05	0.05	0.07
2	0.02	0.05	0.1	0.13

(1) 期望 $E(X), E(Y)$；(2) 方差 $D(X), D(Y)$；
(3) 协方差 $\text{Cov}(X,Y)$；(4) 相关系数 ρ_{XY}，判断是否不相关.

14. 已知二维随机变量 (X,Y) 的概率密度为

$$f(x,y)=\begin{cases}\dfrac{21}{4}x^2 y & (x^2<y<1)\\ 0 & (其他)\end{cases}$$

试求：(1) 期望 $E(X), E(Y)$；(2) 方差 $D(X), D(Y)$；
(3) 协方差 $\text{cov}(X,Y)$；(4) 相关系数 ρ_{XY}，判断是否不相关.

15. 设甲、乙两家灯泡厂生产的灯泡的寿命（单位：小时）X 和 Y 的分布律如表 4.17 所示. 试问哪家工厂生产的灯泡质量较好？

表 4.17

X	90	100	100
P	0.1	0.8	0.1
Y	95	100	105
P	0.3	0.4	0.3

16. 某班有学生 n 名,开新年联欢会,每人带一份礼物互赠,礼物集中放在一起,并将礼物编了号,当交换礼物时,每人随机地拿到一个号码,并以此去领取礼物,试求恰好拿到自己准备的礼物的人数 X 的期望和方差.

17. 设二维随机变量 (X,Y) 的概率密度函数为

$$f(x,y) = \begin{cases} \dfrac{3}{4} & ((x,y) \in G) \\ 0 & (其他) \end{cases}$$

其中 $G = \{(x,y) \mid 0 < x < 1, y^2 < x\}$.

(1) 求关于 X,Y 的边缘概率密度 $f_X(x), f_Y(y)$,并由此判断 X,Y 是否相互独立;

(2) 求 $E(X), E(Y), E(XY)$,并由此判断 X 与 Y 是否互不相关.

18. 设随机变量 X 和 Y 相互独立,且 $E(X) = E(Y) = 0$, $D(X) = D(Y) = 1$,求 $E[(X+Y)^2]$.

B 组

1. 选择题

(1) 盒中有 5 个球,其中 2 个红球,随机地取 3 个,用 X 表示取到的红球的个数,则 $E(X)$ 是( ).

A. 1　　　　B. 1.2　　　　C. 1.5　　　　D. 2

(2) 设随机变量 X 和 Y 的方差存在且不等于 0,则 $D(X+Y) = D(X) + D(Y)$ 是 X 与 Y 的( ).

A. 不相关的充分条件,但不是必要条件　　B. 独立的必要条件,但不是充分条件

C. 不相关的充分必要条件　　　　　　　　D. 独立的充分必要条件

(3) 设 $X \sim P(\lambda)$,且 $E[(X-1)(X-2)] = 1$,则 $\lambda = ($).

A. 1　　　　B. 2　　　　C. 3　　　　D. 0

(4) 某人从家乘车到单位,途中有 3 个交通岗亭.假设在各交通岗亭遇到红灯的事件是相互独立的,且概率都是 0.4,则此人上班途中遇红灯的次数的期望为( ).

A. 0.4　　　　B. 1.2　　　　C. 0.4^3　　　　D. 0.6

(5) 设 $X \sim B(n,p)$,则有( ).

A. $E(2X-1) = 2np$　　　　　　　B. $D(2X-1) = 4np(1-p) + 1$

C. $E(2X+1) = 4np + 1$　　　　　D. $D(2X-1) = 4np(1-p)$

2. 填空题

(1) 设 X 的概率密度为 $f(x) = \dfrac{1}{\sqrt{\pi}} e^{-x^2}$,则 $D(X) = $ _____.

(2) 随机变量 X 服从区间 $[0,2]$ 上的均匀分布,则 $\dfrac{D(X)}{[E(X)]^2} = $ _____.

(3) 设随机变量 X_1, X_2, X_3 相互独立,其中 X_1 在 $[0,6]$ 上服从均匀分布,X_2 服从正态分布 $N(0,4)$,X_3 服从参数为 $\lambda = 3$ 的泊松分布,记 $Y = X_1 + 2X_2 + 3X_3$,则 $D(Y) = $ _____.

(4) 设随机变量 X 与 Y 相互独立,$X \sim N(1,2)$,$Y \sim N(0,1)$,则随机变量 $Z = 2X - Y + 3$ 的概率密度函数为 _____.

(5) 设二维随机变量 (X,Y) 服从 $N(0,0,1,1,0)$,则 $D(3X-2Y) = $ _____.

3. 一袋中有 n 张卡片,分别记为 $1,2,\cdots,n$,从中有放回地抽取出 k 张,以 X 表示所得号码之和,求 $E(X),D(X)$.

4. 设 $X_1,X_2,\cdots,X_n$ 独立同分布于 $E(1)$,求 $Z=\min\{X_1,X_2,\cdots,X_n\}$ 的期望与方差.

5. 设随机变量 $X\sim N(0,1)$,试求 $E(|X|),D(|X|),E(X^3)$ 与 $E(X^4)$.

6. 设足球队 A 与 B 比赛,若有一队胜 4 场,则比赛结束,假设 A,B 在每场比赛中获胜的概率均为 $\dfrac{1}{2}$,问平均需比赛几场才能分出胜负?

7. 某城市出租汽车的起步价为 10 元.行驶路程不超出 4 km 时租车费为 10 元;若行驶路程超出 4 km,则按每超出 1 km 加收 2 元计费(超出不足 1 km 的部分按 1 km 计).从这个城市的民航机场到某宾馆的路程为 15 km.某司机经常驾车在机场与此宾馆之间接送旅客,由于行车路线的不同以及途中停车时间要转换成行车路程(这个城市规定,每停车 5 分钟按 1 km 路程计费),这个司机一次接送旅客的行车路程 X 是一个随机变量.设他所收租车费为 Y.

(1) 求租车费 Y 关于行车路程 X 的关系式;

(2) 若随机变量 X 的分布列如表 4.18 所示,求所收租车费 Y 的数学期望.

表 4.18

X	15	16	17	18
P	0.1	0.5	0.3	0.1

(3) 已知某旅客实付租车费 38 元,而出租汽车实际行驶了 15 km,问出租车在途中因故停车累计最多多少分钟?

8. (1) 设随机变量 $W=(aX+3Y)^2, E(X)=E(Y)=0, D(X)=4, D(Y)=16, \rho_{XY}=-0.5$. 求常数 a 使 $E(W)$ 最小,并求 $E(W)$ 的最小值.

(2) 设随机变量 (X,Y) 服从二维正态分布,且有 $D(X)=\sigma_X^2, D(Y)=\sigma_Y^2$,证明:当 $a^2=\dfrac{\sigma_X^2}{\sigma_Y^2}$ 时,随机变量 $W=X-aY$ 与 $V=X+aY$ 相互独立.

9. 设随机变量 X,Y 独立同分布,都服从参数为 λ 的泊松分布,设 $U=2X+Y, V=2X-Y$,求随机变量 U 与 V 的相关系数 ρ_{UV}.

10. 设 $E(X)=2, E(Y)=4, D(X)=4, D(Y)=9, \rho_{XY}=0.5$,求:

(1) $U=3X^2-2XY+Y^2-3$ 的数学期望;(2) $V=3X-Y+5$ 的方差.

案例分析

案例 4.1 最大利润

在进出口贸易中,出口量的多少一定程度上决定了获得的利润的多少.假定欧洲市场对我国某种出口商品的需求量 X(单位:吨)是随机变量,且 $X\sim U(2\,000,4\,000)$,设该商品每售出 1 吨,可获利 3 万美元,但若销售不出去则积压于仓库,而且每吨需支付保养费 1 万美元,那么我国如何计划年出口量,才能获得最大的平均利润? 最大值为多少?

分析 $X=\{$欧洲市场的需求量$\}$,且 $X \sim U(2\,000, 4\,000)$,其概率密度为

$$f(x) = \begin{cases} \dfrac{1}{2\,000} & (2\,000 < x < 4\,000) \\ 0 & (x \geqslant 4\,000, x < 2\,000) \end{cases}$$

设计划年出口量 a 吨($2\,000 < x < 4\,000$),年创利润为 Y 万美元,则

$$Y = g(X) = \begin{cases} 3a & (X \geqslant a) \\ 3X - (a - X) & (X < a) \end{cases}$$

$$E(Y) = \int_{-\infty}^{+\infty} g(x) f(x) \mathrm{d}x = \frac{1}{2\,000} \int_{2\,000}^{4\,000} g(x) \mathrm{d}x$$

$$= \frac{1}{2\,000} \left[\int_{2\,000}^{a} (4x - a) \mathrm{d}x + \int_{a}^{4\,000} 3a \, \mathrm{d}x \right]$$

$$= \frac{-a^2 + 7\,000a - 4\,000\,000}{1\,000}$$

$E(Y)$ 是 a 的一元二次函数,令

$$[E(Y)]' = (-a^2 + 7\,000a - 4\,000\,000)' = 0$$

即

$$-2a + 7\,000 = 0$$

得

$$a = 3\,500$$

故当 $a = 3\,500$ 时(实际问题驻点的唯一性),$E(Y)$ 最大.

因此,计划年出口量为 3 500 吨时获得最大的平均利润.最大期望值为

$$E(Y)_{\max} = -\frac{1}{1\,000}(3\,500^2 - 7\,000 \times 3\,500 + 4\,000\,000) = 8\,250 (万美元)$$

注 数学期望是随机变量的数字特征之一,它代表了随机变量总体取值的平均水平,在经济生活中,有许多问题可以直接或间接地利用数学期望来解决.

自主练习 4.1

假定欧洲市场对我国某种出口商品的需求量 X(单位:吨)是随机变量,且服从指数分布 $E(\lambda)$,设该商品每售出 1 吨,可获利 3 万美元,但若销售不出去则积压于仓库,而且每吨需支付保养费 1 万美元,那么我们如何决策才能获得最大的平均利润呢?

案例 4.2 风险投资

设某人有一笔资金可投入三个项目:房产 x、地产 y 和商业 z,其收益和市场状态有关,若把未来市场划分为好、中、差三个等级,其发生的概率分别为 $p_1 = 0.2, p_2 = 0.7, p_3 = 0.1$,根据市场调研的情况可知不同等级状态下各种投资的收益(万元),如表 4.13 所示.

表 4.13 各种投资年收益分布表

	好:$p_1 = 0.2$	中:$p_2 = 0.7$	差:$p_3 = 0.1$
房产	11	3	-3
地产	6	4	-1
商业	10	2	-2

请问：该投资者如何投资好？

分析 首先考察数学期望：
$$E(X) = 11 \times 0.2 + 3 \times 0.7 + (-3) \times 0.1 = 4.0$$
$$E(Y) = 6 \times 0.2 + 4 \times 0.7 + (-1) \times 0.1 = 3.9$$
$$E(Z) = 10 \times 0.2 + 2 \times 0.7 + (-2) \times 0.1 = 3.2$$

根据数学期望可知投资房产的平均收益最大，可能选择房产，但投资也要考虑风险．

其次考虑它们的方差：
$$D(X) = (11-4)^2 \times 0.2 + (3-4)^2 \times 0.7 + (-3-4)^2 \times 0.1 = 15.4$$
$$D(Y) = (6-3.9)^2 \times 0.2 + (4-3.9)^2 \times 0.7 + (-1-3.9)^2 \times 0.1 = 3.29$$
$$D(Z) = (10-3.2)^2 \times 0.2 + (2-3.2)^2 \times 0.7 + (-2-3.2)^2 \times 0.1 = 12.96$$

因为方差愈大，收益的波动就愈大，从而风险也愈大，所以从方差看，投资房产的风险比投资地产的风险大得多，若收益与风险综合权衡，该投资者还是应该选择投资地产为好，虽然平均收益少 0.1 万元，但风险要小一半以上．

注 在投资风险中，往往通过数学期望、方差或标准差来比较，数学期望越大，说明平均收益越大；方差或标准差越小，随机变量的取值越集中，则收益的波动越小，从而风险也小．

自主练习 4.2

某人有 8 万元可以投资两个项目，项目 A 需要投资至少 5 万元，成功的概率是 0.8，失败的概率是 0.2，成功后收回本金并获利 50%，失败将损失 2 万元．项目 B 需要投资至少 6 万元，成功的概率是 0.6，失败的概率是 0.4，成功后收回本金并获利 70%，失败将损失 3 万元．假设该投资者总是将手中的资金全部用于投资，且只能对各项目投资一次，那么投资哪个项目的平均收益较大？

案例 4.3 条件数学期望问题

某商场一天内到达的顾客数 N 服从参数为 λ 的泊松分布，第 i 个到达的人的消费额是 X_i 元．假设 $X_1, X_2, \cdots$ 有相同的数学期望 μ，且与到达的顾客数 N 独立．计算该商场一天的平均营业额．

分析 由于该商场每天的营业额等于这 N 个顾客的消费额 Y，故
$$Y = X_1 + X_2 + \cdots + X_N = \sum_{j=1}^{N} X_j$$

以下计算 $E(Y)$．又 $\sum_{j=1}^{N} X_j$ 与 $(N = n)$ 相互独立，所以
$$E(Y \mid N = n) = E\left(\sum_{j=1}^{N} X_j \mid N = n\right) = E\left(\sum_{j=1}^{n} X_j \mid N = n\right)$$
$$= E\sum_{j=1}^{n} X_j = n\mu$$

设 $g(n) = n\mu$，
$$E(Y) = E(g(N)) = E(N\mu) = \lambda\mu$$

故当每个人平均消费 μ 元，平均有 λ 个顾客时，平均总消费是 $\lambda\mu$ 元．

注 有以下定理：设 $E(X)$ 存在，Y 是离散型随机变量，有概率分布 $p_i = P(Y = y_i)$

$(i=1,2,\cdots)$,则

(1) $E(X) = \sum_{i=1}^{\infty} p_i E(X|Y=y_i)$;

(2) 如果 $E(X|Y=y_i) = g(y_i)(i \geqslant 1)$ 成立,则 $E(X) = E(g(Y))$;

(3) 如果 $A_i(i \geqslant 1)$ 是完备事件组,则 $E(X) = \sum_{i=1}^{\infty} P(A_i) E(X|A_i)$.

自主练习 4.3

某人有 8 万元可以投资两个项目,项目 A 需要投资至少 5 万元,成功的概率是 0.8,失败的概率是 0.2,成功后收回本金并获利 50%,失败将损失 2 万元. 项目 B 需要投资至少 6 万元,成功的概率是 0.6,失败的概率是 0.4,成功后收回本金并获利 70%,失败将损失 3 万元. 假设该投资者总是将手中的资金全部用于投资,且只能对各项目投资一次.

(1) 先投资项目 A,然后投资项目 B 时,平均收益是多少? 方差是多少?

(2) 先投资项目 B,然后投资项目 A 时,平均收益是多少? 方差是多少?

据此分析,选择投资方式.

释疑解难

1. 随机变量的数字特征在概率论中有什么实际意义?

答 要全面掌握一个随机变量的统计规律性,必须了解这个随机变量的分布函数. 但是,在实际问题中要求得一个随机变量的分布函数是困难的,也往往是不必要的,通常只需要了解随机变量的某几个数量指标就可以了. 这些指标就是概率论中的随机变量的数字特征. 一来它们比较简单易求(在实际问题中可以通过样本进行估计);二来它们已经足够满足解决实际问题的需要,并且刻画了随机变量的某些特征. 随机变量的数字特征在概率论与数理统计中有着广泛的应用.

2. 协方差和相关系数反映了随机变量 X 与 Y 之间什么样的关系?

答 当给定两个随机变量 X 与 Y 时,我们必然会考虑它们之间是否存在某种关系. 如当 X 与 Y 相互独立时,有

$$D(X+Y) = D(X) + D(Y)$$

一般情况下,

$$D(X+Y) = D(X) + D(Y) + 2E\{[X-E(X)][Y-E(Y)]\}$$

因而,$E\{[X-E(X)][Y-E(Y)]\} \neq 0$ 反映了 X 与 Y 不相互独立而存在某种相依关系的事实,将其定义为协方差.

当 $D(X)$ 与 $D(Y)$ 不变时,

$$\rho_{XY} = \text{Cov}(X,Y)/[\sqrt{D(X)} + \sqrt{D(Y)}]$$

反映 X 与 Y 联系的密切程度. 当 $\rho_{XY}=1$ 时,X 与 Y 之间存在线性关系 $aX+bY+c=0$ 的概率为 1;而 $\rho_{XY}=0$,只反映 X 与 Y 不存在线性关系,不排除其他的联系.

3. 两个随机变量相互独立与不相关有什么区别?

答 两个随机变量 X 与 Y 相互独立与不相关反映的不是同一种关系. X 与 Y 的独立性反映 X 与 Y 之间不存在任何关系,而 X 与 Y 不相关只是就线性关系而言的,但当 (X,Y)

服从二维正态分布时,两者是等价的.

4. 怎样解释两个随机变量的相互对立与不相关?

答 (1) 若 X 与 Y 相互独立,则 X 与 Y 不相关;

(2) 若 X 与 Y 不相关,则 X 与 Y 不一定相互独立;

(3) 若 X 与 Y 相关,则 X 与 Y 不相互独立;

(4) 若 X 与 Y 不相互独立,X 与 Y 不一定不相关.

5. 随机变量 X 的数学期望 $E(X)$ 与方差 $D(X)$ 之间有什么联系?

答 (1) 若 $E(X)$ 存在,$D(X)$ 不一定存在;

(2) 若 $E(X)$ 不存在,$D(X)$ 一定不存在;

(3) 若 $D(X)$ 存在,则对任意常数 c,有 $D(X) \leqslant E(X-c)^2$,当且仅当 $c = E(X)$ 时等号成立.

第 5 章 大数定律和中心极限定理

大数定律和中心极限定理都是通过极限理论来研究概率问题的,研究对象都是随机变量序列,解决的都是概率论中的基本问题,因而在概率论中的意义十分重要.

5.1 大 数 定 律

人们在长期的实践中发现,事件发生的频率具有稳定性,也就是说随着试验次数的增多,事件发生的频率将稳定于一个确定的常数.对某个随机变量 X 进行大量的重复观测,所得到的大批观测数据的算术平均值也具有稳定性,由于这类稳定性都是在对随机现象进行大量重复试验的条件下呈现出来的,因而反映这方面规律的定理我们就统称为**大数定律**.

切比雪夫不等式 设随机变量 X 的均值 $E(X)$ 及方差 $D(X)$ 存在,则对于任意正数 ε,有不等式

$$P(|X - E(X)| \geq \varepsilon) \leq \frac{D(X)}{\varepsilon^2}$$

或

$$P(|X - E(X)| < \varepsilon) \geq 1 - \frac{D(X)}{\varepsilon^2}$$

成立.

我们称该不等式为**切比雪夫(Chebyshev)不等式**.

证明 (我们仅对连续型的随机变量进行证明)设 $f(x)$ 为 X 的密度函数,记 $E(X) = \mu, D(X) = \sigma^2$,则

$$P(|X - E(X)| \geq \varepsilon) = \int_{|x-\mu| \geq \varepsilon} f(x)dx \leq \int_{|x-\mu| \geq \varepsilon} \frac{(x-\mu)^2}{\varepsilon^2} f(x)dx$$

$$\leq \frac{1}{\varepsilon^2} \int_{-\infty}^{+\infty} (x-\mu)^2 f(x)dx \leq \frac{1}{\varepsilon^2} \cdot \sigma^2 = \frac{D(X)}{\varepsilon^2}$$

注 (1) 从定理中看出,如果 $D(X)$ 越小,那么随机变量 X 取值于开区间 $(E(X) - \varepsilon, E(X) + \varepsilon)$ 中的概率就越大,这就说明方差是一个反映随机变量的概率分布对其分布中心 $E(X)$ 的集中程度的数量指标.

(2) 利用切比雪夫不等式,我们可以在随机变量 X 的分布未知的情况下估算事件 $(|X - E(X)| < \varepsilon)$ 的概率.

例 5.1.1 设随机变量 X 的数学期望 $E(X) = 10$,方差 $D(X) = 0.04$,估计 $P(9.2 < X < 11)$ 的大小.

解 $P(9.2<X<11) = P(-0.8<X-10<1) \geq P(|X-10|<0.8) \geq 1 - \dfrac{0.04}{(0.8)^2}$
$= 0.9375$.

因而 $P(9.2<X<11)$ 不会小于 0.9375.

例 5.1.2 若在高中生中，学生的平均身高为 165 cm，方差为 10，利用切比雪夫不等式估计身高 X 在 160～170 cm 之间的概率.

解 $E(X)=165, D(X)=10$

$P(160<X<170) = P(-5<X-165<5) = P(|X-165|<5) \geq 1 - \dfrac{10}{5^2} = \dfrac{3}{5}$

定理 5.1.1 （切比雪夫大数定律）设 $X_1, X_2, \cdots, X_n$ 是一个独立的随机变量序列，且方差有共同的上界，即存在某一个常数 $C>0$，使得 $D(X_i)<C(i=1,2,\cdots,n)$，则对任意的 $\varepsilon>0$，都有

$$\lim_{n\to\infty} P\left(\left|\dfrac{1}{n}\sum_{i=1}^n X_i - \dfrac{1}{n}\sum_{i=1}^n E(X_i)\right| < \varepsilon\right) = 1$$

切比雪夫大数定律说明在一定条件下，算数平均稳定到（或称依概率收敛到）其期望值，可以用

$$\dfrac{1}{n}\sum_{i=1}^n X_i \xrightarrow{P} E\left(\dfrac{1}{n}\sum_{i=1}^n X_i\right)$$

表示.

在定理 5.1.1 中，特殊地当 $X_i(i=1,2,\cdots,n)$ 服从参数为 p 的 $0-1$ 分布，则 $\dfrac{1}{n}\sum_{i=1}^n X_i = f_n(A)$ 表示 n 次试验中事件 A 发生的频率，$E\left(\dfrac{1}{n}\sum_{i=1}^n X_i\right) = \dfrac{1}{n}\sum_{i=1}^n E(X_i) = p = P(A)$，从而 $\dfrac{1}{n}\sum_{i=1}^n X_i \xrightarrow{P} E\left(\dfrac{1}{n}\sum_{i=1}^n X_i\right)$ 可以表示成 $f_n(A) \xrightarrow{P} P(A)$. 重新整理，得到下面的定理.

定理 5.1.2 （伯努利大数定律）设在 n 重伯努利试验中，事件 A 发生的次数 μ_n，事件 A 每次发生的概率为 $p(0<p<1)$，则对任意的 $\varepsilon>0$，都有 $\lim\limits_{n\to\infty} P\left(\left|\dfrac{\mu_n}{n} - p\right| < \varepsilon\right) = 1$，即

$$f_n(A) \xrightarrow{P} P(A)$$

伯努利大数定律从理论上证明了其频率收敛到事件的概率，这是概率的统计定义的理论基础.

下面这个定理表明，适当的改变定理 5.1.1 的条件，仍然可以获得相同的结论.

定理 5.1.3 （辛钦大数定律）设 $X_1, X_2, \cdots, X_n$ 是独立同分布的随机变量序列，$E(X_i) = \mu(i=1,2,\cdots,n)$，则对任意的 $\varepsilon>0$，都有

$$\lim_{n\to\infty} P\left(\left|\dfrac{1}{n}\sum_{i=1}^n X_i - \mu\right| < \varepsilon\right) = 1$$

即

$$\dfrac{1}{n}\sum_{i=1}^n X_i \xrightarrow{P} \mu$$

不加证明地给出下面定理：

定理 5.1.4 若 $\{X_n\}$ 和 $\{Y_n\}$ 是两个随机变量序列，且 $X_n \xrightarrow{P} a$，$Y_n \xrightarrow{P} b$，函数

$g(x,y)$ 在 (a,b) 点连续,则 $g(X_n,Y_n) \xrightarrow{P} g(a,b)$.

习 题 5.1

A 组
1. 若 $X \sim \pi(2)$,用切比雪夫不等式估计 $P(|X-2| \geqslant 4)$.
2. 已知正常男性成人每毫升血液中平均白细胞数是 7 300,标准差是 700.利用切比雪夫不等式估计男性成人每毫升血液中含白细胞数在 5 200 至 9 400 之间的概率.

B 组
1. 设随机变量 X 和 Y 的期望分别为 -2 和 2,方差分别为 1 和 4,相关系数为 -0.5,则根据切比雪夫不等式,有 $P(|X+Y| \geqslant 6) \leqslant$ _____ .
2. 设有随机变量序列 $\{X_k\}$ 且相互独立,其分布律如表 5.1 所示.问:可否对此随机变量序列使用大数定律?

表 5.1

X_k	$-\sqrt{2}$	0	$\sqrt{2}$
P	0.25	0.5	0.25

5.2 中心极限定理

正态分布是概率论中重要分布之一,它是现实生活和科学技术中使用最多的一种分布,也是数理统计的重要假设.许多随机变量本身并不服从正态分布,但它们共同作用下形成的随机变量的极限分布往往接近正态分布.这些随机变量和的概率如何计算是一个很重要的问题.中心极限定理阐明了,在什么条件下原本不服从正态分布的一些随机变量之和渐进服从正态分布.

定理 5.2.1 (独立同分布的中心极限定理)随机变量 $X_1, X_2, \cdots, X_n$ 独立同分布,且期望方差均存在,即
$$E(X_i) = \mu, \quad D(X_i) = \sigma^2 \quad (i = 1, \cdots, n)$$
则有 $\lim\limits_{n \to \infty} P\left\{ \dfrac{\sum\limits_{i=1}^{n} X_i - n\mu}{\sqrt{n}\sigma} \leqslant x \right\} = \Phi(x)$,即
$$\sum_{i=1}^{n} X_i \sim N(n\mu, n\sigma^2) \quad (n \to \infty)$$

该定理也称为列维-林德伯格中心极限定理,从理论上解释了正态分布比较常见的原因,即很多现象均可看成许许多多因素的综合效应.

例 5.2.1 某餐厅每天接待 400 名顾客,设每位顾客的消费额(元)服从均匀分布 $U(20,100)$,且顾客的消费额相互独立. 试求:(1) 该餐厅每天的平均营业额;(2) 该餐厅每天的营业额在平均营业额 ±760 元内的概率.

解 记 X_k 为第 k 个顾客的消费额,则 $X_k \sim U(20,100)$,

$$E(X_k) = 60, \quad D(X_k) = \frac{1\,600}{3} \quad (k = 1,\cdots,400)$$

餐厅每天的营业额 $Y = \sum_{k=1}^{400} X_k$,

(1) 餐厅每天的平均营业额 $E(Y) = E\left(\sum_{k=1}^{400} X_k\right) = \sum_{k=1}^{400} E(X_k) = 400 \times 60 = 24\,000$(元).

(2) 由中心极限定理,$Y \sim N\left(24\,000, 400 \times \frac{1\,600}{3}\right)$,则所求概率为

$$P(|Y - 24\,000| < 760) = P\left(\left|\frac{Y - 24\,000}{\sqrt{400 \times 1\,600/3}}\right| < \frac{760}{\sqrt{400 \times 1\,600/3}}\right)$$

$$\approx 2\Phi\left(\frac{760}{\sqrt{400 \times 1\,600/3}}\right) - 1$$

$$\approx 2\Phi(1.645) - 1 = 0.90$$

特殊地,在定理 5.2.1 取 X_i 服从参数为 p 的 $0-1$ 分布,则 $\sum_{i=1}^{n} X_i \sim B(n,p)$,得以下定理:

定理 5.2.2 (棣莫弗-拉普拉斯中心极限定理)若 $X \sim B(n,p)$,当 $n \to \infty$ 时,X 近似服从 $N(np, npq)$ 或 $\frac{X - np}{\sqrt{npq}} \sim N(0,1)$.

定理表明 n 较大时,二项分布近似服从正态分布. 该定理在实际中用的比较多.

例 5.2.2 一个系统由 100 个独立工作的元件构成,至少 85 个元件正常工作,系统才能运转,当每个元件故障率为 0.1 时,求系统正常运转的概率.

解 X 表示 100 个元件中正常工作的数目,则 $X \sim B(100, 0.9)$,$E(X) = np = 90$,$D(X) = np(1-p) = 90 \times 0.1 = 9$,由中心极限定理,$X$ 近似服从正态分布 $N(90, 9)$,

$$P(\text{系统正常工作}) = P(X \geq 85)$$

$$\approx 1 - \Phi\left(\frac{85-90}{3}\right) = 1 - \Phi\left(-\frac{5}{3}\right) = \Phi\left(\frac{5}{3}\right)$$

$$= 0.952\,54$$

习 题 5.2

A 组

1. 用机器包装味精,每袋净重为随机变量,期望值为 100 g,标准差为 10 g,一箱内装 200 袋味精,求一箱味精净重大于 20 500 g 的概率.

2. 设随机变量 X 服从 $B(100,0.8)$，求 $P(80\leqslant X\leqslant 100)$.

3. 设电路共电网中内有 10 000 盏灯，夜间每一盏灯开着的概率为 0.7，假设各灯的开关彼此独立，计算同时开着的灯数在 6 800 与 7 200 之间的概率.

4. 血型为 O 型血的人在总人口中占 50%，利用中心极限定理求 100 人中 O 型血的人数在 40 到 60 之间的概率.

B 组

1. 某地区到了一批棉花 1 500 包，已知这批棉花平均每包质量为 100 kg，标准差为 5 kg，随机抽取 100 包，那么这 100 包棉花的平均重量小于 99.5 kg 的概率.

2. 某宿舍楼有学生 500 人，每人在傍晚大约有 10% 的时间要占用一个水龙头，设各人用水龙头是相互独立的，问该宿舍楼需要装多少个水龙头，才能以 95% 以上的概率保证用水需要？

3. 某单位内部有 260 部电话分机，每个分机有 4% 的时间要与外线通话，可以认为每个电话分机用不同的外线是相互独立的，问总机需备多少条外线才能 95% 满足每个分机在用外线时不用等候？

总复习题 5

A 组

1. 设随机变量 X 的分布律如表 5.4 所示. 试用切比雪夫不等式估计 $P(|X-E(X)|\geqslant 1)$.

表 5.4

X	1	2	3
p_k	0.3	0.5	0.2

2. 某炮兵部队对敌人的防御地段进行 100 次射击，每次设计炮弹命中数的期望为 2，方差为 2.25，假定每次射击是相互独立的，求当 100 次射击完成后，炮弹命中总数在 180 颗到 220 颗的概率.

3. 一批玉米种子的发芽率为 0.9，播种 1 000 粒，近似计算至少有 800 粒发芽的概率.

4. 设供电站供应某地区 1 000 户居民用电，各户用电情况相互独立. 已知每户每日用电量（单位：度）服从 $[0,20]$ 上的均匀分布，利用中心极限定理求这 1 000 户居民每日用电量超过 10 度的概率（所求概率用标准正态分布函数 $\Phi(x)$ 的值表示）.

B 组

1. 设 $E(X)=\mu$，$D(X)=\sigma^2$，由切比雪夫不等式 $P(|X-\mu|\geqslant 3\sigma)\leqslant$ _____.

2. 已知 $X\sim U(-1,b)$，且由切比雪夫不等式 $P(|X-1|<\varepsilon)\geqslant\dfrac{2}{3}$，求 b 和 ε 的值.

3. 设随机变量 X 和 Y 的期望都是 2，方差分别为 1 和 4，相关系数为 0.5，则根据切比雪夫不等式，有 $P(|X-Y|\geqslant 6)\leqslant$ _____.

4. 设 $X_1,X_2,\cdots,X_n$ 为相互独立且同分布的随机变量序列，均服从参数为 λ 的指数分布，记 $\Phi(x)$ 为标准正态分布函数，则（　　）.

A. $\lim\limits_{n\to\infty} P\left(\dfrac{\sum\limits_{i=1}^{n} X_i - n\lambda}{\sqrt{n\lambda}} \leqslant X\right) = \Phi(x)$　　B. $\lim\limits_{n\to\infty} P\left(\dfrac{\sum\limits_{i=1}^{n} X_i - n\lambda}{\sqrt{n\lambda}} \leqslant X\right) = \Phi(x)$

C. $\lim\limits_{n\to\infty} P\left(\dfrac{\lambda\sum\limits_{i=1}^{n} X_i - n}{\sqrt{n}} \leqslant X\right) = \Phi(x)$　　D. $\lim\limits_{n\to\infty} P\left(\dfrac{\sum\limits_{i=1}^{n} X_i - \lambda}{\sqrt{n\lambda}} \leqslant X\right) = \Phi(x)$

5. 设 $X_1, X_2, \cdots, X_n$ 为相互独立且同服从 $U(0,a)$ 的随机变量序列,则当 n 充分大时,$X = \dfrac{1}{n}\sum\limits_{i=1}^{n} X_i$ 近似服从__________.

6. 从一大批次品率为 0.03 的产品中随机抽取 1 000 件产品,则其中次品数 X 的精确分布为__________,其近似分布为__________,利用中心极限定理,近似计算 $P(20 < X < 40) =$__________.

7. 为了求出全国女性居民占的比例数 p,进行随机抽样调查,要问抽查多少居民方能使抽样误差小于 0.005 的概率不低于 99%?

8. 设一条自动生产线的产品合格率是 0.8. 要使一批产品的合格率在 76% 与 84% 之间的概率不小于 90%,则这批产品至少要生产多少件?

案例分析

案例 5.1　估计保险参数

某保险公司发行一年的保险索赔分别为 1 万元和 2 万元的两种人身意外险,索赔概率 q_k 及投保人数 n_k 如表 5.2 所示(金额单位:万元).

表 5.2

类别	索赔概率 q_k	索赔额 b_k	投保人数 n_k
1	0.02	1	500
2	0.02	2	500
3	0.10	1	300
4	0.10	2	500

保险公司希望只有 0.05 的可能使索赔金额超过所收取的保险总额. 设该保险公司按期望值原理进行保费定价,即保单 i 的保费 $\pi(X_i) = (1+\theta)E(X)$,估计 θ 的值.

分析　(1) 计算 $S = \sum\limits_{K=1}^{1\,800} X_i$ 的均值与方差:

$$
\begin{aligned}
E(S) &= \sum_{i=1}^{1\,800} E(X_i) = \sum_{i=1}^{4} n_k b_k q_k \\
&= 500 \times 1 \times 0.02 + 500 \times 2 \times 0.02 + 300 \times 1 \times 0.01 + 500 \times 2 \times 0.10 \\
&= 160
\end{aligned}
$$

$$D(S) = \sum_{i=1}^{1800} D(X_i) = \sum_{K=1}^{4} n_k b_k^2 q_k(1-q_k)$$
$$= 500 \times 1^2 \times 0.02 \times 0.98 + 500 \times 2^2 \times 0.02 \times 0.98$$
$$+ 300 \times 1^2 \times 0.01 \times 0.90 + 500 \times 2^2 \times 0.10 \times 0.90$$
$$= 256$$

(2) 保费总额:
$$\pi(S) = (1+\theta)E(S) = 160(1+\theta)$$

依题意,我们有 $P(S \leqslant (1+\theta)E(S)) = 0.95$,也即

$$P\left(\frac{S-E(S)}{\sqrt{D(S)}} \leqslant \frac{\theta E(S)}{\sqrt{D(S)}}\right) = P\left(\frac{S-E(S)}{\sqrt{D(S)}} \leqslant 10\theta\right) = 0.95$$

将 $\dfrac{S-E(S)}{\sqrt{D(S)}}$ 近似看作标准正态随机变量,查表可得 $10\theta = 1.645$ 故 $\theta = 0.1645$.

注 假定某保险公司为险种推出保险业务,现有 n 个顾客投保,第 i 份保单遭受风险后损失索赔量记为 X_i,对该保险公司而言,随机理赔量应该是所有保单索赔量之和,记为 S,即

$$S = \sum_{i=1}^{n} X_i$$

弄清 S 的概率分布对保险公司进行保费定价至关重要.在实际问题中,通常假定所有保单索赔相互独立.这样,当保单总数 n 充分大时,我们并不需要计算 S 的精确分布(一般情况下这是很困难甚至不可能的).此时,可用中心极限定理,对 S 进行正态逼近,

$$\frac{S-E(S)}{\sqrt{D(S)}}$$

渐近具有正态分布 $N(0,1)$,并以此来估计一些保险参数.

自主练习 5.1

某人寿保险公司面对某一类人群设计了一种人身意外险种,被保险人向保险公司交纳保费 120 元,如被保险人在一年内意外死亡,其家属可以从保险公司得到 20 000 元的赔偿.若该类人群在一年中的意外死亡率为 0.002,每份保单的销售成本为 20 元,理赔成本为 500 元,保险公司至少要发展多少这样的客户,才能以 99.9% 的概率不亏本?

案例 5.2 家长会人数预测

对于一个学生而言,来参加家长会的家长人数是一个随机变量.设一个学生无家长、一名家长、两名家长来参加会议的概率分别为 0.05,0.8,0.15.若学校共有 400 名学生,设各学生参加会议的家长数相互独立,且服从同一分布.求:(1) 参加会议的家长数 X 超过 450 的概率;(2) 有一名家长来参加会议的学生数不多于 340 的概率.

分析 该案例中家长的人数 X 是个离散型随机变量,且有三种取值,直接计算概率有一定难度.

设 X_k 表示第 k 个学生的家长人数 $(k=1,2,\cdots,400)$.则 X_k 的分布律见表 5.3.

表 5.3

X_k	0	1	2
p_k	0.05	0.8	0.15

易知 $E(X_k)=1.1, D(X_k)=0.19$.

(1) 根据中心极限定理:

$$\frac{\sum_{k=1}^{400} X_k - 400 \times 1.1}{\sqrt{400} \times \sqrt{0.19}} \sim N(0,1)$$

$$P(X>450) = P\left(\frac{X-400\times1.1}{\sqrt{400}\times\sqrt{0.19}} > \frac{450-400\times1.1}{\sqrt{400}\times\sqrt{0.19}}\right) \approx 1-\Phi(1.147) = 0.1357$$

(2) 以 Y 表示有一名家长来参加会议的学生数,则 $Y \sim b(400,0.8)$. 由中心极限定理:

$$P(X\leqslant 340) = P\left(\frac{Y-400\times0.8}{\sqrt{400\times0.8\times0.2}} > \frac{340-400\times0.8}{\sqrt{400\times0.8\times0.2}}\right) \approx \Phi(2.5) = 0.9938$$

注 该案例显示了中心极限定理在计算涉及离散型随机变量和的概率时的独特作用.

自主练习 5.2

某学校的学生上课的出勤率是 98%,全校有 10 000 名学生上课,求出勤人数少于 9 980 的概率.

释疑解难

1. 切比雪夫不等式有什么作用?

答 它的作用有四个方面:(1) 估计概率. 当 $E(X), D(X)$ 和 ε 给定时,可直接估算 $|E-E(X)|\geqslant \varepsilon$ 的概率. (2) 当概率确定时,估计区间的长度,即已知 $E(X), D(X)$ 和 p,确定 ε 的值. (3) 估计试验次数. 在 n 重伯努利试验中,频率 n_A/n 与试验次数有关,在已知 $E(X), D(X)$ 和 p,可确定 n 的值. (4) 它是推导其他定理的依据.

2. 大数定律的意义是什么?

答 在实践中人们发现事件发生的"频率"具有稳定性,在讨论数学期望时,也看到在进行大量独立重复试验时,"平均值"也具有稳定性. 大数定律正是以严格的数学形式证明了频率和平均值的稳定性,同时表达了这种稳定性的含义,即"频率"或"平均值"在依概率收敛的意义下逼近某一常数.

3. 依概率收敛与高等数学中的收敛有什么区别?

答 在高等数学中,$\{x_n\}$ 为确定性变量,若有 $\lim_{n\to\infty} x_n = x$,则对任意 $\varepsilon>0$,可找到 $N>0$,使得当 $n>N$ 时,就有 $|x_n-x|<\varepsilon$ 成立,而绝不会有 $|x_n-x|\geqslant \varepsilon$.

而在概率论中,$\{X_n\}$ 依概率收敛于 X,只意味着对任意 $\varepsilon>0$,当 n 充分大时,事件 $|X_n-X|<\varepsilon$ 发生的概率很大,接近于 1,并不排除事件 $|X_n-X|\geqslant \varepsilon$ 的发生.

4. 中心极限定理的意义是什么?

答 中心极限定理是阐明有些即使原来并不服从正态分布的一些独立的随机变量,它们的总和的分布渐进地服从正态分布.一般来讲,若这些随机变量在大量独立的因素中受到每项因素的影响是均匀的、微小的,没有一项因素起特别突出影响,那么就可以断言,这些随机变量的和的分布近似于正态分布.

5. 用正态分布作为二项分布的近似计算比用泊松分布要好吗?

答 是的.两者都可用来作为二项分布的近似计算,但泊松分布是研究大量(即 n 较大,一般认为要 $n \geqslant 50$)的小概率(即 p 较小,一般认为要 $p \leqslant 0.05$)事件的一种模型,因此,当二项分布中 $p > 0.05$ 时,泊松分布就用不上,此时用正态分布较好.

第6章 数理统计的基本概念

数理统计以概率论为理论基础,对试验数据进行整理和分析,进而对所考察的问题做出推断和预测,直至为所制定的决策和行动提供依据和建议.

数理统计的历史源远流长,起源于公元前 3000 年的人口调查.随着社会和计算机技术的发展,数理统计方法的应用越来越广泛,已成为各学科从事科学研究及生产、经济等部门进行有效工作的必不可少的工具.在经济管理领域,铺天盖地的金融数据、财务数据使得数理统计方法的运用越来越广泛.如在人力资源管理及客户关系管理方面,通过员工满意度和顾客满意度的分析,企业决策层可以直接了解到企业员工和顾客的需求,从而更多地挖掘员工的潜力,并更好地服务顾客;在企业的财务管理方面,通过企业的财务分析,使企业决策层更清楚地了解企业的财务状况,并据此建立起企业的财务预警监测系统.对于重大的投资项目,数理统计还可以用于投资风险分析.这些数理统计分析在保障企业财务安全方面起着至关重要的作用.数理统计方法还可用于对企业的产品质量进行监测和控制,从而保持产品质量的稳定性.

本章主要介绍总体、样本、统计量、三种常用统计分布、抽样分布及相关定理.

6.1 总体与样本

6.1.1 总体和个体

定义 6.1.1 研究对象的全体称为**总体**,组成总体的每个对象称为**个体**.总体中所包含的个体总数称为**总体容量**,容量为有限的称为**有限总体**,容量为无限的称为**无限总体**.

例 6.1.1 研究某工厂生产的所有日光灯管的寿命.每个灯管的寿命是一个个体,所有灯管的寿命构成一个总体.若只考察该厂 10 月份所生产的灯管,由于灯管数量有限,则这是个有限总体.若考察该厂生产的所有灯管(包含以前生产的和将要生产的),灯管数量无限,从而这是一个无限总体.

在例 6.1.1 中,每个灯管的寿命是一个数值,全体灯管的寿命构成总体,即总体中包含许多个数值,其中有的数相同,有的数不同.若将此处寿命用变量 X 表示,X 有多种不同取值,而且取不同值的比例可能存在差异即 X 是个随机变量.根据总体中寿命值的具体情况,显然 X 具有某种分布,X 的分布就是总体的分布,X 的数字特征也就是总体的数字特征.今后将不区分总体与相应的随机变量 X,笼统称为**总体 X**.

6.1.2 样本

总体的分布一般是未知的或它的某些参数是未知的,为了了解总体的分布或它的某些特征,需要从总体抽取一部分个体代表总体加以研究.从总体抽取一个个体,就是对总体 X 进行一次观测并记录其结果.以例 6.1.1 为例,随机地从总体中抽取一个灯管,其寿命在观测前是未知的,因此,每次观测的个体寿命可看作一个随机变量.当抽取 n 个灯管时,相当于进行了 n 次随机观测,则对应着 n 个随机变量 $X_1, X_2, \cdots, X_n$. 观测结束后,便得到了 n 个灯管的寿命值 $x_1, x_2, \cdots, x_n$.

为有效地利用个体来推断总体,应尽可能地使所抽取的个体能很好地反映总体的信息,就需要这些个体满足以下两个条件:

(1) 代表性: $X_1, X_2, \cdots, X_n$ 中每个都与总体 X 具有相同的分布;

(2) 独立性: $X_1, X_2, \cdots, X_n$ 之间相互独立.

称满足以上条件的 $X_1, X_2, \cdots, X_n$ 为来自总体 X 的简单随机样本,简称**样本**,$x_1, x_2, \cdots, x_n$ 为样本观测值,样本所含个数 n 称为**样本容量**.

若总体 X 的分布函数为 $F(x)$,$(X_1, X_2, \cdots, X_n)$ 是来自总体 X 的样本,则 $X_1, X_2, \cdots, X_n$ 相互独立,且它们的分布函数都是 $F(x)$,从而 $(X_1, X_2, \cdots, X_n)$ 的联合分布函数为

$$F^*(x_1, x_2, \cdots, x_n) = \prod_{i=1}^{n} F(x_i)$$

若总体 X 的分布律为 $P(X = x_k) = p_k (k = 1, 2, \cdots)$,则样本 $(X_1, X_2, \cdots, X_n)$ 的联合分布律为

$$P(X_1 = i_1, X_2 = i_2, \cdots, X_n = i_n) = \prod_{k=1}^{n} P(X_i = i_k)$$

又若总体 X 的概率密度为 $f(x)$,则 $(X_1, X_2, \cdots, X_n)$ 的联合概率密度为

$$f^*(x_1, x_2, \cdots, x_n) = \prod_{i=1}^{n} f(x_i)$$

例 6.1.2 设总体 X 服从参数为 p 的 0-1 分布,即 $P(X = x) = p^x (1-p)^{1-x}, x = 0$ 或 1,则样本 $(X_1, X_2, \cdots, X_n)$ 的联合分布律为

$$P(X_1 = x_1, X_2 = x_2, \cdots, X_n = x_n) = P(X_1 = x_1) P(X_2 = x_2) \cdots P(X_n = x_n)$$

$$= p^{\sum_{k=1}^{n} x_k} (1-p)^{n - \sum_{k=1}^{n} x_k}$$

其中 $x_k (1 \leq k \leq n)$ 取 0 或 1.

例 6.1.3 若总体 X 服从正态分布 $N(\mu, \sigma^2)$,则样本 $(X_1, X_2, \cdots, X_n)$ 的联合概率密度为

$$f(x_1, x_2, \cdots, x_n) = \prod_{i=1}^{n} \frac{1}{\sigma \sqrt{2\pi}} \exp\left\{ -\frac{1}{2} \left(\frac{x_i - \mu}{\sigma} \right)^2 \right\}$$

$$= \left(\frac{1}{\sigma \sqrt{2\pi}} \right)^n \exp\left\{ -\frac{1}{2\sigma^2} \sum_{i=1}^{n} (x_i - \mu)^2 \right\}$$

习 题 6.1

A 组

1. 设总体 X 服从参数为 2 的泊松分布,求样本 X_1,X_2,X_3 的联合分布律.
2. 设电子元件的寿命时间 X 服从指数分布

$$f(x) = \begin{cases} \lambda e^{-\lambda x} & (x>0) \\ 0 & (x\leqslant 0) \end{cases}$$

求样本 $X_1,X_2,\cdots,X_5$ 的联合概率密度.

6.2 统 计 量

6.2.1 统计量的定义

样本是总体的代表和反映,也是统计推断的依据.而样本观测值只是一堆杂乱无章的数据,需要加工提炼即构造样本的适当的函数,才能把样本中所包含的信息提取出来.针对不同的问题构造出样本的不同函数,这种样本的函数我们称其为**统计量**.

定义 6.2.1 由样本 $X_1,X_2,\cdots,X_n$ 所确定的不含任何未知参数的函数 $g(X_1,X_2,\cdots,X_n)$ 称为**统计量**.

若 $x_1,x_2,\cdots,x_n$ 是一个样本观测值,则称 $g(x_1,x_2,\cdots,x_n)$ 是统计量 $g(X_1,X_2,\cdots,X_n)$ 的一个**观测值**.

注 由于根据已知才能推断未知,所以利用统计量推断总体时,统计量不仅是一个随机变量,而且还不能包含任何未知参数.也就是说,代入已知信息后,统计量必须完全已知.

例 6.2.1 设 X_1,X_2,X_3 是由服从正态分布 $N(\mu,\sigma^2)$ 的总体 X 中抽取的一个容量为 3 的样本,其中 μ,σ^2 是未知参数,因此 $\dfrac{X_1+X_2+X_3}{3}+\mu, \dfrac{X_1+X_2+X_3}{\sigma}$ 都不是统计量,而 $\dfrac{X_1+X_2+X_3}{3}, \dfrac{X_1^2+X_2^2+X_3^2}{2}, \max\{X_1,X_2,X_3\}$ 等都是统计量.

6.2.2 常用统计量

怎样对样本进行整理,构造什么样的统计量,直接关系到对未知问题的揭示程度.

设样本 $X_1,X_2,\cdots,X_n$ 来自总体 X,$x_1,x_2,\cdots,x_n$ 是样本观测值.

1. 样本均值 $\bar{X} = \dfrac{1}{n}\sum\limits_{i=1}^{n} X_i$

例 6.2.2 商场某销售员连续 5 天的手机销售量分别为 6,7,5,6,6(单位:台),则该销售员 5 天内平均销售 $\bar{x} = \frac{1}{5}(6+7+5+6+6) = 6$ 台手机.

注 (1) 样本均值 $\bar{X}$ 是样本的算术平均值，$\bar{x} = \frac{1}{n}\sum_{i=1}^{n}x_i$ 是 $\bar{X}$ 的观测值.

$$E(\bar{X}) = \frac{1}{n}E(\sum_{i=1}^{n}X_i) = \frac{n\mu}{n} = \mu$$

表明样本均值的取值以总体均值 μ 为中心波动取值，一定程度上 $\bar{X}$ 可以反映总体均值 $E(X) = \mu$.

(2) 设总体 X 具有二阶矩，则

$$D(\bar{X}) = \frac{1}{n^2}D(\sum_{i=1}^{n}X_i) = \frac{n\sigma^2}{n^2} = \frac{\sigma^2}{n}$$

由于方差 $D(\bar{X}) = \frac{\sigma^2}{n}$ 远小于总体方差 σ^2，可见虽然样本均值取值具有波动性，但偏离 μ 的程度较小，从而样本均值 $\bar{X}$ 具有较高的总体均值 μ 的代表性，实际中常常用 $\bar{X}$ 近似 μ.

2. 样本方差 $S^2 = \frac{1}{n-1}\sum_{i=1}^{n}(X_i - \bar{X})^2$

注 (1) 样本方差 S^2 可以反映总体的离散程度，即可以反映 $D(X) = \sigma^2$ 的大小.

实际上 $S_n^2 = \frac{1}{n}\sum_{i=1}^{n}(X_i - \bar{X})^2$ 也可以反映 σ^2 的大小. 但在实际中，S^2 比 S_n^2 更常用，也称 S_n^2 为无偏方差或修正样本方差，后面将说明为什么要修正. 今后不加特殊说明，我们所说的样本方差均是 S^2.

(2) 称 $S = \sqrt{S^2}$ 为样本标准差. 相对样本方差 S^2 而言，样本标准差通常更有实际意义，因为它与样本均值具有相同的度量单位.

(3) $S^2 = \frac{1}{n-1}(\sum_{i=1}^{n}X_i^2 - n\bar{X}^2)$ 这个公式通常会有较小的误差，因此实际中比较常用.

例 6.2.3 若有样本 $1, 2, -1, 2$，计算得 $\bar{x}$，则样本方差

$$S^2 = \frac{1}{4-1}[(1-1)^2 + (2-1)^2 + (-1-1)^2 + (2-1)^2] = 2$$

或

$$S^2 = \frac{1}{4-1}[1^2 + 2^2 + (-1)^2 + 2^2 - 4 \times 1^2] = 2$$

样本标准差 $S = \sqrt{S^2} = \sqrt{2}$.

3. 样本 k 阶原点矩 $A_k = \frac{1}{n}\sum_{i=1}^{n}X_i^k$

样本一阶原点矩就是样本均值，即 $A_1 = \frac{1}{n}\sum_{i=1}^{n}X_i = \bar{X}$.

4. 样本 k 阶中心矩 $B_k = \frac{1}{n}\sum_{i=1}^{n}(X_i - \bar{X})^k$

样本二阶中心矩与样本方差具有关系 $B_2 = \frac{n-1}{n}S^2$.

习题 6.2

A 组

1. 设总体 X 服从 $N(\mu,\sigma^2)$，其中 μ 已知，σ^2 未知，X_1,X_2,X_3 是取自总体的一个样本，则下列不是统计量的是（　　）.

   A. $\dfrac{1}{3}(X_1+X_2+X_3)$ 　　　　　　B. $X_1+2\mu$

   C. $\min\{X_1,X_2,X_3\}$ 　　　　　　D. $\dfrac{1}{\sigma^2}(X_1^2+X_2^2+X_3^2)$

2. 按饲料配方规定，每 1 000 kg 某种饲料中维生素 C 不得少于 246 g，现从工厂的产品中随机抽测 12 个样品，测得维生素 C 含量如下（单位：g）：255,260,262,248,244,245,250, 238,246,248,258,270，求样本均值、样本方差、样本标准差和样本二阶中心矩.

B 组

1. 设总体 X 服从参数为 2 的泊松分布，$X_1,X_2,\cdots,X_n$ 是来自总体 X 的样本，样本均值 $\bar{X}$，样本方差 $S^2=\dfrac{1}{n-1}(\sum\limits_{i=1}^{n}X_i-\bar{X})^2$，求 $E(\bar{X}),D(\bar{X})$ 和 $E(S^2)$.

2. 设电子元件的寿命时间 X 服从指数分布

$$f(x)=\begin{cases}\lambda e^{-\lambda x} & (x>0)\\ 0 & (x\leqslant 0)\end{cases}$$

$X_1,X_2,\cdots,X_n$ 是来自总体 X 的一个样本，样本均值 $\bar{X}$，样本方差 $S^2=\dfrac{1}{n-1}(\sum\limits_{i=1}^{n}X_i-\bar{X})^2$，求 $E(\bar{X}),D(\bar{X})$ 和 $E(S^2)$.

6.3　抽样分布

一般地，样本 $X_1,X_2,\cdots,X_n$ 是随机变量，而统计量是样本的函数，所以统计量也是随机变量.而统计量是我们对总体的分布或数字特征进行统计推断的最重要的工具，所以寻求统计量的分布成为数理统计的基本问题之一.我们把统计量的分布称为**抽样分布**.然而要求出一个统计量的精确分布是十分困难的.在实际问题中，大部分总体都服从或者近似服从正态分布，这样的总体称为正态总体.以下讨论正态总体下的抽样分布.

6.3.1　正态分布

定义 6.3.1　设 $X\sim N(0,1)$，对于给定的 $\alpha(0<\alpha<1)$，如果 z_α 满足

$$P(X\geqslant z_\alpha)=\int_{z_\alpha}^{+\infty}\dfrac{1}{\sqrt{2\pi}}e^{-\frac{x^2}{2}}dx=\alpha$$

则称 z_α 为**标准正态分布的上 α 分位数**或**分位点**(图 6.1).

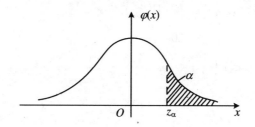

图 6.1 标准正态分布的上 α 分位数

例 6.3.1 因为 $\Phi(z_\alpha) = P(X \leqslant z_\alpha) = 1 - P(X \geqslant z_\alpha) = 1 - \alpha$,所以通过查正态分布表可得 $z_{0.05} = 1.645, z_{0.025} = 1.96$ 及 $z_{0.001} = 2.58$.

定理 6.3.1 若 $X_1, X_2, \cdots, X_n$ 是来自总体 $X \sim N(\mu, \sigma^2)$ 的一个样本,$\bar{X}$ 为样本均值,则 $\bar{X} \sim N\left(\mu, \dfrac{\sigma^2}{n}\right)$ 或 $\dfrac{\bar{X} - \mu}{\sigma/\sqrt{n}} \sim N(0,1)$.

例 6.3.2 设总体 $X \sim N(12,4)$,$X_1, X_2, \cdots, X_5$ 是来自 X 的容量为 5 的样本,求样本均值与总体均值之差的绝对值大于 1 的概率.

解 因为 $\bar{X} \sim N(12, 4/5)$,
$$P(|\bar{X} - 12| \leqslant 1) = P(11 \leqslant \bar{X} \leqslant 13)$$
$$= P\left(\frac{11-12}{\sqrt{0.8}} \leqslant \frac{\bar{X} - 14}{\sqrt{0.8}} \leqslant \frac{13-12}{\sqrt{0.8}}\right)$$
$$= \Phi(1.118) - \Phi(-1.118) = 0.8686 - (1 - 0.8686) = 0.7372$$
所以
$$P(|\bar{X} - 12| > 1) = 1 - P(|\bar{X} - 12| \leqslant 1) = 1 - 0.7372 = 0.2628$$

6.3.2 χ^2 分布

定义 6.3.2 设 $X_1, X_2, \cdots, X_n$ 相互独立,并且均服从 $N(0,1)$,则称随机变量 $\chi^2 = \sum\limits_{i=1}^{n} X_i^2$ 服从自由度为 n 的 χ^2 分布,记作 $\chi^2 \sim \chi^2(n)$(图 6.2).

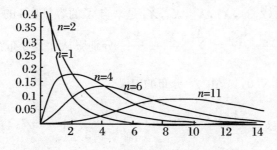

图 6.2 χ^2 分布的概率密度曲线

$\chi^2(n)$ 的概率密度函数为

$$\chi^2(x,n) = \begin{cases} \dfrac{1}{2^{\frac{n}{2}}\Gamma\left(\dfrac{n}{2}\right)} x^{\frac{n}{2}-1} e^{-\frac{x}{2}} & (x>0) \\ 0 & (x\leqslant 0) \end{cases}$$

其中,$\Gamma\left(\dfrac{n}{2}\right) = \int_0^\infty x^{\frac{n}{2}-1} e^{-x} dx$,$\Gamma\left(\dfrac{1}{2}\right) = \sqrt{\pi}$.

可以证明,$\chi^2(x,n) \geqslant 0$ 且 $\int_0^{+\infty} \chi^2(x,n) dx = 1$.

χ^2 分布的性质:

(1) 若 $\chi^2 \sim \chi^2(n)$,则 $E(\chi^2) = n$,$D(\chi^2) = 2n$.

(2)(可加性)设 $\chi_1^2 \sim \chi^2(n_1)$,$\chi_2^2 \sim \chi^2(n_2)$,且 χ_1^2 与 χ_2^2 相互独立,则
$$\chi_1^2 + \chi_2^2 \sim \chi^2(n_1 + n_2)$$

定义 6.3.3 设 $\chi^2 \sim \chi^2(n)$,对于给定的 α($0<\alpha<1$),如果 $\chi_\alpha^2(n)$ 满足
$$P(\chi^2 \geqslant \chi_\alpha^2(n)) = \int_{\chi_\alpha^2(n)}^{+\infty} \chi^2(x,n) dx = \alpha$$

则称 $\chi_\alpha^2(n)$ 为 χ^2 分布的上 α 分位数(图 6.3).

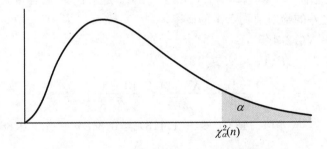

图 6.3 $\chi^2(n)$ 分布的上 α 分位数 $\chi_\alpha^2(n)$

例 6.3.3 查 χ^2 分布表得 $\chi_{0.05}^2(1) = 3.84$,$\chi_{0.01}^2(10) = 23.209$,$\chi_{0.99}^2(10) = 2.558$.

定理 6.3.2 设样本 $X_1, X_2, \cdots, X_n$ 来自总体 $X \sim N(\mu, \sigma^2)$,$\bar{X}$ 和 S^2 分别为样本均值与样本方差,则

(1) $\dfrac{(n-1)S^2}{\sigma^2} = \dfrac{1}{\sigma^2} \sum_{i=1}^n (X_i - \bar{X})^2 \sim \chi^2(n-1)$;

(2) $\bar{X}$ 与 S^2 相互独立.

例 6.3.4 $X \sim N(2,3)$,X_1, X_2, X_3, X_4 是来自 X 的容量为 4 的一个样本,$\bar{X}$ 为样本均值.问 $U = \sum_{i=1}^4 \dfrac{(X_i - 2)^2}{3}$,$W = \sum_{i=1}^4 \dfrac{(X_i - \bar{X})^2}{3}$ 分别服从什么分布?

解 因为 $\dfrac{X_i - 2}{\sqrt{3}} \sim N(0,1)$,由 χ^2 分布的定义
$$U = \sum_{i=1}^4 \dfrac{(X_i - 2)^2}{3} = \sum_{i=1}^4 \left(\dfrac{X_i - 2}{\sqrt{3}}\right)^2 \sim \chi^2(4)$$

而根据定理 6.3.2,$W = \sum_{i=1}^4 \dfrac{(X_i - \bar{X})^2}{3} = \dfrac{(n-1)S^2}{\sigma^2} \sim \chi^2(3)$.

6.3.3 t 分布

定义 6.3.4 设 $X \sim N(0,1), Y \sim \chi^2(n)$，且 X 与 Y 相互独立，则称随机变量 $t = \dfrac{X}{\sqrt{Y/n}}$ 服从自由度为 n 的 t 分布，记为 $t \sim t(n)$（图 6.4）.

t 分布的概率密度函数（图 6.4）为

$$t(x,n) = \dfrac{\Gamma\left(\dfrac{n+1}{2}\right)}{\sqrt{n\pi} \cdot \Gamma\left(\dfrac{n}{2}\right)}\left(1 + \dfrac{x^2}{n}\right)^{-\frac{n+1}{2}}$$

$(-\infty < x < +\infty)$

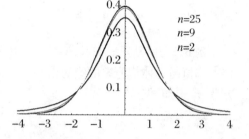

图 6.4 t 分布的概率密度曲线

t 分布的性质：

(1) t 分布具有对称性，$E(t) = 0 \, (n>1)$，$D(t) = \dfrac{n}{n-1} \, (n>2)$；

(2) 一般地，当 $n > 30$ 时，t 分布与 $N(0,1)$ 非常接近.

定义 6.3.5 设 $t \sim t(n)$，对于给定的 $\alpha \, (0 < \alpha < 1)$，如果 $t_\alpha(n)$ 满足

$$P(t \geqslant t_\alpha(n)) = \int_{-\infty}^{+\infty} t(x,n) \mathrm{d}x = \alpha$$

则称 $t_\alpha(n)$ 为 t 分布的上 α 分位数（图 6.5）.

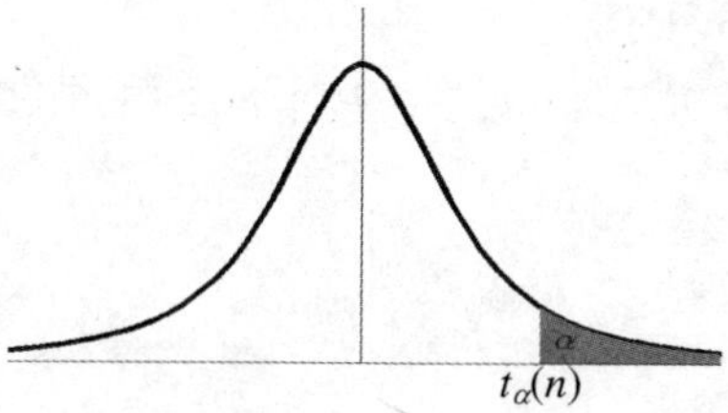

由于 $n > 30$ 时，$t(n)$ 分布接近于 $N(0,1)$，所以当 $n > 45$ 时，可查 $N(0,1)$ 分布分位数表，且满足 $-t_\alpha = t_{1-\alpha}$.

图 6.5 $t(n)$ 分布的上 α 分位数 $t_\alpha(n)$

例 6.3.5 $X \sim N(2,3), X_1, X_2, X_3, X_4$ 是来自 X 的容量为 4 的一个样本，S^2 是样本方差. 问 $Z = \dfrac{\sqrt{3}(X_4 - 2)}{\sqrt{\sum\limits_{i=1}^{3}(X_i - 2)^2}}$ 服从什么分布？

解 因为 $\dfrac{X_i - 2}{\sqrt{3}} \sim N(0,1)$，所以 $\sum\limits_{i=1}^{3} \dfrac{(X_i - 2)^2}{3} \sim \chi^2(3)$，显然 $\dfrac{X_4 - 2}{\sqrt{3}}$ 与 $\sum\limits_{i=1}^{3} \dfrac{(X_i - 2)^2}{3}$ 相互独立，由 t 分布定义，

$$Z = \dfrac{X_4 - 2}{\sqrt{3}} \bigg/ \sqrt{\dfrac{\sum\limits_{i=1}^{3}\dfrac{(X_i - 2)^2}{3}}{3}} = \dfrac{\sqrt{3}(X_4 - 2)}{\sqrt{\sum\limits_{i=1}^{3}(X_i - 2)^2}} \sim t(3)$$

例 6.3.6 查 t 分布表得 $t_{0.05} = 1.943, t_{0.025}(6) = 2.44691, t_{0.025}(60) \approx z_{0.025} = 1.96$.

定理 6.3.3 (1) 设 $X_1, X_2, \cdots, X_n$ 是来自总体 $X \sim N(\mu, \sigma^2)$ 的一个样本，$\overline{X}$ 和 S^2 分别为样本均值与样本方差，则统计量

$$t = \dfrac{\overline{X} - \mu}{S/\sqrt{n}} \sim t(n-1)$$

(2) 设 $X_1, X_2, \cdots, X_m$ 是来自总体 $X \sim N(\mu_1, \sigma^2)$ 的一个样本，$Y_1, Y_2, \cdots, Y_n$ 是来自总体 $Y \sim N(\mu_2, \sigma^2)$ 的一个样本，且它们是相互独立的，则统计量

$$t = \frac{(\bar{X} - \bar{Y}) - (\mu_1 - \mu_2)}{S_w^2 \sqrt{\frac{1}{m} + \frac{1}{n}}} \sim t(m + n - 2)$$

其中 $\bar{X} = \frac{1}{m}\sum_{i=1}^{m} X_i$，$S_m^2 = \frac{1}{m-1}\sum_{i=1}^{m}(X_i - \bar{X})^2$，$\bar{Y} = \frac{1}{n}\sum_{i=1}^{n} Y_i$，$S_n^2 = \frac{1}{n-1}\sum_{i=1}^{n}(Y_i - \bar{Y})^2$，$S_w^2 = \frac{(m-1)S_1^2 + (n-1)S_2^2}{m+n-2}$。

例 6.3.7 从正态总体 $N(\mu, \sigma^2)$ 中抽取容量为 16 的一组样本，试在以下两种情况下求样本均值与总体均值差的绝对值小于 2 的概率，即 $P(|\bar{X} - \mu| < 2)$。(1) 方差 $\sigma^2 = 25$；(2) 方差 σ^2 未知，但 $S^2 = 20.8$。

解 (1) 方差 $\sigma^2 = 25$ 时，$\frac{\bar{X} - \mu}{\sigma/\sqrt{n}} = \frac{\bar{X} - \mu}{5/\sqrt{16}} \sim N(0, 1)$，所以

$$P(|\bar{X} - \mu| < 3) = P\left(\left|\frac{\bar{X} - \mu}{5/4}\right| < 1.6\right) = \Phi(1.6) - \Phi(-1.6) = 2\Phi(1.6) - 1$$
$$= 2 \times 0.9452 - 1 = 0.8904$$

(2) 方差 σ^2 未知，但 $S^2 = 20.8$ 时，$t = \frac{\bar{X} - \mu}{S/\sqrt{n}} = \frac{\bar{X} - \mu}{4.56/\sqrt{16}} \sim t(16 - 1)$，

$$P(|\bar{X} - \mu| < 2) = P(|t| < 1.754) = 1 - P(|t| \geqslant 1.754)$$

查 t 分布表，得 $t_{0.05}(15) = 1.753$，即 $P(t > 1.753) = 0.05$，

$$P(|\bar{X} - \mu| < 2) = P(|t| < 1.754) = 1 - P(|t| \geqslant 1.754) \approx 1 - P(|t| \geqslant 1.753)$$
$$= 1 - 2 \times 0.05 = 0.9$$

6.3.4 F 分布

定义 6.3.5 设 $X \sim \chi^2(m)$，$Y \sim \chi^2(n)$，且 X 与 Y 相互独立，则称随机变量 $F = \frac{X/m}{Y/n}$ 服从自由度为 (m, n) 的 F 分布，记作 $F \sim F(m, n)$，其中 m 为第一自由度，n 为第二自由度。

$F(m, n)$ 的概率密度函数(图 6.6)为

$$f(x; m, n) = \begin{cases} \dfrac{\Gamma\left(\frac{m+n}{2}\right)}{\Gamma\left(\frac{m}{2}\right)\Gamma\left(\frac{n}{2}\right)} \left(\frac{m}{n}\right)\left(\frac{m}{n}x\right)^{\frac{m}{2}-1}\left(1 + \frac{m}{n}x\right)^{-\frac{m+n}{2}} & (x > 0) \\ 0 & (x \leqslant 0) \end{cases}$$

F 分布的性质：
(1) 若 $t \sim t(n)$，则 $t^2 \sim F(1, n)$；
(2) 若 $F \sim F(m, n)$，则 $\frac{1}{F} \sim F(n, m)$。

定义 6.3.6 设 $F \sim F(m, n)$，对于给定的 $\alpha (0 < \alpha < 1)$，如果 $F_\alpha(m, n)$ 满足

$$P(F > F_\alpha(m,n)) = \int_0^{+\infty} f(x;m,n)\mathrm{d}x = \alpha$$

则称 $F_\alpha(m,n)$ 为 F 分布的上 α 分位数(图 6.7).

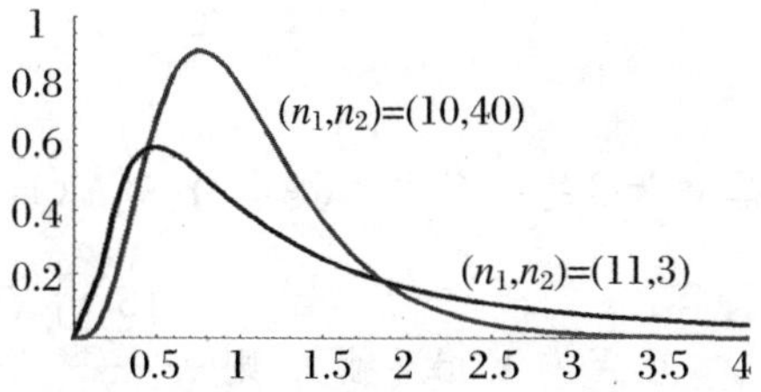

图 6.6　$F(m,n)$ 分布的概率密度曲线

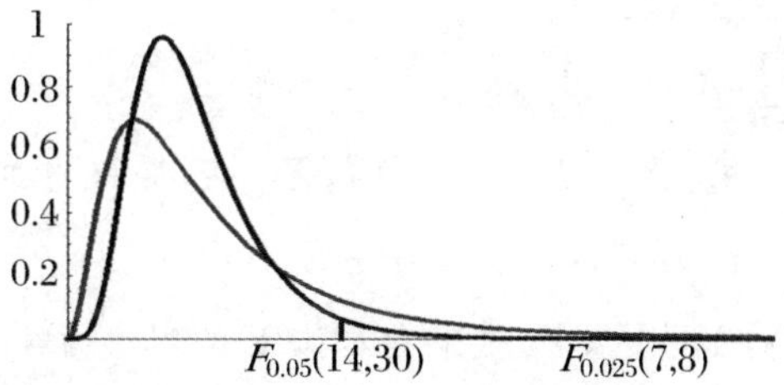

图 6.7　$F(m,n)$ 分布的上 α 分位数 $F_\alpha(m,n)$

注　$F_\alpha(n,m) = \dfrac{1}{F_{1-\alpha}(m,n)}$.

例 6.3.8　设 $F \sim F(3,6)$,求 λ_1,λ_2,使得 $P(F \leqslant \lambda_1) = 0.01, P(F > \lambda_2) = 0.01$.

查 F 分布表得

$$\lambda_1 = F_{0.99}(3,6) = \frac{1}{F_{1-0.99}(6,3)} = \frac{1}{27.91} = 0.0383$$

$$\lambda_2 = F_{0.01}(3,6) = 9.78$$

定理 6.3.4　设 $X_1,X_2,\cdots,X_m$ 是来自总体 $X \sim N(\mu_1,\sigma_1^2)$ 的一个样本,$Y_1,Y_2,\cdots,Y_n$ 是来自总体 $Y \sim N(\mu_2,\sigma_2^2)$ 的一个样本,且它们是相互独立,则

$$F = \frac{S_1^2/\sigma_1^2}{S_2^2/\sigma_2^2} \sim F(m-1,n-1)$$

注　把 χ^2 分布,t 分布,F 分布,统称为"统计三大分布".

习 题 6.3

A 组

1. 设总体 $X \sim N(52,6.3^2)$,$X_1,X_2,\cdots,X_{36}$ 是来自总体 X 的容量为 36 的一个样本,求 $P(50.8 < \overline{X} < 53.8)$.

2. 甲乙两个工厂生产某种型号的水泥,甲厂平均日产量为 100 件袋,且服从正态分布,标准差为 25 袋,乙厂平均日产量为 110 袋,且服从正态分布,标准差为 30 袋.现从甲乙两厂各随机抽取 5 天计算平均日产量,问出现甲厂比乙厂的平均日产量少的概率为多少?

3. 查相应概率分布表,确定下面分位数:

(1) $z_{0.01}, z_{0.02}, z_{0.1}$;

(2) $\chi^2_{0.025}(8), \chi^2_{0.975}(8), \chi^2_{0.025}(6), \chi^2_{0.975}(6)$;

(3) $t_{0.01}(6), t_{0.01}(8)$;

(4) $F_{0.025}(3,6), F_{0.025}(5,6), F_{0.025}(3,8), F_{0.025}(5,8), F_{0.975}(3,6)$.

4. 设总体 $X \sim N(1,4)$,X_1,X_2,X_3 是来自总体 X 的容量为3的一个样本,$\overline{X}$ 为样本均

值,则 $U = \sum_{i=1}^{3} \frac{(X_i - 1)^2}{4}, W = \sum_{i=1}^{3} \frac{(X_i - \bar{X})^2}{4}$ 分别服从什么分布?

5. 设总体 $X \sim N(1,4), X_1, X_2, X_3, X_4$ 是来自总体 X 的容量为 4 的一个样本,则 $\dfrac{\sqrt{3}(X_4 - 1)}{\sum_{i=1}^{3}(X_i - 1)^2}$ 服从什么分布?

6. $X \sim N(0,1), X_1, X_2, X_3$ 是来自总体 X 的容量为 3 的一个样本,总体 $Y \sim N(1,4)$, Y_1, Y_2, Y_3, Y_4 是来自总体 Y 的容量为 4 的一个样本,且 X 与 Y 相互独立,则 $\dfrac{16\sum_{i=1}^{3} X_i^2}{3\sum_{i=1}^{4}(Y_i - 1)}$ 服从什么分布?

B 组

1. 设 $X_1, \cdots, X_n$ 是来自标准正态分布总体 $N(0,1)$ 的一个样本,$\bar{X}, S$ 分别为其样本均值及标准差,则(   ).

   A. $\bar{X} \sim N(0,1)$ B. $n\bar{X} \sim N(0,1)$ C. $\sum_{i=1}^{n} X_i^2 \sim X^2(n)$ D. $\bar{X}/S \sim t(0,1)$

2. 设随机变量 X_1 和 X_2 都服从标准正态分布,则(   ).

   A. $X_1^2 + X_2^2$ 服从 χ^2 分布   B. $X_1^2 - X_2^2$ 服从 χ^2 分布
   C. X_1^2 和 X_2^2 服从 χ^2 分布   D. X_1^2 / X_2^2 服从 F 分布

3. 设 $X_1, \cdots, X_4$ 是来自正态分布总体 $N(0, \sigma^2)$ 的一个样本,则(   )服从 $t(2)$.

   A. $\dfrac{X_1 + X_2}{\sqrt{X_3^2 + X_4^3}}$ B. $\dfrac{X_1 + X_2}{2\sqrt{X_3^2 + X_4^3}}$

   C. $\dfrac{X_1 + X_2}{\sqrt{2(X_3^2 + X_4^3)}}$ D. $\dfrac{\sqrt{2}(X_1 + X_2)}{\sqrt{X_3^2 + X_4^3}}$

4. 设 $X_1, \cdots, X_n$ 是来自正态分布总体 $N(\mu, \sigma^2)$ 的一个样本,$\bar{X}$ 为样本均值,$Y = \dfrac{\sum_{i=1}^{n}(X_i - \bar{X})^2}{\sigma^2}$,则 $Y \sim$(   ).

   A. $N(\mu, \sigma^2)$ B. $N\left(\mu, \dfrac{\sigma^2}{n}\right)$ C. $\chi^2(n^2)$ D. $\chi^2(n-1)$

5. 设 $X_1, \cdots, X_m$ 是来自总体 $X \sim N(\mu, \sigma_1^2)$ 的一个样本,$Y_1, \cdots, Y_n$ 是来自总体 $Y \sim N(\mu_2, \sigma_2^2)$ 的一个样本,且 X 与 Y 相互独立,则有(   ).

   A. $\bar{X} - \bar{Y} \sim N(\mu_1 + \mu_2, \sigma_1^2 + \sigma_2^2)$ B. $\bar{X} - \bar{Y} \sim N\left(\mu_1 - \mu_2, \dfrac{\sigma_1^2}{m} + \dfrac{\sigma_2^2}{n}\right)$

   C. $\bar{X} - \bar{Y} \sim N\left(\mu_1 - \mu_2, \dfrac{\sigma_1^2}{m} - \dfrac{\sigma_2^2}{n}\right)$ D. $\bar{X} - \bar{Y} \sim N\left(\mu_1 - \mu_2, \sqrt{\dfrac{\sigma_1^2}{m} + \dfrac{\sigma_2^2}{n}}\right)$

6. 设 $X_1, \cdots, X_6$ 是来自总体 $X \sim N(0,1)$ 的一个样本,随机变量 $Y = (X_1 + X_2 + X_3)^2 + (X_4 + X_5 + X_6)^2$,当常数 $C = \underline{\quad}$ 时,CY 服从 χ^2 分布,其自由度为 $\underline{\quad}$.

7. 设 $X_1, \cdots, X_{15}$ 是来自总体 $X \sim N(0,4)$ 的一个样本,则 $Y = \dfrac{X_1^2 + \cdots + X_{10}^2}{2(X_{11}^2 + \cdots + X_{15}^2)}$ 服从

_____分布,其自由度为_____.

8. 设总体 X 任意,期望方差分别为 μ, σ^2,若至少要以 95% 的概率保证 $|\bar{X} - \mu| < 0.1\sigma$,样本容量 n 至少应取多大?

总复习题 6

A 组

1. 设总体 X 服从参数为 p 的几何分布, $P(X = k) = p(1-p)^{k-1}$ $(k = 1, 2, \cdots; 0 < p < 1)$,求样本 X_1, X_2, X_3 的联合分布律.

2. 设随机变量 X 服从均匀分布
$$f(x) = \begin{cases} \dfrac{1}{a} & (x \in (0, a)) \\ 0 & (\text{其他}) \end{cases}$$
求样本 $X_1, X_2, \cdots, X_n$ 的联合概率密度.

3. 已知总体 X 服从区间 $[0, a]$ 上的均匀分布 (a 未知), $X_1, X_2, \cdots, X_n$ 为 X 的样本,则下面哪个是统计量( ).

A. $\dfrac{1}{n}\sum_{i=1}^{n} X_i - \dfrac{a}{2}$ B. $\dfrac{1}{n}\sum_{i=1}^{n} X_i - E(X)$ C. $\dfrac{1}{n}\sum_{i=1}^{n} X_i - D(X)$ D. $X_1 + X_2$

4. 设样本观测值为 5, 10, 15, 20, 15,则样本均值 $\bar{x}$ = _____,样本方差 S^2 = _____,样本二阶中心矩 B_2 = _____.

5. 某地区到了一批棉花 1 500 包,假设这批棉花每包质量服从正态分布,已知这批棉花平均每包质量为 100 kg,标准差为 5 kg,抽样 100 包,求样本平均重量小于 99.5 kg 的概率.

6. 设 $X_1, X_2, \cdots, X_{16}$ 是来自总体 $N(1, \sigma^2)$ 的一个样本, $\bar{X}$ 为样本均值, $Y = a\bar{X} + b \sim N(0, 1)$,则有( ).

A. $a = \dfrac{4}{\sigma}, b = \dfrac{4}{\sigma}$ B. $a = \sigma, b = -\sigma$

C. $a = \dfrac{4}{\sigma}, b = -\dfrac{4}{\sigma}$ D. $a = \sigma, b = \sigma$

7. 设总体 $X \sim N(\mu, 0.3^2), X_1, \cdots, X_n$ 是来自总体 X 的一个样本, $\bar{X}$ 是样本均值,问样本容量 n 至少应取多大,才能使 $P(|\bar{X} - \mu| < 0.1) \geq 0.95$?

8. 设 $X_1, \cdots, X_n$ 是来自正态总体 $N(0, 1)$ 的一个简单随机样本, $\bar{X}$ 和 S 分别为样本的均值和标准差,则有( ).

A. $\bar{X} \sim N(0, 1)$ B. $\dfrac{\bar{X}}{S} \sim t(n)$ C. $\dfrac{\bar{X}}{S} \sim t(n-1)$ D. $\sum_{i=1}^{n} X_i^2 \sim \chi^2(n)$

9. 正态总体 $X \sim N(20, 3)$ 的容量分别为 10 和 15 的两个独立样本均值差的绝对值大于 0.3 的概率.

10. 设 X, Y 相互独立, $X \sim N(\mu_1, \sigma_1^2), Y \sim N(\mu_2, \sigma_2^2), X_1, \cdots, X_{n_1}$ 为 X 的一个样本, $Y_1, \cdots, Y_{n_2}$ 为 Y 的一个样本,则有( ).

A. $\bar{X} - \bar{Y} \sim N\left(\mu_1 + \mu_2, \dfrac{\sigma_1^2}{n_1} + \dfrac{\sigma_2^2}{n_2}\right)$ 　　　B. $\bar{X} - \bar{Y} \sim N\left(\mu_1 - \mu_2, \dfrac{\sigma_1^2}{n_1} + \dfrac{\sigma_2^2}{n_2}\right)$

C. $\bar{X} - \bar{Y} \sim N\left(\mu_1 - \mu_2, \dfrac{\sigma_1^2}{n_1} - \dfrac{\sigma_2^2}{n_2}\right)$ 　　　D. $\bar{X} - \bar{Y} \sim N\left(\mu_1 - \mu_2, \sqrt{\dfrac{\sigma_1^2}{n_1} + \dfrac{\sigma_2^2}{n_2}}\right)$

11. 设 $Z_1, Z_2, \cdots, Z_6$ 是来自标准正态总体中随机抽取的容量 $n=6$ 的一个样本,试确定常数 b, 使得 $P\left(\sum\limits_{i=1}^{6} Z_i^2 \leqslant b\right) = 0.95$.

12. 设随机变量 X, Y 都服从标准正态分布,则(　　).

A. $X + Y$ 服从正态分布　　　　　　　B. $X^2 + Y^2$ 服从 χ^2 分布

C. X^2 和 Y^2 都服从 χ^2 分布　　　　D. X^2 / Y^2 服从 F 分布

B 组

1. 设电子元件的寿命 X 服从指数分布

$$f(x) = \begin{cases} \lambda e^{-\lambda x} & (x > 0) \\ 0 & (x \leqslant 0) \end{cases} \quad (\lambda = 0.0015)$$

现在独立测试 $n=6$ 个元件,记录它们的失效时间. 求:(1) 没有元件在 800 小时之前失效的概率;(2) 没有元件最后超过 3 000 小时的概率.

2. 设总体 X 服从 $N(1,9)$, $X_1, \cdots, X_9$ 为 X 的样本,则有(　　).

A. $\dfrac{\bar{X} - 1}{1} \sim N(0,1)$ 　　　　　　B. $\dfrac{\bar{X} - 1}{3} \sim N(0,1)$

C. $\dfrac{\bar{X} - 1}{9} \sim N(0,1)$ 　　　　　　D. $\dfrac{\bar{X} - 1}{\sqrt{3}} \sim N(0,1)$

3. 从服从正态分布的无限总体中分别抽取容量为 4,16,36 的样本,当样本容量增大时,样本均值的标准差将(　　).

A. 增加　　　　B. 减小　　　　C. 不变　　　　D. 无法确定

4. 总公司想了解甲、乙、丙 3 个分公司生产的手机首次使用的平均待机时间. 已知甲、乙、丙某日手机生产量分别为 1 000,2 000,4 000 部,经验表明三个公司的手机首次待机平均时间为 100 小时,标准差均为 4 小时. 现在从每厂中随机抽取 100 部手机作为样本并测算出平均待机时间,请分别计算三个厂平均待机时间不大于 99.5 小时的概率.

5. 从正态总体 $N(3.4, 6^2)$ 中抽取容量为 n 的样本,如果要求其样本均值位于区间 $(1.4, 5.4)$ 内的概率不小于 0.95,则样本容量 n 至少应取多大?

6. 从总体 $N(\mu, 6)$ 任意抽取容量为 n 的一组样本,$\bar{X}$ 为样本均值,以下列不同条件求 n 的最小值.

(1) $E(\bar{X} - \mu)^2 \leqslant 0.1$;(2) $P(|\bar{X} - \mu| \leqslant 0.1) \geqslant 0.95$;(3) $E(|\bar{X} - \mu|) \leqslant 1$.

7. 设 $X_1, \cdots, X_n$ 是来自正态总体 $N(\mu, \sigma^2)$ 的一个样本,$\bar{X}$ 和 S 分别为样本的均值和标准差,若要 $P\left(\dfrac{S^2}{\sigma^2} \leqslant 1.5\right) \geqslant 0.95$,则样本容量 n 至少应取多少?

8. 设 X, Y 相互独立,$X \sim N(-1, 2^2)$,$Y \sim N(2, 5)$,$X_1, \cdots, X_8$ 为 X 的一个样本,$Y_1, \cdots, Y_{10}$ 为 Y 的一个样本,S_1^2, S_2^2 分别为两个总体的样本方差,则(　　)服从 $F(7,9)$ 的统计量.

A. $\dfrac{2S_1^2}{5S_2^2}$ 　　　　B. $\dfrac{5S_1^2}{4S_2^2}$ 　　　　C. $\dfrac{4S_2^2}{5S_1^2}$ 　　　　D. $\dfrac{5S_2^2}{5S_1^2}$

 案例分析

案例 6.1 球员成绩比较

姚明是我国著名的篮球运动员,他在 2005~2006 年赛季 NBA 常规赛中表现非常优异,表 6.1 是他在这个赛季中,分期与"超音速队"和"快船队"各四场比赛中的技术统计,从得分的角度分析姚明在哪场比赛中发挥更稳定.

表 6.1 姚明的技术统计

场次	对阵超音速 得分	对阵快船 得分
第一场	22	25
第二场	29	29
第三场	24	17
第四场	26	22

分析 (1) 姚明在对阵"超音速"队的四场比赛中,平均每场得分为

$$\bar{x}_1 = \frac{22+29+24+26}{4} = 25.25$$

姚明在对阵"快船"队的四场比赛中,平均每场得分为

$$\bar{x}_1 = \frac{25+29+17+22}{4} = 23.25$$

(2) 姚明在对阵"超音速"队的四场比赛中得分的方差为 $S_1^2 = 6.6875$;姚明在对阵"快船"队的四场比赛中得分的方差为 $S_2^2 = 19.1875$.因为

$$S_1^2 < S_2^2$$

所以,姚明在对阵"超音速"的比赛中发挥更稳定.

注 (1) 平均数计算:$\bar{x} = \frac{1}{n}(x_1 + x_2 + \cdots + x_n)$.

(2) 方差的计算:$S^2 = \frac{1}{n}[(x_1 - \bar{x})^2 + (x_2 - \bar{x})^2 + \cdots + (x_n - \bar{x})^2]$,方差是衡量数据变异性、数组离散趋势的一个重要指标.

自主练习 6.1

为了比较甲、乙两位划艇运动员的成绩,在相同的条件下对他们进行了 6 次测试,测得他们的平均速度(m/s)如表 6.2 所示.

表 6.2

甲	2.7	3.8	3.0	3.7	3.5	3.1
乙	2.9	3.9	3.8	3.4	3.6	2.8

根据以上数据,判断他们谁更优秀.

案例 6.2 数据合理性设计

在某旅游景区从山下到达上山平台最后一段有两条不同的台阶路,第一条台阶路有 6 个台阶,每个台阶的高度分别为:15,16,16,14,14,15(单位:cm),第二条台阶路也有 6 个台阶,每个台阶的高度分别为:11,15,18,17,10,19(单位:cm).现在我们用所学过的有关统计知识(平均数、中位数、方差和极差)分析哪条台阶路走起来更舒服?

分析 因为

$$\bar{x}_{第一条路} = \frac{1}{6}(15+16+16+14+14+15) = 15$$

$$\bar{x}_{第二条路} = \frac{1}{6}(11+15+18+17+10+19) = 15$$

即第一条路的中位数为 15;极差 16-14=2;第二条路的中位数为 15;极差 19-10=9.

$$S^2_{第一条路} = \frac{2}{3}, \quad S^2_{第二条路} = \frac{35}{3}$$

通过计算比较,这两条台阶路的相同点是:它们高度的平均数相同;不同点是:它们高度的方差和极差不同.所以,第一条路走起来更舒服一些,因为它的台阶高度的方差小.

注 (1) 由平均数、中位数、方差和极差,从而找到两条台阶路相同点和不同点;
(2) 方差越小,数据越稳定,走起路来越舒服.

自主练习 6.2

由于人多拥挤为方便游客行走,该旅游景区在从山下到达上山平台的最后一段需要再建一条台阶路,对于这段台阶路,在台阶数不变的情况下,请提出更合理的建议.

释疑解难

1. 统计量有什么意义?为什么统计量中不能含有未知参数?

答 样本是总体的反映,又是进行统计推断的依据.但样本反映的信息是零乱的、无序的和分散的,所以要针对不同的问题构造样本的不同函数,将信息集中起来,以便进行统计推断和研究分析,使之更易揭示问题的本质.统计量就是样本的不含未知参数的连续函数.

不含未知参数,则统计量只与样本有关,而与总体无关.若含有未知参数,则无法依靠样本观测值来求未知参数的估计值,因而失去利于统计量估计未知参数的作用,这是违背引进统计量的初衷的.

2. 统计量的分布是否也不含未知参数?

答 统计量本身虽然不含未知参数,但是它的分布却可能含未知参数.

3. 样本均值 $\bar{X} = \frac{1}{n}\sum_{i=1}^{n} X_i$ 与总体期望 $E(X)$ 有何区别?有何联系?

答 总体期望 $E(X)$ 是一个确定常数,而样本均值 $\bar{X}$ 是一个随机变量.实际上有 $E(\bar{X}) = E(X)$.并且由大数定律,对任何 $\varepsilon>0$,有 $\lim_{n\to\infty} P(|\bar{X}-E(X)|\geqslant\varepsilon)=0$,即只要 n 充分大,样本均值将以很大的概率取值接近于总体期望.

第6章 数理统计的基本概念

4. 样本均值和样本方差是随机变量还是具体的实数?

答 在泛指任何一次抽样结果时,$\bar{X}$ 和 S^2 都是随机变量. 而在特指某一次抽样结果时,可以将两者的观测值 $\bar{x}$ 和 S^2 看作具体的实数. 在不致混淆的情况下,随机变量时的 $\bar{X}, S^2$ 和具体实数时的 $\bar{x}, S^2$ 都称为样本均值和样本方差.

5. 什么是自由度? 如何计算自由度?

答 所谓自由度通常是指不受任何约束,可以自由变动的变量的个数. 在数理统计中,自由度是对随机变量的二次型而言的. 由线性代数知识可知,一个含有 n 个变量的二次型

$$\sum_{i=1}^{n} \sum_{j=1}^{n} a_{ij} X_i X_j \quad (a_{ij} = a_{ji}; i,j = 1,2,\cdots,n)$$

的秩是指对称阵 $A = (a_{ij})_{n \times n}$ 的秩. 秩的大小反映了 n 个变量中可自由变动、无约束的变量个数.

第 7 章 参 数 估 计

参数估计是利用样本估计总体分布中的未知参数,这是统计推断的基本问题之一.在很多实际问题中,总体的分布类型已知,但分布中的参数是未知的,此时就需要对未知的参数做出估计.本章将介绍参数估计的点估计、区间估计以及估计量的几个评选标准.

7.1 参数的点估计

若 θ 是总体 X 中的未知参数,样本 $X_1,X_2,\cdots,X_n$ 来自这一总体,构造出适当的统计量 $\hat{\theta}(X_1,X_2,\cdots,X_n)$,当样本观测值为 $x_1,x_2,\cdots,x_n$ 时,用 $\hat{\theta}(x_1,x_2,\cdots,x_n)$ 作为 θ 的估计值,这样的方法叫点估计,并称 $\hat{\theta}(X_1,X_2,\cdots,X_n)$ 为 θ 的估计量, $\hat{\theta}(x_1,x_2,\cdots,x_n)$ 为 θ 的估计值.如果总体中有 k 个未知参数,则要构造 k 个统计量作为 k 个未知参数的估计量.

本节主要介绍两种常用的点估计方法——矩估计法和极大似然估计法.

7.1.1 矩估计法

矩估计法由英国统计学家 K. Pearson 于 1900 年提出,由于该方法主要是用样本替换到总体矩,故由此得到的点估计称为**矩估计**.

设总体 X 含有 k 个未知参数 $\theta_1,\theta_2,\cdots,\theta_k$,总体 X 的直到 k 阶原点矩都存在.一般地它们都是 $\theta_1,\theta_2,\cdots,\theta_k$ 的函数,即 $\mu_r = E(X^r) = \mu_r(\theta_1,\theta_2,\cdots,\theta_r)(r=1,2,\cdots,k)$.从总体中获得样本 $X_1,X_2,\cdots,X_n$,根据辛钦大数定律,当 $n \to \infty$ 时,总有样本矩 $A_r = \dfrac{1}{n}\sum_{i=1}^{n}X_i^r$ 收敛到 $\mu_r(r=1,2,\cdots,k)$,即

$$A_r = \frac{1}{n}\sum_{i=1}^{n}X_i^r \xrightarrow{P} \mu_r \quad (r=1,2,\cdots,k)$$

所以求矩估计的一般步骤为:

(1) 计算总体矩 $\mu_r = E(X^r) = \mu_r(\theta_1,\theta_2,\cdots,\theta_r)(r=1,2,\cdots,k)$,即得方程组

$$\begin{cases} \mu_1 = \mu_1(\theta_1,\theta_2,\cdots,\theta_k) \\ \mu_2 = \mu_2(\theta_1,\theta_2,\cdots,\theta_k) \\ \cdots\cdots \\ \mu_k = \mu_k(\theta_1,\theta_2,\cdots,\theta_k) \end{cases}$$

(2) 解方程组可得到 $\theta_1,\theta_2,\cdots,\theta_k$ 的一组解,

第7章 参数估计

$$\begin{cases} \theta_1 = \theta_1(\mu_1,\mu_2,\cdots,\mu_k) \\ \theta_2 = \theta_2(\mu_1,\mu_2,\cdots,\mu_k) \\ \cdots\cdots \\ \theta_k = \theta_k(\mu_1,\mu_2,\cdots,\mu_k) \end{cases}$$

(3) 因为 $A_r = \dfrac{1}{n}\sum\limits_{i=1}^{n}X_i^r \xrightarrow{P} \mu_r (r=1,2,\cdots,k)$，用 A_r 替换 μ_r，即得 $\theta_1,\theta_2,\cdots,\theta_k$ 的**矩估计量**

$$\begin{cases} \hat{\theta}_1 = \theta_1(A_1,A_2,\cdots,A_k) \\ \hat{\theta}_2 = \theta_2(A_1,A_2,\cdots,A_k) \\ \cdots\cdots \\ \hat{\theta}_k = \theta_k(A_1,A_2,\cdots,A_k) \end{cases}$$

带入样本观测值即可得到参数的**矩估计值**. 矩估计量与矩估计值统称**矩估计**.

注 对于列方程的原则，首选低阶矩. 一般分布中有几个未知参数，就求到几阶矩，进而建立几个方程：

(1) 只有一个未知参数时，求 $E(X)$，建立一个参数方程 $E(X)=A_1$，即 $E(X)=\bar{X}$. 若 $E(X)$ 不含参数，则继续求 $E(X^2)$，重新建立关于参数的方差.

(2) 只有两个参数时，求 $E(X)$ 和 $E(X^2)$（对常见分布可利用 $E(X^2)=D(X)+[E(X)]^2$，建立两个方程：

$$\begin{cases} E(X) = A_1 \\ E(X^2) = A_2 \end{cases} \text{即} \begin{cases} E(X) = \bar{X} \\ D(X) + [E(X)]^2 = A_2 \end{cases}$$

例 7.1.1 已知某人每天接到的电话个数服从泊松分布，即

$$P(X=k) = e^{-\lambda}\dfrac{\lambda^k}{k!} \quad (k=0,1,2,\cdots)$$

其中 λ 未知，现得到样本值 $x_1,x_2,\cdots,x_n$，求 λ 的矩估计值.

解 因为只有一个参数，故只需要求泊松分布的期望 $E(X)=\lambda$，解得 $\lambda=E(X)$，又 $\bar{X}\xrightarrow{P}E(X)$，从而得到 λ 的矩估计量 $\hat{\lambda}=\bar{X}$，λ 的矩估计值 $\hat{\lambda}=\bar{x}$.

例 7.1.2 设总体 X 服从 $[0,a]$ 上的均匀分布，其概率密度为

$$f(x;a) = \begin{cases} \dfrac{1}{a} & (0 \leqslant x \leqslant a) \\ 0 & \text{（其他）} \end{cases}$$

设 $X_1,X_2,\cdots,X_n$ 为来自于总体 X 的一个样本，求 a 的矩估计.

解 因为只有一个参数，故只需要求均匀分布的期望 $E(X)=\displaystyle\int_0^a x\cdot\dfrac{1}{a}\mathrm{d}x=\dfrac{a}{2}$，解得 $a=2E(X)$，又 $\bar{X}\xrightarrow{P}E(X)$，从而得到 a 的矩估计量 $\hat{a}=2\bar{X}$，a 的矩估计值 $\hat{a}=2\bar{x}$.

例 7.1.3 设总体 X 的概率密度为

$$f(x;\theta) = \begin{cases} \theta x^{\theta-1} & (0<x<1) \\ 0 & \text{（其他）} \end{cases}$$

设 $X_1,X_2,\cdots,X_n$ 为来自总体 X 的一个样本，求 θ 的矩估计.

解 因为只有一个参数，故只需要求总体期望

$$E(X) = \int_0^1 x \cdot \theta x^{\theta-1} dx = \theta \int_0^1 x^{\theta} dx = \frac{\theta}{\theta+1} x^{\theta+1} \Big|_0^1 = \frac{\theta}{\theta+1}$$

解方程得 $\theta = \frac{E(X)}{1-E(X)}$，又 $\bar{X} \xrightarrow{P} E(X)$，从而得到 θ 的矩估计量为 $\hat{\theta} = \frac{\bar{X}}{1-\bar{X}}$，矩估计值为 $\hat{\theta} = \frac{\bar{x}}{1-\bar{x}}$.

例 7.1.4 设总体 X 的期望 μ 和方差 σ^2 都存在，但均未知，试求 μ, σ^2 的矩估计.

解 设 $X_1, X_2, \cdots, X_n$ 是来自总体的样本，因为有两个未知参数，需要求一阶和二阶矩 $\begin{cases} E(X) = \mu \\ E(X^2) = \sigma^2 + \mu^2 \end{cases}$，解方程组得 $\begin{cases} \mu = E(X) \\ \sigma^2 = E(X^2) - [E(X)]^2 \end{cases}$，又

$$\bar{X} \xrightarrow{P} E(X), \quad A_2 = \frac{1}{n} \sum_{i=1}^n X_i^2 \xrightarrow{P} E(X^2)$$

从而得 μ, σ^2 的矩估计为

$$\begin{cases} \hat{\mu} = \bar{X} \\ \hat{\sigma}^2 = A_2 - \bar{X}^2 = \frac{1}{n} \sum_{i=1}^n (X_i - \bar{X})^2 \end{cases}$$

注 此例说明在总体的期望 μ 和方差 σ^2 都存在时，求 μ 和 σ^2 的矩估计量，并不需要知道总体的分布. 无论总体服从什么分布，总体均值 μ 的矩估计都是样本均值 $\bar{X}$，总体方差 σ^2 的矩估计都是样本二阶中心矩 $\frac{1}{n} \sum_{i=1}^n (X_i - \bar{X})^2$.

例 7.1.5 设总体 X 服从 $[a,b]$ 上的均匀分布，其概率密度为

$$f(x;a) = \begin{cases} \frac{1}{b-a} & (a \leqslant x \leqslant b) \\ 0 & (其他) \end{cases}$$

设 $X_1, X_2, \cdots, X_n$ 为来自于总体 X 的一个样本，求 a, b 的矩估计.

解 因为有两个未知参数，需要计算两个总体矩，因为 $E(X) = \frac{a+b}{2}$，$D(X) = \frac{(b-a)^2}{12}$，所以

$$\begin{cases} E(X) = \frac{a+b}{2} \\ E(X^2) = \frac{(b-a)^2}{12} + [E(X)]^2 \end{cases}$$

解方程得

$$\begin{cases} a = E(X) - \sqrt{3\{E(X^2) - [E(X)]^2\}} \\ b = E(X) + \sqrt{3\{E(X^2) - [E(X)]^2\}} \end{cases}$$

又

$$\bar{X} \xrightarrow{P} E(X), \quad A_2 = \frac{1}{n} \sum_{i=1}^n X_i^2 \xrightarrow{P} E(X^2)$$

所以 a, b 的矩估计为 $\hat{a} = \bar{X} - \sqrt{3} S_n$，$\hat{b} = \bar{X} + \sqrt{3} S_n$，其中 $S_n^2 = \frac{1}{n} \sum_{i=1}^n (X_i - \bar{X})^2$.

例 7.1.6 设总体 X 的分布律如表 7.1 所示.

表 7.1

X	0	1	2	3
P	θ^2	$2\theta(1-\theta)$	θ^2	$1-2\theta$

表 7.1 中 $\theta(0<\theta<1/2)$ 是未知参数,利用总体 X 的样本 3,1,3,0,3,1,2,3,求参数 θ 的矩估计.

解 因为只有一个参数,只需要求期望 $E(X)=3-4\theta$,解方程得 $\theta=\dfrac{3-E(X)}{4}$,又 $\bar{X} \xrightarrow{P} E(X)$,从而 θ 的矩估计量为 $\hat{\theta}=\dfrac{3-\bar{X}}{4}$,又因为 $\bar{X}=2$,所以 θ 的矩估计值为 $\hat{\theta}=\dfrac{1}{4}$.

例 7.1.7 设从某灯泡厂某天生产的灯泡中随机抽取 10 只灯泡,测得其寿命(单位:h)为 950,100,980,1 020,1 100,1 150,940,1 030,1 200,1 100.试用矩估计法估计该厂这天生产的灯泡的平均寿命及寿命的方差.

解 由例 7.1.4 得

$$\begin{cases} \hat{\mu} = \bar{X} = 1\ 047 \\ \hat{\sigma}^2 = \dfrac{1}{10}\sum_{i=1}^{n} X_i^2 - \bar{X}^2 = 6\ 821 \end{cases}$$

7.1.2 极大似然估计法

某位同学与一位猎人一起外出打猎,一只野兔从前方窜过.只听一声枪响,野兔应声倒下,如果要你推测,这一发命中的子弹是谁打的? 你就会想,只发一枪便打中,由于猎人命中的概率一般大于这位同学命中的概率,看来这一枪极有可能是猎人射中的.这就是极大似然估计法的基本思想即基于可能性最大的一种推断,即一次试验就发生的事件往往具有较大的概率.

根据这一思想,利用抽样结果,找出使这一结果出现的可能性最大的那个 θ 值便是 θ 的极大似然估计.

例 7.1.8 设袋中装有黑、白两种颜色的球,$p=\dfrac{白球数}{总数}$,p 可能是 0.1 或 0.9.为估计 p,现独立有放回重复取球 10 次,用 A 表示出现白球,则 10 次的结果为"$A\cdots A\bar{A}$",由此结果推断 p 合理的估计.

解 $P(A\cdots A\bar{A})=P(A)\cdots P(A)P(\bar{A})=p^9(1-p)$

当 $p=0.1$ 时,$P_{0.1}=P(A\cdots A\bar{A})=0.1^9\times 0.9=9\times 10^{-10}$;

当 $p=0.9$ 时,$P_{0.9}=P(A\cdots A\bar{A})=0.9^9\times 0.1=9^9\times 10^{-10}$.

由一次试验就发生的事件具有较大的概率,显然使 $P(A\cdots A\bar{A})$ 达最大的是 0.9,于是 0.9 作为 p 的估计较合理,所以 $\hat{p}=0.9$ 就是 p 的极大似然估计.

以下将在离散型总体和连续型总体情况下讨论极大似然估计的方法.

1. 离散型总体

设总体 X 是离散型随机变量,其分布律为 $p(x;\theta)$,其中 θ 是未知参数.设 $X_1,X_2,\cdots,$

X_n 为取自总体 X 的样本. $X_1, X_2, \cdots, X_n$ 的联合概率函数为 $\prod_{i=1}^{n} p(x_i; \theta)$,这里,$\theta$ 是常量,$X_1, X_2, \cdots, X_n$ 是变量.

若我们已知样本值为 $x_1, x_2, \cdots, x_n$,则事件 $(X_1 = x_1, X_2 = x_2, \cdots, X_n = x_n)$ 发生的概率为 $\prod_{i=1}^{n} p(x_i; \theta)$. 这一概率随 θ 值的不同而变化. 直观理解,既然样本值 $x_1, x_2, \cdots, x_n$ 出现了,它们出现的概率相对来说应比较大,应使 $\prod_{i=1}^{n} p(x_i; \theta)$ 取比较大的值. 换句话说,θ 应使样本值 $x_1, x_2, \cdots, x_n$ 的出现具有最大的概率. 将上式看作 θ 的函数,并用 $L(\theta)$ 表示,就有:

$$L(\theta) = L(x_1, x_2, \cdots, x_n; \theta) = \prod_{i=1}^{n} p(x_i; \theta) \tag{7.1}$$

称 $L(\theta)$ 为**似然函数**. 极大似然估计法就是在参数 θ 的可能取值范围 Θ 内,选取使 $L(\theta)$ 达到最大的参数值 $\hat{\theta}$,作为参数 θ 的估计值. 即取 θ,使

$$L(\theta) = L(x_1, x_2, \cdots, x_n; \hat{\theta}) = \max_{\theta \in \Theta}\{x_1, x_2, \cdots, x_n; \theta\} \tag{7.2}$$

因此,求总体参数 θ 的极大似然估计值的问题就是求似然函数 $L(\theta)$ 的最大值问题. 这可通过解下面的似然方程

$$\frac{\mathrm{d}L(\theta)}{\mathrm{d}\theta} = 0 \tag{7.3}$$

来解决. 因为 $\ln L$ 和 L 具有相同的单调性,所以 $\ln L$ 与 L 在 θ 的同一值处取得最大值. 我们称 $\ln L(\theta)$ 为**对数似然函数**. 因此,常将方程(7.3)写成

$$\frac{\mathrm{d}\ln L(\theta)}{\mathrm{d}\theta} = 0 \tag{7.4}$$

方程(7.4)称为**对数似然方程**. 解方程(7.3)或(7.4)往往可以得到参数 θ 的极大似然估计值,记作 $\hat{\theta} = \hat{\theta}(x_1, \cdots, x_n)$,而 $\hat{\theta} = \hat{\theta}(X_1, \cdots, X_n)$ 是参数 θ 的**极大似然估计量**.

注 如果式(7.2)在 Θ 内可导,且在 Θ 内的最大值,方程(7.4)有唯一解,又能验证它是一个极大值点,则它必是所求的极大似然估计值. 有时,直接用方程(7.4)行不通,这时必须回到原始定义(7.2)进行求解.

2. 连续型总体

设总体 X 是连续型随机变量,其概率密度函数为 $f(x; \theta)$,若取得样本观察值为 $x_1, x_2, \cdots, x_n$,则因为样本 $(X_1, X_2, \cdots, X_n)$ 取值为 $(x_1, x_2, \cdots, x_n)$ 时联合密度函数值为 $\prod_{i=1}^{n} f(x_i; \theta)$. 所以,按极大似然法,应选择 θ 的值使此函数达到最大值. 我们取似然函数为 $L(\theta) = \prod_{i=1}^{n} f(x_i; \theta)$,再按前述方法求参数 θ 的极大似然估计值.

综上,极大似然估计就是在 θ 的一切可能取值中,使得似然函数 $L(\theta)$ 最大化的 θ 值. 因此可得极大似然估计的一般步骤:

(1) 写出似然函数 $\begin{cases} \prod_{i=1}^{n} p(x_i; \theta) & \text{(离散型)} \\ \prod_{i=1}^{n} f(x_i; \theta) & \text{(连续型)} \end{cases}$;

(2) 转化为对数似然函数 $\ln L(\theta)$;

(3) 建立对数似然方程 $\dfrac{\mathrm{d}\ln l(\theta)}{\mathrm{d}\theta} = 0$;

(4) 解对数似然方程,求出驻点,判断并求出对数似然方程的最大值点 $\hat{\theta}$,即得未知参数的极大似然估计 $\hat{\theta}$.

注 (1) 若总体 X 的分布中含有多个未知参数 $\theta_1, \theta_2, \cdots, \theta_k$ 时,似然函数 L 是这些参数的多元函数 $L(\theta_1, \cdots, \theta_k)$. 代替方程(7.3),我们有方程组 $\dfrac{\partial(\ln L)}{\partial \theta_i} = 0 (i = 1, 2, \cdots, k)$,由这个方程组解得 $\hat{\theta}_1, \hat{\theta}_2, \cdots, \hat{\theta}_k$ 分别是参数 $\theta_1, \theta_2, \cdots, \theta_k$ 的极大似然估计值.

(2) 当似然函数的非零区域与未知参数有关时,通常无法通过解似然方程来获得参数的极大似然估计,这时可从(7.2)出发直接求 $L(\theta)$ 的极大值点.

例 7.1.9 设某工序生产的产品的不合格率为 p,抽 n 个产品作检验,发现有 T 个不合格,试求 p 的极大似然估计.

分析 设 X 是抽查一个产品时的不合格品个数,则 X 服从参数为 p 的二点分布 $b(1, p)$. 抽查 n 个产品,则得样本 $X_1, X_2, \cdots, X_n$,其观察值为 $x_1, x_2, \cdots, x_n$,假如样本有 T 个不合格,即表示 $x_1, x_2, \cdots, x_n$ 中有 T 个取值为 1, $n - T$ 个取值为 0. 按离散型总体的方法,求 p 的极大似然估计.

解 (1) 写出似然函数: $L(p) = \prod_{i=1}^{n} p^{x_i}(1-p)^{1-x_i}$.

(2) 对 $L(p)$ 取对数,得对数似然函数 $\ln L(p)$:

$$\ln L(p) = \sum_{i=1}^{n} [x_i \ln p + (1 - x_i)\ln(1-p)] = n\ln(1-p) + \sum_{i=1}^{n} x_i [\ln p - \ln(1-p)]$$

(3) 对 $\ln L(p)$ 关于 p 求导,令其为 0,得对数似然方程:

$$\frac{\mathrm{d}\ln L(p)}{\mathrm{d}p} = -\frac{n}{1-p} + \sum_{i=1}^{n} x_i \left(\frac{1}{p} + \frac{1}{1-p}\right) = -\frac{n}{1-p} + \frac{1}{p(1-p)} \sum_{i=1}^{n} x_i = 0$$

(4) 解似然方程得 $\hat{p} = \dfrac{1}{n} \sum_{i=1}^{n} x_i = \bar{x}$.

在 $\hat{p} = \bar{x}$ 时, $\dfrac{\mathrm{d}^2 \ln L(p)}{\mathrm{d}p^2} < 0$,这表明 $\hat{p} = \bar{x}$ 可使似然函数达到最大.

上述过程对任一样本观测值都成立,故用样本代替观察值便得 p 的极大似然估计量为 $\hat{p} = \bar{X}$.

例 7.1.10 设总体 X 的概率密度为

$$f(x;\theta) = \begin{cases} \theta x^{\theta-1} & (0 < x < 1) \\ 0 & (其他) \end{cases}$$

设 $X_1, X_2, \cdots, X_n$ 为来自于总体 X 的一个样本,求 θ 的极大似然估计.

解 (1) 写出似然函数: $L(\theta) = \prod_{i=1}^{n} \theta x_i^{\theta-1} = \theta^n \left(\prod_{i=1}^{n} x_i\right)^{\theta-1}$.

(2) 对 $L(\theta)$ 取对数,得对数似然函数 $\ln L(\theta)$:

$$\ln L(\theta) = \ln \theta^n \left(\prod_{i=1}^{n} x_i\right)^{\theta-1} = n\ln\theta + (\theta-1)\ln \prod_{i=1}^{n} x_i = n\ln\theta + (\theta-1) \sum_{i=1}^{n} \ln x_i$$

(3) 对 $\ln L(\theta)$ 关于 θ 求导,令其为 0,得对数似然方程:

$$\frac{\mathrm{d}\ln L(\theta)}{\mathrm{d}\theta} = \frac{n}{\theta} + \sum_{i=1}^{n}\ln x_i = 0$$

(4) 解似然方程得 θ 的极大似然估计 $\hat{\theta} = -\dfrac{n}{\sum_{i=1}^{n}\ln x_i}$.

例 7.1.11 设总体 X 的分布律如表 7.2 所示.

表 7.2

X	0	1	2	3
P	θ^2	$2\theta(1-\theta)$	θ^2	$1-2\theta$

表 7.2 中 $\theta(0<\theta<1/2)$ 是未知参数,利用总体 X 的样本 3,1,3,0,3,1,2,3,求参数 θ 的极大似然估计.

解 (1) 写出似然函数:

$$L(\theta) = \prod_{i=1}^{n} p(x_i;\theta)$$
$$= P(X_1=3)P(X_2=1)P(X_3=3)P(X_4=0)P(X_5=3)$$
$$\cdot P(X_6=1)P(X_7=2)P(X_8=3)$$
$$= \theta^2[2\theta(1-\theta)]^2\theta^2(1-2\theta)^4 = 4\theta^6(1-\theta)^2(1-2\theta)^4$$

(2) 对 $L(\theta)$ 取对数,得对数似然函数 $\ln L(\theta)$:

$$\ln L(\theta) = \ln 4\theta^6(1-\theta)^2(1-2\theta)^4 = \ln 4 + 6\ln\theta + 2\ln(1-\theta) + 4\ln(1-2\theta)$$

(3) 对 $\ln L(\theta)$ 关于 θ 求导,令其为 0,得对数似然方程:

$$\frac{\mathrm{d}\ln L(\theta)}{\mathrm{d}\theta} = \frac{6}{\theta} + \frac{2}{\theta-1} + \frac{8}{2\theta-1} = \frac{6-28\theta+24\theta^2}{\theta(\theta-1)(2\theta-1)} = 0$$

(4) 解似然方程,注意到 $0<\theta<1/2$,得 θ 的极大似然估计 $\hat{\theta} = \dfrac{7-\sqrt{13}}{12} \approx 0.2829$.

例 7.1.12 设某机床加工的轴的直径与图纸规定的中心尺寸的偏差服从 $N(\mu,\sigma^2)$,其中 μ,σ^2 未知.为估计 μ,σ^2,从中随机抽取 n 根轴,测得其偏差为 $x_1,x_2,\cdots,x_n$. 试求 μ,σ^2 的极大似然估计.

分析 显然,该问题是求解含有多个(两个)未知参数的极大似然估计问题.通过建立关于未知参数 μ,σ^2 的似然方程组,从而进行求解.

解 (1) 写出似然函数:

$$L(\mu,\sigma^2) = \prod_{i=1}^{n}\frac{1}{\sqrt{2\pi}\sigma}\mathrm{e}^{-\frac{(x_i-\mu)^2}{2\sigma^2}} = (2\pi\sigma)^{-\frac{n}{2}}\mathrm{e}^{-\frac{\sum_{i=1}^{n}(x_i-\mu)^2}{2\sigma^2}}$$

(2) 写出对数似然函数:

$$\ln L(\mu,\sigma^2) = -\frac{n}{2}\ln(2\pi\sigma^2) - \frac{1}{2\sigma^2}\sum_{i=1}^{n}(x_i-\mu)^2$$

(3) 将 $\ln L(\mu,\sigma^2)$ 分别对 μ,σ^2 求偏导,并令它们都为 0,得似然方程组为

$$\begin{cases} \dfrac{\partial \ln L(\mu,\sigma^2)}{\partial \mu} = 0 \\ \dfrac{\partial \ln L(\mu,\sigma^2)}{\partial \sigma^2} = 0 \end{cases}$$

(4) 解似然方程组得 μ,σ^2 的极大似然估计分别为

$$\hat{\mu} = \bar{x}, \quad \hat{\sigma}^2 = \frac{1}{n}\sum_{i=1}^{n}(x_i - \bar{x})^2$$

例 7.1.13 设某元件失效时间服从参数为 λ 的指数分布,其密度函数为 $f(x;\lambda) = \lambda e^{-\lambda x} (x \geqslant 0, \lambda$ 未知$)$. 现从中抽取了 n 个元件,测得其失效时间为 $x_1, x_2, \cdots, x_n$,试求 λ 及平均寿命的极大似然估计.

分析 可先求 λ 的极大似然估计.

解 (1) 写出似然函数:$L(\lambda) = \prod_{i=1}^{n} \lambda e^{-\lambda x_i} = \lambda^n e^{-\lambda \sum_{i=1}^{n} x_i}$.

(2) 取对数得对数似然函数:$\ln L(\lambda) = n\ln\lambda - \lambda \sum_{i=1}^{n} x_i$.

(3) 将 $\ln L(\lambda)$ 对 λ 求导得似然方程为 $\dfrac{d \ln L(\lambda)}{d\lambda} = \dfrac{n}{\lambda} - \sum_{i=1}^{n} x_i = 0$.

(4) 解似然方程得 $\hat{\lambda} = \dfrac{n}{\sum_{i=1}^{n} x_i} = \dfrac{1}{\bar{x}}$.

经验证,$\hat{\lambda}$ 能使 $\ln L(\lambda)$ 达到最大,由于上述过程对一切样本观察值成立,故 λ 的极大似然估计为 $\hat{\lambda} = \dfrac{1}{\bar{X}}$;

由于元件的平均寿命即为 X 的期望值,有 $\mu = E(X) = \dfrac{1}{\lambda}$,得 $\lambda = \dfrac{1}{\mu}$,代入得似然函数 $L(\mu) = \prod_{i=1}^{n} \dfrac{1}{\mu} e^{-\frac{1}{\mu} x_i} = \dfrac{1}{\mu^n} e^{-\frac{1}{\mu} \sum_{i=1}^{n} x_i}$,依次按照后面步骤,最后求得元件的平均寿命的极大似然估计为 $\hat{\mu} = \bar{X} = \dfrac{1}{\hat{\lambda}}$ 与 $\mu = \dfrac{1}{\lambda}$ 具有一致性.

实际上,若 $\hat{\theta}$ 是 θ 的极大似然估计,且 $g(\theta)$ 是 θ 的单值连续函数,则 $g(\theta)$ 的极大似然估计为 $g(\hat{\theta})$. 这称为**极大似然估计的不变性**.

例 7.1.14 设总体 X 服从均匀分布 $U(0,a)$,从中获得容量为 n 的一个样本 $X_1, X_2, \cdots, X_n$ 其观测值为 $x_1, x_2, \cdots, x_n$,试求 a 的极大似然估计.

分析 当写出其似然函数 $L(a)$ 时,我们会发现 $L(a)$ 的非零区域与 a 有关,因而无法用求导方法来获得 a 的极大似然估计,从而转向定义(7.2)直接求 $L(a)$ 的极大值.

解 写出似然函数

$$L(a) = \begin{cases} a^{-n} & (0 \leqslant x_{(1)} \leqslant \cdots \leqslant x_{(n)} \leqslant a) \\ 0 & (\text{其他}) \end{cases}$$

为使 $L(a)$ 达到最大,就必须使 a 尽可能小,但是 a 不能小于 $x_{(n)}$,因而 a 取 $x_{(n)}$ 时使 $L(a)$ 达到最大,故 a 的极大似然估计为

$$\hat{a} = X_{(n)}$$

例 7.1.15 设总体 X 服从 $[a,b]$ 上的均匀分布,其概率密度为

$$f(x;a) = \begin{cases} \dfrac{1}{b-a} & (a \leqslant x \leqslant b) \\ 0 & (\text{其他}) \end{cases}$$

设 $X_1, X_2, \cdots, X_n$ 为来自于总体 X 的一个样本,求 a, b 的极大似然估计.

解 写出似然函数

$$L(a,b) = \begin{cases} (b-a)^{-n} & (a \leqslant x_{(1)} \leqslant \cdots \leqslant x_{(n)} \leqslant b) \\ 0 & (\text{其他}) \end{cases}$$

为使 $L(a,b)$ 达到最大,就必须使 $b-a$ 尽可能小,但是 b 不能小于 $x_{(n)}$,a 不能大于 $x_{(1)}$,因而 $b-a$ 取 $x_{(n)} - x_{(1)}$ 时使 $L(a,b)$ 达到最大,故 a, b 的极大似然估计为

$$\hat{a} = X_{(1)}, \quad \hat{b} = X_{(n)}$$

从以上例题可见,方法原理不同,所求参数的矩估计和极大似然估计也不尽相同.

7.1.3 估计量的评选标准

矩估计和极大似然估计是构造参数估计的两种方法,采用不同的方法可能得到不同的估计.对同一参数的多个估计来说,需要给出判断好坏的标准.下面介绍两个最常用的标准:无偏性与有效性.

定义 7.1.1 设 $\hat{\theta}(X_1, X_2, \cdots, X_n)$ 是 θ 的估计量,若 $E(\hat{\theta})$ 存在,且

$$E(\hat{\theta}) = \theta$$

则称 $\hat{\theta}$ 为 θ 的**无偏估计**,否则称 $\hat{\theta}$ 为 θ 的**有偏估计**.

例 7.1.16 设 $X_1, X_2, \cdots, X_n$ 是来自总体 X 的一个样本,且 $E(X) = \mu, D(X) = \sigma^2$,证明:

(1) 样本均值 $\bar{X}$ 是 μ 的无偏估计;

(2) 样本方差 S^2 是 σ^2 的无偏估计;

(3) 样本二阶中心矩 $S_n^2 = \dfrac{1}{n} \sum_{i=1}^{n} (X_i - \bar{X})^2$ 是 σ^2 的有偏估计.

证明 (1) 因为 $E(X) = \mu$,所以 $E(X_i) = \mu \, (i = 1, 2, \cdots, n)$,于是

$$E(\bar{X}) = E\left(\frac{1}{n}\sum_{i=1}^{n} X_i\right) = \frac{1}{n}\sum_{i=1}^{n} E(X_i) = \mu$$

所以 $\bar{X}$ 是 μ 的无偏估计量.

(2) $E(X_i^2) = D(X_i) + [E(X_i)]^2 = \sigma^2 + \mu^2 \, (i = 1, 2, \cdots, n)$,

$$n\sum_{i=1}^{n} X_i^2 = n\sigma^2 + n\mu^2, \quad E(\bar{X})^2 = D(\bar{X}) = [E(\bar{X})]^2 = \frac{\sigma^2}{n} + \mu^2$$

$$E(S^2) = E\frac{1}{n-1}\left[\sum_{i=1}^{n} X_i^2 - n\left(\sum_{i=1}^{n} (\bar{X})^2\right)\right] = \frac{1}{n-1}\left[n\sigma^2 + n\mu^2 - n\left(\frac{\sigma^2}{n} + \mu^2\right)\right] = \sigma^2$$

所以 S^2 是 σ^2 的无偏估计.

(3) 因为 $S_n^2 = \dfrac{n-1}{n} S^2, E(S_n^2) = \dfrac{n-1}{n} E(X^2) = \dfrac{n-1}{n} E(S^2) = \dfrac{n-1}{n}\sigma^2 < \sigma^2$,所以 S_n^2 是 σ^2 的有偏估计.

注 (1) 点估计中常用 S_n^2 估计 σ^2，从无偏角度看有小于参数的倾向，因此在样本量不大的场合更要使用 S^2 估计 σ^2.

(2) 无偏性不具有不变性. 即若 $\hat{\theta}$ 是 θ 的无偏估计，一般而言，$g(\hat{\theta})$ 不是 $g(\theta)$ 的无偏估计. 譬如，A_1,A_2 是 μ_1,μ_2 的无偏估计，但 S_n^2 不是 σ^2 的无偏估计.

我们知道方差越小的随机变量取值越向其期望集中，因此若一个参数有多个无偏估计，方差更小的那个估计其取值更向被估参数聚拢，即对参数的代表性越高，这就是参数估计的有效性.

定义 7.1.2 设 $\hat{\theta}_1$ 和 $\hat{\theta}_2$ 都是未知参数 θ 的无偏估计，若有
$$D(\hat{\theta}_1) \leqslant D(\hat{\theta}_2)$$
则称 $\hat{\theta}_1$ 比 $\hat{\theta}_2$ 有效.

$\hat{\theta}_1$ 比 $\hat{\theta}_2$ 有效的含义是，虽然 $\hat{\theta}_1$ 未必是 θ 的真值，但 $\hat{\theta}_1$ 的取值较 $\hat{\theta}_2$ 更集中于 θ 的附近，所以用 $\hat{\theta}_1$ 估计 θ 更具有代表性，平均来看误差会更小.

例 7.1.17 设 X_1,X_2,X_3 为总体 X 的一个样本，$E(X)=\mu$，$D(X)=\sigma^2$ 存在，$\hat{\mu}_1=\overline{X}$，$\hat{\mu}_2=\frac{1}{2}X_2+\frac{1}{3}X_2+\frac{1}{6}X_3$，$\hat{\mu}_3=3X_1-X_2-X_3$ 为 μ 的 3 个估计，试判断它们的无偏性及有效性.

解 因为 $E(\hat{\mu}_1)=\mu$，$E(\hat{\mu}_2)=\left(\frac{1}{2}+\frac{1}{3}+\frac{1}{6}\right)\mu=\mu$，$E(\hat{\mu}_3)=(3-1-1)\mu=\mu$，所以 3 个估计都是 μ 的无偏估计.

又因为 $D(\hat{\mu}_1)=\frac{\sigma^2}{3}$，$D(\hat{\mu}_2)=\left(\frac{1}{4}+\frac{1}{9}+\frac{1}{36}\right)\mu=\frac{14}{36}\sigma^2$，$D(\hat{\mu}_3)=(9+1+1)\sigma^2=11\sigma^2$ 所以 3 个无偏估计中 $\overline{X}$ 最有效.

注 设 $X_1,X_2,\cdots,X_n$ 为总体 X 的一个样本，$E(X)=\mu$，$D(X)=\sigma^2$ 存在，则 $\sum_{i=1}^{n}a_iX_i(\sum_{i=1}^{n}a_i=1)$ 都是 μ 的无偏估计，且其中 $\overline{X}(a_i=\frac{1}{n},i=1,\cdots,n)$ 最有效.

例 7.1.18 对正态总体 $N(\mu,\sigma^2)$，$\overline{X}=\frac{1}{n}\sum_{i=1}^{n}X_i$，$X_1$ 和 $\overline{X}$ 都是 $\mu=E(X)$ 的无偏估计量，但
$$D(\overline{X})=\frac{\sigma^2}{n}\leqslant D(X_1)=\sigma^2$$
故 $\overline{X}$ 较个别观测值 X_1 有效. 实际当中也是如此，比如要估计某个班学生的平均成绩，若用两种方法进行估计，一种是在该班任意抽一个同学，就以该同学的成绩作为全班的平均成绩；另一种方法是在该班抽取 n 位同学，以这 n 个同学的平均成绩作为全班的平均成绩，显然第二种方法比第一种方法好.

习 题 7.1

A 组

1. 设总体 X 的分布律如表 7.3 所示.

表 7.3

X	0	1	2
P	$1-3\theta$	θ	2θ

表 7.3 中 $\theta\left(0<\theta<\dfrac{1}{3}\right)$ 是未知参数,利用总体 X 的样本 $1,0,1,2,1$,求参数 θ 的矩估计和极大似然估计.

2. 设总体 X 的密度函数为

$$f(x)=\begin{cases}\dfrac{2}{\theta^2}(\theta-x) & (0<x<\theta) \\ 0 & (\text{其他})\end{cases}$$

求 θ 的矩估计.

3. 设总体 $X \sim B(n,p)$, n,p 为未知参数, $X_1,X_2,\cdots,X_n$ 为 X 的一个样本,求 n,p 的矩估计量.

4. 某工厂生产滚珠.从某日生产的产品中随机抽取 9 个,测得直径(单位:mm)如下:

14.6　14.7　15.1　14.9　15.0　14.8　15.1　15.2　14.8

用矩估计法估计该日生产的滚珠的平均直径和方差.

5. 设总体 X 的密度函数为

$$f(x)=\begin{cases}\dfrac{2x}{\theta^2} & (0<x<\theta) \\ 0 & (\text{其他})\end{cases}$$

(1) 求 θ 的矩估计量和极大似然估计量;(2) 若 $3.5,4.2,5.3,4.4,3.7,5.8,3.9,4.8$ 为一组样本观测值,求 θ 的矩估计值和极大似然估计值.

6. 设总体 X 的密度函数为

$$f(x)=\begin{cases}\theta(\theta+1)x^{\theta-1}(1-x) & (0<x<1) \\ 0 & (\text{其他})\end{cases}$$

求 θ 的矩估计和极大似然估计.

7. 设 X_1,X_2 为总体 X 的一个样本,$E(X)=\mu$,$D(X)=\sigma^2$ 存在,$\hat{\mu}_1=\dfrac{1}{4}X_1+\dfrac{3}{4}X_2$,$\hat{\mu}_2=\dfrac{2}{3}X_1+\dfrac{1}{3}X_2$,$\hat{\mu}_3=5X_1-4X_2$ 为 μ 的 3 个估计,试判断它们的无偏性及有效性.

B 组

1. 设总体 X 的分布律如表 7.4 所示.表中 $\theta(0<\theta<1)$ 是未知参数,利用总体 X 的样本 $1,2,1$,求参数 θ 的矩估计和极大似然估计.

表 7.4

X	1	2	3
P	θ^2	$2\theta(1-\theta)$	$(1-\theta)^2$

2. 设总体 X 的密度函数为 $f(x)=\dfrac{1}{2\theta}e^{-\frac{|x|}{\theta}}$ ($x\in \mathbf{R}$),求 θ 的矩估计.

3. 设总体 X 的分布函数为

$$F(x) = \begin{cases} 1 - 1/x^\beta & (x > 1) \\ 0 & (其他) \end{cases}$$

其中 $\beta > 1$ 未知，$X_1, X_2, \cdots, X_n$ 为 X 的一个样本，求 β 的矩估计和极大似然估计.

4. 设总体 X 的密度函数为

$$f(x) = \begin{cases} \dfrac{1}{\theta} e^{-(x-\mu)/\theta} & (x \geqslant \mu) \\ 0 & (其他) \end{cases}$$

求 μ, θ 的矩估计和极大似然估计.

5. 已知某种电子元件的寿命服从指数分布，在某段时间内所生产的该种元件中随机抽取 10 只，测得其寿命（以小时计）为 1 067, 929, 1 196, 795, 1 126, 945, 918, 1 156, 920, 948. 设总体参数未知，试用极大似然估计法估计该段时间中生产的元件能使用 1 500 小时以上的概率.

7.2 参数的区间估计

参数的点估计方便实用，但在一些场合下区间估计更有用. 财经频道主持人访问经济学专家，明年的 GDP 预计增长多少？如果专家回答增长 6.6%，这是点估计，观众可能想知道这个估计会有多大误差. 而如果专家回答 GDP 预计大约增长在 6%~7% 之间，观众的疑虑就可以消除，因为这个区间 [6%, 7%] 考虑到了可能出现的误差，而这个区间就是区间估计. 例如，估计某湖泊中鱼的数量在区间 [4 500, 5 500] 比估计有 5 000 条鱼更有实用价值；高考刚刚结束，估计总分在区间 [520, 530] 比估计考了 530 分更有意义；估计明年的收入在区间 [45 000, 50 000] 比估计收入 47 000 更有意义.

本节将要介绍区间估计的一种，它是由奈曼 (Neymann) 于 1934 年提出的置信区间.

7.2.1 区间估计的基本方法

1. 置信区间的概念

定义 7.2.1 设 $X_1, X_2, \cdots, X_n$ 是总体 X 的样本，θ 为总体 X 中的未知参数，对给定的数 α，存在两个统计量

$$\underline{\theta} = \underline{\theta}(X_1, X_2, \cdots, X_n), \quad \overline{\theta} = \overline{\theta}(X_1, X_2, \cdots, X_n)$$

使得

$$P(\underline{\theta} < \theta < \overline{\theta}) = 1 - \alpha$$

则称随机区间 $(\underline{\theta}, \overline{\theta})$ 为 θ 的置信度为 $1 - \alpha$ 的**置信区间**，分别称 $\underline{\theta}$ 与 $\overline{\theta}$ 为 θ 的**置信下限**与**置信上限**.

注 (1) 置信度又称置信水平，其含义为：代入一组样本观测值可以得到一个具体的区间，这称为置信区间 $(\underline{\theta}, \overline{\theta})$ 的一个实现. 若取置信度 $1 - \alpha = 0.95$，则表示在置信区间的大量实现中，平均有 95% 的实现包含未知参数 θ，不包含 θ 真值的平均来看只有 5%.

(2) 置信区间 $(\underline{\theta}, \overline{\theta})$ 是对未知参数 θ 的一种区间形式的估计，区间的长度意味着误差，区间越长，误差越大，估计的精度越低，反之精度越高.

(3) 置信度与估计精度的关系．置信度 $1-\alpha$ 越大，置信区间 $(\underline{\theta},\overline{\theta})$ 包含 θ 真值的概率就越大，但区间 $(\underline{\theta},\overline{\theta})$ 的长度就越大，对 θ 的估计精度就越差．反之，对参数 θ 的估计精度越高，置信区间 $(\underline{\theta},\overline{\theta})$ 长度就越小，$(\underline{\theta},\overline{\theta})$ 包含 θ 真值的概率就越低，置信度 $1-\alpha$ 越小．一般准则是，在保证置信度的条件下尽可能提高估计精度，即使得区间长度较小．

2．求置信区间的方法

如果把点估计比作用渔叉在水中叉鱼，那么置信区间就是用渔网捕鱼．将用渔网捕鱼的步骤进行分解：定位、撒网．定位就是预判鱼的位置，对应的统计方法就是先找参数 θ 的点估计 $\hat{\theta}$．撒网就是以预判的位置为中心将网撒开，对应统计上就是以 $\hat{\theta}$ 为中心，确定区间 $(\underline{\theta},\overline{\theta})=(\hat{\theta}-\Delta_1,\hat{\theta}+\Delta_2)$ 或 $(\Delta_1\hat{\theta},\Delta_2\hat{\theta})$．当然任何一种捕鱼方式都无法保证每次都能捕到鱼．相对于渔叉捕鱼，用渔网常常能够捕到鱼．比如撒下渔网 100 次，大约有 95 次都能捕到鱼．换句话说根据样本找到的区间 $(\underline{\theta},\overline{\theta})$ 不一定会包含参数 θ 的真值，但是当根据不同的样本得到大量的区间，这些区间平均来看 100 个中大约有 95 个都能够包含参数 θ 即 $P(\underline{\theta}<\theta<\overline{\theta})=95\%$．

因此置信区间可以在点估计的基础上求解．整个过程就相当于用渔网捕鱼的过程，下面以一个具体情况为例来介绍求解步骤．

例 7.2.1 设有正态总体 $X\sim N(\mu,\sigma^2)$，$\sigma^2=\sigma_0^2$ 已知，从总体中抽得样本 $X_1,X_2,\cdots,X_n$，求 μ 的置信度为 $1-\alpha$ 的置信区间．

解 这里 μ 是要估计的未知参数，视为水中待捕的一条鱼．

(1) 定位：先确定鱼的大致位置，即先找 μ 的点估计如 $\overline{X}$．

(2) 撒网：以预先确定的位置为中心，把网撒下去，即可以得到一个以 $\overline{X}$ 为中心的区间 $(\overline{X}-\Delta_1,\overline{X}+\Delta_2)$．

(3) 收获：用网捕到鱼的可能性显然要比用鱼叉大的多，即
$$P(\overline{X}-\Delta_1<\mu<\overline{X}+\Delta_2)=1-\alpha$$

由于上面概率中包含 μ 的信息，故所考虑 $\overline{X}$ 的抽样分布必须包含 μ，又因为方差已知，所以考虑的抽样分布为
$$Z=\frac{\overline{X}-\mu}{\sigma_0/\sqrt{n}}\sim N(0,1)$$

从而对给定置信度 $1-\alpha(0<\alpha<1)$，则存在 $z_{\alpha/2}$，使 $P(|Z|<z_{\alpha/2})=1-\alpha$，即
$$P\left(\overline{X}-z_{\alpha/2}\cdot\frac{\sigma_0}{\sqrt{n}}<\mu<\overline{X}+z_{\alpha/2}\cdot\frac{\sigma_0}{\sqrt{n}}\right)=1-\alpha$$

根据定义，μ 的置信度为 $1-\alpha$ 的置信区间为
$$\left(\overline{X}-z_{\alpha/2}\cdot\frac{\sigma_0}{\sqrt{n}},\overline{X}+z_{\alpha/2}\cdot\frac{\sigma_0}{\sqrt{n}}\right)=\left(\overline{X}\pm z_{\alpha/2}\cdot\frac{\sigma_0}{\sqrt{n}}\right)$$

几点补充说明：

(1) 为何取对称区间

取对称区间 $-z_{\alpha/2}<Z<z_{\alpha/2}$ 时，得到置信区间 $\left(\overline{X}-z_{\alpha/2}\cdot\frac{\sigma_0}{\sqrt{n}},\overline{X}+z_{\alpha/2}\cdot\frac{\sigma_0}{\sqrt{n}}\right)$，长度为 $L_1=2z_{\alpha/2}\cdot\frac{\sigma_0}{\sqrt{n}}$；取不对称区间 $z_1<Z<z_2$ 时，因为 $P(z_1<Z<z_2)=1-\alpha$，可得置信区间

为 $\left(\bar{X} - z_2 \cdot \dfrac{\sigma_0}{\sqrt{n}}, \bar{X} + z_1 \cdot \dfrac{\sigma_0}{\sqrt{n}}\right)$，其区间长度 $L_2 = (z_2 - z_1)\dfrac{\sigma_0}{\sqrt{n}} > L_1 = 2z_{\alpha/2} \cdot \dfrac{\sigma_0}{\sqrt{n}}$。

(2) 置信度与置信区间长度的关系

当 n 取定时，置信度 $1-\alpha$ 越大时，α 值越小，$z_{\alpha/2}$ 越大，从而置信区间长度 $L = 2z_{\alpha/2} \cdot \dfrac{\sigma_0}{\sqrt{n}}$ 越大，参数估计的精度越差。相反，置信度 $1-\alpha$ 越小时，参数估计的精度越高。置信区间长度的一半是用 $\bar{X}$ 估计 μ 的误差范围。当 α 取定时，样本容量 n 越大时，$L = 2z_{\alpha/2} \cdot \dfrac{\sigma_0}{\sqrt{n}}$ 越小，从而估计的精度越高。

(3) 置信区间与点估计的关系

一方面，构造置信区间一般要利用未知参数的点估计及其抽样分布；另一方面，利用置信区间可以对点估计的准确性和可靠性进行控制。例如，μ 的置信区间 $\left(\bar{X} - z_{\alpha/2} \cdot \dfrac{\sigma_0}{\sqrt{n}}, \bar{X} + z_{\alpha/2} \cdot \dfrac{\sigma_0}{\sqrt{n}}\right)$ 的两个端点中的 $z_{\alpha/2} \cdot \dfrac{\sigma_0}{\sqrt{n}}$ 恰好是用 $\bar{X}$ 估计 μ 所产生的误差的界限，而 $P\left(|\bar{X} - \mu| < z_{\alpha/2} \cdot \dfrac{\sigma_0}{\sqrt{n}}\right) = 1 - \alpha$ 中的 $1 - \alpha$ 是点估计 $\bar{X}$ 对它所估计的 μ 的偏差小于 $z_{\alpha/2} \cdot \dfrac{\sigma_0}{\sqrt{n}}$ 的概率。

实际上利用捕鱼的过程求置信区间具有一般性，下面给出求置信区间的基本步骤：

将待估的未知参数 θ 视为鱼，

(1) 定位：先确定鱼的大致位置，即选取 θ 的某个较优点估计 $\hat{\theta}$；

(2) 撒网：以鱼的预估位置为中心，将网撒开，即确定 $(\underline{\theta}, \overline{\theta})$，使得 $\theta \in (\underline{\theta}, \overline{\theta})$；

(3) 收获：显然渔网捕到鱼的可能性是比较大的，即对给定的置信度 $1-\alpha$，使

$$P(\underline{\theta} < \theta < \overline{\theta}) = 1 - \alpha$$

考虑 $\hat{\theta}$ 的抽样分布，即函数 $u = u(\hat{\theta}, \theta)$ 的分布，通常可选取满足 $P(u \leqslant \lambda_1) = P(u \geqslant \lambda_2) = \dfrac{\alpha}{2}$ 的 λ_1 与 λ_2，使得 $P(\lambda_1 < u < \lambda_2) = 1 - \alpha$，对其作恒等变形化后为

$$P(\underline{\theta} < \theta < \overline{\theta}) = 1 - \alpha$$

则 $(\underline{\theta}, \overline{\theta})$ 就是 θ 的置信度为 $1-\alpha$ 的置信区间。

7.2.2 单个正态总体均值与方差的置信区间

1. 单个正态总体均值(方差已知)的置信区间

例 7.2.2 已知某炼铁厂的铁水含碳量 $X(\%)$ 在正常情况下服从正态分布，且标准差 $\sigma = 0.108$。现测量 5 炉铁水，其含碳量分别是 $4.28, 4.40, 4.42, 4.35, 4.37(\%)$ 试以置信度 95% 对总体均值 μ 作区间估计。

解 因为方差已知，从而 μ 的置信度为 $1-\alpha$ 的置信区间为

$$\left(\bar{X} - z_{\alpha/2} \cdot \dfrac{\sigma_0}{\sqrt{n}}, \bar{X} + z_{\alpha/2} \cdot \dfrac{\sigma_0}{\sqrt{n}}\right)$$

代入数值:$\sigma_0 = 0.108, n = 5, 1-\alpha = 0.95$,则 $\alpha = 0.05$,查表知 $z_{\alpha/2} = z_{0.025} = 1.96$,又算得 $\bar{x} = 4.364$,于是,总体均值 μ 的置信度为 95% 的置信区间是 $(4.269, 4.459)$.

2. 单个正态总体均值(方差未知)的置信区间

与例 7.2.1 类似,设总体 $X \sim N(\mu, \sigma^2)$,当 σ^2 未知时,求均值 μ 的置信度 $1-\alpha$ 的置信区间.

(1) 定位:先确定鱼的大致位置,即选取 μ 的矩估计 $\bar{X}$;

(2) 撒网:以鱼的预估位置 $\bar{X}$ 为中心,将网撒开,因为 σ^2 未知,考虑抽样分布 $t = \dfrac{\bar{X} - \mu}{S/\sqrt{n}} \sim t(n-1)$;

(3) 收获:显然渔网捕到鱼的可能性是比较大的,即对给定的置信度 $1-\alpha$,有

$$P(|t| < t_{\alpha/2}(n-1)) = 1 - \alpha$$

即

$$P\left(\bar{X} - t_{\alpha/2}(n-1) \cdot \frac{S}{\sqrt{n}} < \mu < \bar{X} + t_{\alpha/2}(n-1) \cdot \frac{S}{\sqrt{n}}\right) = 1 - \alpha$$

从而整理得 μ 的置信度为 $1-\alpha$ 的置信区间为

$$\left(\bar{X} - t_{\alpha/2}(n-1) \cdot \frac{S}{\sqrt{n}}, \bar{X} + t_{\alpha/2}(n-1) \cdot \frac{S}{\sqrt{n}}\right) = \left(\bar{X} \pm t_{\alpha/2}(n-1) \cdot \frac{S}{\sqrt{n}}\right)$$

例 7.2.3 假设铅的比重测量值 $X \sim N(\mu, \sigma^2)$,如果测量 16 次,算得 $\bar{x} = 2.705, s = 0.029$,求铅的比重 μ 的置信度为 95% 的置信区间.

解 此问题属于方差未知时对正态总体均值的区间估计.

因为 σ^2 未知,从而 μ 的置信度为 $1-\alpha$ 的置信区间为

$$\left(\bar{X} - t_{\alpha/2}(n-1) \frac{S}{\sqrt{n}}, \bar{X} + t_{\alpha/2}(n-1) \frac{S}{\sqrt{n}}\right)$$

这时,$n = 16, \alpha = 0.05$,查表知 $t_{\alpha/2}(n-1) = t_{0.025}(15) = 2.131$,又 $\bar{x} = 2.705, s = 0.029$,于是总体均值 μ 的置信度为 95% 的置信区间是 $(2.690, 2.720)$.

3. 单个正态总体方差的置信区间

在实际问题中要考虑精度或稳定性,比如在投资股票前,需要度量这支股票的风险,这就需要对总体的方差 σ^2 进行区间估计.

设总体 $X \sim N(\mu, \sigma^2) (\mu, \sigma^2$ 均未知$)$,$X_1, X_2, \cdots, X_n$ 是来自总体 X 的一个样本,求方差 σ^2 的置信度为 $1-\alpha$ 的置信区间.

(1) 定位:取 σ^2 的无偏估计 S^2;

(2) 撒网:以 S^2 为中心,将网撒开,考虑抽样分布 $\dfrac{n-1}{\sigma^2} S^2 \sim \chi^2(n-1)$;

(3) 收获:对给定的置信度 $1-\alpha$,由

$$P\left(\chi^2_{1-\alpha/2}(n-1) < \frac{n-1}{\sigma^2} S^2 \sim \chi^2_{\alpha/2}(n-1)\right) = 1 - \alpha$$

从而

$$P\left(\frac{(n-1)S^2}{\chi^2_{\alpha/2}(n-1)} < \sigma^2 < \frac{(n-1)S^2}{\chi^2_{1-\alpha/2}(n-1)}\right) = 1 - \alpha$$

因此方差 σ^2 的置信度为 $1-\alpha$ 的置信区间为

$$\left(\frac{(n-1)S^2}{\chi^2_{\alpha/2}(n-1)}, \frac{(n-1)S^2}{\chi^2_{1-\alpha/2}(n-1)}\right)$$

而标准差 σ 的置信度为 $1-\alpha$ 的置信区间为

$$\left(\sqrt{\frac{(n-1)S^2}{\chi^2_{\alpha/2}(n-1)}}, \sqrt{\frac{(n-1)S^2}{\chi^2_{1-\alpha/2}(n-1)}}\right)$$

例 7.2.4 设炮弹速度 $X \sim N(\mu, \sigma^2)$,其中 μ, σ^2 均未知,取 9 发炮弹做实验,算得样本方差 $S^2 = 11(\text{m/s})^2$,求炮弹速度方差 σ^2 和标准差 σ 的置信概率为 90% 的置信区间.

解 此题属正态总体方差 σ^2 和标准差 σ 的区间估计.因为方差 σ^2 的置信度为 $1-\alpha$ 的置信区间为

$$\left(\frac{(n-1)S^2}{\chi^2_{\alpha/2}(n-1)}, \frac{(n-1)S^2}{\chi^2_{1-\alpha/2}(n-1)}\right)$$

而标准差 σ 的置信度为 $1-\alpha$ 的置信区间为

$$\left(\sqrt{\frac{(n-1)S^2}{\chi^2_{\alpha/2}(n-1)}}, \sqrt{\frac{(n-1)S^2}{\chi^2_{1-\alpha/2}(n-1)}}\right)$$

这里 $n=9, S^2=11, 1-\alpha=0.90$,所以 $\alpha=0.10$,查表知 $\chi^2_{\alpha/2}(n-1) = \chi^2_{0.05}(8) = 15.507$, $\chi^2_{1-\alpha/2}(n-1) = \chi^2_{0.95}(8) = 2.733$.

于是 σ^2 的置信度为 90% 的置信区间为 $(5.675, 32.199)$,从而 σ 的置信度为 90% 的置信区间为 $(2.38, 5.67)$.

7.2.3 两个正态总体均值差和方差比的置信区间

1. 两个正态总体均值差(方差已知)的置信区间

设总体 $X_i \sim N(\mu_i, \sigma_i^2)(i=1,2)$,方差已知,独立地从两总体中抽取样本 $X_{i1}, X_{i2}, \cdots, X_{in}$,$\bar{X}_i$ 是样本均值,S_i^2 是样本方差,试求总体均值之差 $\mu_1 - \mu_2$ 的置信度为 $1-\alpha$ 的区间估计.

分析 (1) 定位:取 $\mu_1 - \mu_2$ 的矩估计 $\bar{X}_1 - \bar{X}_2$.

(2) 撒网:以 $\mu_1 - \mu_2$ 为中心,将网撒开,因为方差已知,考虑抽样分布

$$Z = \frac{\bar{X}_1 - \bar{X}_2 - (\mu_1 - \mu_2)}{\sqrt{\frac{\sigma_1^2}{n_1} + \frac{\sigma_2^2}{n_2}}} \sim N(0,1)$$

(3) 收获:对给定置信度 $1-\alpha(0<\alpha<1)$,存在 $z_{\alpha/2}$,使

$$P(|Z| < z_{\alpha/2}) = 1-\alpha$$

即

$$P\left(\left|\frac{\bar{X}_1 - \bar{X}_2 - (\mu_1 - \mu_2)}{\sqrt{\frac{\sigma_1^2}{n_1} + \frac{\sigma_2^2}{n_2}}}\right| < z_{\alpha/2}\right) = 1-\alpha$$

亦即

$$P\left(\bar{X}_1 - \bar{X}_2 - z_{\alpha/2}\sqrt{\frac{\sigma_1^2}{n_1} + \frac{\sigma_2^2}{n_2}} < \mu_1 - \mu_2 < \bar{X}_1 - \bar{X}_2 + z_{\alpha/2}\sqrt{\frac{\sigma_1^2}{n_1} + \frac{\sigma_2^2}{n_2}}\right) = 1-\alpha$$

于是 $\mu_1 - \mu_2$ 的置信度 $1-\alpha$ 的置信区间为

$$\left(\bar{X}_1-\bar{X}_2-z_{\alpha/2}\sqrt{\frac{\sigma_1^2}{n_1}+\frac{\sigma_2^2}{n_2}},\bar{X}_1-\bar{X}_2+z_{\alpha/2}\sqrt{\frac{\sigma_1^2}{n_1}+\frac{\sigma_2^2}{n_2}}\right)=\left(\bar{X}_1-\bar{X}_2\pm z_{\alpha/2}\sqrt{\frac{\sigma_1^2}{n_1}+\frac{\sigma_2^2}{n_2}}\right)$$

2. 两个正态总体均值差（方差未知）的置信区间

设总体 $X_i \sim N(\mu_i,\sigma_i^2)(i=1,2)$，方差未知但相等，记 $\sigma_1^2=\sigma_2^2=\sigma^2$，独立地从两总体中抽取样本 $X_{i1},X_{i2},\cdots,X_{in}$，$\bar{X}_i$ 是样本均值，S_i^2 是样本方差，试求总体均值之差 $\mu_1-\mu_2$ 的置信度为 $1-\alpha$ 的区间估计。

分析　（1）定位：取 $\mu_1-\mu_2$ 的矩估计 $\bar{X}_1-\bar{X}_2$。

（2）撒网：以 $\mu_1-\mu_2$ 为中心，将网撒开，因为方差未知，考虑抽样分布

$$t=\frac{(\bar{X}_1-\bar{X}_2)-(\mu_1-\mu_2)}{S_w\sqrt{\frac{1}{n_1}+\frac{1}{n_2}}}\sim t(n_1+n_2-2)$$

其中，$S_w^2=\frac{(n_1-1)S_1^2+(n_2-1)S_2^2}{n_1+n_2-2}$。

（3）收获：对给定的置信度 $1-\alpha(0<\alpha<1)$，存在 $t_{\alpha/2}(n_1+n_2-2)$，使

$$P(|t|<t_{\alpha/2}(n_1+n_2-2))=1-\alpha$$

即

$$P\left\{\left|\frac{(\bar{X}_1-\bar{X}_2)-(\mu_1-\mu_2)}{S_w\sqrt{\frac{1}{n_1}+\frac{1}{n_2}}}\right|<t_{\alpha/2}(n_1+n_2-2)\right\}=1-\alpha$$

亦即

$$P\Big(\bar{X}_1-\bar{X}_2-t_{\alpha/2}(n_1+n_2-2)S_w\sqrt{\frac{1}{n_1}+\frac{1}{n_2}}<\mu_1-\mu_2$$
$$<\bar{X}_1-\bar{X}_2+t_{\alpha/2}(n_1+n_2-2)S_w\sqrt{\frac{1}{n_1}+\frac{1}{n_2}}\Big)=1-\alpha$$

于是 $\mu_1-\mu_2$ 的置信度 $1-\alpha$ 的置信区间为

$$\left(\bar{X}_1-\bar{X}_2-t_{\alpha/2}(n_1+n_2-2)S_w\sqrt{\frac{1}{n_1}+\frac{1}{n_2}},\bar{X}_1-\bar{X}_2+t_{\alpha/2}(n_1+n_2-2)S_w\sqrt{\frac{1}{n_1}+\frac{1}{n_2}}\right)$$
$$=\left(\bar{X}_1-\bar{X}_2\pm t_{\alpha/2}(n_1+n_2-2)S_w\sqrt{\frac{1}{n_1}+\frac{1}{n_2}}\right)$$

例 7.2.5　甲、乙两台机床加工的同种零件的长度 X_i 分别满足 $X_1\sim N(\mu_1,\sigma_1^2)$，$X_2\sim N(\mu_2,\sigma_2^2)$，从两机床加工的零件中分别取出 9 个和 7 个，量其长度（单位：mm），算得 $\bar{x}_1=19.8$，$\bar{x}_2=23.5$ 在下列两种情形下分别求 $\mu_1-\mu_2$ 的置信概率为 99% 的置信区间：

（1）已知 $\sigma_1^2=0.34$，$\sigma_2^2=0.36$；

（2）$\sigma_1^2=\sigma_2^2=\sigma^2$ 未知，$S_1^2=0.34$，$S_2^2=0.36$。

解　（1）两个正态总体方差已知时，给定 $1-\alpha$，则 $\mu_1-\mu_2$ 的置信区间为

$$\left(\bar{X}_1-\bar{X}_2-z_{\alpha/2}\sqrt{\frac{\sigma_1^2}{n_1}+\frac{\sigma_2^2}{n_2}},\bar{X}_1-\bar{X}_2+z_{\alpha/2}\sqrt{\frac{\sigma_1^2}{n_1}+\frac{\sigma_2^2}{n_2}}\right)$$
$$=\left(\bar{X}_1-\bar{X}_2\pm z_{\alpha/2}\sqrt{\frac{\sigma_1^2}{n_1}+\frac{\sigma_2^2}{n_2}}\right)$$

这时 $\alpha=0.01$，$z_{0.005}=2.58$，$\bar{x}_1=19.8$，$\bar{x}_2=23.5$，$\sigma_1^2=0.34$，$\sigma_2^2=0.36$，故所求置信区间为

$(-4.47, -2.93)$.

(2) 两个正态总体中 $\sigma_1^2 = \sigma_2^2 = \sigma^2$ 未知时,给定 $1-\alpha$,则 $\mu_1 - \mu_2$ 的置信区间为

$$\left(\bar{X}_1 - \bar{X}_2 - t_{\alpha/2}(n_1+n_2-2)\sqrt{\frac{1}{n_1}+\frac{1}{n_2}}S_w, \bar{X}_1 - \bar{X}_2 + t_{\alpha/2}(n_1+n_2-2)\sqrt{\frac{1}{n_1}+\frac{1}{n_2}}S_w \right)$$

其中,$S_w^2 = \dfrac{(n_1-1)S_1^2 + (n_2-1)S_2^2}{n_1+n_2-2}$.

这时 $\alpha = 0.01, n_1 = 9, n_2 = 7$,查表知 $t_{\alpha/2}(n_1+n_2-2) = t_{0.005}(14) = 2.9768$,又 $\bar{x}_1 = 19.8, \bar{x}_2 = 23.5, S_1^2 = 0.34, S_2^2 = 0.36$,故所求的置信区间为 $(-4.59, -2.81)$.

3. 两个正态总体方差比的置信区间

设总体 $X_i \sim N(\mu_i, \sigma_i^2)(i=1,2)$,$\mu_i, \sigma_i^2$ 均未知,独立地从两总体中抽取样本 $X_{i1}, X_{i2}, \cdots, X_{in}$,$S_i^2$ 是样本方差,试求总体方差之比 $\dfrac{\sigma_1^2}{\sigma_2^2}$ 的置信度为 $1-\alpha$ 的区间估计.

分析 (1) 定位:取 $\dfrac{\sigma_1^2}{\sigma_2^2}$ 的点估计 $\dfrac{S_1^2}{S_2^2}$;

(2) 撒网:以 S_1^2/S_2^2 为中心,将网撒开,考虑抽样分布 $\dfrac{S_1^2/\sigma_1^2}{S_2^2/\sigma_2^2} \sim F(n_1-1, n_2-1)$,所以

$$F = \frac{\sigma_1^2/\sigma_2^2}{S_1^2/S_2^2} \sim F(n_2-1, n_1-1)$$

(3) 收获:给定置信度为 $1-\alpha(0<\alpha<1)$,则存在上侧分位数 $F_{1-\alpha/2}(n_2-1, n_1-1)$ 和 $F_{\alpha/2}(n_2-1, n_1-1)$,使

$$P(F_{1-\alpha/2}(n_2-1, n_1-1) < F < F_{\alpha/2}(n_2-1, n_1-1)) = 1-\alpha$$

即

$$P\left(F_{1-\alpha/2}(n_2-1, n_1-1) < \frac{\sigma_1^2/\sigma_2^2}{S_1^2/S_2^2} < F_{\alpha/2}(n_2-1, n_1-1) \right) = 1-\alpha$$

亦即

$$P\left(F_{1-\alpha/2}(n_2-1, n_1-1)\frac{S_1^2}{S_2^2} < \frac{\sigma_1^2}{\sigma_2^2} < F_{\alpha/2}(n_2-1, n_1-1)\frac{S_1^2}{S_2^2} \right) = 1-\alpha$$

于是,$\dfrac{\sigma_1^2}{\sigma_2^2}$ 的置信度为 $1-\alpha$ 的置信区间为

$$\left(F_{1-\alpha/2}(n_2-1, n_1-1)\frac{S_1^2}{S_2^2}, F_{\alpha/2}(n_2-1, n_1-1)\frac{S_1^2}{S_2^2} \right)$$

例 7.2.6 设总体 $X_i \sim N(\mu_i, \sigma_i^2)(i=1,2)$,$\mu_i, \sigma_i^2$ 均未知,独立地从两总体中抽取容量为 9 和 7 的样本,样本方差 $S_1^2 = 0.34, S_2^2 = 0.36$,试求总体方差之比 $\dfrac{\sigma_1^2}{\sigma_2^2}$ 的置信度为 99% 的区间估计.

解 两个正态总体方差之比 $\dfrac{\sigma_1^2}{\sigma_2^2}$ 的置信度为 $1-\alpha$ 置信区间为

$$\left(F_{1-\alpha/2}(n_2-1, n_1-1)\frac{S_1^2}{S_2^2}, F_{\alpha/2}(n_2-1, n_1-1)\frac{S_1^2}{S_2^2} \right)$$

这时 $\alpha = 0.01, n_1 = 9, n_2 = 9$,查表知 $F_{\alpha/2}(n_2-1, n_1-1) = F_{0.005}(6,8) = 7.95$,$F_{1-\alpha/2}(n_2-1, n_1-1) = F_{0.995}(6,8) = \dfrac{1}{F_{0.005}(8,6)} = \dfrac{1}{10.57} = 0.095$,又 $S_1^2 = 0.34, S_2^2 = 0.36$,故所求的置

信区间为 $(0.09, 7.51)$.

常见参数区间估计一览表如表 7.5 所示.

表 7.5 区间估计

总体个数	估计参数	条件	使用的抽样分布	置信区间
单个总体	均值 μ	$\sigma^2 = \sigma_0^2$ 已知	$Z = \dfrac{\bar{X} - \mu}{\sigma_0/\sqrt{n}} \sim N(0,1)$	$\left(\bar{X} \pm z_{\alpha/2} \cdot \dfrac{\sigma_0}{\sqrt{n}}\right)$
		σ^2 未知	$t = \dfrac{\bar{X} - \mu}{S/\sqrt{n}} \sim t(n-1)$	$\left(\bar{X} \pm t_{\alpha/2}(n-1) \cdot \dfrac{S}{\sqrt{n}}\right)$
	方差 σ^2	μ 未知	$\dfrac{n-1}{\sigma^2} S^2 \sim \chi^2(n-1)$	$\left(\dfrac{(n-1)S^2}{\chi^2_{\alpha/2}(n-1)}, \dfrac{(n-1)S^2}{\chi^2_{1-\alpha/2}(n-1)}\right)$
两个总体	均值差 $\mu_1 - \mu_2$	σ_1^2, σ_2^2 已知	$\dfrac{\bar{X}_1 - \bar{X}_2}{\sqrt{\dfrac{\sigma_1^2}{n_1} + \dfrac{\sigma_2^2}{n_2}}} \sim N(0,1)$	$\left(\bar{X}_1 - \bar{X}_2 \pm z_{\alpha/2} \sqrt{\dfrac{\sigma_1^2}{n_1} + \dfrac{\sigma_2^2}{n_2}}\right)$
		$\sigma_1^2 = \sigma_2^2$ 但未知	$\dfrac{\bar{X}_1 - \bar{X}_2}{\sqrt{\dfrac{1}{n_1} + \dfrac{1}{n_2}}} \sim t(n_1 + n_2 - 2)$	$\left(\bar{X}_1 - \bar{X}_2 \pm t_{\alpha/2}(n_1 + n_2 - 2) S_w \sqrt{\dfrac{1}{n_1} + \dfrac{1}{n_2}}\right)$
	方差比 $\dfrac{\sigma_1^2}{\sigma_2^2}$	μ_1, μ_2 未知	$F = \dfrac{\sigma_1^2/\sigma_2^2}{S_1^2/S_2^2} \sim F(n_2 - 1, n_1 - 1)$	$\left(F_{1-\alpha/2}(n_2-1, n_1-1) \dfrac{S_1^2}{S_2^2}, F_{\alpha/2}(n_2-1, n_1-1) \dfrac{S_1^2}{S_2^2}\right)$

7.2.4 大样本下单个总体均值的置信区间

设总体 X 的分布是任意的, $E(X) = \mu$, $D(X) = \sigma^2$ 均存在, 从总体 X 中抽大样本 $X_1, X_2, \cdots, X_n (n \geqslant 50)$, 试以置信度 $1-\alpha$ 对总体均值 μ 作区间估计.

分析 (1) 定位: 取 μ 的点估计可取为 $\bar{X}$.

(2) 撒网: 以鱼的预估位置 $\bar{X}$ 为中心, 将网撒开, 由中心极限定理知, 若 σ 已知, 考虑 $Z = \dfrac{\bar{X} - \mu}{\sigma/\sqrt{n}} \overset{近似}{\sim} N(0,1)$.

若 σ 未知, 注意到 S^2 是 σ^2 的估计量, 故在大样本情形下, 有

$$Z = \dfrac{\bar{X} - \mu}{S/\sqrt{n}} \overset{近似}{\sim} N(0,1)$$

(3) 收获: 对给定的置信度 $1-\alpha (0 < \alpha < 1)$, 则存在 $z_{\alpha/2}$ 使 $P(|Z| < z_{\alpha/2}) = 1-\alpha$, 于是, μ 的置信度为 $1-\alpha$ 的置信区间, 方差已知时为 $\left(\bar{X} - z_{\alpha/2} \dfrac{\sigma}{\sqrt{n}}, \bar{X} + z_{\alpha/2} \dfrac{\sigma}{\sqrt{n}}\right)$; 方差未知时为 $\left(\bar{X} - z_{\alpha/2} \dfrac{S}{\sqrt{n}}, \bar{X} + z_{\alpha/2} \dfrac{S}{\sqrt{n}}\right)$.

例 7.2.7 从某台机床加工的零件中取出 50 个, 量其长度, 并算得 $\bar{x} = 19.8$, $S^2 = 0.39$, 求 μ 的置信度为 99% 的置信区间.

解 $n = 50$, 属大样本下方差未知情形. 给定置信度 $1-\alpha$, μ 的置信区间为

$$\left(\bar{X} - z_{\alpha/2} \dfrac{S}{\sqrt{n}}, \bar{X} + z_{\alpha/2} \dfrac{S}{\sqrt{n}}\right)$$

这时 $\alpha=0.01$,查表知 $z_{\alpha/2}=z_{0.005}=2.58$,又 $\bar{x}=19.8, S^2=0.39$,从而 $S=0.62$,于是,总体均值 μ 的置信度为 99% 的置信区间是 $(19.57, 20.03)$.

7.2.5 单侧置信区间

前面讨论的置信区间 $(\underline{\theta}, \bar{\theta})$ 称为**双侧置信区间**,但在有些实际问题中只要考虑选取满足 $P(u<\lambda_1)=\alpha$ 或 $P(u<\lambda_2)=\alpha$ 的 λ_1 与 λ_2,对不等式作恒等变形后化为
$$P(\underline{\theta}<\theta)=1-\alpha \quad \text{或} \quad P(\theta<\bar{\theta})=1-\alpha$$
从而得到形如 $(\underline{\theta},+\infty)$ 或 $(-\infty,\bar{\theta})$ 的置信区间.

例如,对产品设备、电子元件等来说,我们关心的是平均寿命的置信下限,而在讨论产品的废品率时,我们感兴趣的是其置信上限.于是我们引入单侧置信区间.

定义 7.2.2 设 θ 为总体分布的未知参数,$X_1, X_2, \cdots, X_n$ 是取自总体 X 的一个样本,对给定的数 $1-\alpha(0<\alpha<1)$,若存在统计量
$$\underline{\theta}=\underline{\theta}(X_1, X_2, \cdots, X_n)$$
满足
$$P(\underline{\theta}<\theta)=1-\alpha$$
则称 $(\underline{\theta},+\infty)$ 为 θ 的置信度为 $1-\alpha$ 的**单侧置信区间**,称 $\underline{\theta}$ 为 θ 的**单侧置信下限**;若存在统计量
$$\bar{\theta}=\bar{\theta}(X_1, X_2, \cdots, X_n)$$
满足
$$P(\bar{\theta}>\theta)=1-\alpha$$
则称 $(-\infty,\bar{\theta})$ 为 θ 的置信度为 $1-\alpha$ 的**单侧置信区间**,称 $\bar{\theta}$ 为 θ 的**单侧置信上限**.

例 7.2.8 从某台机床加工的零件中取出 50 个,量其长度,并算得 $\bar{x}=19.8, S^2=0.39$,求 μ 的置信度为 99% 的单侧置信上限和单侧置信下限.

解 $n=50$,属大样本下方差未知情形.给定置信度 $1-\alpha$,μ 的单侧置信上限为 $\bar{X}+z_\alpha \dfrac{S}{\sqrt{n}}$,这时 $\alpha=0.01$,,查表知 $z_{0.01}=2.33$,又 $\bar{x}=19.8, S^2=0.39$,从而 $S=0.62$,于是,总体均值 μ 的置信度为 99% 的单侧置信上限 20.00.

给定置信度 $1-\alpha$,μ 的单侧置信下限为 $\bar{X}-z_\alpha \dfrac{S}{\sqrt{n}}$,这时 $\alpha=0.01$,查表知 $z_{0.01}=2.33$,又 $\bar{x}=19.8, S^2=0.39$,从而 $S=0.62$,于是,总体均值 μ 的置信度为 99% 的单侧置信下限 19.60.

习 题 7.2

A 组

1. 从某一鱼塘中捕获的鱼,其含汞量(单位:mg/kg)(服从正态分布 $N(\mu, 0.32^2)$,μ 未

知,现随机取 10 条鱼,测得含汞量为

$$0.8, 1.6, 0.9, 0.8, 1.2, 0.4, 0.7, 1.0, 1.2, 1.1$$

试求:(1) μ 的置信水平为 0.95 的置信区间;

(2) μ 的置信水平为 0.95 的单侧置信上限;

(3) μ 的置信水平为 0.95 的单侧置信下限.

2. 某矿工人的血压(收缩压,单位:mmHg)服从正态分布 $N(\mu, \sigma^2)$, μ, σ^2 均未知,现随机选取了 13 位工人测得收缩压为

$$129, 134, 114, 120, 116, 133, 142, 138, 148, 129, 133, 141, 142$$

试求:(1) μ 的置信水平为 0.95 的置信区间;

(2) μ 的置信水平为 0.95 的单侧置信上限;

(3) μ 的置信水平为 0.95 的单侧置信下限.

3. 某渔场按常规方法所育鲢鱼苗 1 月龄的平均体长为 7.25 cm,现采用新方法进行育苗实验,若新方法 1 月龄鱼苗体长 $N(\mu, \sigma^2)$,随机抽取 1 月龄鱼苗 100 条进行测量,经计算 $\bar{x} = 7.65, S = 1.58$,试求:

(1) 新方法鱼苗体长 μ 的 95% 置信区间;

(2) μ 的 95% 单侧置信上限;

(3) μ 的 95% 单侧置信下限.

4. 已知灯泡寿命服从正态分布 $N(\mu, \sigma^2)$, μ, σ^2 均未知,现随机选取 5 只做寿命实验,测得寿命(单位:h)为:1 050, 1 100, 1 120, 1 250, 1 280. 求:

(1) 灯泡寿命方差的置信水平为 0.95 的置信区间;

(2) 寿命方差的置信水平为 0.95 的单侧置信上限;

(3) 寿命方差的置信水平为 0.95 的单侧置信下限.

5. 2003 年在某地区分行业调查职工平均工资情况:已知体育、卫生、社会福利事业职工工资(单位:元) $X \sim N(\mu, 218^2)$;文教、艺术、广播事业职工工资(单位:元) $Y \sim N(\mu, 227^2)$,从总体 X 中调查 25 人,平均工资 1 286 元,从总体 Y 中调查 30 人,平均工资 1 272 元,求这两大类行业职工平均工资之差的置信水平为 0.99 的置信区间.

6. 某厂利用两条自动化流水线罐装番茄酱,假设两条流水线上罐装的番茄酱的重量 X 与 Y 都服从正态分布,其均值分别为 μ_1 与 μ_2,方差分别为 σ_1^2 与 σ_2^2. 现分别从两条流水线上抽取了容量分别为 13 和 17 的两个相互独立的样本,已知 $\bar{X} = 10.6, \bar{Y} = 9.5, S_1^2 = 2.4, S_2^2 = 4.7$,求:

(1) 若方差相同,均值差 $\mu_1 - \mu_2$ 的置信水平为 0.95 的置信区间;

(2) 若不知它们的方差是否相同,它们的方差比 $\dfrac{\sigma_1^2}{\sigma_2^2}$ 的置信水平为 0.95 的置信区间.

B 组

1. 总体均值 μ 置信水平为 95% 的置信区间 $(\hat{\mu}_1, \hat{\mu}_2)$ 的意义是( ).

A. 总体均值 μ 的真值以 95% 的概率落入区间 $(\hat{\mu}_1, \hat{\mu}_2)$

B. 样本均值 $\bar{x}$ 以 95% 的概率落入区间 $(\hat{\mu}_1, \hat{\mu}_2)$

C. 区间 $(\hat{\mu}_1, \hat{\mu}_2)$ 含总体均值 μ 真值的概率为 95%

D. 区间 $(\hat{\mu}_1, \hat{\mu}_2)$ 含样本均值 $\bar{x}$ 的概率为 95%

2. 设总体服从正态分布 $N(\mu,\sigma^2)$,

(1) 如果 σ^2 已知,为使 μ 的置信水平为 $1-\alpha$ 的置信区间长度不大于 a,则样本容量 n 至少应取多少?

(2) 如果 μ,σ^2 都未知,L 表示 μ 的置信水平为 $1-\alpha$ 的置信区间长度,试求 L^2 的期望 $E(L^2)$.

3. 设总体 $X \sim N(\mu,8)$,μ 未知,从总体抽取容量为 36 的样本,如果以区间 $(\bar{X}-1,\bar{X}+1)$ 作为 μ 的置信区间,那么置信水平是多少?

总复习题 7

A 组

1. 设样本观测值为 $2,-1,2,1$,则样本均值 $\bar{X} = $ _____,样本方差 $S^2 = $ _____.

2. 假设某市每月死于交通事故的人数 X 服从参数为 λ 的泊松分布,即
$$P(X=k) = e^{-\lambda}\frac{\lambda^k}{k!} \quad (k=1,2,\cdots)$$
其中 λ 未知,现有样本值 $3,2,0,5,4,3,1,0,7,2,0,2$,求:(1) λ 的矩估计值;(2) λ 的极大似然估计值;(3) 无死亡概率的极大似然估计值.

3. 设总体 X 的密度函数为
$$f(x) = \begin{cases} (a+1)x^a & (0<x<1) \\ 0 & (\text{其他}) \end{cases}$$
求 a 的矩估计和极大似然估计.

4. 已知在某地 7 岁正常发育男孩的身高服从正态分布 $N(\mu,5)$,随机抽取容量为 25 的一组样本,算得平均身高 121 cm,试求:

(1) μ 的置信水平为 0.95 的置信区间;

(2) μ 的置信水平为 0.95 的单侧置信上限;

(3) μ 的置信水平为 0.95 的单侧置信下限.

5. 下面列出了自密歇根湖中捕获的 10 条鱼的聚氯联苯(单位:mg/kg)的含量(这是一种有毒化学物):

11.5,12.0,11.6,11.8,10.4,10.8,12.2,11.9,12.4,12.6

设样本来自正态总体 $N(\mu,\sigma^2)$ (μ,σ^2 均未知),试求:

(1) μ 的置信水平为 0.95 的置信区间;

(2) μ 的置信水平为 0.95 的单侧置信上限;

(3) μ 的置信水平为 0.95 的单侧置信下限.

6. 从某一学校随机抽取了 100 名女生进行调查.她们平均每个星期花费 13 元吃零食,样本标准差为 6 元,求:

(1) 此校所有女生每个星期平均花费在吃零食上的钱数的 95% 的置信区间;

(2) 此校所有女生每个星期平均花费在吃零食上的钱数的 95% 的单侧置信上限;

(3) 此校所有女生每个星期平均花费在吃零食上的钱数的 95% 的单侧置信下限.

7. 岩石密度的测量误差服从正态分布,随机抽测 12 个样品,得 $S=0.2$,求 σ^2 的置信区间($\alpha=0.1$).

8. 为了比较两种型号步枪的枪口速度,随机地取甲型子弹 10 发,算得枪口子弹的平均值 $\bar{x}=500 \text{ m/s}$,标准差 $S_1=1.1 \text{ m/s}$;随机地取乙型子弹 20 发,得枪口速度平均值 $\bar{y}=496 \text{ m/s}$,标准差 $S_2=1.2 \text{ m/s}$.设两总体近似地服从正态分布,求:

(1) 若方差相同,均值差 $\mu_1-\mu_2$ 的置信水平为 0.95 的置信区间;

(2) 若不知它们的方差是否相同,它们的方差比 $\dfrac{\sigma_1^2}{\sigma_2^2}$ 的置信水平为 0.95 的置信区间.

B 组

1. 设样本观测值为 $X_1, X_2, \cdots, X_n$,总体均值的矩估计为_____,总体方差的矩估计为_____.

2. 设 $X_1, X_2, \cdots, X_n$ 是来自总体 X 的一个样本,$E(X)=\mu$,样本均值 $\bar{X}$,则 $\bar{X}$ 为 μ 的_____估计量(填无偏或有偏).

3. 设 $2, -1, 2, 1$ 是来自总体 X 的一个样本,若 $D(X)=\sigma^2$ 存在,则总体方差 σ^2 的无偏估计值为_____.

4. 设 $X_1, X_2, \cdots, X_n (n \geqslant 3)$ 是来自总体 X 的一个简单随机样本,则下列估计量中不是总体期望 μ 的无偏估计量有( ).

A. $\bar{X}$ 　　　　　　　　　B. $X_1, X_2, \cdots, X_n$

C. $0.1(6X_1+4X_2)$ 　　　　D. $X_1+X_2-X_3$

5. 设 X_1, X_2, X_3 为一个样本,下面的三个无偏估计量中,( )有效.

A. $\hat{\mu}_1 = \bar{X} = \dfrac{1}{3}\sum_{i=1}^{3} X_i$ 　　　B. $\hat{\mu}_2 = \dfrac{1}{2}X_1 + \dfrac{1}{3}X_2 + \dfrac{1}{6}X_3$

C. $\hat{\mu}_3 = X_2$

6. 设 $X_1, \cdots, X_n$ 是来自总体 X 的一个样本,$E(X)=\mu, D(X)=\sigma^2$,则有( ).

A. $n\bar{X}$ 是 μ 的无偏估计 　　　B. $\bar{X}$ 是 μ 的无偏估计

C. x_1^2 是 σ^2 的无偏估计 　　　D. $\bar{X}^2$ 是 σ^2 的无偏估计

7. 样本方差 S^2 是总体方差的_____估计.(无偏或有偏)

8. 设 $X \sim N(\mu, \sigma^2)$,若 σ^2 未知,且 n 较小,则总体均值 μ 的置信度为 95% 的置信区间( ).

A. $\left(\bar{X}-t_{0.025}\dfrac{S}{\sqrt{n}}, \bar{X}+t_{0.025}\dfrac{S}{\sqrt{n}}\right)$ 　　B. $\left(\bar{X}-t_{0.025}\dfrac{\sigma}{\sqrt{n}}, \bar{X}+t_{0.025}\dfrac{\sigma}{\sqrt{n}}\right)$

C. $\left(\bar{X}-u_{0.025}\dfrac{S}{\sqrt{n}}, \bar{X}+u_{0.025}\dfrac{S}{\sqrt{n}}\right)$ 　　D. $\left(\bar{X}-u_{0.025}\dfrac{\sigma}{\sqrt{n}}, \bar{X}+u_{0.025}\dfrac{\sigma}{\sqrt{n}}\right)$

9. 随机抽取 256 个海岛棉和陆地棉杂交种单株,获得单铃籽棉平均重 3.01 克,标准差为 0.27 克,推断总体均值的 0.95 置信区间为_____.

10. 对总体均值进行区间估计时( ).

A. n 越大,区间越长,估计的精确性越小

B. n 越大,区间越短,估计的精确性越大

C. $\bar{X}$ 越大,区间越长,估计的精确性越大

D. σ 越大,区间越短,估计的精确性越大

11. 设 $X \sim N(\mu, \sigma^2)$，σ^2 已知，若样本容量 n 和置信水平 $1-\alpha$ 均不变，则对不同的样本观测值，总体均值 μ 的置信区间的长度（　　）.

A. 变长　　　　　B. 变短　　　　　C. 不变　　　　　D. 无法确定

12. 设 $X \sim N(\mu, \sigma^2)$，$\sigma=1$，则总体均值 μ 的置信区间长度 L 与置信水平 $1-\alpha$ 的关系是（　　）.

A. L 随 $1-\alpha$ 减小而缩短

B. L 随 $1-\alpha$ 减小而增大

C. L 随 $1-\alpha$ 减小而保持不变

D. 以上说法都不对

13. 设总体 X 的密度函数为

$$f(x) = \begin{cases} \theta & (0 < x < 1) \\ 1-\theta & (1 \leq x < 2) \\ 0 & (其他) \end{cases}$$

其中 θ $(0 < \theta < 1)$ 未知，$X_1, X_2, \cdots, X_n$ 为 X 的一个样本，记 N 为样本值 $x_1, x_2, \cdots, x_n$ 中小于 1 的个数，求 θ 的矩估计和极大似然估计.

14. 某种动物的体重服从正态分布 $N(\mu, 9)$，今抽取 9 个动物考察，测得平均体重为 51.3 kg，求总体均值 μ 置信水平为 95% 的置信区间？（$\alpha = 0.05$）（$z_{0.025} = 1.96$）

15. 设某电子元件的寿命服从正态分布 (μ, σ^2)，抽样检查 10 个元件，得样本均值 $\bar{X} = 1\,200$ h，样本标准差 $S = 14$ h. 求：

(1) 总体均值 μ 置信水平为 99% 的置信区间；

(2) 用 $\bar{X}$ 作为 μ 的估计值，求绝对误差值不大于 10 h 的概率.

16. 一家轮胎工厂在检验轮胎质量时抽取了 400 条轮胎做实验，其检查结果这些轮胎的平均行驶里程是 20 000 km，样本标准差为 6 000 km. 试求这家工厂的轮胎的平均行驶里程的置信区间，可靠度为 95%.

17. 现从一批产品中取 100 个样品，得次品 12 个，求次品率 p 的置信度为 95% 的置信区间.

18. 一项研究计划估计在一片森林中平均每年一棵树长高了多少，研究人员准备用 90% 的置信水平，并希望估计出的均值在 ± 0.5 cm 的误差范围内. 以前的研究显示样本标准差为 2 cm，这项研究的样本容量需要多大才能满足要求？

19. 为了估计在报纸上做一次广告的平均费用，抽出了 20 家报社作随机样本，样本的均值和标准差分别为 575 元和 120 元，假定广告费用近似服从正态分布，求总体方差的 95% 的置信区间.

20. 为比较甲乙两种安眠药的疗效，将 20 名患者分成两组，每组 10 人，假设服药后延长的睡眠时间分别服从正态分布，其数据为（单位：h）

甲：5.5, 4.6, 4.4, 3.4, 1.9, 1.6, 1.1, 0.8, 0.1, -0.1，$S_1^2 = 4.01$

乙：3.7, 3.4, 2.0, 2.0, 0.8, 0.7, 0, -0.1, -0.2, -1.6，$S_2^2 = 2.84$

(1) 若方差相同，求两种安眠药平均延长的睡眠时间差 $\mu_1 - \mu_2$ 的置信水平为 0.95 的置信区间；

(2) 若不知它们的方差是否相同，求它们的方差比 $\dfrac{\sigma_1^2}{\sigma_2^2}$ 的置信水平为 0.95 的置信区间.

案例分析

案例 7.1 捕鱼问题

设湖中有 N 条鱼,现捕出 r 条,做上记号,然后放回湖中,一段时间后再从湖中捕出 s 条,发现其中有 t 条有记号.根据这些信息,估计湖中鱼的总数 N 的值.

分析 对于这个经典问题,我们利用最大似然估计来估计湖中鱼的总数.

(1) 记 s 条鱼中有标记的鱼数为 T,求 T 的概率分布

根据实际情况,假定捕出的 s 条鱼与湖中鱼总数 N 的比很小,即 $s \ll N$,可以认为每捕一条鱼出现有记号的概率为 $p = \dfrac{r}{N}$,且认为在 s 次捕鱼中 p 不变.

把捕 s 条鱼看作 s 重伯努利试验,s 条鱼中恰有 T 条有标记的,故 $T \sim B\left(s, \dfrac{r}{N}\right)$,

$$P(T=t) = p_s(t) = C_s^t p^t (1-p)^{s-t} = C_s^t \left(\dfrac{r}{N}\right)^t \left(1-\dfrac{r}{N}\right)^{s-t} = \dfrac{1}{N^s} C_s^t r^t (N-r)^{s-t}$$

(2) 利用最大似然估计来估计湖中鱼的总数

由最大似然估计思想,取 N 使得概率 $p_s(t)$ 达到最大,为此可将 N 作为非负实数看待,求 $p_s(t)$ 关于 N 的最大值.

为方便,取自然对数,求 $\ln p_s(t)$ 关于 N 的最大值,

$$\ln p_s(t) = -s\ln N + \ln C_s^t + t\ln r + (s-r)\ln(N-r)$$

令

$$\dfrac{d \ln p_s(t)}{dN} = -\dfrac{s}{N} + \dfrac{s-t}{N-r} = 0$$

得到 N 的估计量

$$\hat{N} = \dfrac{rs}{t}$$

注 矩估计法之优点是方法原理简单,使用方便,而且具有一定的优良性质.应用此法对总体 X 的数学期望和方差等数字特征作估计时,不需要知道总体分布的形式.其缺点是矩估计法要求随机变量 X 的原点矩存在,如柯西分布的原点矩不存在,那就不能用矩法了,再者,样本的表达式同总体 X 的分布函数 $F(x,\theta)$ 的表达式无关,因而矩法还没有充分利用 $F(x,\theta)$ 对参数 θ 所提供的信息,这就在体现总体特征上往往性质较差.

极大似然估计法不论是在理论研究上,还是在实际应用上,都是应用最广泛的一种点估计方法.它具有许多优良性质.同时,它充分利用了总体 X 的分布函数 $F(x,\theta)$ 所提供的信息,因此在体现总体分布特征上往往具有比较好的性质.然而,正是因为在求参数的极大似然估计时必须要知道总体 X 的分布函 $F(x,\theta)$ 的具体形式,因此它在应用上没有矩估计法简单.

值得指出的是,就衡量估计量优劣的一些标准来看,参数的极大似然估计量一般比矩估计量具有更好的性质.

自主练习 7.1

利用概率的统计定义或矩估计的方法估计湖中鱼的总数 N 值.

案例 7.2 两行业收入的比较

为比较甲、乙两种行业就业人员的收入情况,分别抽样调查了 100 名和 80 名就业人员,经计算得到样本均值分别为 605.2 元和 711.3 元,样本方差分别为 639.7 和 702.9.已知两种行业人员的收入都服从正态分布,如果已知甲、乙两种行业就业人员收入的方差相等,试分析估计甲、乙两种行业就业人员收入相差的幅度($\alpha = 0.05$).

分析 记 $n_1 = 100, n_2 = 80, \bar{x}_1 - \bar{x}_2 = -106.1, S_1^2 = 639.7, S_2^2 = 702.9$.

(1) 对 $n_1 + n_2 - 2 = 178, \alpha = 0.05$,由式

$$S_w^2 = \frac{(n_1 - 1)S_1^2 + (n_2 - 1)S_2^2}{n_1 + n_2 - 2}$$

查标准正态分布表,可得 $t_{0.025}(178) \approx 1.96$,

$$S_w^2 = \frac{1}{178}(99 \times 639.7 + 79 \times 702.9) \approx 667.75$$

$$t_{\alpha/2}(n_1 + n_2 - 2)\sqrt{S_w^2\left(\frac{1}{n_1} + \frac{1}{n_2}\right)} \approx 1.96 \times \sqrt{667.75 \times \left(\frac{1}{100} + \frac{1}{80}\right)} \approx 7.60$$

根据式

$$\left(\bar{X} - \bar{Y} \pm t_{\frac{\alpha}{2}}(n_1 + n_2 - 2)S_w\sqrt{\frac{1}{n_1} + \frac{1}{n_2}}\right)$$

可得甲、乙两种行业就业人员平均收入之差的置信度为 0.95 的置信区间是 $(-106.1 - 7.60, -106.1 + 7.60)$,即 $(-113.70, -98.5)$.

也就是说,以 95% 的置信度而言,甲行业的平均收入比乙行业少 $(98.5 - 113.7)$ 元.

注 当 σ_1^2, σ_2^2 未知时,关于均值差 $\mu_1 - \mu_2$ 的区间估计,在大样本情形($\min(n_1, n_2) \geq 50$),可以分别用 S_1^2 与 S_2^2 代替 σ_1^2 与 σ_2^2,看作 $\dfrac{(\bar{X}_1 - \bar{X}_2) - (\mu_1 - \mu_2)}{\sqrt{S_1^2/n_1 + S_2^2/n_2}}$ 近似服从 $N(0,1)$.所以 $\mu_1 - \mu_2$ 的置信度为 $1 - \alpha$ 的置信区间为

$$\left(\bar{X}_1 - \bar{X}_2 \pm z_{\alpha/2}\sqrt{\frac{S_1^2}{n_1} + \frac{S_2^2}{n_2}}\right)$$

自主练习 7.2

为比较甲、乙两种行业就业人员的收入情况,分别抽样调查了 100 名和 80 名就业人员,经计算得到样本均值分别为 605.2 元和 711.3 元,样本方差分别为 639.7 和 702.9.已知两种行业人员的收入都服从正态分布,如果两者收入方差是否相等未知,试分析估计甲、乙两种行业就业人员收入相差的幅度($\alpha = 0.05$).

案例 7.3 电视收视率问题

某传媒公司欲调查电视台某综艺节目收视率 P,为使得 P 的 $1 - \alpha$ 置信区间长度不超过 d_0,问应调查多少用户?

分析 这是关于二点分布比例 P 的置信区间问题,由于二点分布 $B(1, P)$ 的样本,其 P 的 $1 - \alpha$ 置信区间

$$\left[\overline{X} - z_{\alpha/2}\sqrt{\frac{\overline{X}(1-\overline{X})}{n}}, \overline{X} + z_{\alpha/2}\sqrt{\frac{\overline{X}(1-\overline{X})}{n}}\right]$$

故 $1-\alpha$ 置信区间长度为 $2z_{\alpha/2}\sqrt{\frac{\overline{X}(1-\overline{X})}{n}}$.

但由于 $\overline{X}\in(0,1)$, 所以对任意的观测值有 $\overline{X}(1-\overline{X})\leqslant 0.5^2$, 这也就是说 P 的 $1-\alpha$ 置信区间长度不超过 $\frac{z_{\alpha/2}}{\sqrt{n}}$.

现要求 P 的 $1-\alpha$ 置信区间长度不超过 d_0, 只需要 $\frac{z_{\alpha/2}}{\sqrt{n}}\leqslant d_0$ 即可, 从而

$$n \geqslant \left(\frac{\mu_{\alpha/2}}{d_0}\right)^2$$

若取 $d_0=0.04, \alpha=0.05$, 则 $n\geqslant 2\,401$, 这表明, 要使收视率 P 的 0.95 置信区间的长度不超过 0.04, 则需要对 2 401 个用户做调查.

注 在样本容量充分大时, 可以用渐近分布来构造近似的置信区间.

设 $X_1, X_2, \cdots, X_n$ 是来自二点分布 $B(1,P)$ 的样本, 下面求 P 的 $1-\alpha$ 置信区间.

由中心极限定理知, 样本均值 $\overline{X}$ 的渐近分布为 $N\left(P, \frac{P(1-P)}{n}\right)$, 因此有

$$\frac{\overline{X}-P}{\sqrt{\frac{P(1-P)}{n}}} \sim N(0,1)$$

对于给定的置信度 $1-\alpha$, 有

$$P\left(\left|\frac{\overline{X}-P}{\sqrt{P(1-P)/n}}\right|\leqslant z_{\alpha/2}\right)\approx 1-\alpha$$

括号里的事件等价于

$$(\overline{X}-P)^2 \leqslant u_{\alpha/2}^2 \frac{P(1-P)}{n}$$

即

$$(n+z_{\alpha/2}^2)P^2 - (2n\overline{X}+z_{\alpha/2}^2)P + n\overline{X}^2 \leqslant 0$$

故左侧二次多项式是开口向上并与 x 轴有两个交点的曲线, 记此两个交点为 P_L 和 P_U, 则有

$$P(P_L \leqslant P \leqslant P_U) \approx 1-\alpha$$

这里 P_L 和 P_U 是该二次多项式的两个根, 它们可表示为

$$P = \frac{n}{n+z_{\alpha/2}^2}\left[\overline{X}+\frac{z_{\alpha/2}^2}{2n} \pm z_{\alpha/2}\sqrt{\frac{\overline{X}(1-\overline{X})}{n}+\frac{z_{\alpha/2}^2}{4n^2}}\right]$$

考虑到 $z_{\alpha/2}^2$ 不会很大, 在 n 比较大时, 可将置信区间近似为

$$\left[\overline{X} - z_{\alpha/2}\sqrt{\frac{\overline{X}(1-\overline{X})}{n}}, \overline{X} + z_{\alpha/2}\sqrt{\frac{\overline{X}(1-\overline{X})}{n}}\right]$$

例如: 对某件事 A 作 120 次观察, A 发生 36 次, 试给出事件 A 发生概率 P 的 0.95 置信区间.

分析 $n=120, \overline{X}=\frac{36}{120}=0.3$, 而 $z_{0.025}=1.96$, 于是 P 的 0.95(双侧)置信下限和置信上

限分别是

$$P_L = 0.3 - 1.96\sqrt{\frac{0.3 \times 0.7}{120}} = 0.218$$

$$P_U = 0.3 + 1.96\sqrt{\frac{0.3 \times 0.7}{120}} = 0.382$$

故所求的置信区间为 $[0.218, 0.382]$.

自主练习 7.3

税务管理官员认为,一些企业有偷税漏税行为,在对由 800 个企业构成的随机样本的检查中,发现有 144 个企业有偷税漏税行为.请根据 99% 的置信水平估计偷税漏税企业比例的置信区间.

释疑解难

1. 矩估计是否唯一？

答 不唯一.如泊松分布 $\pi(\lambda)$（λ 是未知参数）,既可以通过方程 $E(X) = \lambda$,用样本的一阶原点矩即样本均值作为 λ 的矩估计,也可以通过方程 $D(X) = \lambda$,用样本的二阶中心矩作为 λ 的矩估计,显然这两个矩估计是不同的.

2. 参数的点估计和极大似然估计方法的优缺点是什么？

答 矩估计方法直观意义最明显,对任何总体都可用,方法简单,有时在总体分布未知的情况下也能使用.缺点是要求总体的相应矩存在,若不存在就不能用此方法.极大似然估计方法对任何总体都可以用,而且具有不变性等很多较好的性质,缺点是要求知道总体的分布,而且似然方程有时很难求解.

3. 似然方程的解都是极大似然估计吗？

答 不一定,使似然方程达到最大值的解才是极大似然估计.

4. 极大似然估计的"不变性",矩估计是否也适合？

答 对矩估计而言,不变性不成立.

5. 有了点估计为什么还要引入区间估计？

答 简单地说,点估计只是参数的一个"近似值".而任何一种"近似"若不附加"误差范围"和"可信程度",这种近似是没有价值的.参数的区间估计解决了这个问题.

第 8 章 假 设 检 验

在管理和决策时,除了需要解决参数的估计问题外,还常常会遇到另一种统计推断问题.这类问题通常可以转化为对总体分布中未知参数的某种假设进行判断,最后得出这个假设是合理可信还是值得怀疑不能相信.这就是本章将要介绍的关于参数的假设检验.

8.1 假设检验的基本概念

8.1.1 假设检验的基本思想

假设检验方法的依据是概率论中的实际推断原理:在一次实验中小概率事件几乎不发生.这一原理的逆否命题是:如果事件在一次实验中就发生,那这个事件往往不是小概率事件.

例 8.1.1 设袋中装有黑、白两种颜色的球共 10 个,黑球数:白球数 = 1:9 或 9:1.问袋子里究竟是黑球多还是白球多?

不妨假设白球多,若令 $p = \dfrac{白球数}{总数}$,白球多这一假设还可以表示成 $p = 0.9$,即转化为参数的某个取值.

现独立有放回连续取 3 次均为黑球,如果白球多即 $p = 0.9$ 成立,那么连续 3 次都取出黑球这一现象发生的可能性为 $p = 0.1^3 = 0.001$,显然这在白球多的情况下是一个小概率事件.由实际推断原理:在一次试验中小概率事件几乎不发生,而现在这个小概率事件一次试验中就发生了,不能不使人怀疑白球多这一假设,更愿意相信黑球多,因此拒绝这个假设,认为黑球多.

上例做了一个完整的假设检验:首先提出问题(或假设),把问题(或假设)转化成参数的某个取值,这叫作**原假设**,记作 H_0,上例中原假设为 $H_0: p = 0.9$.然后定义另一个与原假设的内容完全对立的假设,称为**备择假设**,记作 H_1,上例中备择假设为 $H_1: p \neq 0.9$.通常把这两个假设写在一起,即 $H_0: p = 0.9, H_1: p \neq 0.9$.接着在原假设 H_0 成立的前提下分析什么样的事件 A 不该出现,即 $P(A)$ 是一个小概率事件.一般情况下这个小概率事件 A 的确定都是从样本出发,考虑一个统计量,这个统计量称为检验统计量,通过其相应的抽样分布来确定.代入实际获得样本值,若 A 出现了,由实际推断原理 $P(A)$ 往往不是小概率事件,进而怀疑原假设 H_0 的正确性,从而拒绝原假设 H_0,更愿意接受备择假设 H_1.若 A 并没有出现,那么这与 $P(A)$ 是小概率事件并未产生矛盾,因此没有理由怀疑原假设 H_0,从而可以接受

原假设 H_0,认为它是正确的.因此 A 这个事件很关键,它相当于一个范围,用于判断接受还是拒绝原假设,A 出现就拒绝原假设,因此称 A 为**拒绝域**.

8.1.2 假设检验的步骤

从例 8.1.1 的分析过程,可以看出假设检验的一般步骤为:
(1) 根据实际问题提出原假设 H_0 和备择假设 H_1;
(2) 确定检验统计量;
(3) 在 H_0 为真的假定下,利用检验统计量确定拒绝域,根据样本值,若属于拒绝域,则拒绝 H_0,否则接受 H_0.

注 原假设和备择假设的建立主要根据具体问题来决定.通常把不能轻易否定的命题作为原假设,而把希望得到的结果或想收集数据予以支持的命题作为备择假设.

在对参数 θ 的假设检验中,形如 $H_0: \theta = \theta_0, H_1: \theta \neq \theta_0$ 的假设检验称为**双边检验**.

在实际问题中,有些被检验的参数,如电子元件的寿命越大越好,而一些指标如原材料的消耗越低越好,此时,需要讨论如下形式的假设检验:

$$H_0: \theta = \theta_0 (或 \theta \leq \theta_0), \quad H_1: \theta > \theta_0 \tag{8.1}$$

或

$$H_0: \theta = \theta_0 (或 \theta \geq \theta_0), \quad H_1: \theta < \theta_0 \tag{8.2}$$

我们称式 (8.1) 为**右边检验**,式 (8.2) 为**左边检验**;左边检验和右边检验统称为**单边检验**.

8.1.3 假设检验中的两类错误

由于假设检验是依据实际推断原理和一个样本值做出判断的,因此,所做的判断可能会出现错误.如原假设 H_0 客观上是真的,我们仍有可能以 α 的概率做出拒绝 H_0 的判断,从而犯了"弃真"的错误,这种错误称为**第一类错误**,犯这个错误的概率不超过给定的显著性水平 α,为简单起见,记

$$P(拒绝 H_0 \mid H_0 成立) = \alpha \tag{8.3}$$

另外,当原假设 H_0 客观上是假的,由于随机性而接受 H_0,这就犯了"取伪"的错误,这种错误称为**第二类错误**(表 8.1).犯第二类错误的概率记为 β,即

$$P(接受 H_0 \mid H_1 成立) = \beta \tag{8.4}$$

注 在检验一个假设时,人们总是希望犯这两类错误的概率都尽量小.但当样本容量 n 确定后,不可能同时做到犯这两类错误的概率都很小,因此,通常我们的做法是利用事前给定的显著性水平 α 来限制第一类错误,力求使犯第二类错误的概率 β 尽量小,这类假设检验称为**显著性检验**.

表 8.1　假设检验的两类错误

判断＼真实情况	H_0 成立	H_1 成立
拒绝 H_0	犯第一类错误	判断正确
接受 H_0	判断正确	犯第二类错误

习 题 8.1

A 组

1. 在假设检验中,是以_____成立为前提.(填原假设或备择假设)
2. 显著水平是_____原假设所使用的概率.(填拒绝或接受)
3. 为什么说用假设检验不能证明原假设正确?
4. 什么是统计意义上的显著性?

B 组

1. 要检验某地区的人均消费水平是否等于 1 500 元,提出的原假设和备择假设分别为 $H_0:\mu=1\,500, H_1:\mu\neq 1\,500$.在该假设检验中,第 Ⅱ 类错误是指(　　).

   A. 该地区人均消费水平的实际值是 1 500 元,检验结果却拒绝了原假设

   B. 该地区人均消费水平的实际值是 1 500 元,检验结果却未拒绝原假设

   C. 该地区人均消费水平的实际值不是 1 500 元,检验结果却拒绝了原假设

   D. 该地区人均消费水平的实际值不是 1 500 元,检验结果却未拒绝原假

2. 某生产厂家声称,它们的产品合格率在 99% 以上.某销售商准备购进一批该厂生产的产品,但需要一份质检证明报告证明其合格率在 99% 以上.那么

   (1) 如果是生产厂家自己出示一份质检报告,会提出怎样的备择假设?试说明理由;

   (2) 如果是销售商亲自抽检,会提出怎样的备择假设?

3. 由于时间和成本对产量变动的影响很大,所以在一种新的生产方式投入使用之前,生产厂家必须确信其所推荐新的生产方法能降低成本.目前生产中所用的生产方法成本均值为每小时 200 元.对某种新的生产方法,测量其一段样本生产期的成本.

   (1) 在该项研究中,建立适当的原假设和备择假设;

   (2) 当不能拒绝 H_0 时,试对所做的结论进行评述;

   (3) 当可以拒绝 H_0 时,试对所做的结论进行评述.

8.2　单个正态总体参数的假设检验

由中心极限定理知很多随机变量的和,无论原本是离散型还是连续型,最后都近似服从

正态分布,而且正态分布还具有分布的线性不变性,所以正态分布是最常见的一种分布.正态总体在假设检验中占有重要的位置,本节详细介绍单个正态总体均值和方差的假设检验问题.

8.2.1 单个正态总体均值的假设检验

1. σ^2 已知关于 μ 的假设检验

设总体 $X \sim N(\mu, \sigma^2)$,$X_1, X_2, \cdots, X_n$ 是取自总体 X 的样本,$\bar{X}$ 为样本均值,总体方差 σ^2 已知.

(1) 提出假设(双边检验).

$H_0: \mu = \mu_0, H_1: \mu \neq \mu_0$($\mu_0$ 为已知常数).

(2) 确定检验统计量.

若 $H_0: \mu = \mu_0$ 成立,样本均值 $\bar{X}$ 与 μ_0 不应有较大偏差,换言之 $|\bar{X} - \mu_0|$ 较大是个小概率事件,即 $P(|\bar{X} - \mu_0| > k) = \alpha$,此处 α 称为**显著性水平**,因为

$$\bar{X} \sim N\left(\mu, \frac{\sigma^2}{n}\right)$$

当 $H_0: \mu = \mu_0$ 成立时,有

$$Z = \frac{\bar{X} - \mu_0}{\sigma/\sqrt{n}} \sim N(0, 1)$$

因此选取

$$Z = \frac{\bar{X} - \mu_0}{\sigma/\sqrt{n}}$$

作为此假设检验的统计量.

(3) 确定拒绝域 W

$$P(|\bar{X} - \mu_0| > k) = P\left(\left|\frac{\bar{X} - \mu_0}{\sigma/\sqrt{n}}\right| > k^*\right) = P(|Z| > k^*) = \alpha$$

所以对于给定的显著性水平 α,由图 8.1 可见 $k^* = z_{\alpha/2}$,

$$P(|Z| > z_{\alpha/2}) = \alpha$$

由样本观测值 $x_1, x_2, \cdots, x_n$,计算 Z 的观察值

$$z = \frac{\bar{x} - \mu_0}{\sigma/\sqrt{n}}$$

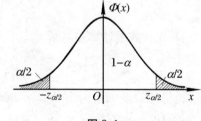

图 8.1

若 $|z| > z_{\alpha/2}$,表明 $\bar{X}$ 与 μ_0 有较大偏差,这与原假设 H_0 下样本均值 $\bar{X}$ 与 μ_0 不应有较大偏差相矛盾,从而拒绝原假设 H_0(接受备择假设 H_1),所以 $|z| > z_{\alpha/2}$ 便是 H_0 的拒绝域 W;若 $|z| \leqslant z_{\alpha/2}$,表明 $\bar{X}$ 与 μ_0 偏差不大,这与原假设 H_0 下样本均值 $\bar{X}$ 与 μ_0 不应有较大偏差一致,因此接受原假设 H_0,认为 H_0 正确.

此处的检验统计量为服从标准正态分布的 Z 统计量,因此称这类检验为 **Z 检验**.

例 8.2.1 某化肥厂用自动打包机包装化肥,其均值为 100 kg,根据经验知每包净重 X

(单位:kg)服从正态分布,标准差为 1 kg. 某日为检验自动打包机工作是否正常,随机地抽取 9 包,重量如下：

$$99.3, 98.7, 100.5, 101.2, 98.3, 99.7, 99.5, 102.1, 100.5$$

试问这一天自动打包机工作是否正常？（取 $\alpha = 0.05$）

解 （1）提出假设 $H_0: \mu = 100, H_1: \mu \neq 100$.

（2）选取统计量

$$Z = \frac{\bar{X} - 100}{\sigma/\sqrt{n}} \sim N(0,1)$$

（3）对于给定的显著性水平 $\alpha = 0.05$, 拒绝域 W 为

$$\left|\frac{\bar{X} - 100}{\sigma/\sqrt{n}}\right| \geq 1.96$$

（4）代入数据计算并判断

$$|z| = \left|\frac{\bar{x} - 100}{\sigma/\sqrt{n}}\right| = \left|\frac{99.8 - 100}{1/\sqrt{9}}\right| = 0.6 < 1.96$$

因此,接受原假设 H_0, 即自动打包机工作正常.

例 8.2.2 已知某种玉米平均穗重 300 g, 标准差 9.5 g. 喷施某种植物生长调节剂后, 随机抽取 9 个果穗, 算得平均穗重 308 g, 问这种生长调节剂对果穗重量是否有影响？

解 令使用调节剂后平均穗重 μ, 这是方差已知情况下关于均值 μ 的假设检验问题, 因为使用调节剂后平均穗重可能高于未使用, 也可能低于, 所以是双侧检验.

（1）提出假设 $H_0: \mu = \mu_0 = 300, H_1: \mu \neq 300$.

（2）因为方差已知, $Z = \dfrac{\bar{X} - \mu}{\sigma/\sqrt{n}} \sim N(0,1)$.

H_0 为真时, 选取检验统计量

$$Z = \frac{\bar{X} - \mu_0}{\sigma/\sqrt{n}} \sim N(0,1)$$

（3）对于给定的显著性水平 $\alpha = 0.05$, 拒绝域 W 为

$$\left|\frac{\bar{X} - \mu}{\sigma/\sqrt{n}}\right| \geq 1.96$$

（4）代入数据计算并判断

$$|z| = \left|\frac{\bar{x} - \mu}{\sigma/\sqrt{n}}\right| = \left|\frac{308 - 300}{9.5/\sqrt{9}}\right| = 2.526 > 1.96$$

因此, 拒绝原假设 H_0, 因为 $\bar{X} > \mu_0$, 所以使用调节剂后平均穗重明显高于常未使用的.

设总体 $X \sim N(\mu, \sigma^2)$, $X_1, X_2, \cdots, X_n$ 是取自总体 X 的样本, $\bar{X}$ 为样本均值, 总体方差 σ^2 已知.

（1）提出假设（右边检验）$H_0: \mu = \mu_0, H_1: \mu > \mu_0$.

（2）确定检验统计量.

若 H_0 为真, H_1 不真, 样本均值 $\bar{X}$ 几乎不会比 μ_0 大太多, 因此在方差已知的情况下, 取检验统计量 $Z = \dfrac{\bar{x} - \mu_0}{\sigma/\sqrt{n}} \sim N(0,1)$.

（3）确定拒绝域 W.

当 H_0 为真,H_1 不真时,Z 的值几乎不会很大,因此拒绝域的形式为

$$Z = \frac{\bar{X} - \mu_0}{\sigma/\sqrt{n}} > k \quad (k \text{ 待定})$$

因为当 H_0 为真时,$Z = \frac{\bar{X} - \mu_0}{\sigma/\sqrt{n}} \sim N(0,1)$,

$$P(Z > k) = \alpha$$

得 $k = z_\alpha$,故拒绝域 W 为

$$Z = \frac{\bar{X} - \mu_0}{\sigma/\sqrt{n}} > z_\alpha$$

同理,检验假设(左边检验)$H_0: \mu = \mu_0$,$H_1: \mu < \mu_0$ 的拒绝域 W 为

$$Z = \frac{\bar{X} - \mu_0}{\sigma/\sqrt{n}} < -z_\alpha$$

注 假设检验问题 $H_0: \mu \leqslant \mu_0$,$H_1: \mu > \mu_0$,与 $H_0: \mu = \mu_0$,$H_1: \mu > \mu_0$ 具有相同的拒绝域. 假设检验问题 $H_0: \mu \geqslant \mu_0$,$H_1: \mu < \mu_0$ 与 $H_0: \mu = \mu_0$,$H_1: \mu < \mu_0$ 具有相同的拒绝域.

例 8.2.3 从甲地发送一个信号到乙地,设发送的信号值为 μ,由于信号传送时有噪声迭加到信号上,这个噪声是随机的,它服从正态分布 $N(0,2^2)$,从而乙地接到的信号值是一个服从正态分布 $N(\mu,2^2)$ 的随机变量.设甲地发送某信号 5 次,乙地收到的信号值为

$$8.4, 10.5, 9.1, 9.6, 9.9$$

于是乙方猜测甲地发送的信号值不超过 8,能否接受这种猜测?取 $\alpha = 0.05$.

解 (1) 这是右边检验问题,提出检验假设 $H_0: \mu = 8$,$H_1: \mu > 8$.

(2) 检验统计量 $Z = \frac{\bar{X} - \mu_0}{\sigma/\sqrt{n}}$.

(3) 拒绝域 W 为

$$Z = \frac{\bar{X} - \mu_0}{\sigma/\sqrt{n}} > z_{0.05} = 1.645$$

(4) 代入数据计算并判断

$$z = \frac{9.5 - 8}{2/\sqrt{5}} = 1.68 > 1.645$$

所以拒绝 H_0,认为发出的信号值 $\mu > 8$.

2. σ^2 未知关于 μ 的假设检验

设总体 $X \sim N(\mu, \sigma^2)$,$X_1, X_2, \cdots, X_n$ 是取自总体 X 的样本,$\bar{X}$ 为样本均值,总体方差 σ^2 未知.

(1) 提出假设(双边检验)$H_0: \mu = \mu_0$,$H_1: \mu \neq \mu_0$.

(2) 确定检验统计量.

由于 σ^2 未知,$\frac{\bar{X} - \mu_0}{\sigma/\sqrt{n}}$ 便不是统计量,这时我们自然想到用 σ^2 的无偏估计量样本方差 S^2 代替 σ^2,当 H_0 为真时,由于

$$\frac{\bar{X} - \mu_0}{s/\sqrt{n}} \sim t(n-1)$$

故取检验统计量

$$t = \frac{\bar{X} - \mu_0}{s/\sqrt{n}}$$

(3) 确定拒绝域 W.

对给定的显著性水平 α,直接查 t 分布表,得 t 分布分位点 $t_{\alpha/2}$,

$$P\{|t| > t_{\alpha/2}\} = \alpha$$

因而原假设 H_0 的拒绝域 W 为

$$|t| = \left|\frac{\bar{x} - \mu_0}{s/\sqrt{n}}\right| > t_{\alpha/2}$$

若 $|t| > t_{\alpha/2}$,则拒绝 H_0,接受 H_1;若 $|t| \leq t_{\alpha/2}$,则接受原假设 H_0.

上述利用 t 分布作为检验统计量得出的检验法称为 **t 检验法**.

在实际中,正态总体的方差常为未知,所以我们常用 t 检验法来检验关于正态总体均值的问题.

例 8.2.4 《美国公共健康》杂志(1994 年 3 月)描述涉及 20 143 个个体的一项大规模研究. 文章说从脂肪中摄取热量的平均百分比是 38.4%(范围是 6% 到 71.6%),在某一大学医院进行一项研究以判定在该医院中病人的平均摄取量是否不同于 38.4%,抽取了 15 个病人测得平均摄取量为 44.5%,样本标准差为 7.5%. 设样本来自正态总体 $N(\mu, \sigma^2)$,μ, σ^2 均未知,试取显著性水平 $\alpha = 0.05$ 进行检验.

解 (1) 提出假设 $H_0: \mu = 38.4, H_1: \mu \neq 38.4$.

(2) 由于 σ^2 未知,取检验统计量

$$t = \frac{\bar{x} - \mu_0}{s/\sqrt{n}}$$

当 H_0 为真时,$t \sim t(n-1)$.

(3) 拒绝域 W 为

$$|t| = \left|\frac{\bar{x} - \mu_0}{s/\sqrt{n}}\right| > t_{\alpha/2}$$

(4) 代入数据计算并判断,对于检验水平 $\alpha = 0.05$,查 t 分布表得 $t_{0.025}(14) = 2.1448$,

而 $|t| = \left|\dfrac{44.5 - 38.4}{7.5/\sqrt{15}}\right| = 3.15 > 2.1148$.

故拒绝 H_0,即病人的平均摄取量不同于 38.4%.

例 8.2.5 测得某地区 16 个成年男子的体重(以 kg 计)为

77.18,80.81,65.83,66.28,71.28,79.45,78.54,62.20

69.01,77.63,74.00,77.18,61.29,72.19,90.35,59.47

设样本来自正态总体 $N(\mu, \sigma^2)$,μ, σ^2 均未知,试取 $\alpha = 0.05$ 检验假设:该地区成年男子的体重是否为 72 kg?

解 (1) 提出检验问题 $H_0: \mu = \mu_0 = 72, H_1: \mu \neq 72$.

(2) 检验统计量为

$$t = \frac{\bar{x} - \mu_0}{s/\sqrt{n}}$$

(3) 拒绝域 W 为

$$|t| = \left|\frac{\bar{x}-\mu_0}{s/\sqrt{n}}\right| > t_{\alpha/2}$$

(4) 代入数据计算并判断，对于检验水平 $\alpha=0.05$，查 t 分布表得 $t_{0.025}(15)=2.1315$，而 $|t| = \left|\frac{72.668-72}{8.338/\sqrt{16}}\right| = 0.32 < 2.1315$.

故接受 H_0，即认为该地区成年男子的平均体重为 72.64 kg.

设总体 $X \sim N(\mu,\sigma^2)$，$X_1,X_2,\cdots,X_n$ 是取自总体 X 的样本，$\bar{X}$ 为样本均值，总体方差 σ^2 未知.

(1) 提出假设（右边检验）$H_0:\mu=\mu_0$，$H_1:\mu>\mu_0$.

(2) 确定检验统计量.

若 $H_0:\mu=\mu_0$ 真，H_1 不真，样本均值 $\bar{X}$ 几乎不会比 μ_0 大太多，因此在方差未知的情况下，取检验统计量 $t = \dfrac{\bar{X}-\mu_0}{S/\sqrt{n}}$.

(3) 确定拒绝域 W.

与方差已知时分析类似，当 H_0 为真，H_1 不真时，t 几乎不会太大，即对于显著性水平 α，

$$P(t > t_\alpha(n-1)) = \alpha$$

因此拒绝域 W 为

$$t = \frac{\bar{X}-\mu_0}{S/\sqrt{n}} > t_\alpha$$

同理，检验假设（左边检验）$H_0:\mu=\mu_0$，$H_1:\mu<\mu_0$ 的拒绝域 W 为

$$t = \frac{\bar{X}-\mu_0}{S/\sqrt{n}} < -t_\alpha$$

注 假设检验问题 $H_0:\mu\leqslant\mu_0$，$H_1:\mu>\mu_0$ 与 $H_0:\mu=\mu_0$，$H_1:\mu>\mu_0$ 拒绝域相同，而 $H_0:\mu\geqslant\mu_0$，$H_1:\mu<\mu_0$ 与 $H_0:\mu=\mu_0$，$H_1:\mu\leqslant\mu_0$ 具有相同的拒绝域.

例 8.2.6 按饲料配方规定，每 1 000 kg 某种饲料中维生素 C 不得少于 246 g，现从工厂的产品中随机抽测 12 个样品，测得维生素 C 含量（单位：g）如下：255，260，262，248，244，245，250，238，246，248，258，270，若样品的维生素 C 含量服从正态分布，问此产品是否符合规定要求？（显著性水平取 0.05，$t_{0.05}(11)=1.796$）

解 这是方差未知情况下关于均值 μ 的右边检验问题.

(1) 提出两个假设 $H_0:\mu=246$，$H_1:\mu>246$.

(2) 因为方差未知，$t = \dfrac{\bar{X}-\mu}{S/\sqrt{n}} \sim t(n-1)$，$H_0$ 为真时，$t = \dfrac{\bar{X}-\mu_0}{S/\sqrt{n}} \sim t(n-1)$.

(3) 对于给定的显著性水平 $\alpha=0.05$，拒绝域 W 为 $\dfrac{\bar{X}-\mu_0}{S/\sqrt{n}} \geqslant t_\alpha(n-1)$.

(4) 代入数据计算并判断，$\bar{x}=252$，$S=9.12$，$t = \dfrac{\bar{X}-\mu_0}{S/\sqrt{n}} = 2.28 > 1.796$，因此，拒绝原假设 H_0，即产品符合规定要求.

3. 大样本下关于 μ 的假设检验

设总体 X 的分布是任意的，$E(X)=\mu$，$D(X)=\sigma^2$ 均存在，从总体 X 中抽大样本 X_1，$X_2,\cdots,X_n(n\geqslant 50)$，试检验假设 $H_0:\mu=\mu_0$，$H_1:\mu\neq\mu_0$.

这是大样本下关于均值 μ 的检验问题. 由中心极限定理，$\bar{X}$ 近似服从正态分布.

(1) 若方差 σ^2 已知，考虑检验统计量 $Z=\dfrac{\bar{X}-\mu_0}{\sigma/\sqrt{n}}\overset{\text{近似}}{\sim}N(0,1)$；

(2) 若 σ^2 未知，考虑检验统计量 $Z=\dfrac{\bar{X}-\mu_0}{S/\sqrt{n}}\overset{\text{近似}}{\sim}N(0,1)$.

选定显著性水平 $\alpha(0<\alpha<1)$，确定拒绝域为 $|Z|>z_{\alpha/2}$，代入样本等已知数据，若 $|Z|>z_{\alpha/2}$，则拒绝原假设 H_0，接受备择假设 H_1；若 $|Z|\leqslant z_{\alpha/2}$，则接受原假设 H_0.

例 8.2.7 为调查某砖厂所生产砖的"抗断强度"，从该厂产品中随机抽取 100 块，测得这 100 块砖的平均抗断强度 $\bar{X}=31.13$，样本标准差为 $S=1.1$，试检验该厂砖的平均抗断强度为 $32.50\ \text{kg}\cdot\text{cm}^{-2}$ 是否成立？（取 $\alpha=0.05$）

解 这是总体分布未知且方差也未知情况下关于总体均值 μ 的大样本检验问题.

(1) 提出假设 $H_0:\mu=32.5$，$H_1:\mu\neq 32.5$.

(2) 因为方差未知，选取统计量

$$Z=\dfrac{\bar{X}-100}{S/\sqrt{n}}\overset{\text{近似}}{\sim}N(0,1)$$

(3) 对给定的显著性水平 $\alpha=0.05$，拒绝域 W 为

$$\left|\dfrac{\bar{X}-100}{S/\sqrt{n}}\right|\geqslant 1.96$$

(4) 代入数据计算并判断得

$$|z|=\left|\dfrac{\bar{x}-32.50}{S/\sqrt{n}}\right|=\left|\dfrac{31.13-32.50}{1.1/\sqrt{100}}\right|=12.45>1.96$$

所以在显著性水平 $\alpha=0.05$ 下拒绝 H_0，即不能认为这批产品的平均抗断强度是 $32.50\ \text{kg}\cdot\text{cm}^{-2}$.

4. 假设检验与置信区间的关系

总体参数的假设检验与置信区间之间存在密切的关系. 参数 θ 的假设检验，是由样本构造的小概率事件否定参数 θ 属于某一范围，而置信区间则是由样本构造的大概率事件求得包含参数 θ 真值的范围. 通常这两者可以互相导出.

下面以参数 μ 的双侧检验为例来讨论两者关系.

设总体 $X\sim N(\mu,\sigma^2)$，方差 σ^2 已知，检验假设 $H_0:\mu=\mu_0$，$H_1:\mu\neq\mu_0$（μ_0 为已知常数）. 由

$$Z=\dfrac{\bar{X}-\mu}{\sigma/\sqrt{n}}\sim N(0,1)$$

知，拒绝域为 $|Z|>z_{\alpha/2}$，接受域为 $|Z|\leqslant z_{\alpha/2}$ 且 $P(|Z|\leqslant z_{\alpha/2})=1-\alpha$.

将接受域 $|Z|\leqslant z_{\alpha/2}$ 整理，可得 $\mu\in\left(\bar{X}-z_{\alpha/2}\dfrac{\sigma_0}{\sqrt{n}},\bar{X}+z_{\alpha/2}\dfrac{\sigma_0}{\sqrt{n}}\right)$，此即为参数 μ 的置信度为 $1-\alpha$ 的置信区间.

反之，设总体 $X\sim N(\mu,\sigma^2)$，方差 σ^2 已知，参数 μ 的置信度为 $1-\alpha$ 的置信区间为 $\left(\bar{X}-z_{\alpha/2}\dfrac{\sigma_0}{\sqrt{n}},\bar{X}+z_{\alpha/2}\dfrac{\sigma_0}{\sqrt{n}}\right)$，即 $P\left(\bar{X}-z_{\alpha/2}\dfrac{\sigma_0}{\sqrt{n}},\bar{X}+z_{\alpha/2}\dfrac{\sigma_0}{\sqrt{n}}\right)=1-\alpha$，整理得 $P(|Z|\leqslant$

$z_{\alpha/2}) = 1-\alpha$,即 μ 的置信度为 $1-\alpha$ 的置信区间实际上是 H_0 的接受域.

例 8.2.8 （续例 8.2.1）由区间估计可对参数进行检验：μ 的置信度为 95% 的置信区间为

$$\left(\bar{X} - z_{\alpha/2}\frac{\sigma_0}{\sqrt{n}}, \bar{X} + z_{\alpha/2}\frac{\sigma_0}{\sqrt{n}}\right) = (99.15, 100.45)$$

显然 $100 \in (99.15, 100.45)$，因此可以认为自动打包机工作正常. 这与假设检验所得结论一致.

另外，也可以从假设检验的步骤中获得参数的区间估计：由接受域 $|z| = \left|\dfrac{\bar{x}-\mu}{\sigma/\sqrt{n}}\right| \leqslant 1.96$ 整理，可得 μ 的置信度为 95% 的置信区间 $(99.15, 100.45)$.

8.2.2 单个正态总体方差的假设检验

设总体 $X \sim N(\mu, \sigma^2)$，$X_1, X_2, \cdots, X_n$ 是取自总体 X 的样本，S^2 为样本方差.

(1) 提出假设（双边检验）

$$H_0: \sigma^2 = \sigma_0^2, \quad H_1: \sigma^2 \neq \sigma_0^2 \quad (\sigma_0^2 \text{ 为已知常数})$$

(2) 确定检验统计量.

若 $H_0: \sigma^2 = \sigma_0^2$ 为真，比值 $\dfrac{S^2}{\sigma_0^2}$ 一般应在 1 附近摆动，而不应过分大于 1 或过分小于 1，由抽样分布定理知，当 H_0 为真时，检验统计量

$$\chi^2 = \frac{(n-1)S^2}{\sigma_0^2} \sim \chi^2(n-1)$$

(3) 确定拒绝域 W.

H_0 为真时，$\chi^2 = \dfrac{(n-1)S^2}{\sigma_0^2}$ 取值几乎不会过大或过小，即

$$P(\chi^2 < \chi^2_{1-\alpha/2}(n-1) \text{ 或 } \chi^2 > \chi^2_{\alpha/2}(n-1)) = \alpha$$

对于显著性水平 α，H_0 的拒绝域为

$$\chi^2 < \chi^2_{1-\alpha/2}(n-1) \text{ 或 } \chi^2 > \chi^2_{\alpha/2}(n-1)$$

其中，χ^2 分布分位点 $\chi^2_{1-\alpha/2}(n-1)$ 与 $\chi^2_{\alpha/2}(n-1)$（图 8.2）可查表获得.

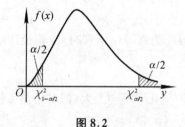

图 8.2

这种用服从 χ^2 分布的统计量对个单正态总体方差进行假设检验的方法，称为 χ^2 检验法.

例 8.2.9 某厂生产的某种型号的电池，其寿命长期以来服从方差 $\sigma^2 = 5\,000\ \text{h}^2$ 的正态分布，现有一批这种电池，从它的生产情况来看，寿命的波动性有所改变，现随机抽取 26 只电池，测得其寿命的样本方差 $S^2 = 9\,200\ \text{h}^2$. 问根据这一数据能否推断这批电池的寿命的波动性较以往有显著的变化（取 $\alpha = 0.02$）？

解 (1) 检验假设

$$H_0: \sigma^2 = \sigma_0^2 = 5\,000, \quad H_1: \sigma^2 \neq 5\,000$$

(2) 检验统计量 $\chi^2 = \dfrac{(n-1)S^2}{\sigma_0^2} \sim \chi^2(n-1)$.

(3) 对给定的显著性水平 $\alpha=0.02$，拒绝域为 $\dfrac{(n-1)S^2}{\sigma_0^2}>\chi_{0.01}^2(25)$ 或 $\dfrac{(n-1)S^2}{\sigma_0^2}<\chi_{0.99}^2(25)$.

(4) 现在 $n=26$，$\chi_{0.01}^2(25)=44.314$，$\chi_{0.99}^2(25)=11.524$，$S^2=9\,200$，代入得 $\chi^2=\dfrac{(n-1)S^2}{\sigma_0^2}=46>44.314$，所以拒绝 H_0，认为这批电池寿命的波动性较以往有显著的变化.

例 8.2.10 美国民政部门对某住宅区住户的消费情况进行的调查报告中，抽取 9 户为样本，其每年开支除去税款和住宅等费用外，依次为（单位：万美元）

$$4.9, 5.3, 6.5, 5.2, 7.4, 5.4, 6.8, 5.4, 6.3$$

假定住户消费数据服从正态分布 $N(\mu,\sigma^2)$，给定 $\alpha=0.05$，试问：所有住户消费数据的总体方差 $\sigma^2=0.5$ 是否可信？

解 (1) 检验假设 $H_0:\sigma^2=0.5$，$H_1:\sigma^2\neq 0.5$.

(2) 检验统计量 $\chi^2=\dfrac{(n-1)S^2}{\sigma_0^2}\sim\chi^2(n-1)$.

(3) 对给定的显著性水平 $\alpha=0.05$，拒绝域 W 为

$$\dfrac{(n-1)S^2}{\sigma_0^2}>\chi_{\alpha/2}^2(n-1) \text{ 或 } \dfrac{(n-1)S^2}{\sigma_0^2}<\chi_{1-\alpha/2}^2(n-1)$$

(4) 现在 $n=9$，$\alpha=0.05$，$\chi_{0.025}^2(8)=17.535$，$\chi_{0.975}^2(8)=2.180$，$S^2=0.756\,25$，代入得

$$\chi^2=\dfrac{(n-1)S^2}{\sigma_0^2}=12.1\in(2.180,17.535)$$

所以接受 H_0，即可以认为所有住户消费数据的总体方差是 0.5.

设总体 $X\sim N(\mu,\sigma^2)$，$X_1,X_2,\cdots,X_n$ 是取自总体 X 的样本，S^2 为样本方差.

$$H_0:\sigma^2=\sigma_0^2; \quad H_1:\sigma^2>\sigma_0^2 \text{（右边检验）}$$

当 H_0 为真，H_1 不真时，检验统计量

$$\chi^2=\dfrac{(n-1)S^2}{\sigma_0^2}$$

的取值几乎不会太大，即对于显著性水平 α，

$$P(\chi^2>\chi_\alpha^2(n-1))=\alpha$$

所以 H_0 的拒绝域为

$$\chi^2=\dfrac{(n-1)S^2}{\sigma_0^2}>\chi_\alpha^2(n-1)$$

类似地，可得左边检验假设 $H_0:\sigma^2=\sigma_0^2$；$H_1:\sigma^2<\sigma_0^2$ 的拒绝域为

$$\chi^2<\chi_{1-\alpha}^2(n-1)$$

注 假设检验问题 $H_0:\sigma^2\leqslant\sigma_0^2$，$H_1:\sigma^2>\sigma_0^2$ 与 $H_0:\sigma^2=\sigma_0^2$，$H_0:\sigma^2>\sigma_0^2$ 拒绝域相同，而 $H_0:\sigma^2\geqslant\sigma_0^2$，$H_1:\sigma^2<\sigma_0^2$ 与 $H_0:\sigma^2=\sigma_0^2$，$H_1:\sigma^2<\sigma_0^2$ 拒绝域相同.

若单边检验的原假设中等号换成与备择假设相对立的符号，相应的拒绝域不变.

例 8.2.11 今进行某项工艺革新，从革新后的产品中抽取 25 个零件，测量其直径，计算得样本方差为 $S^2=0.000\,66$，已知革新前零件直径的方差 $\sigma_0^2=0.001\,2$，设零件直径服从正态分布，问革新后生产的零件直径的方差是否显著减小？（$\alpha=0.05$）

解 (1) 提出假设 $H_0:\sigma^2=\sigma_0^2=0.001\,2$；$H_1:\sigma^2<\sigma_0^2$.

(2) 选取统计量

$$\chi^2 = \frac{(n-1)S^2}{\sigma_0^2}$$

(3) 其拒绝域 W 为

$$\chi^2 < \chi^2_{1-\alpha}(n-1)$$

(4) 代入数据得

$$\chi^2 = \frac{(n-1)S^2}{\sigma_0^2} = \frac{24 \times 0.00066}{0.0012} = 13.2$$

查 χ^2 分布表得

$$\chi^2_{1-\alpha}(n-1) = \chi^2_{0.95}(24) = 13.848$$

由于 $\chi^2 = 13.2 < \chi^2_{1-\alpha}(n-1) = 13.848$,即 χ^2 落入拒绝域中,所以拒绝 H_0,即认为革新后生产的零件直径的方差小于革新前生产的零件直径的方差.

注 以上对方差的假设检验是在均值未知的情况下进行的,这种情况在实际问题中较多.至于均值已知的情况下,其方法类似,只是所选的统计量为

$$\chi^2 = \frac{\sum_{i=1}^{n}(X_i - \mu)^2}{\sigma_0^2}$$

当 $\sigma^2 = \sigma_0^2$ 真时,$\chi^2 \sim \chi^2(n)$.

表8.2 单个总体参数的检验

检验参数	条件	H_0	H_1	H_0 的拒绝域	检验用的统计量	自由度	分位点
数学期望	σ_0^2 已知	$\mu = \mu_0$ $\mu = \mu_0$ $\mu = \mu_0$	$\mu \neq \mu_0$ $\mu > \mu_0$ $\mu < \mu_0$	$\|Z\| > z_{\alpha/2}$ $Z > z_\alpha$ $Z < -z_\alpha$	$Z = \dfrac{\bar{X} - \mu_0}{\sigma/\sqrt{n}}$ $\sim N(0,1)$		$\pm z_{\alpha/2}$ z_α $-z_\alpha$
	σ^2 未知	$\mu = \mu_0$ $\mu = \mu_0$ $\mu = \mu_0$	$\mu \neq \mu_0$ $\mu > \mu_0$ $\mu < \mu_0$	$\|t\| > t_{\alpha/2}$ $t > t_\alpha$ $t < -t_\alpha$	$t = \dfrac{\bar{X} - \mu_0}{S/\sqrt{n}}$ $\sim t(n-1)$	$n-1$	$\pm t_{\alpha/2}$ t_α $-t_\alpha$
方差	μ 未知	$\sigma^2 = \sigma_0^2$ $\sigma^2 = \sigma_0^2$ $\sigma^2 = \sigma_0^2$	$\sigma^2 \neq \sigma_0^2$ $\sigma^2 > \sigma_0^2$ $\sigma^2 < \sigma_0^2$	$\begin{cases}\chi^2 > \chi^2_{\alpha/2} \text{ 或}\\ \chi^2 < \chi^2_{1-\alpha/2}\end{cases}$ $\chi^2 > \chi^2_\alpha$ $\chi^2 < \chi^2_{1-\alpha}$	$\chi^2 = \dfrac{(n-1)S^2}{\sigma_0^2}$ $\sim \chi^2(n-1)$	$n-1$	$\begin{cases}\chi^2_{\alpha/2}\\ \chi^2_{1-\alpha/2}\end{cases}$ χ^2_α $\chi^2_{1-\alpha}$
	μ 已知	$\sigma^2 = \sigma_0^2$ $\sigma^2 = \sigma_0^2$ $\sigma^2 = \sigma_0^2$	$\sigma^2 \neq \sigma_0^2$ $\sigma^2 > \sigma_0^2$ $\sigma^2 < \sigma_0^2$	$\begin{cases}\chi^2 > \chi^2_{\alpha/2} \text{ 或}\\ \chi^2 < \chi^2_{1-\alpha/2}\end{cases}$ $\chi^2 > \chi^2_\alpha$ $\chi^2 < \chi^2_{1-\alpha/2}$	$\chi^2 = \dfrac{\sum_{i=1}^{n}(X_i - \mu)^2}{\sigma_0^2}$ $\sim \chi^2(n)$	n	$\begin{cases}\chi^2_{\alpha/2}\\ \chi^2_{1-\alpha/2}\end{cases}$ χ^2_α $\chi^2_{1-\alpha}$

习题 8.2

A 组

1. 某味精厂用一台包装机包装味精，每袋重量 X（单位：g）均服从正态分布 $N(\mu,\sigma^2)$. 根据质量要求每袋重量为 100 g. 由以往的经验知道 X 的标准差为 0.5 g，现从某天包装的味精中抽取 9 包，算得样本均值 $\bar{X}=99.62$，试问这一天包装机的工作是否正常？（取显著性水平 $\alpha=0.05$）

2. 某奶酪公司从几家供应商购买牛奶作为奶酪的原料. 公司经理怀疑某些牛奶生产商在牛奶中掺水以谋利. 通过测定牛奶的冰点，可以检验出牛奶是否掺水. 天然牛奶其冰点温度近似服从正态分布，均值 $\mu_0=-0.545\,℃$，标准差 $\sigma=0.008\,℃$. 牛奶掺水可使冰点温度升高而接近水的冰点温度 $0\,℃$. 公司实验室负责人测得一牛奶生产商提交的 5 批牛奶的冰点温度，其均值为 $\bar{x}=-0.535\,℃$. 问是否可以认为生产商在牛奶中掺了水？（取 $\alpha=0.05$）

3. 一化学制品制备过程一天生产的化学制品产量（单位：吨）近似服从正态分布. 当设备运转正常时一天产量的均值为 800 吨. 测得上周 5 天的产量分别为 785,805,790,790,802. 问：(1) 若已知 $\sigma=6$ 是否可以认为日产量的均值显著小于 800；(2) 若 σ 未知是否可以认为日产量的均值显著小于 800. （取 $\alpha=0.05$）

4. 用某仪器间接测量温度，重复 5 次，所得的数据是 $1\,250\,℃, 1\,265\,℃, 1\,245\,℃, 1\,260\,℃, 1\,275\,℃$，而用别的精确办法测得温度为 $1\,277\,℃$（可看作温度的真值），试问此仪器间接测量有无系统偏差？这里假设测量值 $X\sim N(\mu,\sigma^2)$ 分布.

5. 一车床工人需要加工各种规格的工件，已知加工一工件所需的时间服从正态分布 $N(\mu,\sigma^2)$，均值为 18 分钟，标准差未知. 现希望测定，是否由于对工作的厌烦影响了他的工作效率. 今测得以下数据：

    21.01, 19.32, 18.76, 22.42, 20.49, 25.89, 20.11, 18.97, 20.90

    试依据这些数据（取显著性水平 $\alpha=0.05$），检验假设：$H_0:\mu\leq 18, H_1:\mu>18$.

6. 测得某地区 400 个成年男子的体重（单位：kg），算得 $\bar{x}=72.668, S=4.83$，在显著性水平 $\alpha=0.025$ 下检验假设 $H_0:\mu=72.5, H_1:\mu\neq 72.5$.

7. 已知历史上，申请驾驶执照的个人考试分数的方差为 $\sigma^2=100$，现在考试采用了新型考题. 机动车管理处的负责人希望新型考题的考分方差保持在原有水平上. 现有 30 名驾驶执照申请者接受新型考题的考试，样本方差为 162，在显著性水平 $\alpha=0.05$ 下进行检验.

8. 由某种铁的比热的 9 个观察值得到样本标准差 $S=0.008\,6$. 设样本来自正态总体 $N(\mu,\sigma^2)$（μ,σ^2 均未知）. 试检验假设（$\alpha=0.05$）$H_0:\sigma\geq 0.010\,0, H_1:\sigma<0.010\,0$.

9. 某汽配厂在新工艺下，对加工好的 25 个活塞的直径进行测量，得样本方差 $S^2=0.000\,66$. 已知老工艺生产的活塞直径的方差为 $0.000\,40$. 问新工艺的精度是否比老工艺高？（取 $\alpha=0.05$）

B 组

1. 某药品生产企业采用一种新的配方生产某种药品，并声称新配方药的疗效远好于旧的配方. 为检验企业的配方是否属实，医药管理部门抽取一个样本进行检验，提出的假设为

$H_0:\mu=\mu_0, H_1:\mu<\mu_1$. 该检验的备择假设所表达的是（　　）.

  A. 新药的疗效有显著提高　　　　　B. 新药的疗效没有显著提高；

  C. 新药的疗效与旧药相比没有变化　　D. 新药的疗效好于旧药

2. 一家房地产开发公司准备购进一批灯泡，公司打算在两个供货商之间选择一家购买，两家供货商生产的灯泡使用寿命的方差大小基本相同，价格也很相近，房地产公司购进灯泡时考虑的主要因素就是使用寿命. 其中一家供货商声称其生产的灯泡平均使用寿命在 1 500 小时以上. 如果在 1 500 小时以上，在房地产公司就考虑购买. 由 36 只灯泡组成的随机样本表明，平均使用寿命为 1 510 小时，标准差为 193 小时.

 (1) 如果是房地产开发公司进行检验，会提出怎样的假设？请说明理由.

 (2) 如果是灯泡供应商进行检验，会提出怎样的假设，请说明理由.

 (3) 在 $\alpha=0.05$ 的显著性水平下，检验房地产开发公司所提出的假设.

 （注：$z_{0.025}=1.96, z_{0.05}=1.645, t_{0.025}=2.34, t_{0.05}=2.03$）

3. 某企业生产的袋装食品采用自动打包机包装，每袋标准重量为 100 g. 现从某天生产的一批产品中按重复抽样随机抽取 50 包进行检查，测得每包重量如表 8.3 所示.

表 8.3

每包重量(g)	包数
96～98	2
98～100	3
100～102	34
102～104	7
104～106	4
合计	50

取显性水平 $\alpha=0.01$，检验该批食品的重量是否符合标准要求？（注：$z_{0.025}=2.58, z_{0.01}=2.33$）

8.3　两个正态总体均值差和方差比的假设检验

基于单个正态总体参数假设检验相同的思想，本节介绍两个正态总体参数的假设检验.

8.3.1　两个正态总体均值差的假设检验

1. 方差已知，关于均值差的假设检验

设两个独立总体 $X\sim N(\mu_1,\sigma_1^2), Y\sim N(\mu_2,\sigma_2^2)$，$\sigma_1^2,\sigma_2^2$ 已知，从总体 X 与 Y 中分别抽取容量为 n_1,n_2 的样本 $X_1,X_2,\cdots,X_{n_1}$ 及 $Y_1,Y_2,\cdots,Y_{n_2}$，$\bar{X}$ 和 $\bar{Y}$ 分别是两个总体的样本均值.

由于

$$\bar{X} \sim N\left(\mu_1, \frac{\sigma_1^2}{n_1}\right), \quad \bar{Y} \sim N\left(\mu_2, \frac{\sigma_2^2}{n_2}\right)$$

$$E(\bar{X} - \bar{Y}) = E(\bar{X}) - E(\bar{Y}) = \mu_1 - \mu_2$$

$$D(\bar{X} - \bar{Y}) = D(\bar{X}) + D(\bar{Y}) = \frac{\sigma_1^2}{n_1} + \frac{\sigma_2^2}{n_2}$$

故随机变量 $\bar{X} - \bar{Y}$ 也服从正态分布,即

$$\bar{X} - \bar{Y} \sim N\left(\mu_1 - \mu_2, \frac{\sigma_1^2}{n_1} + \frac{\sigma_2^2}{n_2}\right)$$

从而

$$\frac{(\bar{X} - \bar{Y}) - (\mu_1 - \mu_2)}{\sqrt{(\sigma_1^2/n_1) + (\sigma_2^2/n_2)}} \sim N(0,1)$$

于是我们按如下步骤判断.

(1) 检验假设 $H_0: \mu_1 = \mu_2, H_1: \mu_1 \neq \mu_2$(双边检验).

选取统计量

$$Z = \frac{\bar{X} - \bar{Y}}{\sqrt{(\sigma_1^2/n_1) + (\sigma_2^2/n_2)}}$$

当 H_0 为真时,$Z \sim N(0,1)$,对于给定的显著性水平 α,得拒绝域 W 为 $|Z| > z_{\alpha/2}$. 由两个样本观察值计算 Z 的观察值 z,当 $z \in W$ 时,拒绝 H_0. 当 $z \notin W$ 时,接受 H_0.

(2) 检验假设 $H_0: \mu_1 = \mu_2, H_1: \mu_1 > \mu_2$(右边检验).

选取统计量

$$Z = \frac{\bar{X} - \bar{Y}}{\sqrt{(\sigma_1^2/n_1) + (\sigma_2^2/n_2)}}$$

当 H_0 为真,H_1 不真时,$\bar{X} - \bar{Y}$ 的取值几乎不会太大,从而对于给定的显著性水平 α,得拒绝域 W 为 $Z > z_\alpha$. 由两个样本观察值计算 Z 的观察值 z,当 $z \in W$ 时,拒绝 H_0. 当 $z \notin W$ 时,接受 H_0.

(3) 检验假设 $H_0: \mu_1 = \mu_2, H_1: \mu_1 < \mu_2$(左边检验).

选取统计量

$$Z = \frac{\bar{X} - \bar{Y}}{\sqrt{(\sigma_1^2/n_1) + (\sigma_2^2/n_2)}}$$

与右边检验类似分析可得,对于给定的显著性水平 α,拒绝域 W 为 $|Z| < -z_\alpha$. 由两个样本观察值计算 Z 的观察值 z,当 $z \in W$ 时,拒绝 H_0. 当 $z \notin W$ 时,接受 H_0.

例 8.3.1 A,B 两台车床加工同一种轴,现在要测量轴的椭圆度. 设 A 车床加工的轴的椭圆度 $X \sim N(\mu_1, \sigma_1^2)$,B 车床加工的轴的椭圆度 $Y \sim N(\mu_2, \sigma_2^2)$,且 $\sigma_1^2 = 0.0006 \text{ mm}^2, \sigma_2^2 = 0.0038 \text{ mm}^2$,现从 A,B 两台车床加工的轴中分别测量了 $n_1 = 200, n_2 = 150$ 根轴的椭圆度,并计算得样本均值分别为 0.081 mm,0.060 mm. 试问这两台车床加工的轴的椭圆度是否有显著性差异?(给定 $\alpha = 0.05$)

解 (1) 提出假设 $H_0: \mu_1 = \mu_2, H_1: \mu_1 \neq \mu_2$.

(2) 当 H_0 为真时,选取统计量

$$Z = \frac{\bar{X} - \bar{Y}}{\sqrt{(\sigma_1^2/n_1) + (\sigma_2^2/n_2)}} \sim N(0,1)$$

(3) 拒绝域 W 为 $|Z| > z_{\alpha/2}$.

(4) 计算并判断得

$$z = \frac{\bar{x} - \bar{y}}{\sqrt{(\sigma_1^2/n_1) + (\sigma_2^2/n_2)}} = \frac{0.081 - 0.060}{\sqrt{(0.0006/200) + (0.0038/150)}} = 3.95$$

由于 $|z| = 3.95 > 1.96 = z_{\alpha/2}$, 故拒绝 H_0, 即在显著性水平 $\alpha = 0.05$ 下, 认为两台车床加工的轴的椭圆度有显著差异.

在许多实际问题中总体方差 σ_1^2 与 σ_2^2 往往是未知的, 这时只能用如下方法进行检验.

2. 方差 σ_1^2, σ_2^2 未知, 关于均值差的假设检验

设 $X \sim N(\mu_1, \sigma_1^2), Y \sim N(\mu_2, \sigma_2^2)$, 且 X, Y 相互独立, $\sigma_1^2 = \sigma_2^2$ 但未知, 从总体 X 与 Y 中分别抽取容量为 n_1, n_2 的样本 $X_1, X_2, \cdots, X_{n_1}$ 及 $Y_1, Y_2, \cdots, Y_{n_2}$, $\bar{X}, S_1^2$ 和 $\bar{Y}, S_2^2$ 分别是两个总体的样本均值和样本方差.

$$t = \frac{(\bar{X} - \bar{Y}) - (\mu_1 - \mu_2)}{S_w \sqrt{(1/n_1) + (1/n_2)}} \sim t(n_1 + n_2 - 2)$$

其中, $S_w^2 = \dfrac{(n_1-1)S_1^2 + (n_2-1)S_2^2}{n_1 + n_2 - 2}$.

(1) 检验假设 $H_0: \mu_1 = \mu_2, H_1: \mu_1 \neq \mu_2$(双边检验).

选取统计量

$$t = \frac{\bar{X} - \bar{Y}}{S_w \sqrt{(1/n_1) + (1/n_2)}}$$

当 H_0 为真时, $t \sim t(n_1 + n_2 - 2)$, 对于给定的显著性水平 α, 拒绝域 W 为 $|t| > t_{\alpha/2}(n_1 + n_2 - 2)$. 计算 t 的值, 当 $t \in W$ 时, 拒绝 H_0. 当 $t \notin W$ 时, 接受 H_0.

(2) 检验假设 $H_0: \mu_1 = \mu_2, H_1: \mu_1 > \mu_2$(右边检验).

选取统计量

$$t = \frac{\bar{X} - \bar{Y}}{S_w \sqrt{(1/n_1) + (1/n_2)}}$$

当 H_0 为真, H_1 不真时, $\bar{X} - \bar{Y}$ 的取值几乎不会太大, 从而对于给定的显著性水平 α, 得拒绝域 W 为 $t > t_\alpha(n_1 + n_2 - 2)$. 计算 t 的值, 当 $t \in W$ 时, 拒绝 H_0. 当 $t \notin W$ 时, 接受 H_0.

(3) 检验假设 $H_0: \mu_1 = \mu_2, H_1: \mu_1 < \mu_2$(左边检验).

选取统计量

$$t = \frac{\bar{X} - \bar{Y}}{S_w \sqrt{(1/n_1) + (1/n_2)}}$$

与右边检验类似分析可得, 对于给定的显著性水平 α, 拒绝域 W 为 $t < -t_\alpha(n_1 + n_2 - 2)$, 计算 t 的值, 当 $t \in W$ 时, 拒绝 H_0. 当 $t \notin W$ 时, 接受 H_0.

例 8.3.2 在一台自动车床上加工直径为 2.050 mm 的轴, 现在每相隔两小时, 各取容量都为 10 的样本, 所得数据见表 8.4.

表 8.4

零件加工编号	1	2	3	4	5	6	7	8	9	10
第一组	2.066	2.063	2.068	2.060	2.067	2.063	2.059	2.062	2.062	2.060
第二组	2.063	2.060	2.057	2.056	2.059	2.058	2.062	2.059	2.059	2.057

假设直径的分布是正态的,由于样本是取自同一台车床,可以认为 $\sigma_1^2 = \sigma_2^2 = \sigma^2$,而 σ^2 是未知常数,问这台自动车床的工作是否稳定?(取 $\alpha = 0.01$)

解 这里实际上是 $\sigma_1^2 = \sigma_2^2 = \sigma^2$,但 σ^2 未知的情况下检验假设问题,

(1) 提出假设 $H_0: \mu_1 = \mu_2, H_1: \mu_1 \neq \mu_2$.

(2) 因为方差未知且相等,检验统计量

$$t = \frac{\bar{X} - \bar{Y}}{S_w \sqrt{(1/n_1) + (1/n_2)}} \sim t(n_1 + n_2 - 2)$$

(3) 拒绝域 W 为 $|t| > t_{\alpha/2}(n_1 + n_2 - 2)$.

(4) 计算并判断得

$$\bar{X} = 2.063, \quad \bar{Y} = 2.059$$

$$S_1^2 = 0.000\,009\,56, \quad S_2^2 = 0.000\,004\,89$$

$$S_w^2 = \frac{9 \times S_1^2 + 9 \times S_2^2}{10 + 10 - 2} = \frac{0.000\,086 + 0.000\,044}{18} = 0.000\,007\,2$$

$$t = \frac{2.063 - 2.059}{\sqrt{0.000\,007\,2 \times (2/10)}} = 3.3$$

对于 $\alpha = 0.01$,查 t 分布表得 $t_{0.005}(18) = 2.878$. 由于 $|t| = 3.3 > t_{0.05}(18) = 2.878$,故拒绝原假设 $H_0: \mu_1 = \mu_2$,这说明两组样本在生产上是有差异的,可能这台自动车床受时间的影响而生产不稳定.

例 8.3.3 对某种食品在处理前与处理后分别抽样含脂率如下:

处理前:0.12, 0.18, 0.19, 0.21, 0.27, 0.30, 0.41,

处理后:0.06, 0.08, 0.07, 0.12, 0.13, 0.15, 0.19, 0.24

假设处理前后的含脂率都服从正态分布,且方差不变,试在显著性水平 $\alpha = 0.05$ 下推断处理后的食品含脂率是否比处理前低?

解 本题 $\sigma_1^2 = \sigma_2^2$ 且未知,

(1) 检验假设 $H_0: \mu_1 = \mu_2, H_1: \mu_1 > \mu_2$.

(2) 检验统计量

$$t = \frac{\bar{X} - \bar{Y}}{S_w \sqrt{(1/n_1) + (1/n_2)}}$$

(3) 拒绝域 W 为 $t > t_\alpha(n_1 + n_2 - 2)$.

(4) 计算并判断:处理前 $n_1 = 7, \bar{X} = 0.24, S_1^2 = 0.009\,1$,处理后 $n_2 = 8, \bar{Y} = 0.13, S_2^2 = 0.003\,9$. $t = 2.68 > t_{0.05}(13) = 1.77$,故拒绝 H_0,接受 H_1,认为处理后的食品含脂率明显比处理前低.

8.3.2 两个正态总体方差比的假设检验

设两个独立总体 $X \sim N(\mu_1, \sigma_1^2), Y \sim N(\mu_2, \sigma_2^2), \mu_1, \mu_2$ 未知,从总体 X 与 Y 中分别抽取容量为 n_1, n_2 的样本 $X_1, X_2, \cdots, X_{n_1}$ 及 $Y_1, Y_2, \cdots, Y_{n_2}, S_1^2, S_2^2$ 分别是总体 X, Y 的样本方差.

(1) 假设检验 $H_0: \sigma_1^2 = \sigma_2^2, H_1: \sigma_1^2 \neq \sigma_2^2$(双边检验).

H_0 为真时,统计量

$$F = \frac{S_1^2/\sigma_1^2}{S_2^2/\sigma_2^2} = \frac{S_1^2}{S_2^2} \sim F(n_1-1, n_2-1)$$

当 H_0 为真时,F 的值应该在 1 附近随机地摆动,几乎不会太大或太小,对给定的显著性水平 α,拒绝域 W 为 $F < F_{1-\alpha/2}(n_1-1, n_2-1)$ 或 $F > F_{\alpha/2}(n_1-1, n_2-1)$.

由样本观察值计算 F 的观察值:

若 $F < F_{1-\alpha/2}(n_1-1, n_2-1)$ 或 $F > F_{\alpha/2}(n_1-1, n_2-1)$,则拒绝 H_0;否则,则接受 H_0.

注 检验 $H_0: \sigma_1^2 = \sigma_2^2, H_1: \sigma_1^2 \neq \sigma_2^2$ 也称为**方差齐性检验**.

例 8.3.4 某学校想更新明年校车服务的合同,在 A 和 B 两家汽车公司选择一个.校长将用到达时间或运送时间的方差作为衡量汽车公司服务质量的基本指标.较低的方差说明服务质量比较稳定而且水平比较高.如果两家公司的汽车到达时间的方差相等,学校将会选择能提供较低价格的那个公司.经调查现获得 A 公司 26 次到达时间组成的样本,样本方差为 $S_1^2 = 48$,B 公司的 16 次到达时间组成的样本,样本方差为 $S_2^2 = 20$,在显著性水平 $\alpha = 0.05$ 下,校长该如何选择?

解 (1) 提出假设 $H_0: \sigma_1^2 = \sigma_2^2, H_1: \sigma_1^2 \neq \sigma_2^2$.

(2) 当假设 $H_0: \sigma_1^2 = \sigma_2^2$ 成立时,统计量

$$F = \frac{S_1^2}{S_2^2} \sim F(n_1-1, n_2-1)$$

(3) $F < F_{1-\alpha/2}(n_1-1, n_2-1)$ 或 $F > F_{\alpha/2}(n_1-1, n_2-1)$.

(4) 代入数据,算得 $F = \frac{48}{20} = 2.40 > F_{0.05/2}(25, 15) = 2.28$,所以拒绝 H_0,认为两家公司的汽车到达时间的方差不相等,校长将选择服务更好或者说方差较小的 B 公司.

(2) 假设检验 $H_0: \sigma_1^2 = \sigma_2^2, H_1: \sigma_1^2 > \sigma_2^2$(右边检验).

H_0 为真时,统计量

$$F = \frac{S_1^2/\sigma_1^2}{S_2^2/\sigma_2^2} = \frac{S_1^2}{S_2^2}$$

当 H_0 为真,H_1 不真时,F 的值几乎不会太大,对给定的显著性水平 α,拒绝域 W 为 $F > F(n_1-1, n_2-1)$.计算 F 的值,若 $F > F(n_1-1, n_2-1)$,则拒绝 H_0;否则,则接受 H_0.

(3) 假设检验 $H_0: \sigma_1^2 = \sigma_2^2, H_1: \sigma_1^2 < \sigma_2^2$(左边检验).

H_0 为真时,统计量

$$F = \frac{S_1^2/\sigma_1^2}{S_2^2/\sigma_2^2} = \frac{S_1^2}{S_2^2}$$

当 H_0 为真,H_1 不真时,F 的值几乎不会太小,对给定的显著性水平 α,拒绝域为 $F < F_{1-\alpha}(n_1-1, n_2-1)$.

计算 F 的值,若 $F < F_{1-\alpha}(n_1-1, n_2-1)$,则拒绝 H_0;否则,则接受 H_0.

例 8.3.5 有两台机床生产同一型号的滚珠.已知这两台机床生产滚珠的直径都服从正态分布,现从这两台机床生产的滚珠中分别抽取 9 个和 8 个样本,测得直径如下(单位:mm):

甲机床:15.2, 15.0, 14.8, 15.2, 15.0, 15.0, 14.8, 15.1, 14.8

乙机床:15.0, 14.5, 15.2, 15.5, 14.8, 15.1, 15.2, 14.8

甲机床滚珠直径的方差是否比乙机床小?($\alpha = 0.05$)

解 用 X, Y 分别表示甲乙两个机床生产的滚珠直径,则 $X \sim N(\mu_1, \sigma_1^2)$,$Y \sim N(\mu_2, \sigma_2^2)$,显然 X 与 Y 独立.问题转化为

(1) $H_0: \sigma_1^2 = \sigma_2^2, H_1: \sigma_1^2 < \sigma_2^2$.

(2) 取检验统计量 $F = \dfrac{S_1^2}{S_2^2}$.

(3) 拒绝域为 $F < F_{1-\alpha}(n_1-1, n_2-1)$.

(4) 计算得 $F = \dfrac{S_1^2}{S_2^2} = \dfrac{0.0261}{0.0955} = 0.27 < F_{0.95}(8,7) = \dfrac{1}{F_{0.05}(7,8)} = \dfrac{1}{3.5} = 0.286$.

故拒绝 H_0，接受 $H_1: \sigma_1^2 < \sigma_2^2$，即可以认为甲机床滚珠直径的方差比乙机床小.

注 在 μ_1 与 μ_2 已知时，要检验假设 $H_0: \sigma_1^2 = \sigma_2^2$，其检验方法类同均值未知的情况，此时所采用的检验统计量是

$$F = \dfrac{\dfrac{1}{n_1}\sum\limits_{i=1}^{n_1}(X_i-\mu_1)^2}{\dfrac{1}{n_2}\sum\limits_{i=1}^{n_2}(Y_i-\mu_2)^2} \sim F(n_1, n_2)$$

其拒绝域参见表 8.5.

表 8.5 两个总体参数的检验

检验参数	条件	H_0	H_1	H_0 的拒绝域	检验用的统计量	自由度	分位点
均值	σ_1^2, σ_2^2 已知	$\mu_1 = \mu_2$ $\mu_1 = \mu_2$ $\mu_1 = \mu_2$	$\mu_1 \neq \mu_2$ $\mu_1 > \mu_2$ $\mu_1 < \mu_2$	$\|Z\| > z_{\alpha/2}$ $\|Z\| > z_\alpha$ $\|Z\| < -z_\alpha$	$Z = \dfrac{\bar{X}-\bar{Y}}{\sqrt{\dfrac{\sigma_1^2}{n_1}+\dfrac{\sigma_2^2}{n_2}}}$		$\pm z_{\alpha/2}$ z_α $-z_\alpha$
	σ_1^2, σ_2^2 未知	$\mu_1 = \mu_2$ $\mu_1 = \mu_2$ $\mu_1 = \mu_2$	$\mu_1 \neq \mu_2$ $\mu_1 > \mu_2$ $\mu_1 < \mu_2$	$\|t\| > t_{\alpha/2}$ $\|t\| > t_\alpha$ $\|t\| < -t_\alpha$	$t = \dfrac{\bar{X}-\bar{Y}}{S_w\sqrt{\dfrac{1}{n_1}+\dfrac{1}{n_2}}}$	$n_1 + n_2 - 2$	$\pm t_{\alpha/2}$ t_α $-t_\alpha$
方差	μ_1, μ_2 未知	$\sigma_1^2 = \sigma_2^2$ $\sigma_1^2 = \sigma_2^2$ $\sigma_1^2 = \sigma_2^2$	$\sigma_1^2 \neq \sigma_2^2$ $\sigma_1^2 > \sigma_2^2$ $\sigma_1^2 < \sigma_2^2$	$\begin{cases} F > F_{\alpha/2}^2 \text{ 或} \\ F < F_{1-\alpha/2}^2 \end{cases}$ $F > F_\alpha^2$ $F < F_{1-\alpha}^2$	$F = \dfrac{S_1^2}{S_2^2}$	$n_1 - 1$ $n_2 - 1$	$\begin{cases} F_{\alpha/2}^2 \\ F_{1-\alpha/2}^2 \end{cases}$ F_α^2 $F_{1-\alpha}^2$
	μ_1, μ_2 已知	$\sigma_1^2 = \sigma_2^2$ $\sigma_1^2 = \sigma_2^2$ $\sigma_1^2 = \sigma_2^2$	$\sigma_1^2 \neq \sigma_2^2$ $\sigma_1^2 > \sigma_2^2$ $\sigma_1^2 < \sigma_2^2$	$\begin{cases} F > F_{\alpha/2}^2 \text{ 或} \\ F < F_{1-\alpha/2}^2 \end{cases}$ $F > F_\alpha^2$ $F < F_{1-\alpha}^2$	$F = \dfrac{\dfrac{1}{n_1}\sum\limits_{i=1}^{n_1}(X_i-\mu_1)^2}{\dfrac{1}{n_2}\sum\limits_{i=1}^{n_2}(X_i-\mu_2)^2}$	n_1, n_2	$\begin{cases} F_{\alpha/2}^2 \\ F_{1-\alpha/2}^2 \end{cases}$ F_α^2 $F_{1-\alpha}^2$

习题 8.3

A 组

1. 已知两种工艺条件下各纺得细纱其强力总体分别服从正态分布 $N(\mu_1, 28^2)$, $N(\mu_2, 28.5^2)$,现从两类产品中抽样试验,得强力数据为 $n_1=100, \bar{x}=280, n_2=100, \bar{y}=286$,在显著性水平 $\alpha=0.05$ 下,这两种工艺条件下细纱平均强力有无显著性差异?

2. 从某学院学生的经常参加锻炼和不经常参加锻炼的男生中各随机抽取 50 名,测得平均身高(单位:cm)$\bar{x}=174.34, \bar{y}=172.42$,假设身高服从正态分布,且已知 $\sigma_1=5.35, \sigma_2=6.11$,问,经常参加锻炼的学生是否高于不锻炼的学生($\alpha=0.05$)?

3. 从两处煤矿各抽取若干个试样,分析其含灰率,得数据如下:

    甲矿:24.3　20.8　23.7　21.3　17.4
    乙矿:18.2　16.9　20.2　16.7

假定各煤矿含灰率都服从正态分布,且方差相等.问甲、乙两个煤矿平均含灰率有无显著性差异($\alpha=0.05$)?

4. 溪流混浊是由于水中有悬浮固体,对一溪流的水观察了 26 天,一半是在晴天,一半是在下过中到大雨之后,分别以 X, Y 表示晴天和雨天水的混浊度(单位:NTU)的总体,设 $X \sim N(\mu_1, \sigma^2), Y \sim N(\mu_2, \sigma^2)$ (μ_1, μ_2, σ^2 均未知).今取到 X 和 Y 的样本分别为

    X: 2.9, 14.9, 1.0, 12.6, 9.4, 7.6, 3.6, 3.1, 2.7, 4.8, 3.4, 7.1, 7.2
    Y: 7.8, 4.2, 2.4, 12.9, 17.3, 10.4, 5.9, 4.9, 5.1, 8.4, 10.8, 23.4, 9.7

设两样本独立.试取 $\alpha=0.05$ 检验假设 $H_0: \mu_1 \geq \mu_2, H_1: \mu_1 < \mu_2$.

5. 两个班级 A 和 B,参加数学课的同一期终考试.分别在两个班级中随机地取 9 个,4 个学生,他们的得分如下:

    A 班:65, 68, 72, 75, 82, 85, 87, 91, 95
    B 班:50, 59, 71, 80

设 A 班、B 班考试成绩的总体分别为 $N(\mu_1, \sigma^2), N(\mu_2, \sigma^2)$ (μ_1, μ_2, σ^2 均未知),两样本独立.试取 $\alpha=0.05$ 检验假设 $H_0: \mu_1 \leq \mu_2, H_1: \mu_1 > \mu_2$.

6. 观察两种抗自由基药物对脑缺血再灌注损伤小鼠脑细胞坏死的影响,计算细胞坏死数目(个/视野)结果是 $n_1=9, \bar{X}_1=27.92, S_1^2=8.687, n_2=6, \bar{X}_2=25.11, S_2^2=1.843$,试问第一种药物对脑细胞缺血再灌注损伤小鼠脑细胞坏死的变异是否高于第二种药物?

7. 某实验室有 A,B 两种仪器,测量某一物体长度(单位:mm)7 次和 10 次,得数据如下:

    A:97,102,103,96,100　101,100
    B:100,101,103,98,97,99,102,101,98,101

在显著性水平 $\alpha=0.05$ 下,能否认为仪器 B 的精度比 A 高?

B 组

1. 测定家庭中的空气污染.令 X 和 Y 分别为房间中无吸烟者和有一名吸烟者在 24 小时内的悬浮颗粒量(单位:$\mu g/m^3$). 设 $X \sim N(\mu_X, \sigma_X^2), Y \sim N(\mu_Y, \sigma_Y^2), \mu_X, \mu_Y, \sigma_X^2, \sigma_Y^2$ 均

未知.今取到总体 X 的容量 $n_X=9$ 的样本,算得样本均值为 $\bar{x}=93$,样本标准差为 $S_X=12.9$;取到总体 Y 的容量 $n_Y=11$ 的样本,算得样本均值为 $\bar{y}=132$,样本标准差为 $S_Y=7.1$,两样本独立.

(1) 试检验假设 ($\alpha=0.05$):$H_0:\sigma_X^2=\sigma_Y^2$,$H_1:\sigma_X^2\neq\sigma_Y^2$;

(2) 如能接受 H_0,接着检验假设 ($\alpha=0.05$):$H_0:\mu_X\geq\mu_Y$,$H_1:\mu_X<\mu_Y$.

2. 为比较甲乙两种安眠药的疗效,将 20 名患者分成两组,每组 10 人,假设服药后延长的睡眠时间分别服从正态分布,其数据为(单位:h)

甲:5.5,4.6,4.4,3.4,1.9,1.6,1.1,0.8,0.1,-0.1

乙:3.7,3.4,2.0,2.0,0.8,0.7,0,-0.1,-0.2,-1.6

试检验两种安眠药的疗效是否有显著差异(取 $\alpha=0.05$)?

总复习题 8

A 组

1. 某种动物的体重服从正态分布 $N(\mu,9)$,今抽取 9 个动物考察,测得平均体重为 51.3 kg,可否认为这种动物的平均体重为 50 kg?($\alpha=0.05$,$z_{0.025}=1.96$)

2. 自某种铜溶液测得 9 个铜含量的百分比的观察值为 8.3,标准差为 0.025.设样本来自正态总体 $N(\mu,0.025^2)$(μ 未知).试依据这一样本取显著性水平 $\alpha=0.01$ 检验假设:$H_0:\mu\geq 8.42$,$H_1:\mu<8.42$.

3. 某超市近期对营销方式、管理人员等进行了一系列调整,调整后随机抽查了 9 天的日销售额(单位:万元),结果如下:

56.4,54.2,50.6,53.7,55.9,48.3,57.4,58.7,55.3

根据统计,调整前的日平均销售额为 51.2 万元,假定日销售额服从正态分布,试问调整后的日销售额与调整前有无显著差别(取 $\alpha=0.05$)?

4. 2007 年,某个航线往返机票的平均折扣费是 258 元.2008 年,随机抽取了 16 个往返机票的折扣作为一个简单随机样本,结果得到如表 8.12 数据.

表 8.12

265	280	290	240	285	250	260	245
310	260	265	255	300	310	230	263

取显著性水平 $\alpha=0.05$,检验 2008 年往返机票的平均折扣额是否有显著增加?(注:$z_{\alpha/2}=z_{0.025}=1.96$,$t_{\alpha/2}(n-1)=t_{0.025}(16-1)=2.131$)

5. 某口服液的容量服从正态分布 $N(\mu,\sigma^2)$,每瓶为 6 mL,某天测得 100 瓶数据,其样本均值为 6.22 mL,样本标准差为 1.1,问生产线是否正常(取 $\alpha=0.05$)?

6. 某种标准类型电池的容量(以安-时计)的标准差 $\sigma=1.66$,随机地取 10 只新类型的电池测得它们的容量如下:

146,141,135,142,140,143,138,137,142,136

设样本来自正态总体 $N(\mu,\sigma^2)$ (μ,σ^2 均未知),问标准差是否有变动,即需检验假设(取 $\alpha=0.05$):$H_0:\sigma^2=1.66^2,H_1:\sigma^2\neq 1.66^2$.

7. 设 X 是一头母牛生了小牛之后的 305 天产奶期内产出的白脱油磅数. 又设 $X\sim N(\mu,\sigma^2)$ (μ,σ^2 均未知).今测得以下数据:

$$425,710,661,664,732,714,934,761,744,$$
$$653,725,657,421,573,535,602,537,405,$$
$$874,791,721,849,567,468,975$$

试取显著性水平 $\alpha=0.05$ 检验假设 $H_0:\sigma\leqslant 140, H_1:\sigma>140$.

8. 工厂生产某种电器材料.要检验原来使用的材料与一种新研制的材料的疲劳寿命有无显著性差异(取 $\alpha=0.05$),各取若干样品,做疲劳寿命试验,所得数据如下(单位:h):

原材料 X:40,110,150,65,90,210,270

新材料 Y:60,150,220,310,380,350,250,450,110,175

9. 据推测认为,矮个子的人比高个子的人寿命要长一些.下面将美国 31 个自然死亡的总统分为矮个子和高个子两类(以 172.72 cm 为界),其寿命如下:

矮个子:85,79,67,90,80

高个子:68,53,63,70,88,74,64,66,60,60,78,71,67,90,73,71

77,72,57,78,67,56,63,64,83,65

假设两个寿命总体服从正态分布,且方差相等.问数据显示是否符合推测($\alpha=0.05$)?

10. 一台机床大修前曾加工一批零件,共 $n_1=10$ 件,加工尺寸的样本方差为 $S_1^2=2500\mu^2$.大修后加工一批零件,共 $n_2=12$ 件,加工尺寸的样本方差为 $S_2^2=400\mu^2$.问此机床大修后,精度有明显提高的最小显著性水平大致有多大?

B 组

1. 双侧假设检验中,显著性水平 α 表示(　　).

A. P(接受 $H_0|H_0$ 假)　　　　B. P(拒绝 $H_0|H_0$ 真)

C. P(接受 $H_0|H_0$ 真)　　　　D. P(拒绝 $H_0|H_0$ 假)

2. 在假设检验中,不拒绝原假设意味着(　　).

A. 原假设肯定是正确的　　　　B. 原假设肯定是错误的

C. 没有证据证明原假设是错误的　　D. 没有证据证明原假设是正确的

3. 某药品生产企业采用一种新的配方生产某种药品,并声称新配方药的疗效远好于旧的配方.为检验企业的配方是否属实,医药管理部门抽取一个样本进行检验,提出的假设为 $H_0:\mu\geqslant\mu_0, H_1:\mu<\mu_0$.该检验所犯的第Ⅰ类错误是指(　　).

A. 新药的疗效有显著提高,得出新药疗效没有显著提高的结论

B. 新药的疗效有显著提高,得出新药疗效有显著提高的结论

C. 新药的疗效没有显著提高的结论,得出新药疗效没有显著提高的结论

D. 新药的疗效没有显著提高,得出新药疗效有显著提高的结论

4. 一所中学的教务管理人员认为,中学生中吸烟的比例超过 30%,为检验这一说法是否属实,该教务管理人员抽取一个随机样本进行检验,建立的原假设和备择假设为 $H_0:\pi\leqslant 30\%, H_1:\pi>30\%$.检验结果是没有拒绝原假设,这表明(　　).

A. 有充分证据证明中学生中吸烟的比例小于 30%

B. 中学生中吸烟的比例小于等于 30%

C. 没有充分证据表明中学生中吸烟的超过30%

D. 有充分证据证明中学生中吸烟的比例超过30%

5. 在某大学生中随机抽取一个100名学生组成一组,计算得到某月网上购物的平均花费金额为 $\bar{x}=60$,标准差为 $S=16$,要检验假设 $H_0:\mu\leqslant 65, H_1:\mu>65$,检验的统计量为（　　）.

　A. 3.125　　　　　B. 31.25　　　　　C. -3.125　　　　　D. -31.25

6. 企业管理人员认为,两台机床加工的零件尺寸的方差是相同的.根据两个随机样本,计算得到 $S_1^2=1.52, S_2^2=5.90$,要检验假设 $H_0:\dfrac{\sigma_1^2}{\sigma_2^2}=1, H_1:\dfrac{\sigma_1^2}{\sigma_2^2}\neq 1$,则检验统计量的值 $F=$ _____.

7. 某企业生产的产品需用纸箱进行包装,按规定供应商提供的纸箱用纸的厚度不应低于5 mm.已知用纸的厚度服从正态分布,σ 一直稳定在 0.5 mm.企业从某供应商提供的纸箱中随机抽查了100个样品,得样本平均厚度 $\bar{x}$ mm.

(1) 在 $\alpha=0.05$ 的显著性水平上,是否可以接受该批纸箱？该检验中会犯哪类错误？该错误的含义是什么？

(2) 抽查的100个样本的平均厚度为多少时可以接收这批纸箱？此时可能会犯哪类错误？该错误的含义是什么？

8. 一家超市某种牛奶的日销售量服从正态分布,σ 未知.根据已往经验,其销售量均值为60箱.该超市在最近一周进行了一次促销活动,以促进销售.一周的日销量数据（单位:箱）分别为:64,57,49,73,76,70,59.

(1) 检验促销活动是否有效 ($\alpha=0.01$).

(2) 该检验中可能犯哪类错误？其含义是什么？

9. 一工厂的经理主张一新来的雇员在参加某项工作之前需要培训200小时左右才能成为独立工作者,为了检验这一主张的合理性,随机选取10个雇员询问他们独立工作之前所经历的培训时间（小时）记录如下：

　　　　　　208, 180, 232, 168, 212, 208, 254, 229, 230, 181

设样本来自正态总体 $N(\mu,\sigma^2)$ (μ,σ^2 均未知).(1) 试在显著水平 $\alpha=0.05$ 下,检验独立工作之前平均培训时间是否为200小时；(2) 试求独立工作之前平均培训时间的95%置信区间.

10. 作为一个规范制度,某校工会要求其校车到达每一站点的时间变化不大.就到站时间的方差而言,规定的标准是到站时间（以分钟计）的方差不超过4.若工会随机抽取了24次到站时间,得到样本方差为4.9,假设到站时间的总体近似服从正态分布.(1) 试检验校车到站时间的总体方差是否过大？(2) 试求校车到站时间的总体方差的95%置信下限.

11. 某部门对当前市场的价格情况进行调查,以土豆为例,所抽查的全省20个集市上,售价分别为（单位:元/500 g）：

　　　　　3.05, 3.31, 3.34, 3.83, 3.30, 3.16, 3.84, 3.10, 3.90, 3.18
　　　　　3.88, 3.22, 3.28, 3.34, 3.62, 3.28, 3.30, 3.22, 3.54, 3.30

已知往年的价格一直稳定在3.25元/500 g左右,误差为 $\sigma^2=0.025$,问:

(1) 能否认为全省当前的土豆售价明显高于往年（取 $\alpha=0.025$）？

(2) 能否认为全省当前的土豆价格波动较往年明显（取 $\alpha=0.025$）？

12. 以 X 表示耶路撒冷新生儿的体重（单位:g）,设 $X\sim N(\mu,\sigma^2)$ (μ,σ^2 均未知).现测

得一容量为 30 的样本,得样本均值为 3 189,样本标准差为 488.试检验假设($\alpha = 0.1$):

(1) $H_0: \mu \geq 3\,315, H_1: \mu < 3\,315$;

(2) $H'_0: \sigma \leq 525, H_1: \sigma > 525$.

13. 用包装机包装产品,将产品分别装入包装机上编号为 1~24 的 24 个注入口,奇数号的注入口在机器的一边,偶数号的在机器的另一边.以 X, Y 分别表示自奇数号和偶数号注入口注入包装机的产品的质量(单位:g).设 $X \sim N(\mu_X, \sigma_X^2), Y \sim N(\mu_Y, \sigma_Y^2)$ ($\mu_X, \mu_Y, \sigma_X^2, \sigma_Y^2$ 均未知).在总体 X 和 Y 中分别取到样本:

X: 1 071, 1 076, 1 070, 1 083, 1 082, 1 067, 1 078, 1 080, 1 084, 1 075, 1 080, 1 075

Y: 1 074, 1 069, 1 067, 1 068, 1 079, 1 075, 1 082, 1 064, 1 073, 1 070, 1 072, 1 075

设两样本独立.试检验假设:

(1) $H_0: \sigma_X^2 = \sigma_Y^2, H_1: \sigma_X^2 \neq \sigma_Y^2$ (取 $\alpha = 0.05$);

(2) $H_0: \mu_X = \mu_Y, H_1: \mu_X \neq \mu_Y$ ($\alpha = 0.10$).

案例 8.1　品酒师的真假

某人声称他通过品尝能区分两种酒,你相信吗? 肯定通过实践来检验.如何来进行评判呢?

由甲、乙两种味道和颜色都极为相似的名酒各 4 杯.如果从中挑 4 杯能将甲种酒全部挑出来,算是试验成功一次.(1) 某人随机地去猜,问他试验成功一次的概率是多少? (2) 某人声称他通过品尝能区分两种酒.他连续试验 10 次,成功 3 次.试推断他是猜对的,还是他确有区分的能力(设各次试验是相互独立的).

分析　(1) 令 $A = \{$某人成功一次$\}$,他成功一次的概率为

$$p = P(A) = \frac{C_4^4}{C_8^4} = \frac{1}{70}$$

(2) 令 X 表示 10 次试验中成功的次数,0, 1, 2, ⋯, 10,即 $X \sim B\left(10, \frac{1}{70}\right)$,因

$$p = P(X = 3) = C_{10}^3 (1/70)^3 [1 - (1/70)]^{10-3} \approx 0.000\,316$$

这就是说,此人猜对可能非常小,也就是说,他确有区分酒的能力.

注　小概率事件原理(称之为实际推断原理),即概率很小的事件在一次试验中实际上几乎是不发生的.

利用小概率原理,我们由 10 杯酒就可以判定此君是否具有品酒能力了.

自主练习 8.1

某接待站在某一周曾接待过 12 次来访,已知所有这 12 次接待都是在周二和周四进行的,问是否可以推断接待时间是有规定的?

案例 8.2　母亲嗜酒对下一代的影响

美国的 Jones 医生于 1974 年观察了母亲在妊娠时患慢性酒精中毒的 6 名七岁儿童(称

为甲组),以母亲的年龄、文化程度婚姻状况与该6名儿童的母亲相同或相近,但不饮酒的46名儿童为对照组(称为乙组),测得两组儿童的智商,结果如表8.6所示.

表 8.6

智商 组别	人数 n	智商平均数 $\bar{x}$	样本标准差 S
甲组	6	78	19
乙组	46	99	16

由此结果推断母亲的嗜酒是否影响下一代的智力?若有影响推断其影响程度有多大?

分析 智商一般受诸多因素的影响,从而可以假定两组儿童的智商分别服从正态分布 $N(\mu_1, \sigma_1^2)$ 和 $N(\mu_2, \sigma_2^2)$,本问题实际是检验甲组总体的均值 μ_1 是否比乙组总体的均值 μ_2 偏小? 若是,这个差异范围有多大? 前一问题属于假设检验,后一问题属于区间估计.

由于两个总体的方差未知,而甲组的样本容量较小,采用大样本下两均值比较的 Z 检验法似乎不妥. 故采用方差相等(但未知)两正态总体均值比较的 t 检验法对第一个问题做出解答. 为此,利用样本先检验两总体方差是否相等,故

(1) 假设检验 $H_0: \sigma_1^2 = \sigma_2^2, H_1: \sigma_1^2 \neq \sigma_2^2$.

当 H_0 真时,选取检验统计量 $F = \dfrac{S_1^2}{S_2^2} \sim F(5, 45)$,拒绝域为 $F < F_{1-\alpha/2}(5, 45)$ 或 $F > F_{\alpha/2}(5, 45)$. 取 $\alpha = 0.1$,则

$$F_{\alpha/2}(5, 45) = F_{0.05}(5, 45) = 2.42, \quad F_{1-\alpha/2}(5, 45) = \dfrac{1}{F_{0.05}(5, 45)} = 0.22$$

F 的实测值 $F_0 = \dfrac{S_1^2}{S_2^2} = \dfrac{19^2}{16^2} = 1.41$ 未落入拒绝域,故接受 H_0,即认为:两总体方差相等.

(2) 用 t 检验法检验 μ_1 是否比 μ_2 偏小,即检验假设 $H_0: \mu_1 = \mu_2, H_1: \mu_1 < \mu_2$.

当 H_0 为真时,选取检验统计量

$$T = \dfrac{\bar{X} - \bar{Y} - \mu_0}{\sqrt{\dfrac{1}{n} + \dfrac{1}{m}} \sqrt{\dfrac{(n-1)S_1^2 + (m-1)S_2^2}{n+m-2}}} \sim t(n+m-2)$$

取 $\alpha = 0.01$,将 $\mu_0 = 0, S_1^2 = 19, S_2^2 = 16, m = 46, \bar{x} = 78, \bar{y} = 99$,代入得

$$t = -2.96 \leqslant -2.40 = -t_{0.01}(50)$$

落在拒绝域内,故拒绝 H_0,即母亲嗜酒会对儿童的智力发展产生不良影响.

下面继续考察这种不良影响的程度.

(3) 对两总体均值差进行区间估计.

$\mu_1 - \mu_2$ 置信水平 $1-\alpha$ 置信区间为

$$\left((\bar{x} - \bar{y}) \pm t_{\alpha/2}(n+m-1) \sqrt{\dfrac{1}{n} + \dfrac{1}{m}} \sqrt{\dfrac{(n-1)S_1^2 + S_2^2}{n+m-2}} \right)$$

取 $\alpha = 0.01, t_{0.005}(50) = 2.68$,代入相应的数据可得置信水平为 0.99 的置信区间为

$$(99 - 78 \pm 18.99) = (2.01, 39.99)$$

由此可断言:在 0.99 的置信水平下,嗜酒母亲所生孩子在七岁时的智商比不饮酒的母亲所生孩子在七岁时的智商平均要低 2.01~39.99.

注 在解决问题过程中，两次假设检验所取的显著水平不同. 在检验方差相等时取 $\alpha=0.01$ 前者远大于后者，为什么要这样取呢？因为检验的结果与检验的显著水平 α 有关. α 取得小，则拒绝域也会小，产生的后果使 H_0 难以被拒绝，因此，限制显著水平的原则体现了"尊重原假设"的原则. 在 α 较大时，若 H_0 被接受，说明 H_0 为真的依据很充足；同样，在 α 很小时，仍然拒绝，说明 H_0 不真的理由更充足. 在本例中，对 $\alpha=0.1$ 仍得出 $\sigma_1^2=\sigma_2^2$ 可被接受，及对 $\alpha=0.1$，$\mu_1=\mu_2$ 仍被拒绝的结论，说明在所给数据下，得出相应的结论有很充足的理由.

自主练习 8.2

某部门为比较不同品种水稻的产量，分别统计了若干个地区水稻的单位面积产量，具体数据如表 8.7 所示. 假定选取的样本服从正态分布，并且这两组样本相互独立、方差相同，试比较在显著性水平 $\alpha=0.05$ 的情况下，所检测的两种水稻的产量是否有显著性差异.

表 8.7 两品种水稻单位面积产量

品种 A	84	88	57	89	86	92	74	80
品种 B	79	80	58	90	77	82	73	67

案例 8.3 身高的分布

表 8.8 给出了某地 120 名 12 岁男孩身高的资料(单位:cm). 试问能否认为该地区 12 岁男孩的身高服从正态分布($\alpha=0.05$)？

表 8.8

128.1	144.4	150.3	146.2	140.6	139.7	134.1	124.3	147.9
143.0	143.1	142.7	125.6	125.6	127.7	154.4	142.7	141.2
133.4	131.0	125.4	146.3	146.3	146.8	142.7	137.6	136.9
122.7	131.8	147.7	134.8	134.8	139.1	139.0	132.3	134.7
138.4	136.6	136.2	141.0	141.0	138.4	145.1	141.4	139.9
146.0	140.2	131.0	150.4	142.7	144.3	136.4	134.5	132.3
152.7	148.1	139.6	138.9	136.1	135.9	140.3	137.3	134.6
145.2	128.2	135.9	140.2	136.6	139.5	135.7	139.8	129.1
141.4	189.7	136.2	138.4	138.1	132.9	142.9	144.7	118.8
138.3	135.3	140.6	142.2	152.1	142.4	142.7	136.2	135.0
154.3	147.9	141.3	143.8	138.1	139.7	127.4	146.0	155.8
141.2	146.4	139.4	140.8	127.7	150.7	100.3	148.5	147.5
138.9	123.1	126.0	150.0	143.7	156.9	133.1	142.8	136.8
133.1	144.5	142.4						

分析 记 X 为该地区 12 岁男孩的身高，则依题意需检验

$$H_0: X \sim N(\mu, \sigma^2)$$

由于 H_0 中含有未知参数，故需要进行参数估计.

我们知道，μ 与 σ^2 的极大似然估计分别为

$$\mu = \bar{X} = 139.5, \quad \sigma^2 = \frac{1}{n}\sum_{i=1}^{n}(X_i - \bar{X})^2 = 55$$

因为 X 是连续型随机变量，为利用非参数 χ^2 检验，要将 X 的取值离散化，这里将 X 取值分成 9 组，如表 8.9 所示.

表 8.9

组限	$(-\infty, 126)$	$[126, 130)$	$[130, 134)$	$[134, 138)$	$[138, 142)$
频数	5	8	10	22	33
组限	$[142, 146)$	$[146, 150)$	$[150, 154)$	$[154, +\infty)$	
频数	20	11	6	5	

下面我们计算概率 p_i：

$$p_1 = P(X < 126) = \Phi\left(\frac{126 - \mu}{\sigma}\right)$$

$$p_i = P(x_{i-1} < X < x_i) = \Phi\left(\frac{x_i - \mu}{\sigma}\right) - \Phi\left(\frac{x_{i-1} - \mu}{\sigma}\right) \quad (i = 2, \cdots, 8)$$

$$p_9 = P(154 \leqslant X < +\infty) = 1 - \Phi\left(\frac{154 - \mu}{\sigma}\right)$$

算得的结果如表 8.10 所示.

表 8.10

A_i	n_i	p_i	np_i	$n_i - np_i$	$(n_i - np_i)^2/(np_i)$
$X < 126$	5	0.0344	4.128	0.872	0.1842
$126 \leqslant X < 130$	8	0.0669	8.028	0.844	0.0586
$130 \leqslant X < 134$	10	0.1294	15.53	-5.53	1.9659
$134 \leqslant X < 138$	22	0.1910	22.92	-0.92	0.0369
$138 \leqslant X < 142$	33	0.2124	25.49	7.51	0.2126
$142 \leqslant X < 146$	20	0.1775	21.30	-1.30	0.0793
$146 \leqslant X < 150$	11	0.1116	13.39	-2.39	0.4265
$150 \leqslant X < 154$	6	0.0522	6.260	1.664	0.2966
$154 \leqslant X$	5	0.0256	3.07		
$\sum$					6.2815

而 $r = 8$，χ^2 的自由度为 $r - k - 1 = 8 - 2 - 1 = 5$，且 $\chi^2_\alpha(r - k - 1) = \chi^2_{0.05}(5) = 11.071 > 5.0746$，故接受 H_0，即可以认为该地区 12 岁男孩的身高服从正态分布.

注 χ^2 检验法的步骤：

(1) 提出假设 H_0：总体 X 的分布函数是 $F(x)$，H_1：总体 X 的分布函数不是 $F(x)$.

如果总体分布为离散型,则假设具体为

H_0:总体 X 的分布律为 $P(X = x_i) = p_i (i = 1, 2, \cdots)$

如果总体分布为连续型,则假设具体为

H_0:总体 X 的概率密度函数为 $f(x)$

(2) 若在 H_0 为真时,$F(x)$ 形式已知,但含有未知参数,则必须用极大似然估计法估计总体的未知参数.

(3) 将样本的可能取值范围分成互不相交的 r 个区间 $A_1, A_2, \cdots, A_r$,一般要求样本容量 $n \geqslant 50$,样本值落在各个区间的实测频数 $n_k \geqslant 5 (k = 1, 2, \cdots, r)$,如果有些区间内频数小于 5,则可重新分区间(或合并部分区间)使频数符合要求.

(4) 当 H_0 为真时,由 $F(x)$ 可计算出理论概率 $p_k = P(X \in A_k)$(若 $F(x)$ 不含未知参数,则可直接计算;若 $F(x)$ 中含有未知参数,则需要按第(2)步算出的未知参数估计值代入后再计算).

(5) 选取统计量 $\chi^2 = \sum\limits_{k=1}^{r} \dfrac{(n_k - np_k)^2}{np_k}$,并代入前面算出的数值,得到统计量实测值 χ_0^2.

(6) 对于给定的显著水平 α,根据自由度 $r-1$(或 $r-m-1$),计算临界值 χ_α^2 得拒绝域为 $\chi^2 > \chi_\alpha^2$,当 $\chi^2 > \chi_\alpha^2$ 时,拒绝 H_0,否则不拒绝 H_0.

自主练习 8.3

一农场 10 年前在一鱼塘里按比例 20:15:40:25 投放了四种鱼:鲑鱼、鲈鱼、竹夹鱼和鲇鱼的鱼苗.现在在鱼塘里获得一样本如表 8.11 所示.试取 $\alpha = 0.05$ 检验各类鱼的数量比较 10 年前是否有显著改变.

表 8.11

序号	1	2	3	4	
种类	鲑鱼	鲈鱼	竹夹鱼	鲇鱼	
数量(条)	132	100	200	168	$\sum = 600$

释疑解难

1. 在假设检验中,如何确定原假设 H_0 和备择假设 H_1?

答 在实际问题中,通常把那些需要着重考虑的假设视为原假设.例如,如果问题是要决定新提出的方法是否比原方法好,往往将原方法取为原假设,而将新方法取为备择假设;再如,若提出一个假设,检验的目的仅仅是为了判别这个假设是否成立,此时直接取此假设为原假设即可.

从数学上看,一般地可根据以下三个原则选择哪个作为原假设:(1) 当目的是希望从样本观测值取得对某一论断强有力的支持时,把这一论断的否定作为原假设;(2) 尽量使后果严重的一类错误成为第一类错误;(3) 把由过去资料所提供的论断作为原假设,这样当检验后的最终结论为拒绝原假设时,由于犯第一类错误的概率被控制而显得有说服力或危害小.

2. 在假设检验中,两类错误是否可以同时达到最小?

答 不能同时达到最小,在样本容量固定时,两类错误的概率是此增彼减的关系.

3. 显著性水平 α 有什么意义?怎样合理地选取显著性水平 α?

答 如果原假设 H_0 成立,由于样本的随机性,仍有做出拒绝 H_0 的结论,即犯第一类错误.显著性水平的一个意义是给出了犯第一类错误的概率.另一方面,α 的选定又是对小概率事件小到什么程度的一种抉择.α 越小,而事件发生了,则拒绝 H_0 的可信程度越高.所谓显著性即是指实际情况与 H_0 的判断之间存在显著差异.

α 的选定通常取较小的值,如 0.05,0.01 等,但在某些实际问题中,如药品检验将不合格视为合格,即犯第二类错误的后果更严重时,通常取 α 较大(如 0.10),而使犯第二类错误的概率变小,因为犯两类错误的概率在样本容量固定时有此增彼减关系.

4. 在一个确定的假设检验问题中,判断结果与哪些因素有关?

答 判断结果不但与显著性水平有关,而且与样本的选取(包括样本观测值和样本容量)也有关.不难验证,对于不同的显著性水平 α,可能做出不同的判断结果.对于相同的显著性水平,由于抽取的样本不同,因而样本容量与样本均值也不同,当然也就可能得出不同的判断结果.为了提高判断的准确性,有条件时,可尽量多抽几组样本进行检验.

5. 对于两个正态总体期望的检验,当方差未知且不相同时,若按方差未知且相同进行检验,其结果会怎样?

答 当方差不等时,检验统计量的绝对值会偏大或偏小,从而出现错误判断.

第 9 章　SPSS 软件及其应用

　　SPSS(Statistical Package for Social Science)统计软件全称为社会科学统计软件包,是目前世界上公认的用户最多、功能最强大的优秀通用统计软件之一.
　　在 SPSS 中,无需编写程序,只需知晓统计分析原理,就可以通过菜单的选择、对话框的操作得到统计数据的输出结果.
　　本章以 SPSS 11.5 为基础,简要介绍几种统计方法的 SPSS 操作.

9.1　SPSS 软件简介

　　当 SPSS 11.5 软件安装完成后,单击 Windows 下的"开始"按钮,将光标移到"程序"选项上,便出现"SPSS for Windows",在其子菜单中单击"SPSS 11.5 for Windows",如图 9.1 所示.

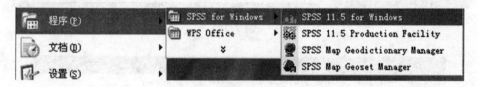

图 9.1

　　单击后出现图 9.2.
　　选择"Type in data"或"Cancel"进入数据编辑窗"SPSS Data Editor"如图 9.3.
　　数据编辑窗主要作用是编辑数据文件,包含数据视图(Data View)和变量视图(Data View).编辑窗最上方一行是由 10 个菜单组成的主菜单.下面简要介绍这 10 个菜单的功能.
　　File(文件)菜单:对数据库文件(*.sav)或程序文件(*.sps)进行打开、保存、打印等.
　　Edit(编辑)菜单:对数据文件进行编辑管理,包含 Undo(撤销/恢复),Cut(剪切),Copy(复制),Paste(粘贴),Clear(清除),Find(查找)和 Options(选择项)等.
　　View(视图)菜单:对屏幕视图进行调节,包含 Status Bar(运行状态开关),Toolbars(用于数据库窗、输出窗、图形窗、程序窗、程序编辑等),Fonts(字体设定,包括字体大小与式样),Grid Lines(数据库各案例间是否有横线)和 Value Labels(数据是否有标示)等.
　　Data(数据)菜单:用于数据文件的建立和编辑,包含 Difine Variable Properties(定义变量),Difine Dates(定义时间),Insert Variable(插入变量/列),Insert Case(插入案例/行),Go to Case(找到案例/行),Sort Cases(对案例排序),Transpose(变量转换),Merge Files(增加案例或增加变量),Aggregate(数据文件纵向按变量连接),Orthogonal Design

（产生正交设计表），Split Files（将数据文件有关变量进行分组分析），Select Cases（选择特定案例进行分析）和 Weight Cases（对案例赋予权重）等.

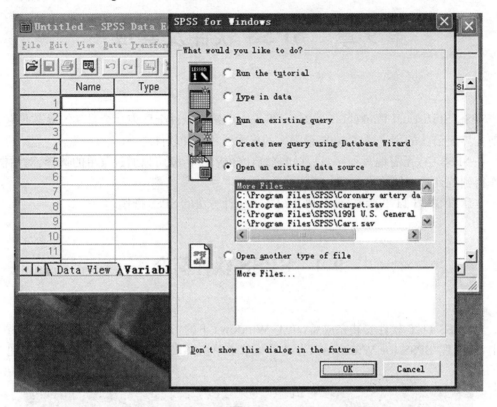

图 9.2

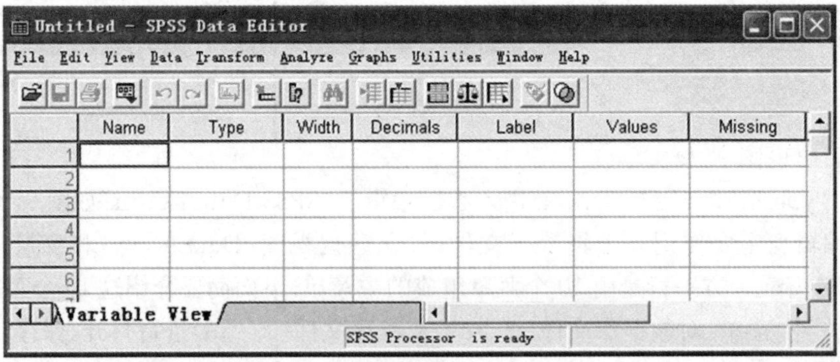

图 9.3

Transform（转换）菜单：对数据库文件进行转换管理，包含 Compute（计算），Recode（数据重新编码），Count（计数），Rank Cases（对案例排序），Automatic Recode（对变量自动进行重新编码），Create Time Series（创建时间序列变量），Replace Missing Values（选用取代缺失值的方法）等.

Analyze（统计分析）菜单：为 SPSS 的最重要部分，提供了功能强大、齐全、应有尽有的统计分析方法.

Graphs（绘图）菜单：拥有多种绘图功能，可以绘制 Bar（直条图），Line（线图），Pie（饼图),Histogram(直方图)等.

Utilities(实用命令)菜单:包含 Variables(变量信息),Define Sets(定义变量集),Use Sets(使用中的变量集),Run Script(运行程序),Menu Editor(主菜单编辑器)等.

Windows(窗口)菜单:包含 Minimize SPSS(将 SPSS 最小化)和已打开的数据库文件名.

Help(帮助)菜单:包含 Topic(检索用主题),Tutorial(自学教程),Statistics Coach (SPSS 各统计分析方法指导),SPSS Home Page(点击此命令可进入 spss.com 主页)等.

9.2 SPSS软件的应用

定义 9.2.1 假设检验问题的 p 值(Probability Value)也称尾概率,是由检验统计量的样本观测值得出的原假设可被拒绝的最小显著性水平.

例如,在正态总体 $N(\mu,\sigma^2)$ 的均值检验中,当 σ 未知时,检验统计量为 $t=\dfrac{\bar{X}-\mu_0}{S/\sqrt{n}}$,代入样本信息,得统计量 t 的观测值 t_0,那么在检验问题

(1) $H_0:\mu \leqslant \mu_0, H_1:\mu \neq \mu_0$

$p=P(|t|>|t_0||\mu=\mu_0)=2P(t>|t_0||\mu=\mu_0)=2\times(|t_0|$ 右侧尾部面积$)$.

(2) $H_0:\mu \leqslant \mu_0, H_1:\mu > \mu_0$

$p=P(t \geqslant t_0|\mu=\mu_0)=t_0$ 右侧尾部面积.

(3) $H_0:\mu \geqslant \mu_0, H_1:\mu < \mu_0$

$p=P(t \leqslant t_0|\mu=\mu_0)=t_0$ 左侧尾部面积.

在一个检验问题中,对于任意给定的显著性水平 α,若 $p \leqslant \alpha$,则拒绝 H_0;若 $P>\alpha$,则拒绝 H_0.

9.2.1 单个总体的情况

以例 9.1.1 为依托,具体介绍 SPSS 软件针对单个总体数据的部分用法,包括如何定义随机变量,如何录入数据,对变量进行正态性检验即检验样本是否来自正态总体,计算常见统计量样本均值、样本方差等,求总体均值的区间估计,对总体均值做假设检验.

例 9.1.1 用某仪器间接测量温度,重复 5 次,所得的数据是 1 250 ℃,1 265 ℃,1 245 ℃,1 260 ℃,1 275 ℃,而用别的精确办法测得温度为 1 277 ℃(可看作温度的真值).试问该仪器间接测量有无系统偏差?

1. 定义变量及输入数据

启动 SPSS 后,点击 Variable View 进入定义变量工作表,用 Name 命令定义变量"温度",Type(变量类型)中选择默认的 Numeric(数值型)即可,因为数据为整数,因此 Decimals(小数位)由默认的 2 调整为 0,其他取默认状态即可,具体操作如图 9.4.

变量定义完之后,进入 Data View 数据视图工作表,将题目中 5 个数据纵向输入"温度"这一变量下方,具体见图 9.5.

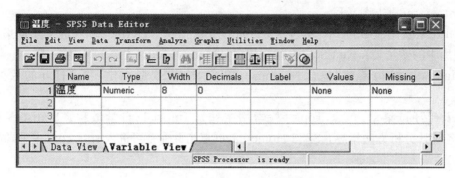

图 9.4

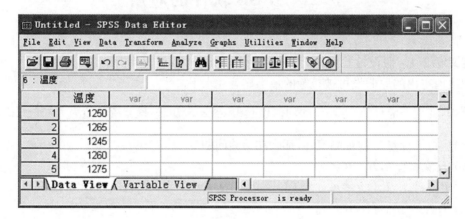

图 9.5

2. 正态性检验

在 Analyze 分析菜单下按图 9.6 中步骤,进入 One-Sample Kolmogorov-Smirnov Test,该子菜单用于检验数据是否服从某个分布,其中 Normal(正态分布)为默认分布,其他三个分别为 Uniform(均匀分布),Poisson(泊松分布),Exponential(指数).

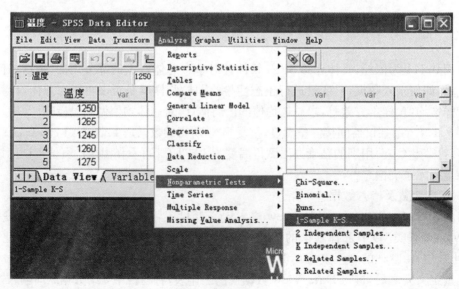

图 9.6

在如图 9.7 的对话框中,通过黑色三角按钮,将变量"温度"置入右侧 Test Variable List,检验分布 Test Distribution 中选择默认的 Normal 分布即可.

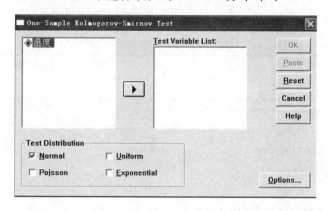

图 9.7

单击图 9.7 右下角 Options 按钮,得到如下界面图 9.8.

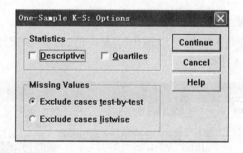

图 9.8

图 9.8 中如果勾选 Descriptive 将会输出样本容量、样本均值、样本标准差、最大和最小值,勾选 Quartiles 将会输出三个四分位数.

选择操作完成后,单击图 9.7 中的 OK 按钮进行确认,得到如图 9.9 的输出结果.

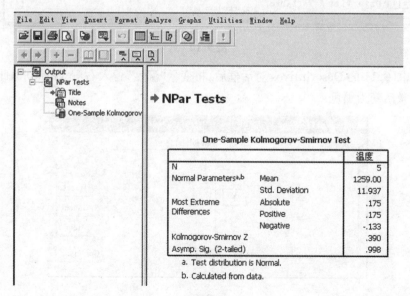

图 9.9

可以将图 9.9 中结果复制粘贴到需要的文档.

表 9.1 中最后一行 Asymp.Sig.(2-tailed) 为 p 值, $p=0.998>0.05$, 因此接受原假设, 由表格下方 a Test distribution is Normal, 可知原假设是服从正态分布.

表 9.1　One-Sample Kolmogorov-Smirnov Test

		温度(℃)
N		5
Normal Parameters(a,b)	Mean	1 259.00
	Std. Deviation	11.937
Most Extreme Differences	Absolute	0.175
	Positive	0.175
	Negative	−0.133
Kolmogorov-Smirnov Z		0.390
Asymp. Sig. (2-tailed)		0.998

注:a　Test distribution is Normal. b　Calculated from data.

3. 常见统计量的计算

虽然在正态性检验的操作中也可以输出样本均值、方差等统计量, 但是按图 9.10 中操作, 可以选择输出更多的统计量.

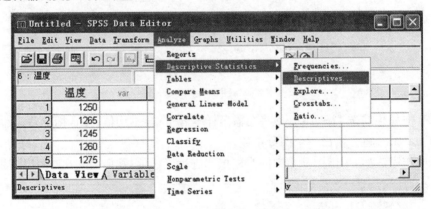

图 9.10

进入如图 9.11 的 Descriptives 对话框后, 将变量"温度"置入右侧 Variable, 此时灰色的 OK 按钮被激活变为黑色.

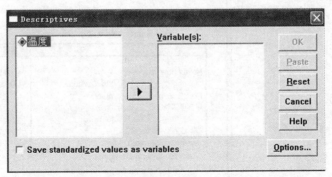

图 9.11

单击 Options,出现大量统计量可供选择,具体如图 9.12.

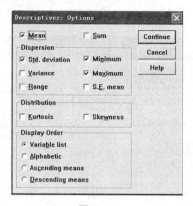

图 9.12

根据需要进行勾选,然后按 Continue 按钮,回到图 9.11,单击 OK,得到统计量的输出如表 9.2 所示.

表 9.2 Descriptive Statistics

	N	Range	Minimum	Maximum	Mean	Std. Deviation	Variance
温度(℃)	5	30	1 245	1 275	1 259.00	11.937	142.500
Valid N (listwise)	5						

4. 区间估计

按图 9.13 进入 Explore 对话框.

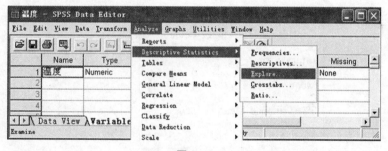

图 9.13

将变量"温度"置入右侧 Dependent List,图 9.14 左下角 Display 中可以选择只输出统计量 Statistics,也可以只输出茎叶图和箱式图 plots,也可以选择统计量和图形同时输出即 Both.

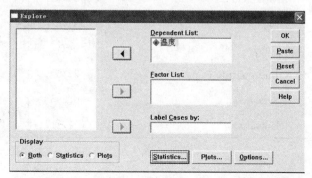

图 9.14

单击图 9.14 下方 Statistics,出现下图 9.15 对话框,默认均值的置信水平为 95%,可以根据问题进行更改.

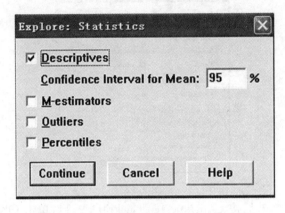

图 9.15

勾选所需要的选项之后,单击 Continue 和 OK,得到如表 9.3 输出结果.

表 9.3 计算了很多的统计量,其中有均值的置信水平为 95% 的置信区间(1 244.18, 1 273.82).因为该区间不包含 1 277,因此可以认为该仪器间接测量有系统偏差.

表 9.3 Descriptives

		Statistic	Std. Error
温度(℃)	Mean	1 259.00	5.339
	95% Confidence Interval for Mean Lower Bound	1 244.18	
	Upper Bound	1 273.82	
	5% Trimmed Mean	1 258.89	
	Median	1 260.00	
	Variance	142.500	
	Std. Deviation	11.937	
	Minimum	1 245	
	Maximum	1 275	
	Range	30	
	Interquartile Range	22.50	
	Skewness	0.206	0.913
	Kurtosis	−1.117	2.000

5. 假设检验

按图 9.16 的操作进入单个总体的 t 检验 One-Sample T Test.

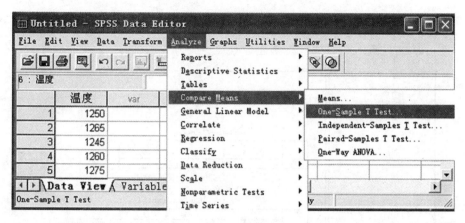

图 9.16

在打开的 One-Sample T Test 对话框图中,将变量"温度"置入右侧 Test Variable 检验变量,此时灰色的 OK 按钮被激活变为黑色,Test Value 检验值输入 1 277,如图 9.17 所示.

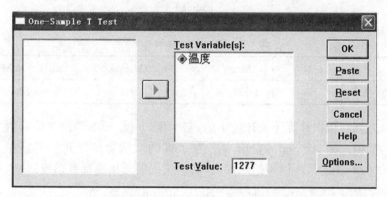

图 9.17

单击 Options,出现对话框图 9.18,Confidence Interval 为置信水平,默认为 95%,可以更改为需要的水平.

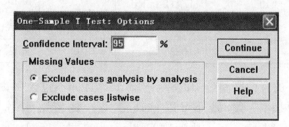

图 9.18

点击 Continue 以及图 9.17 中 OK 后,得到输出结果如图 9.19 所示.

图 9.19 中将结果可以复制粘贴到需要的文档.

表 9.4 输出了样本容量、样本均值、样本标准差和标准误.

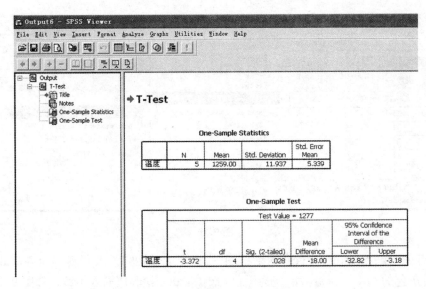

图 9.19

表 9.4 One-Sample Statistics

	N	Mean	Std. Deviation	Std. Error Mean
温度(℃)	5	1 259.00	11.937	5.339

表 9.5 从左到右依次计算了统计量 t 值,自由度,p 值,样本均值与检验值之差 $\bar{x} - \mu_0$,总体均值与检验值之差 $\mu - \mu_0$ 的置信水平为 95% 的双侧置信区间的下界和上界. 先看 p 值,因为 $p = 0.028 < 0.05$,所以拒绝原假设,认为该仪器间接测量有系统偏差.

表 9.5 One-Sample Test

	Test Value = 1 277					
	t	df	Sig.(2-tailed)	Mean Difference	95% Confidence Interval of the Difference	
					Lower	Upper
温度(℃)	-3.372	4	0.028	-18.00	-32.82	-3.18

再看差异 $\mu - \mu_0$ 的置信区间 $(-32.82, -13.18)$,区间不包含 0,因此拒绝 $\mu = \mu_0$,这与假设检验的分析结果相一致,另外可以整理得到 μ 的置信水平为 95% 的置信区间 $(1\,244.18, 1\,273.82)$,这与 Analyze 中通过 Explore 所获得的区间估计一致.

9.2.2 两个总体的情况

以例 9.1.2 为依托,具体介绍 SPSS 软件针对两个总体数据的部分用法,包括如何定义随机变量,如何录入数据,计算常见统计量样本均值、样本方差等,进行方差齐性检验,对两个总体均值是否有差异做假设检验,并且给出相应的区间估计.

例 9.1.2 在一台自动车床上加工直径为 2.050 mm 的轴,现在每相隔两小时,各取容量都为 10 的样本,所得数据如表 9.6 所示.

表 9.6

零件加工编号	1	2	3	4	5	6	7	8	9	10
第一组	2.066	2.063	2.068	2.060	2.067	2.063	2.059	2.062	2.062	2.060
第二组	2.063	2.060	2.057	2.056	2.059	2.058	2.062	2.059	2.059	2.057

假设直径的分布是正态的,由于样本是取自同一台车床,可以认为 $\sigma_1^2=\sigma_2^2=\sigma^2$,而 σ^2 是未知常数,问这台自动车床的工作是否稳定(取 $\alpha=0.01$)?

1. 定义变量及输入数据

启动 SPSS 后,点击 Variable View 进入定义变量工作表,用 Name 命令定义变量“直径”和“组别”,Decimals 分别调整为 3 和 0,其他取默认状态即可,具体操作如图 9.20 所示.

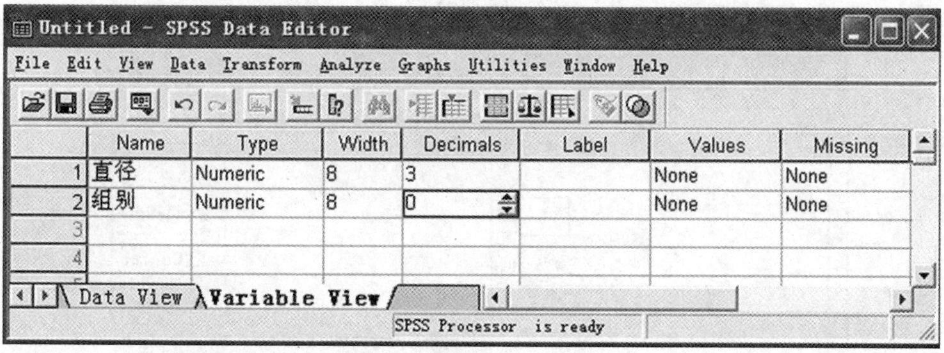

图 9.20

单击 Data View 录入数据,如图 9.21 所示.

	直径	组别	var
1	2.066	1	
2	2.063	1	
3	2.068	1	
4	2.060	1	
5	2.067	1	
6	2.063	1	
7	2.059	1	
8	2.062	1	
9	2.062	1	
10	2.060	1	
11	2.063	2	
12	2.060	2	
13	2.057	2	
14	2.056	2	
15	2.059	2	
16	2.058	2	
17	2.062	2	
18	2.059	2	
19	2.059	2	
20	2.057	2	
21			

图 9.21

2. 假设检验

按图 9.22 操作,将检验变量"直径"置入 Test Variable,分组变量"组别"置入 Grouping Variable,如图 9.23 所示.

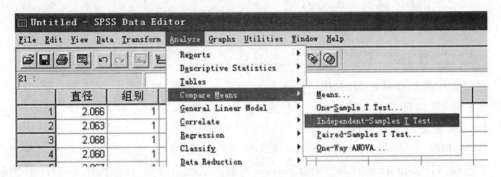

图 9.22

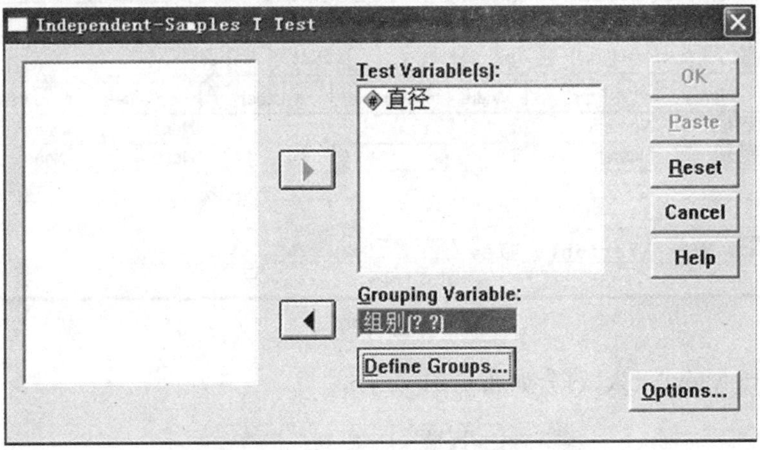

图 9.23

单击 Define Groups,在图 9.24 中的 Group 1:一栏填 1,表示第一组,另一栏填 2,单击 Continiue.回到图 9.23 界面之后,单击右下角 Options,将置信水平调整为 99% 之后单击 Continue,如图 9.24 所示.

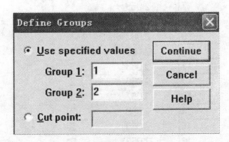

图 9.24

操作完成后,单击图 9.23 中 OK,输出表 9.7 和表 9.8.

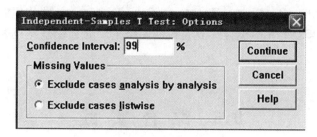

图 9.25

表 9.7 Group Statistics

	组别	N	Mean	Std. Deviation	Std. Error Mean
直径	1	10	2.063 00	0.003 091	0.000 978
	2	10	2.059 00	0.002 211	0.000 699

表 9.7 分别计算了两组样本的样本容量、样本均值、样本标准差和标准误.

表 9.8 Independent Samples Test

		Levene's Test for Equality of Variances		t-test for Equality of Means						
		F	Sig.	t	df	Sig. (2-tailed)	Mean Difference	Std. Error Difference	99% Confidence Interval of the Difference	
									Lower	Upper
直径	Equal variances assumed	1.231	0.282	3.328	18	0.004	0.004 00	0.001 202	0.000 541	0.007 459
	Equal variances not assumed			3.328	16.299	0.004	0.004 00	0.001 202	0.000 498	0.007 502

这个输出表格中包含了两种检验:Levene's Test for Equality of Variances 方差齐性检验和 t-test for Equality of Means 均值差的 t 检验.

在方差齐性检验中,因为 $p = 0.282 > 0.01$,所以接受原假设,即认为方差是相等的.当方差相等时,即在 Equal variances assumed 这一行之后,注意到 t 检验中的 Sig.(2-tailed) 为 0.004,即 $p = 0.004 < 0.01$,因此拒绝均值相等的原假设,即认为两组样本在生产上是有差异的,可能这台自动车床受时间的影响而生产不稳定.

另一方面,在 99% Confidence Interval of the Difference 即均值差的 99% 置信区间 (0.000 541, 0.007 459) 上并不包含 0,这也说明两组生产的直径差异显著,即认为两组样本在生产上是有差异的.

9.3 综合实践

9.3.1 实践目的

1. 利用 SPSS 软件计算常用统计量;
2. 利用 SPSS 软件对样本进行正态性检验;
3. 利用 SPSS 软件求单个总体均值的假设检验与区间估计,并对输出结果进行合理的解释;
4. 利用 SPSS 软件对两个独立样本进行正态性检验;
5. 利用 SPSS 软件对两个独立样本进行方差齐性检验;
6. 利用 SPSS 软件对两个独立样本求均值之差的假设检验与区间估计,并对输出结果进行合理的解释

9.3.2 实践内容

1. 成虾的平均体重一般为 21 g,在配合饲料中添加 0.5% 的酵母培养物饲养成虾时,随机抽取 16 只成虾,体重为

20.1, 21.6, 22.2, 23.1, 20.7, 19.9, 21.3, 21.4, 22.6, 22.3

20.9, 21.7, 22.8, 21.7, 21.3, 20.7

试解决以下问题:

(1) 检验该组样本是否来自正态总体,即进行正态性检验;
(2) 计算样本均值、样本标准差等常见统计量;
(3) 求添 0.5% 的加酵母培养物后的平均体重即总体期望 μ 的区间估计;
(4) 检验添加 0.5% 的酵母培养物饲养成虾时是否提高了成虾体重?

2. 两个小麦品种从播种到抽穗所需天数如下:

品种 1:101, 100, 99, 99, 98, 100, 98, 99, 99, 99

品种 2:100, 98, 100, 99, 98, 99, 98, 98, 99, 100

试解决以下问题:

(1) 计算样本均值、样本标准差等常见统计量;
(2) 求两个品种所需的天数即两总体期望 μ 之差的区间估计;
(3) 检验两个品种所需的天数的方差是否齐?
(4) 检验两个品种所需的天数是否有显著差异?

附 录

附录1 标准正态分布表

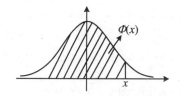

$$\Phi(x) = \frac{1}{\sqrt{2\pi}} \int_{-\infty}^{x} e^{-t^2/2} dt = P(X \leqslant x)$$

x	0.000 00	0.010 00	0.020 00	0.030 00	0.040 00	0.050 00	0.060 00	0.070 00	0.080 00	0.090 00
0.0	0.500 00	0.503 99	0.507 98	0.511 97	0.515 95	0.519 94	0.523 92	0.527 90	0.531 88	0.535 86
0.1	0.539 83	0.543 80	0.547 76	0.551 72	0.555 67	0.559 62	0.563 56	0.567 49	0.571 42	0.575 35
0.2	0.579 26	0.583 17	0.587 06	0.590 95	0.594 83	0.598 71	0.602 57	0.606 42	0.610 26	0.614 09
0.3	0.617 91	0.621 72	0.625 52	0.629 30	0.633 07	0.636 83	0.640 58	0.644 31	0.648 03	0.651 73
0.4	0.655 42	0.659 10	0.662 76	0.666 40	0.670 03	0.673 64	0.677 24	0.680 82	0.684 39	0.687 93
0.5	0.691 46	0.694 97	0.698 47	0.701 94	0.705 40	0.708 84	0.712 26	0.715 66	0.719 04	0.722 40
0.6	0.725 75	0.729 07	0.732 37	0.735 65	0.738 91	0.742 15	0.745 37	0.748 57	0.751 75	0.754 90
0.7	0.758 04	0.761 15	0.764 24	0.767 30	0.770 35	0.773 37	0.776 37	0.779 35	0.782 30	0.785 24
0.8	0.788 14	0.791 03	0.793 89	0.796 73	0.799 55	0.802 34	0.805 11	0.807 85	0.810 57	0.813 27
0.9	0.815 94	0.818 59	0.821 21	0.823 81	0.826 39	0.828 94	0.831 47	0.833 98	0.836 46	0.838 91
1.0	0.841 34	0.843 75	0.846 14	0.848 49	0.850 83	0.853 14	0.855 43	0.857 69	0.859 93	0.862 14
1.1	0.864 33	0.866 50	0.868 64	0.870 76	0.872 86	0.874 93	0.876 98	0.879 00	0.881 00	0.882 98
1.2	0.884 93	0.886 86	0.888 77	0.890 65	0.892 51	0.894 35	0.896 17	0.897 96	0.899 73	0.901 47
1.3	0.903 20	0.904 90	0.906 58	0.908 24	0.909 88	0.911 49	0.913 08	0.914 66	0.916 21	0.917 74
1.4	0.919 24	0.920 73	0.922 20	0.923 64	0.925 07	0.926 47	0.927 85	0.929 22	0.930 56	0.931 89
1.5	0.933 19	0.934 48	0.935 74	0.936 99	0.938 22	0.939 43	0.940 62	0.941 79	0.942 95	0.944 08
1.6	0.945 20	0.946 30	0.947 38	0.948 45	0.949 50	0.950 53	0.951 54	0.952 54	0.953 52	0.954 49
1.7	0.955 43	0.956 37	0.957 28	0.958 18	0.959 07	0.959 94	0.960 80	0.961 64	0.962 46	0.963 27
1.8	0.964 07	0.964 85	0.965 62	0.966 38	0.967 12	0.967 84	0.968 56	0.969 26	0.969 95	0.970 62
1.9	0.971 28	0.971 93	0.972 57	0.973 20	0.973 81	0.974 41	0.975 00	0.975 58	0.976 15	0.976 70
2.0	0.977 25	0.977 78	0.978 31	0.978 82	0.979 32	0.979 82	0.980 30	0.980 77	0.981 24	0.981 69

续表

x	0.000 00	0.010 00	0.020 00	0.030 00	0.040 00	0.050 00	0.060 00	0.070 00	0.080 00	0.090 00
2.1	0.982 14	0.982 57	0.983 00	0.983 41	0.983 82	0.984 22	0.984 61	0.985 00	0.985 37	0.985 74
2.2	0.986 10	0.986 45	0.986 79	0.987 13	0.987 45	0.987 78	0.988 09	0.988 40	0.988 70	0.988 99
2.3	0.989 28	0.989 56	0.989 83	0.990 10	0.990 36	0.990 61	0.990 86	0.991 11	0.991 34	0.991 58
2.4	0.991 80	0.992 02	0.992 24	0.992 45	0.992 66	0.992 86	0.993 05	0.993 24	0.993 43	0.993 61
2.5	0.993 79	0.993 96	0.994 13	0.994 30	0.994 46	0.994 61	0.994 77	0.994 92	0.995 06	0.995 20
2.6	0.995 34	0.995 47	0.995 60	0.995 73	0.995 85	0.995 98	0.996 09	0.996 21	0.996 32	0.996 43
2.7	0.996 53	0.996 64	0.996 74	0.996 83	0.996 93	0.997 02	0.997 11	0.997 20	0.997 28	0.997 36
2.8	0.997 44	0.997 52	0.997 60	0.997 67	0.997 74	0.997 81	0.997 88	0.997 95	0.998 01	0.998 07
2.9	0.998 13	0.998 19	0.998 25	0.998 31	0.998 36	0.998 41	0.998 46	0.998 51	0.998 56	0.998 61
3.0	0.998 65	0.998 69	0.998 74	0.998 78	0.998 82	0.998 86	0.998 89	0.998 93	0.998 96	0.999 00
3.1	0.999 03	0.999 06	0.999 10	0.999 13	0.999 16	0.999 18	0.999 21	0.999 24	0.999 26	0.999 29
3.2	0.999 31	0.999 34	0.999 36	0.999 38	0.999 40	0.999 42	0.999 44	0.999 46	0.999 48	0.999 50
3.3	0.999 52	0.999 53	0.999 55	0.999 57	0.999 58	0.999 60	0.999 61	0.999 62	0.999 64	0.999 65
3.4	0.999 66	0.999 68	0.999 69	0.999 70	0.999 71	0.999 72	0.999 73	0.999 74	0.999 75	0.999 76
3.5	0.999 77	0.999 78	0.999 78	0.999 79	0.999 80	0.999 81	0.999 81	0.999 82	0.999 83	0.999 83
3.6	0.999 84	0.999 85	0.999 85	0.999 86	0.999 86	0.999 87	0.999 87	0.999 88	0.999 88	0.999 89
3.7	0.999 89	0.999 90	0.999 90	0.999 90	0.999 91	0.999 91	0.999 92	0.999 92	0.999 92	0.999 92
3.8	0.999 93	0.999 93	0.999 93	0.999 94	0.999 94	0.999 94	0.999 94	0.999 95	0.999 95	0.999 95
3.9	0.999 95	0.999 95	0.999 96	0.999 96	0.999 96	0.999 96	0.999 96	0.999 96	0.999 97	0.999 97
4.0	0.999 97	0.999 97	0.999 97	0.999 97	0.999 97	0.999 97	0.999 98	0.999 98	0.999 98	0.999 98
4.1	0.999 98	0.999 98	0.999 98	0.999 98	0.999 98	0.999 98	0.999 98	0.999 98	0.999 99	0.999 99
4.2	0.999 99	0.999 99	0.999 99	0.999 99	0.999 99	0.999 99	0.999 99	0.999 99	0.999 99	0.999 99
4.3	0.999 99	0.999 99	0.999 99	0.999 99	0.999 99	0.999 99	0.999 99	0.999 99	0.999 99	0.999 99
4.4	0.999 99	0.999 99	1.000 00	1.000 00	1.000 00	1.000 00	1.000 00	1.000 00	1.000 00	1.000 00
4.5	1.000 00	1.000 00	1.000 00	1.000 00	1.000 00	1.000 00	1.000 00	1.000 00	1.000 00	1.000 00
4.6	1.000 00	1.000 00	1.000 00	1.000 00	1.000 00	1.000 00	1.000 00	1.000 00	1.000 00	1.000 00
4.7	1.000 00	1.000 00	1.000 00	1.000 00	1.000 00	1.000 00	1.000 00	1.000 00	1.000 00	1.000 00
4.8	1.000 00	1.000 00	1.000 00	1.000 00	1.000 00	1.000 00	1.000 00	1.000 00	1.000 00	1.000 00
4.9	1.000 00	1.000 00	1.000 00	1.000 00	1.000 00	1.000 00	1.000 00	1.000 00	1.000 00	1.000 00

附录2 χ^2 分布表

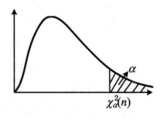

$$P(\chi^2(n) > \chi^2_\alpha(n)) = \alpha$$

n	α									
	0.995	0.99	0.975	0.95	0.90	0.10	0.05	0.025	0.01	0.005
1	⋯	⋯	0.001	0.004	0.016	2.706	3.841	5.024	6.635	7.879
2	0.010	0.020	0.051	0.103	0.211	4.605	5.992	7.378	9.210	10.597
3	0.072	0.115	0.216	0.352	0.584	6.251	7.815	9.348	11.345	12.838
4	0.207	0.297	0.484	0.711	1.064	7.779	9.487	11.143	13.277	14.860
5	0.412	0.554	0.831	1.145	1.610	9.236	11.071	12.833	15.086	16.750
6	0.676	0.872	1.237	1.635	2.204	10.645	12.592	14.440	16.812	18.548
7	0.989	1.239	1.690	2.167	2.833	12.017	14.067	16.012	18.474	20.276
8	1.344	1.646	2.180	2.733	3.490	13.362	15.507	17.534	20.09	21.954
9	1.735	2.088	2.700	3.325	4.168	14.684	16.919	19.022	21.665	23.587
10	2.156	2.558	3.247	3.94	4.865	15.987	18.307	20.483	23.209	25.188
11	2.603	3.053	3.816	4.575	5.578	17.275	19.675	21.920	24.724	26.755
12	3.074	3.571	4.404	5.226	6.304	18.549	21.026	23.337	26.217	28.300
13	3.565	4.107	5.009	5.892	7.041	19.812	22.362	24.735	27.687	29.817
14	4.075	4.660	5.629	6.571	7.790	21.064	23.685	26.119	29.141	31.319
15	4.601	5.229	6.262	7.261	8.547	22.307	24.996	27.488	30.577	32.799
16	5.142	5.812	6.908	7.962	9.312	23.542	26.296	28.845	32.000	34.267
17	5.697	6.407	7.564	8.682	10.085	24.769	27.587	30.190	33.408	35.716
18	6.265	7.015	8.231	9.39	10.865	25.989	28.869	31.526	34.805	37.156
19	6.844	7.632	8.906	10.117	11.651	27.203	30.143	32.852	36.19	38.580
20	7.434	8.26	9.591	10.851	12.443	28.412	31.410	34.170	37.566	39.997
21	8.034	8.897	10.283	11.591	13.240	29.615	32.670	35.478	38.93	41.399
22	8.643	9.542	10.982	12.338	14.042	30.813	33.924	36.781	40.289	42.796
23	9.26	10.195	11.688	13.09	14.848	32.007	35.172	38.075	41.637	44.179
24	9.886	10.856	12.401	13.848	15.659	33.196	36.415	39.364	42.98	45.558
25	10.52	11.523	13.12	14.611	16.473	34.381	37.652	40.646	44.313	46.925

续表

n	α									
	0.995	0.99	0.975	0.95	0.90	0.10	0.05	0.025	0.01	0.005
26	11.16	12.198	13.844	15.379	17.292	35.563	38.885	41.923	45.642	48.290
27	11.808	12.878	14.573	16.151	18.114	36.741	40.113	43.194	46.962	49.642
28	12.461	13.565	15.308	16.928	18.939	37.916	41.337	44.461	48.278	50.993
29	13.121	14.256	16.047	17.708	19.768	39.087	42.557	45.772	49.586	52.333
30	13.787	14.954	16.791	18.493	20.599	40.256	43.773	46.979	50.892	53.672
35	17.192	18.508	20.569	22.465	24.796	46.059	49.802	53.203	57.340	60.272
40	20.707	22.164	24.433	26.509	29.050	51.805	55.758	59.342	63.691	66.766

附录3 t 分布表

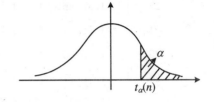

$$P(t(n) > t_\alpha(n)) = \alpha$$

α \ n	0.10	0.05	0.025	0.01	0.005
1	3.077 68	6.313 75	12.706 15	31.820 96	63.655 90
2	1.885 62	2.919 99	4.302 66	6.964 55	9.924 99
3	1.637 75	2.353 36	3.182 45	4.540 71	5.840 85
4	1.533 21	2.131 85	2.776 45	3.746 94	4.604 08
5	1.475 88	2.015 05	2.570 58	3.364 93	4.032 12
6	1.439 76	1.943 18	2.446 91	3.142 67	3.707 43
7	1.414 92	1.894 58	2.364 62	2.997 95	3.499 48
8	1.396 82	1.859 55	2.306 01	2.896 47	3.355 38
9	1.383 03	1.833 11	2.262 16	2.821 43	3.249 84
10	1.372 18	1.812 46	2.228 14	2.763 77	3.169 26
11	1.363 43	1.795 88	2.200 99	2.718 08	3.105 82
12	1.356 22	1.782 29	2.178 81	2.680 99	3.054 54
13	1.350 17	1.770 93	2.160 37	2.650 30	3.012 28
14	1.345 03	1.761 31	2.144 79	2.624 49	2.976 85
15	1.340 61	1.753 05	2.131 45	2.602 48	2.946 73
16	1.336 76	1.745 88	2.119 90	2.583 49	2.920 79
17	1.333 38	1.739 61	2.109 82	2.566 94	2.898 23
18	1.330 39	1.734 06	2.100 92	2.552 38	2.878 44
19	1.327 73	1.729 13	2.093 02	2.539 48	2.860 94
20	1.325 34	1.724 72	2.085 96	2.527 98	2.845 34
21	1.323 19	1.720 74	2.079 61	2.517 65	2.831 37
22	1.321 24	1.717 14	2.073 88	2.508 32	2.818 76

续表

α \\ n	0.10	0.05	0.025	0.01	0.005
23	1.319 46	1.713 87	2.068 65	2.499 87	2.807 34
24	1.317 84	1.710 88	2.063 90	2.492 16	2.796 95
25	1.316 35	1.708 14	2.059 54	2.485 10	2.787 44
26	1.314 97	1.705 62	2.055 53	2.478 63	2.778 72
27	1.313 70	1.703 29	2.051 83	2.472 66	2.770 68
28	1.312 53	1.701 13	2.048 41	2.467 14	2.763 26
29	1.311 43	1.699 13	2.045 23	2.462 02	2.756 39
30	1.310 42	1.697 26	2.042 27	2.457 26	2.749 98
31	1.303 08	1.683 85	2.021 07	2.423 26	2.704 46
33	1.295 82	1.670 65	2.000 30	2.390 12	2.660 27
39	1.288 65	1.657 65	1.979 93	2.357 83	2.617 42
40	1.281 55	1.644 85	1.959 97	2.326 35	2.575 83

附录 4 F 分布表

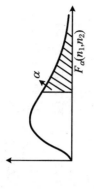

$$P(F(n_1, n_2) > F_\alpha(n_1, n_2) = \alpha)$$

$\alpha = 0.10$

n_1 \ n_2	1	2	3	4	5	6	7	8	9	10	12	14	16	18	20	25	30	60	120	$+\infty$
1	39.86	49.50	53.59	55.83	57.24	58.20	58.91	59.44	59.86	60.19	60.71	61.07	61.35	61.57	61.74	62.05	62.26	62.79	63.06	63.31
2	8.53	9.00	9.16	9.24	9.29	9.33	9.35	9.37	9.38	9.39	9.41	9.42	9.43	9.44	9.44	9.45	9.46	9.47	9.48	9.49
3	5.54	5.46	5.39	5.34	5.31	5.28	5.27	5.25	5.24	5.23	5.22	5.20	5.20	5.19	5.18	5.17	5.17	5.15	5.14	5.13
4	4.54	4.32	4.19	4.11	4.05	4.01	3.98	3.95	3.94	3.92	3.90	3.88	3.86	3.85	3.84	3.83	3.82	3.79	3.78	3.76
5	4.06	3.78	3.62	3.52	3.45	3.40	3.37	3.34	3.32	3.30	3.27	3.25	3.23	3.22	3.21	3.19	3.17	3.14	3.12	3.11
6	3.78	3.46	3.29	3.18	3.11	3.05	3.01	2.98	2.96	2.94	2.90	2.88	2.86	2.85	2.84	2.81	2.80	2.76	2.74	2.72
7	3.59	3.26	3.07	2.96	2.88	2.83	2.78	2.75	2.72	2.70	2.67	2.64	2.62	2.61	2.59	2.57	2.56	2.51	2.49	2.47
8	3.46	3.11	2.92	2.81	2.73	2.67	2.62	2.59	2.56	2.54	2.50	2.48	2.45	2.44	2.42	2.40	2.38	2.34	2.32	2.29
9	3.36	3.01	2.81	2.69	2.61	2.55	2.51	2.47	2.44	2.42	2.38	2.35	2.33	2.31	2.30	2.27	2.25	2.21	2.18	2.16
10	3.29	2.92	2.73	2.61	2.52	2.46	2.41	2.38	2.35	2.32	2.28	2.26	2.23	2.22	2.20	2.17	2.16	2.11	2.08	2.06

续表

n_2\n_1	1	2	3	4	5	6	7	8	9	10	12	14	16	18	20	25	30	60	120	$+\infty$
12	3.18	2.81	2.61	2.48	2.39	2.33	3.28	2.24	2.21	2.19	2.15	2.12	2.09	2.08	2.06	2.03	2.01	1.96	1.93	1.91
14	3.10	2.73	2.52	2.39	2.31	2.24	2.19	2.15	2.12	2.10	2.05	2.02	2.00	1.98	1.96	1.93	1.91	1.86	1.83	1.80
16	3.05	2.67	2.46	2.33	2.24	2.18	2.13	2.09	2.06	2.03	1.99	1.95	1.93	1.91	1.89	1.86	1.84	1.78	1.75	1.72
18	3.01	2.62	2.42	2.29	2.20	2.13	2.08	2.04	2.00	1.98	1.93	1.90	1.87	1.85	1.84	1.88	1.78	1.72	1.69	1.66
20	2.97	2.59	2.38	2.25	2.16	2.09	2.04	2.00	1.96	1.94	1.89	1.86	1.83	1.81	1.79	1.76	1.74	1.68	1.64	1.61
25	2.92	2.53	2.32	2.18	2.09	2.02	1.97	1.93	1.89	1.87	1.82	1.79	1.76	1.74	1.72	1.68	1.66	1.59	1.56	1.52
30	2.88	2.49	2.28	2.14	2.05	1.98	1.93	1.88	1.85	1.82	1.77	1.74	1.71	1.69	1.67	1.63	1.61	1.54	1.50	1.46
60	2.79	2.39	2.18	2.04	1.95	1.87	1.82	1.77	1.74	1.71	1.66	1.62	1.59	1.56	1.54	1.50	1.48	1.40	1.35	1.30
120	2.75	2.35	2.13	1.99	1.90	1.82	1.77	1.72	1.68	1.65	1.60	1.56	1.53	1.50	1.48	1.44	1.41	1.32	1.26	1.20
$+\infty$	2.71	2.31	2.09	1.95	1.85	1.78	1.72	1.67	1.63	1.60	1.55	1.51	1.47	1.45	1.42	1.38	1.35	1.25	1.18	1.06

$\alpha = 0.05$

n_2\n_1	1	2	3	4	5	6	7	8	9	10	12	14	16	18	20	25	30	60	120	$+\infty$
1	161.45	199.50	215.71	224.58	230.16	233.99	236.77	238.88	240.54	241.88	243.91	245.36	246.46	247.32	248.01	249.26	250.10	250.20	253.25	254.25
2	18.51	19.00	19.16	19.25	19.30	19.33	19.35	19.37	19.38	19.40	19.41	19.42	19.43	19.44	19.45	19.46	19.46	19.48	19.49	19.50
3	10.13	9.55	9.28	9.12	9.01	8.94	8.89	8.85	8.81	8.79	8.74	8.71	8.69	8.67	8.66	8.63	8.62	8.57	8.55	8.53
4	7.71	6.94	6.59	6.39	6.26	6.16	6.09	6.04	6.00	5.96	5.91	5.87	5.84	5.82	5.80	5.77	5.75	5.69	5.66	5.63
5	6.61	5.79	5.41	5.19	5.05	4.95	4.88	4.82	4.77	4.74	4.68	4.64	4.60	4.58	4.56	4.52	4.50	4.43	4.40	4.37

续表

n_2 \ n_1	1	2	3	4	5	6	7	8	9	10	12	14	16	18	20	25	30	60	120	$+\infty$
6	5.99	5.14	4.76	4.53	4.39	4.28	4.21	4.15	4.10	4.06	4.00	3.96	3.92	3.90	3.87	1.83	3.81	3.74	3.70	3.67
7	5.59	4.74	4.35	4.12	3.97	3.87	3.79	3.73	3.68	3.64	3.57	3.53	3.49	3.47	3.44	3.40	3.38	3.30	3.27	3.23
8	5.32	4.46	4.07	3.84	3.69	3.58	3.50	3.44	3.39	3.35	3.28	3.24	3.20	3.17	3.15	3.11	3.08	3.01	2.97	2.93
9	5.12	4.26	3.86	3.63	3.48	2.37	3.29	3.23	3.18	3.14	3.07	3.03	2.99	2.96	2.94	2.89	2.86	2.79	2.75	2.71
10	4.96	4.10	3.71	3.48	3.33	3.22	3.14	3.07	3.02	2.98	2.91	2.86	2.83	2.80	2.77	2.73	2.70	2.62	2.58	2.54
12	4.75	3.89	3.49	3.26	3.11	3.00	2.91	2.85	2.80	2.75	2.69	2.64	2.60	2.57	2.54	2.50	2.47	2.38	2.34	2.30
14	4.60	3.74	3.34	3.11	2.96	2.85	2.76	2.70	2.65	2.60	2.53	2.48	2.44	2.41	2.39	2.34	2.31	2.22	2.18	2.13
16	4.49	3.63	3.24	3.01	2.85	2.74	2.66	2.59	2.54	2.49	2.42	2.37	2.33	2.30	2.28	2.23	2.19	2.11	2.06	2.01
18	4.41	3.55	3.16	2.93	2.77	2.66	2.58	2.51	2.46	2.41	2.34	2.29	2.25	2.22	2.19	2.14	2.11	2.02	1.97	1.92
20	4.35	3.49	3.10	2.87	2.71	2.60	2.51	2.45	2.39	2.35	2.28	2.22	2.18	2.15	2.12	2.07	2.04	1.95	1.90	1.85
25	4.24	3.39	2.99	2.76	2.60	2.49	2.40	2.34	2.28	2.24	2.16	2.11	2.07	2.04	2.01	1.96	1.92	1.82	1.77	1.71
30	4.17	3.32	2.92	2.69	2.53	2.42	2.33	2.27	2.21	2.16	2.09	2.04	1.99	1.96	1.93	1.88	1.84	1.74	1.68	1.63
60	4.00	3.15	2.76	2.53	2.37	2.25	2.17	2.10	2.04	1.99	1.92	1.86	1.82	1.78	1.75	1.69	1.65	1.53	1.47	1.39
120	3.92	3.07	2.68	2.45	2.29	2.18	2.09	2.02	1.96	1.91	1.83	1.78	1.73	1.69	1.66	1.60	1.50	1.43	1.35	1.26
$+\infty$	3.85	3.00	2.61	2.38	2.22	2.10	2.01	1.94	1.88	1.84	1.76	1.70	1.65	1.61	1.58	1.51	1.46	1.32	1.23	1.08

$\alpha = 0.025$

n_2 \ n_1	1	2	3	4	5	6	7	8	9	10	12	14	16	18	20	25	30	60	120	+∞
1	647.79	799.50	846.16	899.58	921.85	937.11	948.22	956.66	963.28	968.63	976.71	982.53	986.92	990.35	993.10	998.08	1 001.41	1 009.80	1 014.02	1 018.00
2	38.51	39.00	39.17	39.25	39.30	39.33	39.36	39.37	39.39	39.40	39.41	39.43	39.44	39.44	39.45	39.46	39.46	39.48	39.49	39.50
3	17.44	16.04	15.44	15.10	14.88	14.73	14.62	14.54	14.47	14.42	14.34	14.28	14.23	14.20	14.17	14.12	14.08	13.99	13.95	13.92
4	12.22	10.65	9.98	9.60	9.36	9.20	9.07	9.98	8.90	8.84	8.75	8.68	9.63	8.50	8.56	8.50	9.46	8.36	8.31	8.26
5	10.01	8.43	7.76	7.39	7.15	6.98	6.85	6.67	6.68	6.62	6.52	6.46	6.40	6.36	6.33	6.27	6.23	6.12	6.07	6.02
6	8.81	7.26	6.60	6.23	5.99	5.82	5.70	5.60	5.52	5.46	5.37	5.30	5.24	5.20	5.17	5.11	5.07	4.96	4.90	4.85
7	8.07	6.54	5.89	5.52	5.29	5.12	4.99	4.90	4.82	4.76	4.67	4.60	4.54	4.50	4.47	4.40	4.36	4.25	4.20	4.15
8	7.57	6.06	5.42	5.05	4.82	4.65	4.53	4.43	4.36	4.30	4.20	4.13	4.08	4.03	4.00	3.94	3.89	3.78	3.73	3.67
9	7.21	5.71	5.08	1.72	4.48	4.32	4.20	4.10	4.03	3.96	3.87	3.80	3.74	3.70	3.67	3.60	3.56	3.45	3.39	3.34
10	6.94	5.46	4.83	4.47	4.24	4.07	3.95	3.85	3.78	3.72	3.62	3.55	3.50	3.45	3.42	3.35	3.31	3.20	3.14	3.08
12	6.55	5.10	4.47	4.12	3.89	3.73	3.61	3.51	3.44	3.37	3.28	3.21	3.15	3.11	3.07	3.01	2.96	2.85	2.79	2.73
14	6.30	4.86	4.24	3.89	3.66	3.50	3.38	3.29	3.21	3.15	3.05	2.98	2.92	2.88	2.84	2.78	2.73	2.61	2.55	2.49
16	6.12	4.69	44.08	3.73	3.50	3.34	3.22	3.12	3.05	2.99	2.89	2.82	2.76	2.72	2.68	2.61	2.57	2.45	2.38	2.32
18	5.98	4.56	3.95	3.61	3.38	3.22	3.10	3.01	2.93	2.87	2.77	2.70	2.64	2.60	2.56	2.49	2.44	2.32	2.26	2.19
20	5.87	4.46	3.86	3.51	3.29	3.13	3.01	2.91	2.84	2.77	2.68	2.60	2.55	2.50	2.46	2.40	2.35	2.22	2.16	2.09
25	5.69	4.29	3.69	3.35	3.13	2.97	2.85	2.75	2.68	2.61	2.51	2.44	2.38	2.34	2.30	2.23	2.18	2.05	1.98	1.91
30	5.57	4.18	3.59	3.25	3.03	2.87	2.75	2.65	2.57	2.51	2.41	2.34	2.28	2.23	2.20	2.12	2.07	1.94	1.87	1.79
60	5.29	3.93	3.34	3.01	2.79	2.63	2.51	2.41	2.33	2.27	2.17	2.09	2.03	1.98	1.94	1.87	1.82	1.67	1.58	1.49
120	5.15	3.80	3.23	2.89	2.67	2.52	2.39	2.30	2.22	2.16	2.05	1.98	1.92	1.87	1.82	1.75	1.69	1.53	1.43	1.32
+∞	5.03	3.70	3.12	2.79	2.57	2.41	2.29	2.20	2.12	2.05	1.95	1.87	1.81	1.76	1.72	1.63	1.57	1.40	1.28	1.09

$\alpha = 0.01$

n_2 \ n_1	1	2	3	4	5	6	7	8	9	10	12	14	16	18	20	25	30	60	120	$+\infty$
1	4 052.1	4 999.5	5 403.35	5 624.58	5 763.6	5 858.9	928.36	5 981.0	6 022.4	6 055.85	6 106.32	6 142.6	6 170.1	6 191.5	6 208.73	6 239.83	6 260.6	6 313.0	6 339.39	6 364.27
2	98.50	99.00	99.17	99.25	99.30	99.33	99.36	99.37	99.39	99.40	99.42	99.43	99.44	99.44	99.45	99.46	99.47	99.48	99.49	99.50
3	34.12	30.82	29.46	28.71	28.24	27.91	27.67	27.49	27.35	27.23	27.05	36.92	26.83	26.75	26.69	26.58	26.50	26.32	26.22	26.13
4	21.20	18.00	16.69	15.98	15.52	15.21	14.98	14.80	14.66	14.55	14.37	14.25	14.15	14.08	14.02	13.91	13.84	13.65	13.56	13.47
5	16.25	13.27	12.06	11.39	10.97	10.67	10.46	10.29	10.16	10.05	9.89	9.77	9.68	9.61	9.55	9.45	9.38	9.20	9.11	9.03
6	13.75	10.92	9.78	9.15	8.75	8.47	8.26	8.10	7.98	7.87	7.72	7.60	7.52	7.45	7.40	7.30	7.23	7.06	6.97	6.89
7	12.25	9.55	8.45	7.85	7.46	7.19	6.99	6.84	6.72	6.62	6.47	6.36	6.28	6.21	6.16	3.06	5.99	5.82	5.74	5.56
8	11.26	8.65	7.59	7.01	6.63	6.37	6.18	6.03	5.91	5.81	5.67	5.56	5.48	5.41	5.36	5.26	5.20	5.03	4.95	4.86
9	10.56	8.02	6.99	6.42	6.06	5.80	5.61	5.47	5.35	5.26	5.11	5.01	4.92	4.86	4.81	4.71	4.65	4.48	4.40	4.32
10	10.04	7.56	6.55	5.99	5.64	5.39	5.20	5.06	4.94	4.85	4.71	4.60	4.52	4.46	4.41	4.31	4.25	4.08	4.00	3.91
12	9.33	6.93	5.95	5.41	5.06	4.82	4.64	4.50	4.39	4.30	4.16	4.05	3.97	3.91	3.86	3.76	3.70	3.54	3.45	3.37
14	8.86	6.51	5.56	5.04	4.69	4.46	4.28	4.14	4.03	3.94	3.80	3.70	3.62	3.56	3.51	3.41	3.35	3.18	3.09	3.01
16	8.53	6.23	5.29	4.77	4.44	4.20	4.03	3.89	3.78	3.69	3.55	3.45	3.37	3.31	3.26	3.16	3.10	2.93	2.84	2.76
18	8.29	6.01	5.09	4.58	4.25	4.01	3.84	3.71	3.60	3.51	3.37	3.27	3.19	3.13	3.08	2.98	2.92	2.75	2.66	2.57
20	8.10	5.85	4.94	4.43	4.10	3.87	3.70	3.56	3.46	3.37	3.23	3.13	3.05	2.99	2.94	2.84	2.78	2.61	2.52	2.43
25	7.77	5.57	4.68	4.18	3.85	3.63	3.46	3.32	3.22	3.13	2.99	2.89	2.81	2.75	2.70	2.60	2.54	2.36	2.27	2.18
30	7.56	5.39	4.51	4.02	3.70	3.47	3.30	3.17	3.07	2.98	2.84	2.74	2.66	2.60	2.55	2.45	2.39	2.21	2.11	2.01
60	7.08	4.98	4.13	3.65	3.34	3.12	2.95	2.82	2.72	2.63	2.50	2.30	2.31	2.25	2.20	2.10	2.03	1.84	1.73	1.61
120	6.85	4.79	3.95	3.48	3.17	2.96	2.79	2.66	2.56	2.47	2.34	2.23	2.15	2.09	2.03	1.93	1.86	1.66	1.53	1.39
$+\infty$	6.65	4.62	3.79	3.33	3.03	2.81	2.65	2.52	2.42	2.332.192.09		2.01	1.94	1.89	1.78	1.71	1.48	1.34	1.11	

习题参考答案

习题 1.1

A 组

1. (1) $\Omega = \{0,1,2,3,4,5\}$; (2) $\Omega = \{0,1,2,\cdots\}$; (3) $\Omega = \{t \mid T_1 \leqslant t \leqslant T_2\}$; (4) $\Omega = \{(1,1),(1,2),\cdots,(6,6)\}$.

2. (1) $AB\bar{C}$; (2) $A \cup B \cup C$; (3) $AB\bar{C} \cup A\bar{B}C \cup \bar{A}BC$;
   (4) $AB\bar{C} \cup A\bar{B}C \cup \bar{A}BC \cup A\bar{B}\bar{C} \cup \bar{A}B\bar{C} \cup \bar{A}\bar{B}C$;
   (5) $AB\bar{C} \cup A\bar{B}C \cup \bar{A}BC \cup ABC$.

3. (1) $\{x \mid 0.8 < x \leqslant 1\}$; (2) $\{x \mid 0.5 \leqslant x \leqslant 0.8\}$; (3) $\{x \mid 0 \leqslant x < 0.5\} \cup \{x \mid 0.8 < x \leqslant 2\}$; (4) $\{x \mid 0 \leqslant x < 0.5\} \cup \{x \mid 1.6 < x \leqslant 2\}$.

4. $\bar{B}$ 表示乙没有射中;
   $B \cup C$ 表示乙或丙至少射中一次;
   $\overline{AB}$ 表示甲或乙没有射中;
   $\overline{A \cup B}$ 表示甲、乙均没有射中;
   $AB\bar{C}$ 表示甲、乙射中,丙没有射中;
   $AB \cup BC \cup AC$ 表示甲、乙、丙至少有两人射中.

B 组

1. 不一定.

2. $A_1 \cup A_2 \cup \cdots A_n = A_1 \cup \bar{A}_1 A_2 \cup \overline{A_1 A_2} A_3 \cup \cdots \cup \bar{A}_1 \cdots \bar{A}_{n-1} A_n$.

3. $\bigcup\limits_{1 \leqslant i < j \leqslant n} (A_i A_j) = (\bigcap\limits_{i=1}^{n} \bar{A}_i) \cup [\bigcup\limits_{i=1}^{n} (A_i \cap \bigcap\limits_{\substack{j=1 \\ j \neq i}}^{n} \bar{A}_j)]$.

习题 1.2

A 组

1. D; 2. B.

3. (1) $P(A\bar{B}) = P(A) - P(AB) = 0.6 - 0.1 = 0.5$;
   (2) $P(\overline{A \cup B}) = 1 - P(\overline{A \cup B}) = 1 - P(\bar{A}\bar{B}) = 1 - 0.15 = 0.85$.

4. $P(A \cup B \cup C) = P(A) + P(B) + P(C) - P(AB) - P(BC) - P(AC) + P(ABC) = \dfrac{5}{8}$;

$P(\overline{A}\overline{B}\overline{C}) = 1 - P(A \cup B \cup C) = \dfrac{3}{8}$.

5. $\dfrac{C_6^1 C_{194}^2}{C_{200}^3}$; $\dfrac{C_{194}^3}{C_{200}^3}$; $\dfrac{C_6^2 C_{194}^1 + C_6^3}{C_{200}^3}$.

6. $\dfrac{A_N^n}{N^n}$.

7. $1 - \dfrac{A_{365}^{50}}{365^{50}}$.

8. 6/91.

9. 13/21.

10. $1 - \left(1 - \dfrac{t}{T}\right)^2$.

11. 0.27.

B 组

1. (1) $\dfrac{1}{3}$; (2) 0; (3) $\dfrac{5}{24}$;

2. C.

3. C.

4. (1) 最大值为 0.6; (2) 最小值为 0.3.

5. 0.271.

6. 0.665.

习题 1.3

A 组

1. 略.

2. (1) 41/70; (2) 7/12.

3. 0.025.

4. 0.8.

5. 0.003 8.

6. 0.5.

7. 0.702 2.

B 组

1. 0.2.

2. (1) 0.807; (2) 0.257.

3. $2/n$.

4. $\dfrac{1}{2} + \dfrac{1}{\pi}$.

5. (1) $\dfrac{t+a}{t+r+3a} \cdot \dfrac{t}{t+r+2a} \cdot \dfrac{r+a}{t+r+a} \cdot \dfrac{r}{t+r}$;

(2) $\dfrac{t+a}{t+r+3a} \cdot \dfrac{t}{t+r+2a}$.

6. $P(A|B) = \dfrac{\dfrac{m}{m+n} \cdot \dfrac{(m-1)(m-2)}{(m+n-1)(m+n-2)}}{\dfrac{m}{m+n} \cdot \dfrac{(m-1)(m-2)}{(m+n-1)(m+n-2)} + \dfrac{m}{m+n} \cdot \dfrac{m(m-1)}{(m+n-1)(m+n-2)}}$

$= \dfrac{m-2}{m+n-2}.$

习题 1.4

A 组

1. A.
2. C.
3. 0.4^3.
4. (1) 0.72; (2) 0.98; (3) 0.26.
5. $p_1 = 0.8^6$, $p_2 = 1 - 0.2^6$, $p_3 = C_6^1 0.2^1 0.8^5$.

B 组

1. A.
2. A.
3. (1) 0.976; (2) 0.212; (3) 0.976.
4. $C_3^2 \left(\dfrac{2}{3}\right)^2 \left(\dfrac{1}{3}\right)$; $C_5^3 \left(\dfrac{2}{3}\right)^3 \left(\dfrac{1}{3}\right)^2$.

总复习题 1

A 组

1. 选择题

(1) A; (2) B; (3) D; (4) D; (5) D.

2. 填空题

(1) ① $A \cup B = \{x : 1 < x < 4\}$; ② $AB = \{x : 2 \leqslant x \leqslant 3\}$; ③ $\overline{A}B = \{x : 3 < x < 4\}$;

④ $\overline{A} \cup B = \{x : 0 \leqslant x \leqslant 1$ 或 $2 \leqslant x \leqslant 5\}$; ⑤ $\overline{AB} = \{x : 1 < x < 4\}$. (2) ① 0.6; ② 1/6.

(3) $3p^2(1-p)^2$. (4) $\dfrac{4!}{4^4}$. (5) 3/5.

3. 略

4. (1) $P(A) = \dfrac{3}{5}$, $P(B) = \dfrac{1}{3}$; (2) $P(A) = \dfrac{4}{9}$, $P(B) = \dfrac{8}{27}$.

5. (1) 0.021; (2) 0.5, $\dfrac{8}{21}$, $\dfrac{5}{42}$.

6. (1) 0.807; (2) 0.257.

7. 1/2.

8. (1) 0.94^n; (2) $C_n^2 (0.94^{n-2}) 0.06^2$; (3) $1 - 0.94^n - C_n^1 (0.94^{n-1}) 0.06$.

9. (1) 0.55; (2) 0.91.

10. $2p^2 - p^4$

11. (1) 0.38；(2) 0.88.

12. (1) 0.058 2；(2) 0.010 4.

B 组

1. 填空题

(1) D；(2) D；(3) C；(4) D；(5) C.

2. 填空题

(1) 1/4；(2) 1/3.

3. 略.

4. 9/20.

5. 0.638.

6. 0.62.

7. 采用甲、丙搭配；乙、丁搭配最佳,概率为 0.807 6.

8. 3/16,25/48,7/24.

习题 2.1

A 组

1. B.

2. B.

3. 3/5.

4. (1) $(X = n)$；(2) $(X = n-2)$；(3) $(X \leqslant n-2)$.

B 组

1. (1) $\omega_1 \to 0, \omega_2 \to 1, \omega_3 \to 1, \omega_4 \to 2$；

(2) $P(X=1) = C_2^1 p(1-p) = 2p(1-p)$.

2. C.

3. B.

习题 2.2

A 组

1. 1.

2. X 的分布律如下所示.

X	3	4	5
P	1/10	3/10	6/10

3. X 的分布律如下所示.

X	1	2	3	4	5
P	0.4	0.24	0.144	0.086 4	0.129 6

4. (1) X 的分布律如下所示.

X	1	2	3
P	$\frac{4}{5}$	$\frac{8}{45}$	$\frac{1}{45}$

(2) $F(x)=\begin{cases} 0 & (x<1) \\ \frac{4}{5} & (1\leqslant x<2) \\ \frac{44}{45} & (2\leqslant x<3) \\ 1 & (x\geqslant 3) \end{cases}$.

5. X 的分布律如下所示.

X	-1	1	2	3
P	0.2	0.1	0.2	0.5

6. 0.000 127 9.

7. 243/245

8. 取出一个球所得分数 X 的分布律如下所示.

X	1	0	-1
P	$\frac{4}{7}$	$\frac{1}{7}$	$\frac{2}{7}$

9. 8.

10. (1) $(1-p)^{k-1}p(k=1,2,\cdots)$; (2) $P(X=k)=C_{n-1}^{k-1}(1-p)^{n-k}p^k(n=k,k+1,\cdots)$.

B 组

1. (1) B; (2) B.

2. 1.

3. (1) 是; (2) 不是.

4. (1) $P(X=k)=\left(\frac{1}{5}\right)^{k-1}\frac{4}{5}(k=1,2,\cdots,$ 几何分布$)$; (2) 5/6.

5. 0.004 68

6. 略.

7. (1) 0.190 5 (2) 0.191 2.

习题 2.3

A 组

1. (1) A; (2) D.

2. $a=\sqrt[4]{\frac{1}{2}}, b=\sqrt[4]{0.95}$.

3. (1) $A=1$; (2) $\frac{1}{4},\frac{8}{9}$; (3) $f(x)=\begin{cases} 2x & (0\leqslant x<1) \\ 0 & (\text{其他}) \end{cases}$.

4. $F(x) = \begin{cases} 0 & (x<0) \\ \dfrac{x^2}{2} & (0 \leqslant x < 1) \\ -\dfrac{x^2}{2} + 2x - 1 & (1 \leqslant x < 2) \\ 1 & (x \geqslant 2) \end{cases}$.

5. (1) $1 - e^{-1.2}$;

(2) $e^{-1.6}$;

(3) $e^{-1.2} - e^{-1.6}$;

(4) 0.

6. 4/5.

7. (1) 0.61; (2) $P(X=k) = C_{10}^k e^{-\frac{1}{2}} (1 - e^{-\frac{1}{2}})^{10-k}$ $(k=1,2,3,\cdots,10)$.

8. 0.352.

9. (1) 0.532 8; 0.999 6; 0.697 7; 0.5; (2) $C = 3$.

10. (1) 0.593 4; (2) 129.8.

B 组

1. (1) 两种工艺均可；(2) 选甲为好.

2. A.

3. A.

4. C.

5. $k = \dfrac{1}{\sqrt{\pi} \cdot e}$.

6. 0.682 6.

习题 2.4

A 组

1.

Y	0	1	4
P_k	0.1	0.7	0.2

2. X 的分布律如下所示.

X	0	2	6
P	0.2	0.5	0.3

3. $F(x) = \begin{cases} 0 & \left(x < \dfrac{25\pi}{4}\right) \\ \sqrt{\dfrac{4x}{\pi}} - 5 & \left(\dfrac{25\pi}{4} \leqslant x \leqslant 9\pi\right) \\ 1 & (x > 9\pi) \end{cases}$.

4. $f_Y(y) = \begin{cases} \dfrac{3}{2}(y-3)^2 & (2<y<4) \\ 0 & (\text{其他}) \end{cases}$.

5. $f_Y(y) = f'_Y(y) = \begin{cases} \dfrac{1}{y^2} & (y \geqslant 1) \\ 0 & (y<1) \end{cases}$.

6. 略.

B 组

1. Y 分布律如下所示.

Y	2	$\dfrac{\pi}{3}+2$	$\dfrac{2\pi}{3}+2$
P_k	$\dfrac{1}{4}$	$\dfrac{1}{2}$	$\dfrac{1}{4}$

Z 分布律如下所示.

Z	1	0	-1
P_k	$\dfrac{1}{4}$	$\dfrac{1}{2}$	$\dfrac{1}{4}$

2. $f_Y(y) = f'_Y(y) = \begin{cases} \sqrt{\dfrac{2}{\pi}} e^{-\frac{y^2}{2}} & (y>0) \\ 0 & (y \leqslant 0) \end{cases}$.

总复习题 2

A 组

1. 选择题

(1) A；(2) A；(3) C；(4) B；(5) C.

2. 填空题

(1)

1	3	5
0.1	0.6	0.3

(2) $C_3^k 0.8^k 0.2^{3-k} \ (k=0,1,2,3)$.

(3) $F(x) = \begin{cases} 0 & (x<0) \\ 1-p & (0 \leqslant x<1) \\ 1 & (x \geqslant 1) \end{cases}$.

(4) $A=1, B=-1, P\left(\dfrac{1}{2}<x<2\right) = e^{-1} - e^{-4}, f(x) = \begin{cases} 2e^{-2x} & (x<0) \\ 0 & (x \leqslant 0) \end{cases}$.

(5) 3.

3. (1) X 的分布律如下所示.

X	0	1	2	3
P	0.9^3	$C_3^1 \cdot 0.1 \cdot 0.9^2$	$C_3^2 \cdot 0.1^2 \cdot 0.9$	$C_3^3 \cdot 0.1^3$

(2) 0.271.

4. (1) $\dfrac{1}{2}$；(2) $F(x)=\begin{cases}0 & (x<0)\\ \dfrac{1-\cos x}{2} & (0<x\leqslant\pi)\\ 1 & (x>\pi)\end{cases}$；(3) $\dfrac{\sqrt{2}}{4}$.

5. (1) $1-C_{40}^0 0.02^0 0.98^{40}-C_{40}^1 0.02^1 0.98^{39}=0.1905$；

(2) $1-e^{-0.8}-0.8\cdot e^{-0.8}=0.1912$.

6. X 的分布律如下所示.

X	-1	0	1
P	1/4	1/2	1/4

7. (1) $P(X\leqslant 2)=\ln 2, P(0<X\leqslant 3)=F_X(3)-F_X(0)=1, P\left(2<X<\dfrac{5}{2}\right)=F_X\left(\dfrac{5}{2}\right)-F_X(2)=\ln\dfrac{5}{2}-\ln 2=\ln\dfrac{5}{4}$ (2) $f(x)=F'(x)=\begin{cases}\dfrac{1}{x} & (1<x<e)\\ 0 & (其他)\end{cases}$.

8. (1) $A=\dfrac{1}{2}$；

(2) $F(x)=\begin{cases}0 & \left(x<-\dfrac{\pi}{2}\right)\\ \dfrac{1}{2}\sin x+\dfrac{1}{2} & \left(-\dfrac{\pi}{2}\leqslant x\leqslant\dfrac{\pi}{2}\right)\\ 1 & \left(x>\dfrac{\pi}{2}\right)\end{cases}$；(3) $\dfrac{\sqrt{2}}{4}$.

9. $P\left(X\leqslant\dfrac{1}{2}\right)=\dfrac{1}{4}, P(Y=2)=C_3^2\left(\dfrac{1}{4}\right)^2\left(\dfrac{3}{4}\right)$.

10. $d\leqslant 0.436$.

11. $P(Y=k)=C_5^k(e^{-2})^k(1-e^{-2})^{5-k}\ (k=0,1,2,3,4,5)$，

$P(Y\geqslant 1)=1-P(y=0)=1-(1-e^{-2})^5\approx 0.5167$.

12. $\sigma\leqslant 31.25$.

13. (1) $f_Y(y)=\begin{cases}\dfrac{1}{y} & (1<y<e)\\ 0 & (其他)\end{cases}$；

(2) $f_Y(y)=\begin{cases}\dfrac{1}{2}e^{\frac{y}{2}} & (y>0)\\ 0 & (y\leqslant 0)\end{cases}$.

B 组

1. 选择题

(1) D；(2) A；(3) C；(4) C；(5) B.

2. 填空题

(1) 0.8；(2) $e^{-\lambda}$；(3) 0.997 3；(4) $N(0,1)$.

3. 略.

4. $P(\xi=k)=C_{k-1}^{r-1}p^r(1-p)^{k-r}(k=r,r+1,\cdots)$.

5. (1) 0.613 8；(2) 0.149 2.

6. 方案二比较好.

7. $[1,3]$.

8. $e^{-\frac{2}{5}} \approx 0.67$

9. 略.

习题 3.1

A 组

1. $1-e^{-0.5x}(x \geqslant 0)$.

2. $F(x_2,y_2)-F(x_2,y_1)+F(x_1,y_1)-F(x_1,y_2)$.

3. A.

4. (1) $B=C=\dfrac{\pi}{2}, A=\dfrac{1}{\pi^2}$;

(2) $\dfrac{1}{16}$.

B 组

2. 1.

3. $[F(x)]^n, 1-[1-F(x)]^n$.

习题 3.2

A 组

1. 选择题

(1) AB；(2) D.

2. $P(X+Y \geqslant 1)=0.2+0.4+0.1=0.7$.

X	0	1
P	0.5	0.5

Y	0	1
P	0.7	0.3

3. (1) $a=\dfrac{6}{11}, b=\dfrac{36}{49}$;

(2) (X,Y) 的联合分布律为

习题参考答案

X \ Y	-3	-2	-1
1	24/539	54/539	216/539
2	12/539	27/539	108/539
3	8/539	18/539	72/539

(3) $X+Y$ 的概率分布为

$X+Y$	-2	-1	0	1	2
P	24/539	66/539	251/539	126/539	72/539

4. (1) $P(X<2, Y\leq 2)=0.13$.

(2)

X	0	1	2	3	4	5
P	0.04	0.1	0.25	0.08	0.35	0.18

Y	0	1	2	3
P	0.21	0.12	0.5	0.17

(3) X 和 Y 不独立.

(4)

Z	0	1	2	3	4	5	6	7	8
P	0.01	0.07	0.12	0.09	0.15	0.05	0.33	0.08	0.1

5. $P(X=1\mid Z=0)=\dfrac{P(X=1,Z=0)}{P(Z=0)}=\dfrac{C_2^1 \dfrac{1}{6} \cdot \dfrac{1}{3}}{\left(\dfrac{1}{2}\right)^2}=\dfrac{4}{9}$;

$P(X=0,Y=0)=\dfrac{C_3^1 C_3^1}{C_6^1 C_6^1}=\dfrac{1}{4}$, $P(X=1,Y=0)=\dfrac{C_2^1 C_3^1}{C_6^1 C_6^1}=\dfrac{1}{6}$;

$P(X=2,Y=0)=\dfrac{C_1^1 C_1^1}{C_6^1 C_6^1}=\dfrac{1}{36}$, $P(X=0,Y=1)=\dfrac{C_2^1 C_2^1 C_3^1}{C_6^1 C_6^1}=\dfrac{1}{3}$;

$P(X=1,Y=1)=\dfrac{C_2^1 C_1^1 C_2^1}{C_6^1 C_6^1}=\dfrac{1}{9}$;

$P(X=0,Y=2)=\dfrac{C_2^1 C_2^1}{C_6^1 C_6^1}=\dfrac{1}{9}$, $P(X=1,Y=1)=P(\varnothing)=0$;

$P(X=2,Y=2)=P(\varnothing)=0$.

6. $\alpha+\beta=\dfrac{1}{3}$; $\alpha=\dfrac{2}{9}, \beta=\dfrac{1}{9}$.

B 组

1. A.

2. 略.

3.

X\Y	0	1
0	5/8	1/8
1	1/8	1/8

习题3.3

A 组

1. 填空题

(1) $\sqrt[3]{4}$;

(2) $\dfrac{3}{4}-\dfrac{1}{4}\ln 4$;

(3) $f(x,y)=\dfrac{1}{2\pi}e^{-\frac{x^2+y^2}{2}}$, $f_Z(z)=\dfrac{1}{\sqrt{2\pi}\sqrt{2}}e^{-\frac{z^2}{4}}$.

2. (1) $k=1$; (2) $P\left(X<\dfrac{1}{2}, Y<\dfrac{1}{2}\right)=\dfrac{1}{8}$; (3) $P(X+Y<1)=\dfrac{1}{3}$;

(4) $P\left(X<\dfrac{1}{2}\right)=\dfrac{3}{8}$.

3. (1) $A=24$;

(2) $f_x(x)=\begin{cases}12x^2(1-x) & (0\leqslant x\leqslant 1)\\ 0 & (\text{其他})\end{cases}$, $f_y(y)=\begin{cases}12y(1-y)^2 & (0\leqslant y\leqslant 1)\\ 0 & (\text{其他})\end{cases}$;

(3) 不独立;

(4) $P(Y\leqslant X^2)=\int_0^1\int_0^{x^2}24y(1-x)\mathrm{d}y\mathrm{d}x=\dfrac{2}{5}$.

4. (1) $f_X(x)=\begin{cases}\int_0^{+\infty}2e^{-(2x+y)}\mathrm{d}y=2e^{-2x} & (x>0)\\ 0 & (x\leqslant 0)\end{cases}$;

$F_X(x)=\begin{cases}1-e^{-2x} & (x>0)\\ 0 & (x\leqslant 0)\end{cases}$;

$f_Y(y)=\begin{cases}\int_0^{+\infty}2e^{-(2x+y)}\mathrm{d}x=e^{-y} & (y>0)\\ 0 & (y\leqslant 0)\end{cases}$.

$F_Y(y)=P(Y\leqslant y)=\begin{cases}1-e^{-y} & (y>0)\\ 0 & (y\leqslant 0)\end{cases}$.

(2) $P(X+Y<2)=(1-e^{-2})^2$.

(3) $P(X<2|Y<1)=1-e^{-4}$.

5. (1) $f(x,y)=\begin{cases}1/(b-a)(d-c) & (a<x<b, c<y<d)\\ 0 & (\text{其他})\end{cases}$;

$f_X(x)=\begin{cases}\dfrac{1}{b-a} & (a<x<b)\\ 0 & (\text{其他})\end{cases}$;

$$f_Y(y) = \begin{cases} \dfrac{1}{d-c} & (c<y<d) \\ 0 & (其他) \end{cases}.$$

(2) X 与 Y 是相互独立的.

6. (1) $f_X(x) = \int_{-\infty}^{+\infty} f(x, y^{-y})\mathrm{d}y = \begin{cases} \int_{-\infty}^{+\infty} \mathrm{e}^{-y}\mathrm{d}y & (x>0) \\ 0 & (x\leqslant 0) \end{cases} = \begin{cases} \mathrm{e}^{-x} & (x>0) \\ 0 & (x\leqslant 0) \end{cases};$

$f_Y(Y) = \int_{-\infty}^{+\infty} f(x, y^{-y})\mathrm{d}x = \begin{cases} \int_{-\infty}^{+\infty} \mathrm{e}^{-y}\mathrm{d}x & (y>0) \\ 0 & (y\leqslant 0) \end{cases} = \begin{cases} y\mathrm{e}^{-y} & (y>0) \\ 0 & (y\leqslant 0) \end{cases}.$

X 和 Y 不相互独立.

(2) $f_{X|Y}(x|y) = \begin{cases} \dfrac{1}{y} & (0<x<y) \\ 0 & (其他) \end{cases};$

(3) $P(X>2|Y<4) = \dfrac{\mathrm{e}^{-2}-3\mathrm{e}^{-4}}{1-5\mathrm{e}^{-4}} = \dfrac{\mathrm{e}^2-3}{\mathrm{e}^4-5}$.

B 组

1. $\dfrac{1}{\sqrt{2\pi}}\mathrm{e}^{-\frac{x^2}{2}}$.

2. $\dfrac{1}{4}$.

3. $2x$.

4. $A = \dfrac{1}{\pi}$, $f_{Y|X}(y|x) = \dfrac{1}{\sqrt{\pi}}\mathrm{e}^{-x^2+2xy-y^2}$.

5. (1) $f(x,y) = \begin{cases} 4, & ((x,y)\in B) \\ 0 & (其他) \end{cases}$

(2) $F(x,y) = \begin{cases} 0 & \left(x<-\dfrac{1}{2} \text{ 或 } y<0\right) \\ 4xy-y^2+2y & \left(-\dfrac{1}{2}\leqslant x<0 \text{ 且 } 0\leqslant y<2x+1\right) \\ 4x^2+4x+1 & \left(-\dfrac{1}{2}\leqslant x<0 \text{ 且 } 2x+1\leqslant y\right) \\ 2y-y^2 & (x\geqslant 0 \text{ 且 } 0\leqslant y<1) \\ 1 & (x\geqslant 0 \text{ 且 } y\geqslant 1) \end{cases}.$

习题 3.4

A 组

1. D.

2. $0<Z$, $f_Z(Z) = \mathrm{e}^{-\frac{Z}{3}}(1-\mathrm{e}^{-\frac{Z}{6}})$; $Z\leqslant 0$ 时, $f(Z) = 0$.

3. $f_z(z) = \begin{cases} 0 & (z<0) \\ \dfrac{1}{2}(1-e^{-z}) & (0 \leqslant z \leqslant 2) \\ \dfrac{1}{2}(e^2-1)e^{-z} & (z \geqslant 2) \end{cases}$.

4. $f_z(z) = \begin{cases} \dfrac{2z}{(1+z)^3} & (z>0) \\ 0 & (其他) \end{cases}$.

B 组

1. (1) $\dfrac{7}{24}$;

(2) $f_Z(z) = f'_Z(z) = \begin{cases} 2z - z^2 & (0<z<1) \\ (2-z)^2 & (1 \leqslant z<2) \\ 0 & (其他) \end{cases}$.

2. (1) $P_M(z) = \begin{cases} 0 & (z<0) \\ 3e^{-3z} + 4e^{-4z} - 7e^{-7z} & (z \geqslant 0) \end{cases}$;

(2) $P_M(z) = \begin{cases} 0 & (z<0) \\ 7e^{-7z} & (z \geqslant 0) \end{cases} = \begin{cases} 0 & (z<0) \\ 3e^{-3z} + 4e^{-4z} - 7e^{-7z} & (z \geqslant 0) \end{cases}$.

3. 略.

4. $f_z(z) = \begin{cases} \dfrac{z}{4} e^{-\frac{z}{2}} & (z>0) \\ 0 & (z \leqslant 0) \end{cases}$.

总复习题3

A 组

1. 选择题

(1) B; (2) C; (3) D; (4) A; (5) C;

2. (1) $\dfrac{1}{4}$; (2) $a+b = \dfrac{1}{9}$; (3) $\dfrac{1}{\sqrt{2\pi}} e^{-\frac{x^2}{2}}$; (4) $F(b,c) - F(a,c)$; (5) $1/2$.

3.

X \ Y	1	2	3
1	0	$\dfrac{1}{6}$	$\dfrac{1}{6}$
2	$\dfrac{1}{6}$	0	$\dfrac{1}{6}$
3	$\dfrac{1}{6}$	$\dfrac{1}{6}$	0

4.

Y \ X	0	1	2	3	$P_{\cdot j}$
1	0	3/8	3/8	0	3/4
3	1/8	0	0	1/8	1/4
$P_{i\cdot}$	1/8	3/8	3/8	1/8	1

5. $f_X(x) = \dfrac{e^{1-x}}{e-1}(0 < x < 1)$;

$f_Y(y) = e^{-y}(y > 0)$.

X, Y 相互独立.

6. (1) $21/4$; (2) 0.85;

(3) $f_X(x) = \begin{cases} \int_{x^2}^{1} \dfrac{21}{4} x^2 y \mathrm{d}y = \dfrac{21}{8} x^2 (1 - x^4) & (-1 \leqslant x \leqslant 1) \\ 0 & \text{(其他)} \end{cases}$;

$f_Y(y) = \begin{cases} \int_{-\sqrt{y}}^{\sqrt{y}} \dfrac{21}{4} x^2 y \mathrm{d}x = \dfrac{7}{2} y^{\frac{5}{2}} & (0 \leqslant y \leqslant 1) \\ 0 & \text{(其他)} \end{cases}$.

不独立.

(4) $f_{X|Y}(x|y) = \begin{cases} \dfrac{f(x,y)}{f_Y(y)} = \dfrac{3}{2} x^2 y^{-\frac{3}{2}} & (-\sqrt{y} \leqslant x \leqslant \sqrt{y}) \\ 0 & \text{(其他)} \end{cases}$;

$f_{Y|X}(y|x) = \begin{cases} \dfrac{f(x,y)}{f_X(x)} = \dfrac{2y}{1-x^4} & (x^2 \leqslant y \leqslant 1) \\ 0 & \text{(其他)} \end{cases}$.

7. (1) $f_X(x) = \int_{-\infty}^{\infty} f(x,y)\mathrm{d}y = \begin{cases} \int_0^x 6y \mathrm{d}y & (0 < x < 1) \\ 0 & \text{(其他)} \end{cases} = \begin{cases} 3x^2 & (0 < x < 1) \\ 0 & \text{(其他)} \end{cases}$;

$f_Y(y) = \int_{-\infty}^{\infty} f(x,y)\mathrm{d}x = \begin{cases} \int_y^1 6y \mathrm{d}x & (0 < y < 1) \\ 0 & \text{(其他)} \end{cases} = \begin{cases} 6y(1-y) & (0 < y < 1) \\ 0 & \text{(其他)} \end{cases}$.

(2) X 与 Y 不相互独立,因为 $f(x,y) \neq f_X(x) f_Y(y)$.

8. (1)

X \ Y	-1	0	1
0	$\dfrac{1}{4}$	0	$\dfrac{1}{4}$
1	0	$\dfrac{1}{2}$	0

(2) 不独立.

9. Z 的全部取值为 $2, 3, 4$, $P(Z=2) = \dfrac{1}{4}$, $P(Z=3) = \dfrac{1}{2}$, $P(Z=4) = \dfrac{1}{4}$.

10. (1) $f_X(x) = \begin{cases} \int_0^{+\infty} \ln^2 3 \times 3^{-x-y} dy = \ln 3 \times 3^{-x} & (x > 0) \\ 0 & (其他) \end{cases}$;

$f_Y(y) = \begin{cases} \int_0^{+\infty} \ln^2 3 \times 3^{-x-y} dx = \ln 3 \times 3^{-y} & (y > 0) \\ 0 & (其他) \end{cases}$.

(2) 因为 $f(x,y) = f_X(x) \cdot f_Y(y)$，故 X 与 Y 是相互独立的.

11. $f_Z(z) = \begin{cases} \dfrac{z^3}{6} e^{-z} & (z > 0) \\ 0 & (其他) \end{cases}$.

B 组

1. 选择题

(1) A；(2) D；(3) B；(4) D；(5) B；(6) A.

2. 填空题

(1) $\begin{cases} 2 & ((x,y) \in D) \\ 0 & (其他) \end{cases}$;

(2) $\begin{cases} 1 - e^{-0.5x} & (x \geq 0) \\ 0 & (其他) \end{cases}$;

(3) $1/4$;

(4) $a = 0.4, b = 0.1$;

(5) $2a + 3b = 4$.

3. (1) $Y \sim B(n,p), P(Y=m) = C_n^m p^m (1-p)^{n-m}$;

(2) $P(X=n, Y=m) = P(Y=m|X=n)P(X=n) = C_n^m p^m (1-p)^{n-m} \cdot \dfrac{\lambda^n}{n!} e^{-\lambda}$ ($0 \leq m \leq n; n = 0, 1, 2, \cdots$).

4. 略.

5. (1) $f(x,y) = f_{Y|X}(y|x) f_X(x) = \begin{cases} \dfrac{1}{x} & (0 < y < x < 1) \\ 0 & (其他) \end{cases}$;

(2) $f_Y(y) = \begin{cases} -\ln y & (0 < y < 1) \\ 0 & (其他) \end{cases}$;

(3) $1 - \ln 2$.

6. (1) $f_{Y|X}(y|x) = \dfrac{f(x,y)}{f_X(y)} = \begin{cases} \dfrac{1}{x} & (x > 1) \\ 0 & (其他) \end{cases}$;

(2) $P(X \leq 1 | Y \leq 1) = \dfrac{P(X \leq 1, Y \leq 1)}{P(Y \leq 1)} = \dfrac{1 - 2e^{-1}}{1 - e^{-1}} = \dfrac{e-2}{e-1}$.

7. $\dfrac{3}{4}$.

8. $\dfrac{1}{2\sqrt{\pi}} e^{-\frac{z^2}{4}}$.

9. $f_R(z) = \begin{cases} (600z - 60z^2 + z^3)/15\,000 & (0 \leqslant z < 10) \\ (20-z)^3/15\,000 & (10 \leqslant z \leqslant 20) \\ 0 & \text{(其他)} \end{cases}$

10. (1) X, Y 相互独立；(2) 0.091.

习题 4.1

A 组

1. $E(X) = 0.6, E(X^2) = 1, E(-X^2 - 2) = -3$.

2. 4 760.

3. $k = 3, \alpha = 2$.

4. 1

5. $\dfrac{1}{\lambda}$.

6. (1) $E(X) = 2, E(Y) = 0$；

   (2) $E(Z) = -\dfrac{1}{15}$；

   (3) $E(Z) = 0$.

7. $\dfrac{10c + 30k}{c + k}$.

8. $E(Y) = 300\mathrm{e}^{-\frac{1}{4}} - 200 \approx 33.64$.

9. $E(X) = \dfrac{4}{5}, E(Y) = \dfrac{3}{5}, E(XY) = \dfrac{1}{2}, E(X^2 + Y^2) = \dfrac{16}{15}$.

10. $E(XY) = 4$.

11. (1) $E(Y) = 2$；(2) $E(Y) = \dfrac{1}{3}$.

B 组

1. 填空题

   (1) 1；(2) $E(X)$.

2. 略.

3. 略.

4. $E(X) = \dfrac{k(n+1)}{2}$.

5. (1) $E(Y_1) = \dfrac{1}{3}$；(2) $E(Y_2) = 2 + \mathrm{e}^{-2}$；(3) $E(Y_3) = 1 - \mathrm{e}^{-2}$.

习题 4.2

A 组

1. 选择题

   (1) A；(2) B；(3) A.

3. 0.45.

3. 11/36.

4. $E(X) = D(X) = \lambda = 2$.

5. $E(X) = 0, D(X) = 2$.

6. $E(X) = 1, D(X) = \dfrac{1}{6}$.

7. $E(X) = 0.6, D(X) = 0.46$.

8. (1) $E(Y) = E(X_1) + E(X_2) + \cdots + E(X_5) = 1\,200$；$D(Y) = D(X_1) + D(X_2) + \cdots + D(X_5) = 1\,225$ 且 $Y \sim N(1\,200, 35^2)$；

(2) $1\,281.55$.

B 组

1. 略.

2. $D(XY) = 27$.

3. $E(X) = \dfrac{7}{2}, D(X) = \dfrac{15}{4}$.

4. $E(X) = \dfrac{7}{2}n, D(X) = \dfrac{35}{12}n$.

习题 4.3

A 组

1. B.

2. $D(X+Y) = 85, D(X-Y) = 37$.

3. X 与 Y 的不相关性且不独立性.

4. 略.

5. $E(XY) = 4$

6. $E(Y) = 4, D(Y) = 18, \text{Cov}(X,Y) = 6, \rho_{XY} = 1$

7. $E(X) = \dfrac{7}{6}, E(Y) = \dfrac{7}{6}, \text{Cov}(X,Y) = -\dfrac{1}{36}, \rho_{XY} = \dfrac{\text{Cov}(X,Y)}{\sqrt{D(X)D(Y)}} = -\dfrac{1}{11}$.

B 组

1. X, Y 不相关, X 与 Y 不相互独立.

2. $E(X) = \dfrac{4}{3}, E(X^2) = 2, E(X^3) = 3.2, E(X^4) = \dfrac{16}{4}$；

$E[X - E(X)] = 0, E[X - E(X)]^2 = \dfrac{2}{9}, E[X - E(X)]^3 = -\dfrac{8}{135}$,

$E[X - E(X)]^4 = -\dfrac{6}{135}$.

3. $\rho_{Z_1 Z_2} = \dfrac{\text{Cov}(Z_1, Z_2)}{\sqrt{D(Z_1)} \sqrt{D(Z_2)}} = \dfrac{\alpha^2 - \beta^2}{\alpha^2 + \beta^2}$.

总复习题 4

A 组

1. 选择题
(1) A;(2) C;(3) B;(4) B;(5) D.
2. 填空题
(1) $\frac{1}{2}$;(2) $\frac{4}{3}$;(3) $\frac{2}{25}$;(4) 26.4;(5) 2.
3. $E(X^2-2X+3)=4, D(X^2-2X+3)=2.8$.
4. $E(X)=1, D(X)=\frac{1}{6}$.
5. $D(X_1-2X_2)=40$.
6. $E(X)=0, D(X)=\frac{1}{6}$.
7. $E(X)=\frac{12}{7}, D(X)=\frac{24}{49}$.
8. $a=0.15, \quad b=0.25$.
9. $a=1, b=7$.
10. $E(X)=D(X)=\lambda=1$.
11. $E(2X+Y)=2; D(2X+Y)=\frac{4}{3}$
12. $E(X)=\frac{7}{6}, E(Y)=\frac{7}{6}, \operatorname{Cov}(X,Y)=-\frac{1}{36}, \rho_{XY}=-\frac{1}{11}, D(X+Y)=\frac{5}{9}$.
13. (1) $E(X)=0.8, E(Y)=2$;(2) $D(X)=0.76, D(Y)=1$;
(3) $\operatorname{Cov}(X,Y)=0.04$;(4) $\rho_{XY}=0.046$, 相关.
14. (1) $E(X)=0, E(Y)=\frac{7}{9}$;
(2) $D(X)=\frac{7}{15}, D(Y)=\frac{28}{891}$;
(3) $\operatorname{Cov}(X,Y)=0$;
(4) $\rho_{XY}=0, X$ 与 Y 不相关.
15. 提示:先比较数学期望,若相等,再比较方差.期望越大质量越好;期望相同,则方差越小,质量越好,乙家工厂生产的灯泡质量较好.
16. $E(X)=1; D(X)=1-\frac{1}{n}$.
17. (1) $f_X(x)=\begin{cases}\frac{3}{2}\sqrt{x} & (0<x<1) \\ 0 & (其他)\end{cases}, f_Y(y)=\begin{cases}\frac{3}{4}(1-y^2) & (-1<y<1) \\ 0 & (其他)\end{cases}$,故 X,Y 不相互独立.
(2) $E(X)=\frac{3}{5}, E(Y)=0, E(XY)=0,, X$ 与 Y 互不相关.
18. $E[(X+Y)^2]=2$.

B 组

1. 选择题

(1) B;(2) B;(3) A;(4) B;(6) D.

2. 填空题

(1) 1/2;(2) 1/3;(3) 46;(4) $f(z) = \dfrac{1}{3\sqrt{2\pi}} e^{-\frac{1}{2}\left(\frac{z-5}{3}\right)^2}$;(5) 13.

3. $E(X) = \dfrac{k(n+1)}{2}, D(X) = \dfrac{k(n^2-1)}{12}$;

4. $E(Z) = 1/n; D(Z) = 1/n^2$.

5. $E(|X|) = \sqrt{\dfrac{2}{\pi}}, D(|X|) = 1 - \dfrac{2}{\pi}, E(X^3) = 0, E(X^4) = 3$.

6. 6.

7. (1) $Y = 2X + 2$;(2) $E(Y) = 34.8$;(3) 15.

8. (1) 3;(2) 略.

9. $\rho_{UV} = 3/5$.

10. (1) 24;(2) 27.

习题 5.1

A 组

1. $P(|X - 2| \geqslant 4) \leqslant \dfrac{1}{8}$.

2. $P(5\,200 \leqslant X \leqslant 9\,400) \geqslant \dfrac{8}{9}$.

B 组

1. $\dfrac{1}{12}$

2. 可以使用.

习题 5.2

A 组

1. 0.000 2.

2. 0.5.

3. 1.

4. 0.954 5.

B 组

1. 0.158 66.

2. 62.

3. 16.

总复习题 5

A 组

1. 0.49.
2. 0.816 4.
3. 1.
4. $1 - \Phi\left(\sqrt{\dfrac{3}{10}}\right)$.

B 组

1. $\dfrac{1}{9}$.
2. $b = 3, \varepsilon = \sqrt{2}$.
3. $\dfrac{1}{12}$.
4. C.
5. $N\left(\dfrac{a}{2}, \dfrac{a^2}{12n}\right)$.
6. $B(1\,000, 0.03), N(30, 29.1), 0.935\,6$.
7. 66 564.
8. (1) 利用切比雪夫不等式答案为 1 000; (2) 用中心极限定理答案为 269.

习题 6.1

A 组

1. $\mathrm{e}^{-6} \dfrac{Z^{\sum\limits_{i=1}^{3} x_i}}{x_1!\ x_2!\ x_3!}\ (x_1, x_2, x_3 = 0, 1, \cdots)$.
2. $f(x_1, x_2, \cdots, x_5) = \prod\limits_{i=1}^{5} \lambda \mathrm{e}^{-\lambda x_1} = \lambda^5 \mathrm{e}^{-\lambda \sum\limits_{i=1}^{5} x_i}\ (x_i > 0)$.

习题 6.2

A 组

1. D.
2. $\bar{x} = 252, S^2 = 83.17, S = 9.12, B_2 = \dfrac{n-1}{n} S^2 = 76.24$.

B 组

1. $E(\bar{X}) = 2, D(\bar{X}) = \dfrac{2}{n}, E(S^2) = 2$.
2. $E(\bar{X}) = \dfrac{1}{\lambda}, D(\bar{X}) = \dfrac{1}{n\lambda^2}, E(S^2) = \dfrac{1}{\lambda^2}$.

习题 6.3

A 组

1. 0.829 3.
2. 0.674 4.
3. (1) $z_{0.01}=2.33, z_{0.02}=2.06, z_{0.1}=1.29$;

(2) $\chi^2_{0.025}(8)=17.534, \chi^2_{0.975}(8)=2.180, \chi^2_{0.025}(6)=14.440, \chi^2_{0.975}(6)=1.237$;

(3) $t_{0.01}(6)=3.1427, t_{0.01}(8)=2.8965$;

(4) $F_{0.025}(3,6)=6.60, F_{0.025}(5,6)=5.99, F_{0.025}(3,8)=5.42, F_{0.025}(5,8)=4.82$

$F_{0.975}(3,6)=\dfrac{1}{F_{0.025}(6,3)}=\dfrac{1}{14.7}=0.068$.

4. $U \sim \chi^2(3), W \sim \chi^2(2)$.
5. $t(3)$.
6. $F(3,4)$.

B 组

1. C.
2. C.
3. A.
4. D.
5. B.
6. $\dfrac{1}{3}, 2$.
7. $F(10,5)$.
8. 385.

总复习题 6

A 组

1. $p(1-p)^{x_1-1} p(1-p)^{x_2-1} p(1-p)^{x_3-1} = p^3(1-p)^{3\bar{x}-3}$, $\bar{x}$ 为样本均值.

2. $f(x_1, x_2, \cdots, x_n) = \begin{cases} \prod\limits_{i=1}^{n} \dfrac{1}{a} = \dfrac{1}{a^n} & (x_i \in (0,a)) \\ 0 & (其他) \end{cases}$.

3. D.
4. $\bar{x}=13, S^2=32.5, B_2=26$.
5. 0.158 7.
6. C.
7. 35.
8. D.
9. 0.674 4.

10. B.

11. 12.592.

12. C.

B 组

1. (1) 0.000 75；(2) 0.935 2.

2. A.

3. B.

4. 0.001 4.

5. 35.

6. (1) 40；(2) 1 537；(3) 255.

7. 27.

8. B.

习题 7.1

A 组

1. (1) $\dfrac{1}{5}$；(2) $\dfrac{4}{15}$.

2. $3\overline{X}$.

3. $\hat{N} = \dfrac{\overline{X}}{\hat{p}} = \dfrac{\overline{X}^2}{\overline{X} - B_2}, \hat{p} = 1 - \dfrac{B_2}{\overline{X}}, \left(B_2 = \dfrac{1}{n}\sum\limits_{i=1}^{n}(X_i - \overline{X})^2\right)$.

4. $\begin{cases} \hat{\mu} = \overline{X} = 14.91 \\ \hat{\sigma}^2 = A_2 - \overline{X}^2 = \dfrac{1}{n}\sum\limits_{i=1}^{n}(X_i - \overline{X})^2 = 0.04 \end{cases}$.

5. (1) $\dfrac{3}{2}\overline{X}, \max(X_1, \cdots, X_n)$；(2) 6.675, 5.8.

6. (1) $\dfrac{2\overline{X}}{1-\overline{X}}$；(2) $\dfrac{\sqrt{\dfrac{4n^2}{\left(\sum\limits_{i=1}^{n}\ln x_i\right)^2} + 1} - \left[\dfrac{2n}{\sum\limits_{i=1}^{n}\ln x_i} + 1\right]}{2}$.

7. 3 个估计都是 μ 的无偏估计，$\hat{\mu}$ 最有效.

B 组

1. (1) $\dfrac{5}{6}$；(2) $\dfrac{5}{6}$.

2. $\sqrt{\dfrac{\sum\limits_{i=1}^{n}X_i^2}{2n}}$.

3. (1) $\dfrac{\overline{X}}{\overline{X}-1}$；(2) $\dfrac{n}{\sum\limits_{i=1}^{n}\ln x_i}$.

4. (1) $\hat{\theta} = \sqrt{A_2 - (A_1)^2} = \sqrt{\frac{1}{n}\sum_{i=1}^{n}(X_i - \bar{X})^2}, \hat{\mu} = \bar{X} - \hat{\theta} = \bar{X} - \sqrt{\frac{1}{n}\sum_{i=1}^{n}(X_i - \bar{X})^2}$.

(2) μ 的极大似然估计为 $\hat{\mu} = x_{(1)}$，θ 的极大似然估计 $\hat{\theta} = \bar{x} - x_{(1)}$.

5. $e^{-1.5}$.

习题 7.2

A 组

1. (1) $(0.772, 1.168)$；(2) 1.14；(3) 0.80.

2. (1) $(125.89, 138.57)$；(2) 137.416；(3) 127.046.

3. (1) $(7.34, 7.96)$；(2) 7.91；(3) 7.39.

4. (1) $(3\,572, 82\,231)$；(2) $55\,977$；(3) $4\,195$.

5. $(-140.96, 168.96)$.

6. (1) $(-0.354\,5, 2.554\,5)$；(2) $(0.176\,7, 1.613\,6)$.

B 组

1. C.

2. (1) $n \geqslant 4z_{\alpha/2}^2 \dfrac{\sigma^2}{a^2}$；(2) $\dfrac{4t_{\alpha/2}^2(n-1)}{n}\sigma^2$.

3. 96.6%.

总复习题 7

A 组

1. $\bar{X} = 1; S^2 = 2$.

2. (1) $2.416\,7$；(2) $2.416\,7$；(3) 0.089.

3. (1) 矩估计为 $\hat{a} = \dfrac{1 - 2\bar{x}}{\bar{x} - 1}$；(2) 极大似然估计为 $\hat{a} = -\dfrac{n}{\sum_{i=1}^{n}\ln x_i} - 1$.

4. (1) $(119.04, 122.96)$；(2) 122.645；(3) 119.355.

5. (1) $(11.23, 12.21)$；(2) 12.12；(3) 11.32.

6. (1) $(11.8, 14.2)$；(2) 14；(3) 12.

7. $(0.022, 0.096)$.

8. (1) $(3.073, 4.927)$；(2) $(0.29, 3.08)$.

B 组

1. $\bar{X}, S_n^2 = \dfrac{1}{n}\sum_{i=1}^{n}(X_i - \bar{X})^2$.

2. 无偏.

3. 2.

4. B.

5. A.

6. B.

7. 无偏.

8. A.

9. $(2.98, 3.04)$.

10. B.

11. C.

12. A.

13. (1) 矩估计为 $\hat{\theta} = \dfrac{3}{2} - \bar{X}$；(2) 极大似然估计 $\hat{\theta} = \dfrac{N}{n}$.

14. $(49.34, 53.26)$.

15. (1) $(1\,188.58, 1\,211.42)$；(2) 0.95.

16. $(19\,412, 20\,588)$.

17. $(0.056, 0.184)$.

18. 44.

19. $(8\,328, 30\,717)$.

20. (1) $(-0.478, 2.999)$；(2) $(0.35, 5.69)$.

习题 8.1

A 组

1. 原假设.

2. 拒绝.

3. (1) 假设检验的目的是收集证据拒绝原假设,而支持你所倾向的备择假设.当拒绝原假设时,表明样本提供的证据证明它是错误的;当没有拒绝原假设时,也没法证明它是正确的,因为假设检验的程序没有提供它正确的证据.

(2) 当不能拒绝原假设时,仅仅意味着目前我们还没有足够的证据拒绝原假设,只表示手头上这个样本提供的证据还不足以拒绝原假设,但我们也无法证明原假设是什么.

4. 在假设检验中,拒绝原假设时称样本结果在"统计上是显著的";不拒绝原假设则称结果是"统计上不显著的".

B 组

1. D.

2. (1) $H_1: p > 99\%$,因为生产厂家自己想证明的自然是产品合格率在 99% 以上；

(2) $H_1: p < 99\%$,因为销售商不会轻易相信生产厂家的说法,会采取相对保守的策略因为生产厂家自己想证明的自然是产品合格率在 99% 以上.

3. (1) $H_0: \mu \geq 200, H_1: \mu < 200$；

(2) 当不能拒绝 H_0 时,表明没有充分的证据认为新的生产方法比原来的方法在生产成本上有显著降低,但此时我们可能犯第 II 类错误,即实际上新的生产方法确实比原来的方法在生产成本上有显著降低,检验结果却得出相反的结论；

(3) 当可以拒绝 H_0 时,说明新的生产方法比原来的生产方法在生产成本上有显著降低,但此时我们可能犯第 I 类错误,即新的生产方法比原来的方法在生产成本上并没有显著降低,检验结果却得出新方法生产成本有显著降低的结论.

习题 8.2

A 组

1. 拒绝原假设 H_0,即认为包装机的工作不正常.
2. 拒绝 H_0,认为生产商在牛奶中掺了水.
3. (1) 接受 H_1,认为在显著性水平 $\alpha = 0.05$ 下日产量的均值显著小于 800;
   (2) 接受 H_0,认为在显著性水平 $\alpha = 0.05$ 下日产量的均值没有显著小于 800.
4. 拒绝 H_0,认为该仪器间接测量有系统偏差.
5. 拒绝原假设 H_0,即认为该工人加工一工件所需时间显著地大于 18 分钟.
6. 接受原假设 H_0.
7. 拒绝 H_0,认为总体方差改变.
8. 接受原假设 H_0,即认为标准差不小于 0.010 0.
9. 拒绝原假设 H_0,即认为新工艺的精度没有老工艺高.

B 组

1. B.
2. (1) 房地产开发公司进行检验,提出的假设应为 $H_0: \mu \geq 1\,500, H_1: \mu < 1\,500$. 因为房地产开发公司相信灯泡供应商的说法是真的,它也就不会进行检验了. 既然要进行检验,表明房地产开发公司是怀疑灯泡供应商的说法是不真实的,即灯泡使用寿命达不到 1 500 小时以上;
   (2) 灯泡供应商进行检验,提出的假设应为 $H_0: \mu \leq 1\,500, H_1: \mu > 1\,500$. 因为灯泡供应商是想找到证据证明自己的说法是真实的,也就是想证明灯泡的使用寿命在 1 500 小时以上;
   (3) 拒绝 H_0,表明灯泡的平均使用寿命在 1 500 小时以下.
3. 拒绝原假设,该批食品的重量不符合标准要求.

习题 8.3

A 组

1. 接受 H_0,即认为两种工艺条件下细纱平均强力没有显著性差异.
2. 拒绝 H_0,即认为经常参加锻炼的学生高于不锻炼的学生.
3. 接受原假设,即认为含灰率没有显著差异.
4. 接受原假设,即认为雨天的混浊度不必晴天的高.
5. 拒绝原假设,即认为 A 班的考试成绩显著地大于 B 班的成绩.
6. 所以接受原假设,认为第一种药物对脑细胞缺血再灌注损伤小鼠脑细胞坏死的变异不高于第二种药物.
7. 接受 H_0,认为仪器 B 的精度不比 A 低.

B 组

1. (1) 接受原假设,即认为两总体方差相等;(2) 拒绝原假设,即认为有吸烟者的房间悬浮颗粒显著大于没有吸烟者的房间.

2. 接受原假设,即认为两种安眠药的疗效没有显著差异.

总复习题 8

A 组

1. 接受 H_0,即可以认为这种动物的平均体重为 50 kg.

2. 拒绝原假设 H_0,接受 H_1,即认为铜含量显著地小于 8.42%.

3. 拒绝原假设 H_0,即认为调整后的日销售额与调整前有显著差别.

4. 拒绝 H_0,表明 2008 年往返机票的折扣额与 2007 年相比有显著增加.

5. 拒绝 H_0,即认为生产线不正常.

6. 拒绝原假设 H_0,即认为电池容量的标准差发生了显著的变化,不再为 1.66.

7. 接受原假设 H_0,即认为标准差不大于 140.

8. 接受 H_0,即认为两种材料的疲劳寿命没有显著性差异.

9. 拒绝原假设,认为推测正确,即矮个子的人比高个子的人寿命要长一些.

10. 在否定 H_0 的前提下,最小显著性水平在 0.001 到 0.005 之间.

B 组

1. B.

2. D.

3. A.

4. C.

5. C.

6. 0.258.

7. (1) 由于纸箱的购进企业关心的是纸箱的平均厚度是否显著低于 5 mm,从而可判断是否接收这批纸箱.因此所建立的假设为: $H_0: \mu \geqslant 5$; $H_1: \mu < 5$.

该检验问题为大样本的总体均值检验,且方差已知.检验统计量为

$$z = \frac{\bar{x} - \mu_0}{\sigma/\sqrt{n}} = \frac{4.55 - 5}{0.5/\sqrt{100}} = -9$$

由于 $z = -9 < 1.645$,拒绝原假设,表明该批纸箱的平均厚度显著低于 5 mm,不能接收这批纸箱.此时可能会犯第 I 类错误,即本来这批纸箱是符合标准的,而检验结果却认为这批纸箱是符合要求.但这个犯错概率不会超过 0.05.

(2) 若接受该批纸箱,检验统计量的值应满足

$$z = \frac{\bar{x} - \mu_0}{\sigma/\sqrt{n}} \geqslant -1.645$$

此时,$\bar{x} \geqslant \mu_0 - 1.645 \times \frac{\sigma}{\sqrt{n}} = 5 - 1.645 \times \frac{0.5}{\sqrt{100}} = 4.92$ 也就是说样本平均值在 4.92 以上时,才可以接受该批纸箱.此时可能犯第 II 类错误,即可能会接受没有达到标准的纸箱,并且这个出错概率我们无法确定.

8. (1) 不拒绝原假设,没有证据表明促销效果明显;

(2) 该检验结果可能犯第 II 类错误,其含义是:促销活动效果明显,检验结果却认为促

销活动不明显.

9. (1) 接受原假设 H_0,即可以认为平均培训时间为 200 小时;(2)(190.7,229.7).

10. (1) 接受 H_0,不能认为总体方差变大;(2)3.2;(3)8.61.

11. (1) 拒绝 H_0,认为在显著性水平 $\alpha=0.025$ 下全省当前的土豆售价明显高于往年;

(2) 拒绝原假设 H_0,即认为当前的土豆价格波动较往年明显.

12. (1) 拒绝原假设 H_0,即认为 $\mu<3\,315$;

(2) 接受原假设,即认为标准差不大于 525.

13. (1) 接受原假设,即认为两总体方差相等;

(2) 拒绝原假设,即认为产品均值有显著差异.

参考文献

[1] 周概容.概率论与数理统计[M].北京:高等教育出版社,2008.
[2] 吴赣昌.线性代数与概率统计[M].北京:中国人民大学出版社,2009.
[3] 周誓达.线性代数与概率统计[M].北京:中国人民大学出版社,2014.
[4] 赵萍.经济数学基础及应用:线性代数及概率论[M].哈尔滨:哈尔滨工业大学出版社,2011.
[5] 魏宗舒.概率论与数理统计[M].北京:高等教育出版社,1983.
[6] 李博纳,赵新泉.概率论与数理统计[M].北京:高等教育出版社,2012.
[7] 陈剑,王庆.经济数学(二)[M].苏州:苏州大学出版社,2012.
[8] 孙守湖,刘颖.新编经济应用数学[M].大连:大连理工大学出版社,2011.
[9] 何蕴理,贺亚平,陈中和,张茂祥.经济数学基础——概率论与数理统计[M].北京:高等教育出版社,2010.
[10] 汪忠志.概率论与数理统计教程[M].合肥:中国科技大学出版社,2011.
[11] 袁荫棠.概率论与数理统计[M].北京:中国人民大学出版社,2013.
[12] 曹显兵.概率论与数理统计辅导讲义[M].西安:西安交通大学出版社,2014.
[13] 孙荣恒,等.趣味随机问题[M].北京:科学出版社,2008.
[14] 余长安.概率论与数理统计历年考研真题详解与常考题型应试技巧[M].武汉:武汉大学出版社,2008.
[15] 郭跃华,朱月萍.概率论与数理统计[M].北京:高等教育出版社,2011.
[16] 杨荣,郑文瑞.概率论与数理统计[M].北京:清华大学出版社,2005.
[17] 蔡海鸥,叶向,刘叶玲,李君林.概率论与数理统计[M].北京:北京大学出版社,2010.
[18] 何书元.概率引论[M].北京:北京大学出版社,2011.
[19] 李俊林.概率统计与建模[M].北京:科学出版社,2010.
[20] 刘春英.应用统计[M].北京:清华大学出版社,2006.
[21] 盛骤,谢式千,潘承毅.概率论与数理统计[M].北京:高等教育出版社,2008.
[22] 杜荣骞.生物统计学[M].北京:高等教育出版社,2009.
[23] 倪海儿,钱国英.概率论与生物统计学[M].杭州:浙江大学出版社,2013.
[24] 李春喜,邵云,姜丽娜.生物统计学[M].北京:科学出版社,2008.
[25] 叶子弘,陈春.生物统计学[M].北京:化学工业出版社,2012.
[26] 龚兆仁,王雪标.概率论与数理统计辅导讲义[M].北京:国家行政学院出版社,2002.
[27] 刘剑平.概率统计精析与精练[M].上海:华东理工大学出版社,2005.
[28] 肖筱南.概率统计专题分析与解题指导[M].北京:北京大学出版社,2007.
[29] 薛留根.概率统计问题与思考[M].北京:科学出版社,2011.
[30] 孙清华,孙昊.概率论与数理统计疑难分析与解题方法[M].北京:华中科技大学出版社,2010.
[31] 胡庆军.概率论与数理统计学习指导[M].北京:清华大学出版社,2013.

[32] 金明. 概率论与数理统计实用案例分析[M]. 北京:中国统计出版社,2014.

[33] 阎国辉. 最新概率论与数理统计教与学参考[M]. 北京:中国致共出版社,2003.

[34] 陈文灯. 概率论与数理统计复习指导:思路、方法与技巧[M]. 北京:高等教育出版社,2003.

[35] 周华任. 概率论与数理统计应用实用案例评析[M]. 南京:东南大学出版社,2016.